普通高等教育土建学科“十一五”规划教材
高等学校工程管理专业规划教材

工程项目前期策划

同济大学　乐　云　李永奎　主　编
谢琳琳　何清华　卢昱杰　副主编

中国建筑工业出版社

图书在版编目（CIP）数据

工程项目前期策划/同济大学乐云等主编. —北京：中国建筑工业出版社，2011.6（2021.11重印）
普通高等教育土建学科“十一五”规划教材．高等学校工程管理专业规划教材
ISBN 978-7-112-13313-0

Ⅰ.①工…　Ⅱ.①同…　Ⅲ.①工程项目管理-高等学校-教材　Ⅳ.①F284

中国版本图书馆 CIP 数据核字（2011）第 115319 号

本书是普通高等教育土建学科“十一五”规划教材，高校工程管理专业规划教材。全书共分三篇十二章，分别是工程项目前期策划概论篇，包括项目决策阶段的任务和重要意义、工程项目前期策划概念、工程项目前期策划主要内容三章；工程项目决策策划篇，包括环境调查分析、项目定义与项目目标论证、项目经济策划、项目产业策划四章；工程项目实施策划篇，包括项目实施目标分析和再论证、项目实施组织策划、项目实施合同策划、项目信息管理策划、项目目标控制策划五章。工程项目前期策划是一门新课程，也是一门实践性特别强的课程，作者在构筑完整理论体系的同时，还特别注重理论与实践相结合，全书列举了数十个作者亲身参与的策划案例，对读者更好地理解项目前期策划理论、掌握项目前期策划工具大有裨益。

本书可供高校工程管理、土木工程等土建类本科专业学生及项目管理工程硕士、工程管理硕士等硕士研究生作为教材，也可供工程管理、土木工程从业人员参考。

责任编辑：牛　松
责任设计：李志立
责任校对：赵　颖　王雪竹

普通高等教育土建学科“十一五”规划教材
高等学校工程管理专业规划教材
工程项目前期策划
同济大学　乐　云　李永奎　主　编
谢琳琳　何清华　卢昱杰　　副主编
*
中国建筑工业出版社出版、发行（北京西郊百万庄）
各地新华书店、建筑书店经销
北京红光制版公司制版
北京建筑工业印刷厂印刷
*
开本：787×1092毫米　1/16　印张：21¼　字数：513千字
2011年8月第一版　2021年11月第九次印刷
定价：**36.00**元
ISBN 978-7-112-13313-0
（20815）

前　言

在过去，基本建设投资项目的决策往往建立在项目可行性研究的分析评价基础上，也有不少项目仅凭可行性研究作为决策和审批依据，把前期策划决策过程的研究与后续实施阶段的项目管理割裂开来，给项目实施带来了不少问题。因此，越来越多的项目业主方开始重新思考并逐渐认识到项目前期策划是全过程项目管理的重要组成部分，是与实施阶段项目管理不可分割的一个整体，应该组织力量，或者聘请专业化的项目管理公司或工程咨询公司对项目进行总体策划，在项目建设前期对项目实施的方方面面进行详细的分析和研究，使项目决策结论真正具有可实现性和可操作性。可行性研究应该是完整的项目前期策划工作的一部分。

国内外许多项目的成功经验或失败教训也都表明，项目前期策划是项目建设成功与否的一个重要前提。工程项目前期策划是通过环境调查研究和资料收集，在充分占有信息的基础上，针对项目的决策和实施，进行组织、管理、经济和相关技术等各方面的科学分析和论证，旨在使项目建设者的工作有正确的方向和明确的目的，为项目建设的决策和实施增值。

项目前期策划的最主要作用有两个：一是在项目决策前，为项目决策提供科学依据；二是在项目决策后实施前，为项目如何实施进行系统策划。根据不同的作用和阶段，项目前期策划可分为项目决策策划和项目实施策划两大类。在长期的项目管理教学过程中，笔者发现我国工程项目管理教学一直缺乏项目前期策划的教材，其原因一是在项目管理理论体系中对前期策划不重视，在工程建设管理中把前期决策过程与实施阶段管理割裂开来，单独开设技术经济评价类课程，重点讲授可行性研究，而不作为项目管理的主要内容；二是完整的项目前期策划在国内做得还不多，课堂教学缺乏案例支撑，也缺乏系统的研究，很难在实践基础上提炼、上升、体系化，并编写教材。

笔者和所在团队从20世纪90年代开始，便积极投身到项目策划实践工作中，先后主持并参与了：山东济南齐鲁软件园前期策划、上海嘉定新城总部基地决策策划、广州新白云机场实施总进度策划、中国2010上海世博会工程建设总体项目管理实施策划等超过几十个大中型项目的策划工作，积累了项目策划经验和大量一手相关资料。在本教材编写过程中，笔者力求将其打造成理论与实际相结合、具备丰富的项目策划方法内容和完整项目策划体系、且实践操作指导性强等特点的工程管理专业精品教材，供广大师生朋友参考和学习。笔者的导师、国内项目管理专家丁士昭教授曾经说过，“要提高国内工程项目管理的水平，必须重视项目前期策划和项目管理信息化两个最重要的方面。”作者也衷心希望借助这本教材尝试对项目前期策划进行系统性的归纳和总结，能够弥补国内该领域的一个不足，并对中国的项目前期策划和工程项目管理事业有所贡献。

全书内容结构如下图所示：

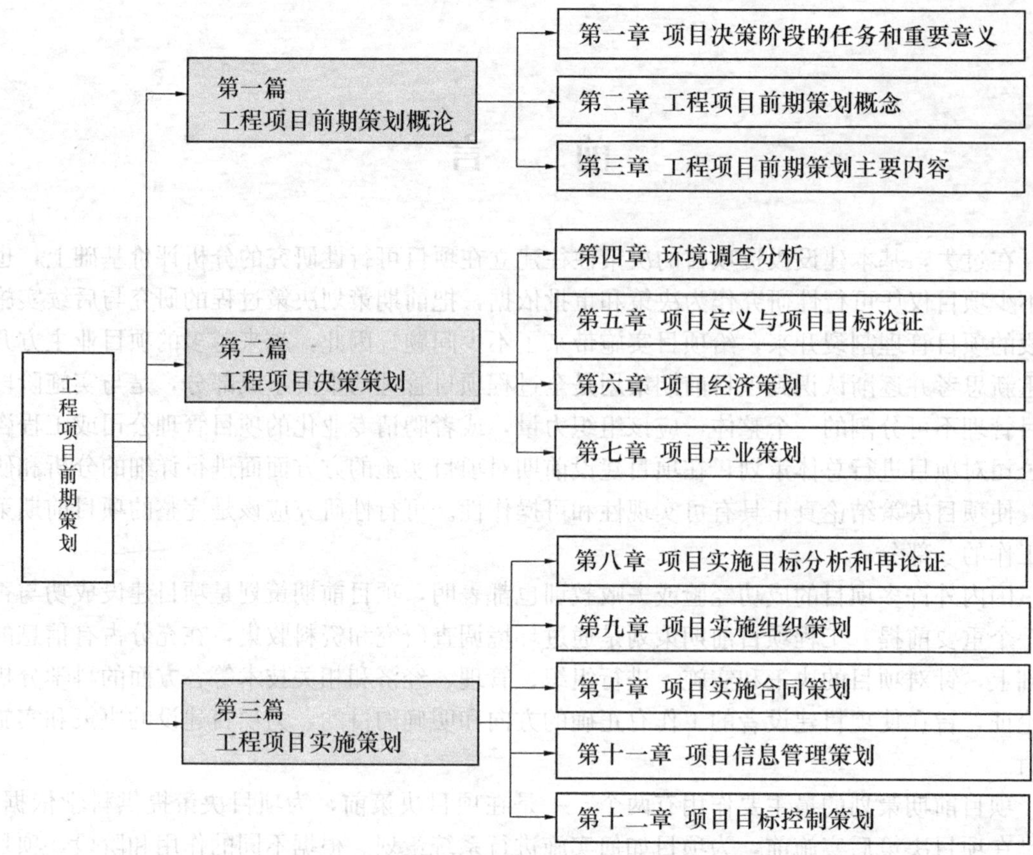

本教材主编由同济大学经济与管理学院建设管理与房地产系主任乐云教授、李永奎副教授担任，副主编由谢琳琳、何清华、卢昱杰担任。其他参编人员还有罗晟、任俊山、蒋卫平、陈训、王盛文、马亮、韦展、张菁、魏晖、任天翔等。除此之外，梁士毅、朱盛波、刘武君、谢坚勋、程冀、谢素敏、杨戒、崔政、王汉承等对本书亦做出了不同程度的贡献和提供了宝贵修改意见。

由于作者水平所限，谬误之处在所难免，恳请广大读者、专家批评和指正。

目　　录

第一篇　工程项目前期策划概论

第二篇　工程项目决策策划

第三篇 工程项目实施策划

附　录

第一篇 工程项目前期策划概论

2010年5月，新华网刊登了一则报道：内蒙古自治区呼和浩特市清水河县，一个财力只有3000多万元的贫困县，计划斥资60多亿元建新城，一场历时十年的造新城运动，结果却留下了一堆“烂尾楼”（图1-1）。调查认为，缺乏全面、系统的可行性调查研究，“拍脑袋”决策，是项目失败的关键原因。中国人民大学社会学教授周孝正在采访中认为，领导干部要吸取深刻教训，切忌拍脑袋，重大决策要反复调查研究，不能做劳民伤财的事。采访中，清水河县不少群众希望有人来收拾残局，但由于已经换了几届领导，谁来承担责任似乎成了“死题”。

图1-1 清水河县新城烂尾楼

全国人大常委会委员长吴邦国曾说：我们国家最大的浪费莫过于战略决策的失误。世界银行估计，“七五”到“九五”期间，我国投资决策失误率在30%左右，资金浪费及经济损失大约在4000亿～5000亿元人民币❶，这是一个多么惊人的数字！诚然，造成决策浪费的原因有很多，如体制机制的原因，但项目前期缺乏系统、科学的论证则是其中的关键原因。国内外许多项目的成功经验或失败教训表明，项目前期策划是项目建设成功与否的一个重要前提。但什么是项目前期策划，怎么做，国内尚缺乏系统的理论及方法论。为此，本篇的三个章节主要回答以下关键问题：

(1) 项目决策阶段的工作内容是什么？其在全寿命周期中的地位如何？

(2) 什么是项目前期策划？有哪些类型？理论基础是什么？

(3) 项目前期策划的主要内容是什么？包括哪些工作成果？

❶ 高福生、朱四倍．决策失误是中国最大的浪费．决策与信息．2009，7.

第一章　项目决策阶段的任务和重要意义

对每个工程建设项目而言，其全寿命周期通常包括决策阶段、设计准备阶段、设计阶段、施工阶段、动用前准备阶段、使用和保修阶段等六大阶段，如图 1-2 所示，归纳起来可分为三个主要阶段，即项目的决策阶段、实施阶段和使用阶段（也称运营阶段）。全过程项目管理应完整涵盖以上三个阶段，而其中最开始的决策阶段，是项目全寿命周期的关键阶段，其工作的成效很大程度上影响了整个项目的成败，起着非常关键的作用。

按照我国基本建设程序，在项目决策阶段主要有两项工作内容，即编制项目建议书和可行性研究报告。

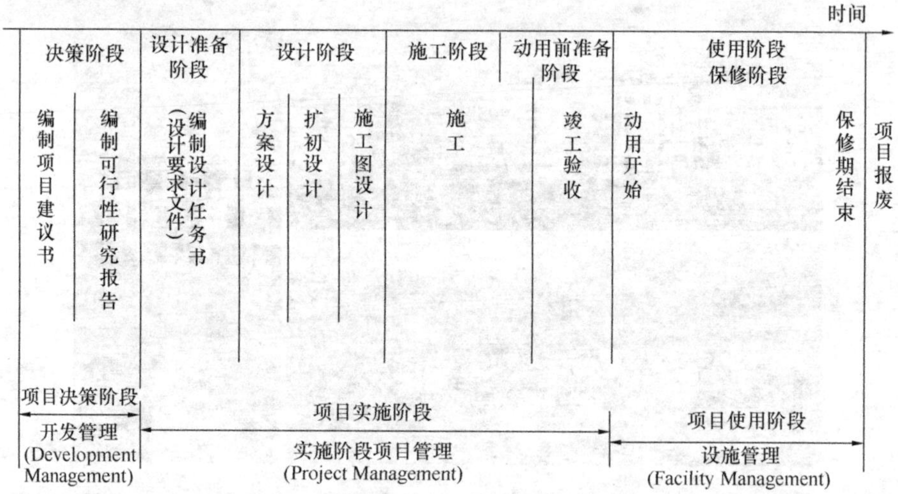

时间
决策阶段　设计准备阶段　设计阶段　施工阶段　动用前准备阶段　使用阶段 保修阶段
编制项目建议书　编制可行性研究报告　编制设计任务书（设计要求文件）　方案设计　扩初设计　施工图设计　施工　竣工验收　动用开始　保修期结束　项目报废
项目决策阶段　项目实施阶段　项目使用阶段
开发管理 (Development Management)　实施阶段项目管理 (Project Management)　设施管理 (Facility Management)

注：根据原国家计委关于《报批项目设计任务书统称为报批可行性研究报告》的通知（计投资［1991］1969 号），取消设计任务书的名称，统称可行性研究报告。但从编制阶段、编制目的和目前的工程实践需要来看，设计任务书（设计要求文件）仍应是设计准备阶段的重要工作内容。

图 1-2　工程项目全寿命周期

在长期实践过程中，人们往往十分重视项目的累计投资情况，而对项目的经济性影响程度❶关心不足。工程项目的累计投资曲线和经济性影响程度曲线正好相反，呈现出如图 1-3 所示“X”型的关系，投资累计曲线逐步上升，经济性影响曲线逐步下降，即在项目决策阶段过程中，项目累计投资额较少，但项目经济性影响程度相当高；在项目的实施阶段过程中，项目投资额开始急剧增加，但项目经济性影响程度却逐步降低；在项目运营阶段过程中，项目建设投资已完成，其经济性逐步得到验证。如果不注意这种规律，就会把项目目标控制的重点放在实施阶段，而忽略了决策阶段管理工作的重要性。因此，必须清

❶ 项目的经济性影响程度是指能够改变项目投资总额的可能性，也可理解成为项目节约投资的可能性。

楚地认识到，决策阶段很大程度上确定了项目总投资水平，其工作的重要性不言而喻。

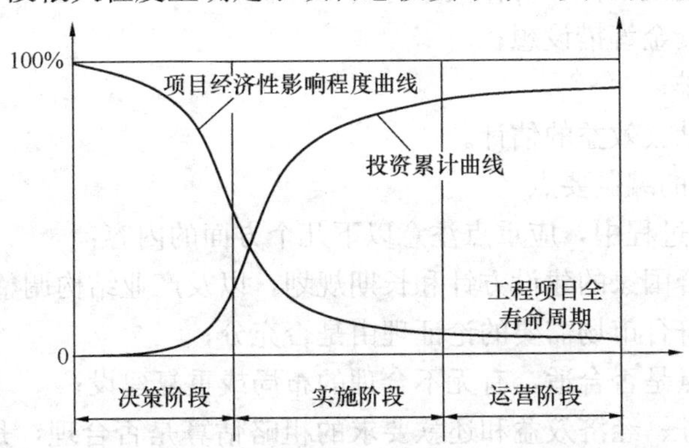

图 1-3 工程项目的累计投资曲线和经济性影响程度曲线

1.1 项目决策阶段的工作内容

我国建设项目一般遵循图 1-4 所示的基本程序。根据国家规定的基本建设程序，建设项目在立项之前，其主要工作包括编制项目建议书和可行性研究报告两个重要内容。

1.1.1 项目建议书

(1) 基本概念

项目建议书是项目建设筹建单位或项目法人，根据国民经济的发展、国家和地方中长期规划、产业政策、生产力布局、国内外市场、所在地内外部条件等，向审批机关提出的某一具体项目的建议文件，主要是从宏观上论述项目设立的必要性和可能性，是对拟建项目提出的框架性的总体设想，是立项的依据。简言之，项目建议书要回答“为什么要做，做什么，预计投资多少，多长时间回收投资，投资效益如何”等关乎项目前期决策的重要问题。项目建议书的编制大多由项目法人委托有资质的咨询单位、设计单位负责编写。

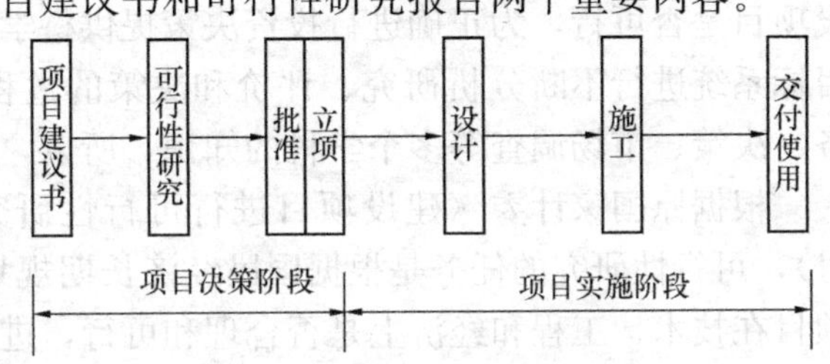

图 1-4 项目基本程序

(2) 项目建议书的作用

根据国家现行法规规定，项目建议书的作用主要有以下四点：

1) 决策者对拟建项目的初步说明和建议，是决策者选择、决定项目的第一步；

2) 作为政府相关部门宏观控制建设项目是否上马的依据；

3) 项目建议书批准后的工程可进一步开展可行性研究；

4) 涉及利用外资的项目，只有在批准项目建议书后方可对外开展工作。

(3) 项目建议书的主要内容

项目建议书的内容视项目的不同情况而有繁有简，但一般应包括以下几个方面：

1) 建设项目提出的必要性和依据；

2) 产品方案、拟建规模和建设地点的初步设想；

3）资源情况、建设条件、协作关系等初步分析；

4）投资估算和资金筹措设想；

5）项目进度安排；

6）经济效益和社会效益的估计。

（4）项目建议书的编制要点

项目建议书编制过程中，应重点注意以下几个方面的内容：

1）项目是否符合国家的建设方针和长期规划，以及产业结构调整的方向和范围；

2）项目的产品符合市场需要的论证理由是否充分；

3）项目建设地点是否合适，有无不合理的布局或重复建设；

4）对项目的财务、经济效益和还款要求的粗略估算是否合理，是否与决策者的投资设想一致；

5）对遗漏、论证不足的问题，要求补充修改。

1.1.2　可行性研究

（1）基本概念

可行性研究是根据系统论的思想从技术、经济、财务、商业以至环境保护、法律等多个方面，对有关建设方案、技术方案和生产经营方案进行技术经济分析和论证，以确定建设项目是否可行，为正确进行投资决策提供科学依据。项目的可行性研究是对多因素、多目标系统进行不断分析研究、评价和决策的过程，在整个过程中要涉及经济、管理、财务、决策、市场调查等多个学科的知识，所以，它也是一个综合性的技术经济评价体系。

根据原国家计委《建设项目进行可行性研究的试行管理办法》（计资［1983］116号），可行性研究的任务是根据国民经济长期规划和地区规划、行业规划的要求，对建设项目在技术、工程和经济上是否合理和可行，进行全面分析、论证，作多方案比较，提出评价，为编制和审批设计要求文件提供可靠的依据。因此，可行性研究是项目前期工作的一项重要内容，是项目基本程序的组成部分。

（2）可行性研究的工作程序

由于项目的具体情况不同，可行性研究工作程序也不完全一样，但典型的可行性研究工作程序可分为以下六个步骤：

1）开始阶段。在这一阶段，编制单位要详细讨论可行性研究的范围，明确业主的目标，讨论项目的范围与界限。

2）调查研究阶段。调查研究的内容要包括项目的各个方面，如市场需求与市场机会、产品选择与分析、价格与市场竞争、工艺技术方法与设备选择、原材料的供给、能源动力供应与运输、建设与使用、环境保护等。每个方面都要做深入调查，全面地占有资料并进行详细的分析评价。

3）优化与选择方案阶段。将项目的各个方面进行组合，设计出各种可供选择的方案，然后对备选方案进行详细讨论、比较，要定性与定量分析相结合，最后推荐一个或几个备选方案，提出各个方案的优缺点，供业主选择。

4）详细研究阶段。对选出的最佳方案进行更详细的分析研究工作，明确项目的具体范围，进行投资及收入估算，并对项目的经济与财务情况做出评价。同时进行风险分析，表明成本、价格、销售量等不确定性因素变化对经济效果所产生的影响。在这一阶段得到的结果必须论证出项目在技术上的可行性、条件上的可达到性、资金的可筹措性，并且要分析项目实施风险的大小。

5）编制可行性研究报告。对可行性研究报告的编制内容，针对不同类型的项目，国家有一般的规定，如工业项目、技术改造项目、技术引进和设备进口项目、利用外资项目、新技术新产品开发项目等，都有相关的规定。

6）编制资金筹措计划。项目的资金筹措在项目方案选优时，都已经做过研究，但随着项目实施情况的变化，也会导致资金使用情况的改变，这就要编制相应的资金筹措计划。

（3）可行性研究报告的主要内容

可行性研究的结果要形成可行性研究报告。针对不同规模及不同特点的项目，可行性研究报告的内容可依据实际情况有所增减。但总的思路是：项目可行性研究报告一定要能给项目业主提供一个系统完整的思路、项目可行性的结论及实施要点和关键，要有观点，有依据，可实施，可信度高。

可行性研究报告的主要内容，归纳起来有如下几点：

1）项目总论；

2）需求预测和项目拟建规模；

3）资源、原材料及公共设施情况；

4）设计方案；

5）项目实施条件与项目方案；

6）环境保护；

7）企业组织、劳动定员和人员培训；

8）项目实施进度；

9）投资估算和资金筹措；

10）社会及经济效果评价；

11）可行性研究结论与建议。

标准的可行性研究报告编写格式与规范由 11 个部分和若干附件组成，如附录 4 中决策策划项目案例序号 6、7 案例所示（见本书 310、311 页）。

（4）项目建议书和可行性研究报告的审批

根据国务院《关于投资体制改革的决定》（国发［2004］20 号）文件，按照“谁投资、谁决策、谁收益、谁承担风险”的原则，落实企业投资自主权；同时转变政府管理职能，确立企业的投资主体地位，对于企业不使用政府投资建设的项目，一律不再实行审批制，区别不同情况实行核准制和备案制，见表 1-1。

政府对投资项目的管理方式　　表 1-1

项目类别	管理方式
政府直接投资和资本金注入的项目	审批项目建议书、可行性研究报告（审批制项目）
政府采用投资补助、转贷和贷款贴息方式的项目	不再审批项目建议书和可行性研究报告，只审批资金申请报告（审批制项目）
企业不使用政府性资金投资建设的重大项目和限制类项目	从维护社会公共利益角度进行核准（核准制项目）
企业不使用政府性资金投资建设的非重大项目和限制类项目	采用备案制（备案制项目）

对于政府投资项目，只有直接投资和资本金注入方式的项目，需要政府对可行性研究报告进行审批，其他项目无需审批可行性研究报告。具体规定如下：

1）使用中央预算内投资、中央专项建设基金、中央统还国外贷款5亿元及以上项目；以及使用中央预算内投资、中央专项建设基金、统借自还国外贷款的总投资50亿元及以上项目，由国家发展改革委员会审核报国务院审批。

2）国家发展改革委员会对地方政府投资项目只需审批项目建议书，无需审批可行性研究报告。

3）对于使用国外援助性资金的项目：由中央统借统还的项目，按照中央政府直接投资项目进行管理，其可行性研究报告由国务院发展改革部门审批或审核后报国务院审批；省级政府负责偿还或提供还款担保的项目，按照省级政府直接投资项目进行管理，其项目审批权限，按国务院及国务院发展改革部门的有关规定执行；由项目用款单位自行偿还且不需政府担保的项目，参照政府核准的投资项目目录规定办理。

1.2　项目决策阶段存在的问题

根据本书开篇介绍，我国现阶段的建设项目投资成功率并不高，不少项目投产后发生明显亏损。美国、德国、法国和印度等国家每增加1亿元的GDP需要投资1～2亿元，而据国家发改委统计，我国21世纪头三年的数据是5亿元。据测算，1991年以来，我国增量资本产出率（ICOR）[1]呈现出先上升，后缓慢下降的态势，其中，亚洲金融危机时期最高达到4.9亿元，近年来保持在4亿元左右。2009年二季度和三季度增量资本产出比分别为7.5亿元和16.6亿元，而前三季度总体为9.6亿元[2]。因此，我国投资效率仍然较低。在《2007中国法治蓝皮书》新闻发布会上，中国人民大学教授毛昭晖说，我们国家的决策失误率有30%，西方发达国家却只有5%左右。

为此，中共中央办公厅、国务院办公厅2009年7月印发了《关于开展工程建设领域突出问题专项治理工作的意见》，将工程建设项目决策作为专项治理的首要任务；同时也印发了《关于实行党政领导干部问责的暂行规定》，对决策严重失误造成重大损失或者恶劣影响的，对群体性、突发性事件处置失当，导致事态恶化，造成恶劣影响的等七种情形，将对党政领导干部实行问责。由此可见，目前项目前期决策存在诸多问题，并受到广泛关注和重视。

归纳起来，项目决策阶段存在的问题主要表现在：

（1）在项目的整个生命周期阶段，决策阶段没有受到足够的重视

根据图1-3所示，决策阶段对项目的经济性影响程度极大，但由于目前在项目前期所花的费用较少，因此大多数人仅将决策简单的看作为项目生命周期中的一个阶段，而没有真正意识到它对整个项目所起到的作用和影响。思想上的不重视造成工作上的不认真、不规范，项目建议书、可行性研究或前期研究流于形式，起不到应有的作用，最终势必造成

---

[1] 增量资本产出率（ICOR），表示每增加1块钱的国内生产总值，需要投资几块钱，是反映投资效率的经济指标。

[2] 徐策．我国投资调控的经验、问题与对策：1992～2009．中国物价．2010，4．

整个项目的损失，甚至彻底失败。

有许多项目，由于前期决策阶段工作做得不够细致，造成实施阶段大量的设计变更，规模、功能和标准大量的调整，超投资现象严重，极大地拖延了工期，也影响了项目整体质量，给国家和企业造成损失，大大降低了工程建设整体水平。许多项目对前期决策阶段的必要性重视不够，项目建议书内容粗浅，为应付政府审批而做，起不到应有的作用；可行性研究报告更是变成“力求可批性，戏说可行性”，不实事求是，为可行而“可行”，形式主义，只重视“规范文本”的格式要求，在编制项目建议书、可行性研究报告的过程中，对基础数据调查不仔细、经济分析与研究深度不足、缺乏全面性系统性，这不但不能为项目立项和决策起到决策支持、理性判断的作用，更可能造成整个建设项目的损失，甚至导致一些项目的失败。

(2) 建设项目决策阶段缺乏科学的项目前期研究方法

许多投资建设项目决策没有经过严格科学的策划和论证。项目建议书往往寥寥几页，没有或没有足够的深度对决策问题进行全面研究，报告的编制内容和研究方法所采用的标准是在20世纪80年代计划经济下制订的，不能适应当前竞争激烈的市场经济的要求。在许多项目案例中，世界银行、亚洲银行以及西方国际投资财团对于中国的项目建议书和可行性报告往往是不认可的，认为其缺乏可信度。

在项目实践中，采用这种可行性研究作为立项审批依据存在不少问题。首先，从目的方面，有不少项目的可行性研究往往是为了立项和报批而做，编造数据，其真实性、可靠性和科学性值得怀疑；其次，从方法方面，由于前期环境调查和分析不足，对实际情况掌握不充分，照抄、照搬其他项目数据，缺乏针对性，只注重形式，追求高“通过率”，结论肯定可行，无法为决策提供依据；第三，从内容方面，可行性研究只拘泥于经济分析和技术分析，缺乏全面性、系统性，其分析的广度和深度有限，导致可行性研究在项目定位、功能分析、产业策划、风险分析、实施战略等决策研究上存在不足。

图1-5　被称为最短命的小学：福州祥坂小学

大量失败的项目证明，项目前期决策阶段如不能得到充分的重视，如不进行系统的、深入的策划研究，将会给项目建设造成了种种后患（如图1-5所描述案例[1]）。因此，加强项目决策阶段的工作，采取全面、系统、深入的项目前期策划研究方法，不断提高项目决策工作的系统化、科学化以增加项目的成功率，具有十分重要的意义。

---

[1] 根据《南方都市报》2010年1月27日报道，建成仅一年半投资1500万元的福州市祥坂小学为CBD让路欲拆除，遭到非议，被称为“最短命小学”。根据后续报告，迫于舆论压力，该小学拟改为综合办公楼。

【案例 1-1】　怒江和三门峡，中国水利工程 50 年的两次决策[1]

怒江水电工程是近些年争议较大的工程。自 2003 年以来，怒江水电开发的规划引起了社会各界的极大关注，这条遥远江河的命运牵动了无数人的心。有关怒江是否应该建坝、如何避免建坝带来的环境和社会影响等一直处于激烈的争论之中。据《国际先驱导报》报道，虽然《怒江中下游流域水电规划报告》通过了专家论证，但所采用环评数据和论证结果都一边倒地来自支持怒江大坝的专家却值得关注和思考。由于争论较大，温家宝总理亲自批示“慎重研究，科学决策”。时至今日，怒江水电站建设仍没有得到批准，前期论证和研究工作还在持续。

三门峡水利工程的决策带有那个特殊时代的痕迹：地方政府无条件服从中央、经济考虑无条件服从政治安排。1957 年初，三门峡水利枢纽初步设计审查会刚刚召开时，陕西省就激烈地表达了对这个工程的不满：根据苏联专家的设计，用迁移七八十万人的代价换来一个寿命只有 50～70 年的拦沙库，群众很难同意。次年，三门峡在一片争议中动工。2003 年 8～10 月，渭河流域发生了 50 多年来最为严重的洪灾，数十人死亡，515 万人受灾，直接经济损失达 23 亿元。陕西省就此提出“小水酿大灾”之说，矛头直指三门峡水利工程，2004 年两会期间，陕西省人大代表和政协委员分别联名提出停止三门峡水利工程蓄水发电。至今，三门峡水利工程是留是炸仍在艰难取舍。

图 1-6　被称为最后的处女江：怒江

图 1-7　存废之争的三门峡水利工程

1.3　工程项目前期策划的目的

项目决策阶段是项目业主方构建项目意图，明确项目目标并论证项目是否上马的重要阶段；同时也是制定项目管理实施方案，明确项目管理工作任务、权责和流程的重要时期。为此，需要进行完整的项目前期策划，在项目前期回答为什么做、做什么以及怎么做等问题，为项目的决策和实施提供全面完整的、系统的目标、计划和依据。

工程项目前期策划目的包括：

（1）把项目意图转换成定义明确、目标清晰且具有可操作性的项目策划文件，为项目提供决策依据。

[1] 改编自《国际先驱导报》2004 年 4 月 19 日。

(2) 澄清项目构成，确定项目管理工作的具体对象。项目构成是整个项目实施过程所包含的各种成分和因素，是项目管理工作的具体对象。澄清项目构成，一是为了进一步细化不同子项目的规模、功能、标准和要求，明确项目定义；二是为了区别不同类型的项目进行有针对性的管理。项目策划在明确项目目标后，分析并确定项目构成是圆满完成项目管理工作的基础。

(3) 分析项目过程，明确项目管理的主要工作内容。项目过程中的各个工作环节和方式是项目管理的主要工作对象。如果项目过程不明确，或者难以确定，那么项目管理工作也就根本无法展开。通过项目策划，可明确项目实施过程具有的工作环节和方式，对多种方式优化比选，从而确定项目管理的主要工作内容。

(4) 分解项目工作任务并制定控制性计划。项目策划将主要的、复杂的工作任务划分为比较具体、比较单纯、由多个不同的组织机构来分别承担完成的工作任务，制定控制性计划，确定工作任务的基本程序和要求，这充分保障了整个项目管理工作得以高效、协同的完成。

(5) 通过有计划地、系统地安排项目目标、项目组织、项目过程等活动，减少或消除项目管理中的不确定性因素，为项目建设的决策和实施增值。增值应该反映在人类生活和工作的环境保护、建筑环境美化、项目的使用功能和建设质量提高、建设成本和经营成本降低、社会效益和经济效益提高、建设周期缩短、建设过程的组织和协调强化等方面。

复习思考题

1. 项目全寿命周期分为哪几个阶段？每个阶段分别包括哪些工作？
2. 什么是项目建议书？主要包括哪些方面内容？
3. 什么是可行性研究？它和项目建议书有什么区别？项目建议书和可行性研究的审批程序如何？
4. 案例讨论［沪杭磁悬浮］：沪杭磁悬浮交通项目是由浙江省省会杭州市与上海市的一条计划修筑的陆上交通干线，连接已经运营的上海磁悬浮示范运营线以及规划的上海低速磁浮机场联络线，可直达上海浦东国际机场。全线长 175km，双向对开，列车速度按市郊区间线路正常运行速度 450km/h，中心城区内最高正常运行速度不大于 200km/h 来设计，一次建成磁悬浮线路 175km，投资将达到 350 亿人民币。2006 年 3 月，国务院批准沪杭磁悬浮新型交通建设项目建议书。计划建设周期 3 年：2006 年年内开工，2008 年年底建成，2009 年试运行，2010 年上海世博会开幕前正式投入使用。但由于该项目投资大，影响范围广，争议多，在项目建议书批准后，仍需开展大量的可行性研究。2008 年 12 月 17 日，《财经》杂志报道，由上海市建委牵头，在上海市市政大厦召开了磁悬浮项目协调会。在这个内部会议上，通报了磁悬浮申报工作进展，并提出了磁悬浮部分段落“入地”25m 的规划，各有关部门开始低调筹备沪杭磁悬浮上海段的动工。在浙江省政府 2008 年发布的重大项目建设行动计划（2008～2012）中，沪杭磁悬浮原定于 2010 年开始建设，但因为线路优化等问题，这一项目一波三折。相关资料显示，经过数次调整优化，规划中的沪杭磁悬浮交通项目新建线路总

图 1-8 媒体公布的项目信息

长为 199.434km。2009 年 2 月 7 日，上海闵行区梅陇西路罗阳路口靠近淀浦河边上，中铁第四勘察设计院打下了一杆钻头，周围居民敏感地注意到，钻探节点为"磁悬浮联络线右线里程、桩号为右 CK17+774"。2010 年 3 月 14 日沪杭磁悬浮已获发改委批复，总长 199.4km，但沪杭磁悬浮交通项目目前（截至 2010 年 3 月）仍处于可行性深化研究阶段，尚无开工时间表。根据以上背景，讨论以下问题：①在该项目中，项目建议书起到什么作用？②为什么项目建议 2006 年已经批复，但可行性研究报告 2010 年才被批复？③重大工程的建设决策影响因素和决策程序和一般工程有什么区别？④如何减少或避免重大工程的决策争议？

第二章　工程项目前期策划概念

众多项目的实践证明，科学、严谨的项目前期策划是项目决策和实施得以高效进行并使项目增值的基础。在项目前期进行系统策划，就是要提高决策的科学性和严肃性，避免盲目性和随意性，提前为项目建设形成良好的工作基础、创造完善的条件，使项目建设在技术上趋于合理，在资金和经济方面周密安排，在组织管理方面灵活计划并有一定的弹性，从而保证建设项目具有充分的可行性，能适应现代化的项目建设过程的要求。

工程项目前期策划主要分为两大类：项目决策策划和项目实施策划。项目决策策划在项目决策阶段进行，为项目的决策服务，主要研究项目做什么、为什么要做的问题，又称为项目决策评估，其重点包括功能策划、经济策划和产业策划等。项目实施策划在项目实施之前进行，为项目的实施服务，主要研究项目如何实施，如何确保决策目标的完成，又称为项目实施规划，其重点包括组织策划、合同策划和信息策划等。

2.1　项目前期策划定义

2.1.1　策划的定义

根据哈佛《企业管理百科全书》的定义，“策划是一种程序。在本质上是一种理性行为。基本上所有的策划都是关乎未来的事物，也就是说策划是针对未来要发生的事情做当前的决策。换言之，策划是找出事物的因果关系，衡度未来可采取之途径，以作为目前决策之依据。亦即策划是预先决定做什么，何时做，如何做，谁来做。策划如同一座桥，它连接着我们目前之地与未来我们要往之处”。

策划在现实生活中得到越来越广泛的应用，大到宏观的国家整体经济、军事、政治，小到微观的工程项目、广告活动、娱乐明星（如图 2-1）等。策划的特点至少包括以下四个方面：

图 2-1　选秀红人“苏珊大妈”被质疑“人为策划”

1）策划是在现实条件的基础上进行的创新活动；

2）策划结果应具有明确的目标；

3）策划可能有多个选择方案；

4）策划工作是有特定的内容、按特定程序运作的系统工程。

策划的作用主要有以下几个方面：

1）策划是实践活动取得成功的重要保证。策划在实践活动进行之前，就对实践活动涉及的因素进行了具体的分析和处理，在策划过程中，充分考虑各种有利和不利因素，使实践活动的成功得以保证。

2）策划为项目活动提供了行动的指南和纲领。策划一般是在项目开始之前进行的，它为项目的进行制定了一系列的文件和程序，使行动有了指南和纲领，避免开无轨电车，使活动具有系统性、前瞻性。

3）策划是创新，为人们提供了新观念、新思路和新方法，同时又具有可操作性，确保梦想得以实现。

4）策划过程提升了各种要素资源的利用效率。策划过程中，人们要对各种有利因素加以组合运用，对各种不利因素进行回避和克服；对各种有利因素、有利资源的优化组合，可以使这些因素、资源发挥更大的效用。

5）策划可以提高管理水平。策划的过程，是预先发现问题、寻找对策的过程。行动目标、战略、策略、途径、方法、计划等都在这一过程中被提出来，大大加强了项目的预见性，使活动有了充足的准备和思考，这对于提高管理水平大有裨益。

2.1.2 项目前期策划的定义

项目前期策划是项目建设全过程生命周期管理的首要任务，是指在项目前期，通过收集资料和调查研究，在充分占有信息的基础上，针对项目的决策和实施或决策和实施中的某一个问题，进行组织、管理、经济和技术等方面的科学分析和论证。这将使项目建设有正确的方向和明确的目的，也使建设项目设计工作有明确的方向并充分体现业主的建设目的。

工程项目前期策划的核心思想是根据系统论的原理，通过对项目多系统、多层次的分析和论证，逐步实现对项目的有目标、有计划、有步骤的全方位、全过程控制。包括对项目目标进行多层分析、由粗到细，由宏观到具体；对影响项目目标的项目环境的要素组成及对项目如何影响进行分析，预测项目在环境中的发展趋势，对项目构成要素进行分析，分析各构成要素功能和相互联系以及整个项目的功能和准确定位；对项目过程进行分析，在考虑环境影响的前提下，分析项目过程中的种种渐变和突变以及各种变化的发展情况及结果，并预先采取管理措施等。这些构成了项目策划的基本框架，是项目策划的重要思想依据。

2.1.3 工程项目前期策划的特点

项目前期策划本身是一种创造性的活动，因此具有鲜明的个性和特点，不同项目所采用的策划方法会有所不同，但也存在共性和一定的规律性。归纳起来，工程项目前期策划具有以下几个特点。

（1）重视项目自身环境和条件的调查

任何项目、组织都是在一定环境中从事活动，环境的特点及变化必然会影响项目发展的方向、内容。可以说，项目所面临的环境是项目生存发展的土壤，它既为项目活动提供必要的条件，同时也对项目活动起着制约的作用。因此必须对项目环境和条件进行全面的、深入的调查和分析。只有在充分的环境调查基础上进行分析，避免夸夸其谈，才有可能获得一个实事求是、优秀的策划方案。环境调查和分析是项目策划最主要的工作内容和方法。

例如，在旧城更新改造策划中，现状的调研、发掘、保护与利用尤其重要，环境和条件的调查不仅是策划的基础，也是策划的第一步，其深度和广度直接影响策划的方向和策划成果的质量。图 2-2 是无锡太湖（国际）科技园新安南社区更新改造项目策划时对公共配套设施分布的调查。

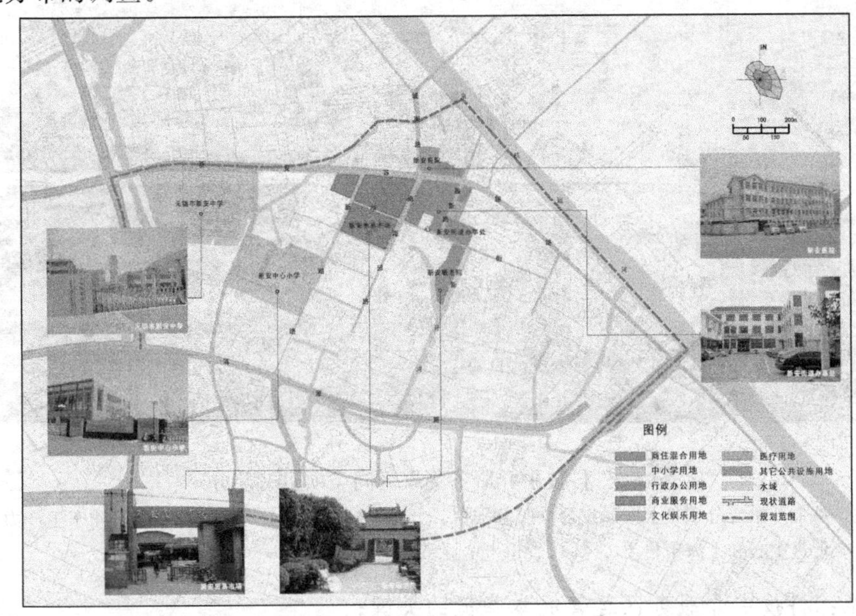

图 2-2　旧城更新改造中对公共配套设施分布的调查

(2) 重视同类项目的经验和教训的分析

尽管项目前期策划具有创造性，敢于思索、勇于创新很重要，但是，同类项目的经验和教训也显得尤为重要。对国内外同类项目的经验和教训进行全面、深入地分析，是环境调查和分析的重要方面，也是整个项目策划工作的关键部分，是保证本项目正确决策，避免重蹈覆辙的必要因素，应贯穿项目策划的全过程。

【案例 2-1】　同类项目的经验借鉴：科技中介服务集聚区项目策划

无锡（太湖）国际科技园欲建设科技中介服务集聚区，总规模大约 10 万 m^2。但围绕什么科技中介服务？有哪些服务内容？最终用户群有哪些？对集聚区功能有哪些特殊需求？对方案设计和后续运营有哪些影响等？需要在方案设计前进行全面的策划。而同类项目的经验借鉴无疑会带来很多启发。

策划小组根据科技中介服务的定义和范围，对上海市国家和市级中介服务集聚区进行了调研，调研对象覆盖科技服务/中介服务、信息服务、人才服务和创业孵化服务等 15 家中介服务机构，包括上海市科技创业中心、上海版权中心、8 号桥和上海张江高新技术创业服务中心等，见图 2-3。

从以上同类项目的调研中得出以下启发性结论：

- 集聚：科技中介服务发展最重要的基础条件；
- 区位：科技中介服务发展兴败的关键；
- 科技机构/协会：科技中介服务发展的助推剂；
- 人才：科技中介服务起步和发展的源泉；
- 网络化：科技中介服务延伸的现代化手段；
- 环境：科技中介服务高品质的重要要素；

图 2-3　科技中介服务集聚区同类项目（部分）

注：从上开始，分别是上海研发公共服务平台、上海版权中心、上海 8 号桥、上海浦东生产力促进中心和上海市科委。

- 节能：科技中介服务区运营成本降低的关键；
- 配套：科技中介服务人性化的标志。

（3）坚持开放型的工作原则

项目前期策划需要整合多方面专家的知识，以建设工程项目为例，项目前期策划需要的知识包括组织知识、管理知识、经济知识、技术知识和法律知识等，涉及经验包括设计经验、施工经验、项目管理经验和项目策划经验等。因此仅仅一个人很难胜任，策划往往是团队行为。项目前期策划可以自己组织力量做，也可以委托专业咨询单位进行。但即使从事策划的专业咨询单位也往往是开放型组织，政府部门、教学科研单位、设计单位、供货单位和施工单位等都拥有许多某一方面的专家，策划组织者的任务是根据需要把这些专家组织和集成起来，如图 2-4 所示。

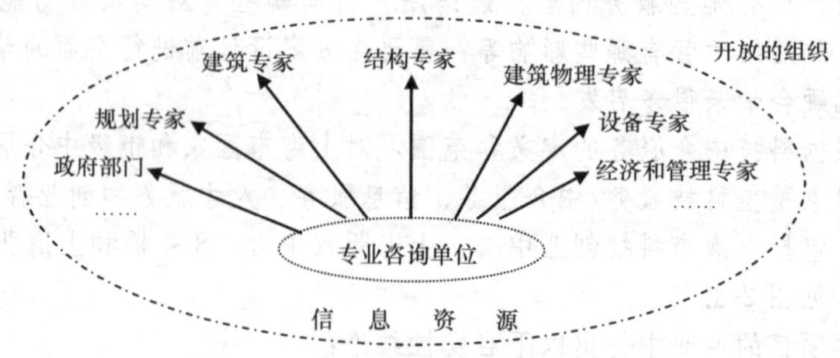

图 2-4　项目前期策划的组织

【案例 2-2】　策划组织的开放性：净慧寺及其周边地区的开发策划

作为无锡（太湖）国际科技园中的净慧寺（图 2-5），虽然规模不大，但在历史上也小有名气，并在当地居民心目中占有重要地位。但净慧寺如何与太科园相得益彰？如何成为太科园一张独特的名片？是搬迁还是打造成太科园中一个功能性基地？需要进行慎重的策划和论证。

为此，考虑到项目的特殊性，策划团队将策划组织进一步开放。首先对周边居民进行了调查访问，根据对157个随机人群的调研，发现79%的受访者去净慧寺的目的是烧香拜佛，祈求保佑，如果不去烧香拜佛，34%的受访者会去休闲放松；同时91%的居民同意净慧寺改建或扩建，但64%的人否决搬迁。图2-6为净慧寺搬迁意见调查表。

图2-5　具有小灵隐寺美称的无锡净慧寺

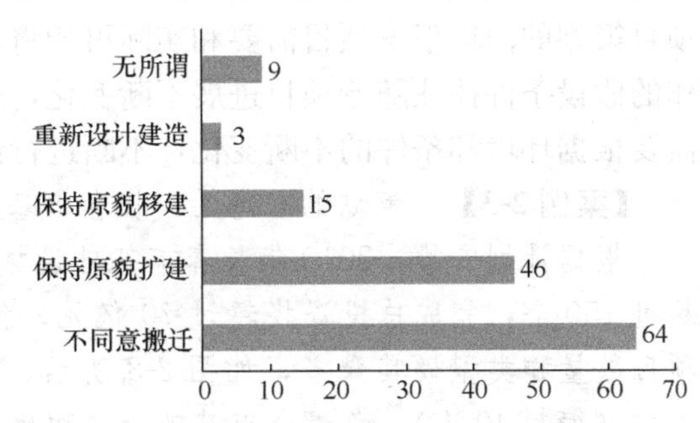

图2-6　净慧寺搬迁调查表

其次，考虑到专业性，应成立开放性、多专业和多层次的策划团队，包括顾问小组，成员涉及佛教协会人士、净慧寺主持、哲学界专家、佛教专家、古建筑保护专家等；工作小组，包括太科园领导、项目策划公司、具有同类项目经验的设计院、净慧寺代表等。

（4）策划是一个知识管理的过程

策划不仅是专家思维的组织和集成过程，而且也是信息的组织和集成的过程。通过收集信息、分析信息，在思考的基础上产生创新成果，因此策划的实质是一种知识管理的过程，即通过知识的获取、编写、组合和整理，加上大胆的思考，集体的智慧，最终形成新的知识。

因此，策划是一个专业性活动，策划团队所拥有和积累的信息、知识和同类项目的经验是策划成功的重要保证。策划团队应注重文档管理，并利用专业性软件建立项目库和知识库，加强信息和知识管理，如图2-7所示。

图2-7　策划团队应注重文档、信息和知识管理

（5）策划是一个创新求增值的过程

策划是“无中生有”的过程，十分注重创造。项目策划是根据现实情况和以往经验，对事物变化趋势做出判断，对所采取的方法、途径和程序等进行周密而系统的构思和设

计，是一种超前性的高智力活动。策划的创新不能单单是梦想，必须是可以实现的创新，这种创新所付出的代价必须有丰厚的回报，创新的目的是为了增值，通过创新带来经济效益。

(6) 策划是一个动态过程

策划工作往往是在项目前期，但是，策划工作不是一次性的，策划成果也不是一成不变的。一方面，项目策划所做的分析往往还是比较粗略，随着项目的开展，设计的细化，项目策划的内容根据项目需要和实际可能将不断丰富和深入；另一方面，项目早期策划工作的假设条件往往随着项目进展不断变化，必须对原来的假设不断验证。因此，策划结果需要根据环境和条件的不断变化，不断进行论证和调整，绝不是一成不变。

【案例 2-3】 策划的动态性：长春市基础设施项目群综合管控组织策划

根据计划安排，2010 年长春市基础设施项目群约 270 个左右，其中必须实施的项目超过 150 个，完成总投资将超过 70 亿元。作为敞口计划，力争完成总投资近 100 亿元，项目数量和类型极其众多，如图 2-8 所示。2007 年，长春市政府投资建设项目管理中心成立（编制 40 人），负责全市基础设施和政府投资建设项目的建设管理工作。如何解决项目群综合管控的挑战和压力，是建管中心面临的首要问题。

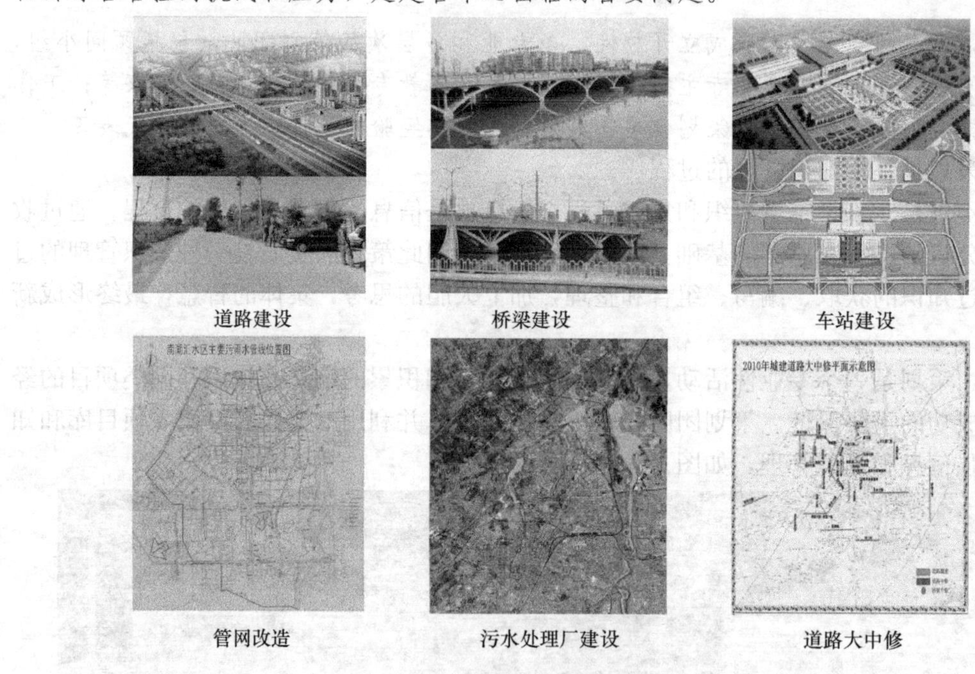

图 2-8 长春市基础设施项目类型

为此，策划小组在充分借鉴香港、深圳、上海世博会等同类项目经验的基础上，根据项目群组织管理理论，提出了长春市基础设施项目群综合管控组织框架。但由于项目组织的特殊性，组织模式反复讨论、论证与调整，并最终形成可实施方案。

- 第一阶段（初步建议稿）：根据同类项目的经验、长春市基础设施项目群综合管控面临的挑战和现状、初步设想等，建议依靠外部资源、整合内部资源、管理中心下移，组建市、区两级指挥部，形成强矩阵组织结构模式；
- 第二阶段（初步调整稿）：根据业主的设想，分析市、区两级指挥部的组建方式和面临问题，分析当前弱矩阵组织结构的问题，建议根据子项目群的不同项目特征和管理特征，形成强矩阵和弱矩阵结合的组织结构模式；

● 第三阶段（调整建议稿）：拟不成立市、区两级指挥部，将项目群分为四类，根据不同类别成立指挥部或项目部，形成强矩阵和弱矩阵结合的组织结构模式；

● 第四阶段（最终实施稿）：将项目群分为两大类（四小类），重组市政工程部和轨道办，依靠专业化、社会化资源，成立8大指挥部（项目部），管理中心下移，梳理业务条线归口管理部门，明确管理职责分工，厘清管理界面和管理程序，并下发试运行，并在实施中继续微调，如图 2-9 所示。

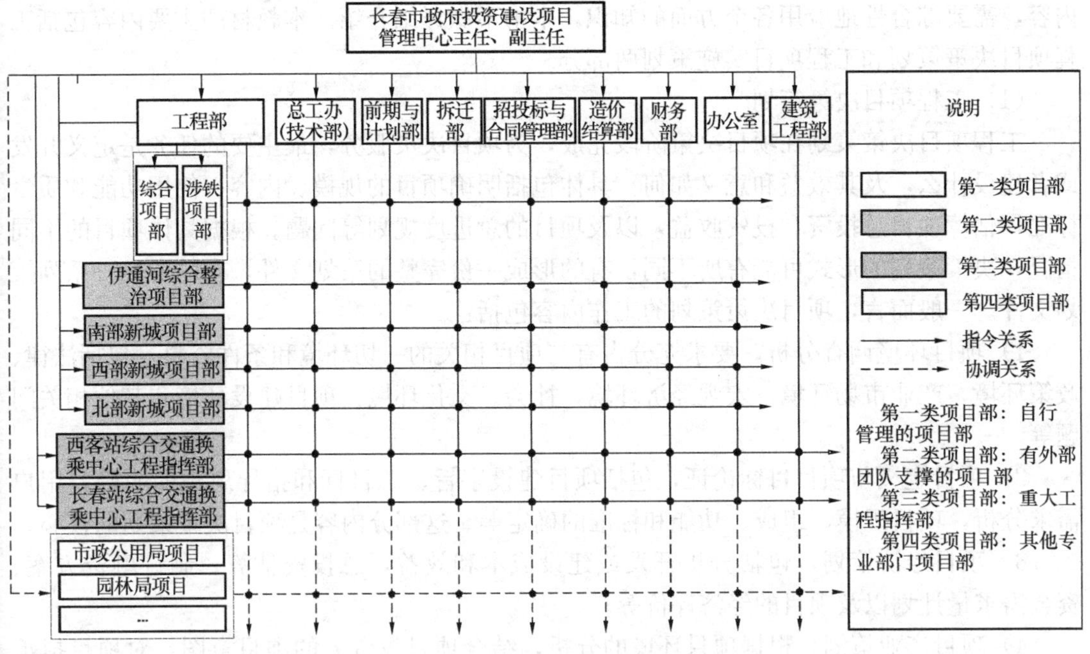

图 2-9　长春市基础设施项目群综合管控组织框架（试运行版）

2.2　工程项目前期策划类型

策划已经渗透到社会生活的方方面面，就项目策划而言，有房地产项目策划、文化活动项目策划、教育项目策划、旅游项目策划、体育活动项目策划等。每个行业的项目策划可以进一步细分，例如对房地产项目而言，按照功能的不同，可以细分为营销策划、开发策划、定位策划、运营策划等；营销策划又可以再进一步细分为产品策划、价格策划、渠道策划、广告策划、促销策划、公关策划等等。

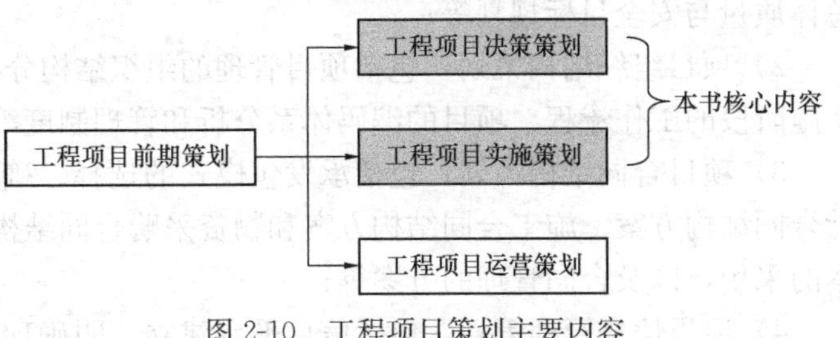

图 2-10　工程项目策划主要内容

对于建设工程项目全寿命周期而言，可根据其所处项目三大阶段的不同，分为项目决策策划、项目实施策划和项目运营策划三种，如图 2-10 所示。项目决策策划一般在项目的前期进行，主要针对项目的决策阶段，通过对项目前期的环境调查、项目基本目标的确定以及各种经济技术指标的分析，为项目的决策提供依据；项目实施策划一般在项目实施阶段之前进行，主要针对项目的实施阶段，通过对实施阶段的环境分析、项目目标的分解、建设成本和建设周期的计划安排，为项目的实施服务，使之顺利实现项目目标；项目运营策划在项目实施阶段完成之后，正式动用之前进行，用于指导项目动用准备和项目运营，并在项目运营阶段进行调整和完善。

本教材主要介绍工程项目决策策划和工程项目实施策划两部分，它们是工程项目策划的基础和核心。工程项目运营策划涉及项目试用调试、商业业态布局、物业管理等方面的内容，需要综合性地应用各个方面的知识，本书不做详细介绍。本教材的主要内容包括工程项目决策策划和工程项目实施策划两部分。

（1）工程项目决策策划

工程项目决策策划在项目决策阶段完成，为项目决策服务，最主要的任务是定义开发或者建设什么，及其效益和意义如何。具体包括明确项目的规模、内容、使用功能和质量标准，估算项目总投资和投资收益，以及项目的总进度规划等问题。根据具体项目的不同情况，决策策划的形式可能有所不同，有的形成一份完整的策划文件，有的形成一系列策划文件。一般而言，项目决策策划的工作内容包括：

1）项目环境调查分析，要求充分占有与项目相关的一切环境和条件资料，包括法律、政策环境，产业市场环境，宏观经济环境，社会、文化环境，项目建设环境和其他相关问题等。

2）项目定义与项目目标论证，包括项目建设宗旨、总目标和指导思想的明确，用户需求分析，项目规模、组成、功能和标准的确定等。这部分内容是项目决策策划的核心。

3）项目经济策划，包括分析开发或建设成本和效益，总投资估算，制订融资方案、资金需求量计划以及项目的经济评价等；

4）项目产业策划，根据项目环境的分析，结合项目投资方的项目意图，对项目拟承载产业的方向、产业发展目标、产业功能和标准进行确定和论证；

5）项目决策策划总报告，包括形成系统、完整的项目决策报告内容，以及能落实到项目实施的决策策划阶段的重要成果——设计任务书的编制。

（2）工程项目实施策划

工程项目实施策划在项目实施阶段的前期完成，为项目实施服务，其最重要的任务是定义如何组织项目的实施，确定“怎么建”，项目实施策划任务的重点和工作重心以及策划的内容与项目决策阶段的策划任务有所不同。一般而言，项目实施策划的工作包括：

1）项目实施目标分析和再论证，包括确定和编写总投资目标规划，总进度目标规划，总体质量与安全目标规划等；

2）项目组织结构策划，包括项目管理的组织结构分析、任务分工以及管理职能分工、实施阶段的工作流程、项目的编码体系分析和管理制度等；

3）项目合同结构策划，包括承发包模式的选择、确定项目管理委托的合同结构、设计合同结构方案、施工合同结构方案和物资采购合同结构方案等，确定各种合同类型和文本的采用，以及合同管理的方案等；

4）项目信息管理策划，包括信息平台建立、明确项目信息的分类与编码体系、项目信息流程图、制定项目信息流程制度和管理信息系统等；

5）项目实施策划总报告，包括形成完整详细的项目实施指导文件，包括项目建设大纲和项目建设手册等。

2.3 工程项目前期策划理论基础

建设项目前期策划是工程项目管理的重要组成部分，项目管理理论是项目前期策划重要的理论基础。根据工程项目管理基本理论，工程项目建设从整体上看是一个有明确目标的复杂系统，项目管理过程就是在项目过程中，以项目目标管理为中心，由项目组织来协调控制整个系统的有机运行，从而最终实现项目目标。本课程是工程项目管理课程的进一步深化，一般应该在学完工程项目管理课程之后，再进一步学习项目前期策划课程。

因此，项目策划要用系统论思想对项目目标、环境组织、过程、任务等进行分析，提出多个可行方案，经过评价、论证，选择最优的项目方案，项目策划是对知识的组织与集成，也是对人的思维的组织与集成，项目策划要为决策服务，其本身是一个不断决策的过程，其最终目的是为业主决策提供依据。因此，除了工程项目管理理论外，系统论、组织论、决策论等理论也是项目策划的基础理论。

（1）系统论

系统论将各种存在着内在联系的群体看作具有一定共性的整体，研究它们存在和发展的普遍规律，并建立了一套完整的理论和方法。这些思想和方法，也完全适用工程项目的决策、建设、运营过程，适用于项目策划工作。

1）系统的性质

①系统的结构指构成系统诸要素间相互作用、相互联系的内在形式；

②系统的层次指系统内部构成的层次性；

③系统可分为自然系统和人工系统。

任何系统都具备如下特性：整体性、相关性、等级秩序、目的性、环境适应性、动态性。

2）系统分析

系统分析是根据系统特点和性质，从系统的整体最优出发，采用各种分析工具和方法，对系统进行定性和定量的分析，对系统的目的、功能、环境、费用、效益等进行充分的调查研究，探索其构成发展的规律，提供解决问题的若干个可能的方案，并进行比较和优选，为决策提供可靠依据。

系统分析应贯彻下列四个原则：将系统的内部因素与外部环境条件相结合，局部情况与整体情况相结合，当前利益和长远利益相结合，定量分析与定性分析相结合。

系统分析的内容包括以下几部分：

①系统环境分析：一是确定系统与环境的边界，二是分析系统环境的要素组成及其对系统的影响程度，预测系统在环境中的发展趋势。

②系统目标分析：其目的一是认证总目标的合理性、可行性和经济性；二是按系统的层次性逐层分解总目标为基本的目标单元，并与系统的构成要素和其功能保持一致，建立目标系统。其下一层次的目标是实现上一层次目标的手段，上一层次目标是下一层次多个

目标协调均衡的结果，系统目标分解图如图 2-11 所示。

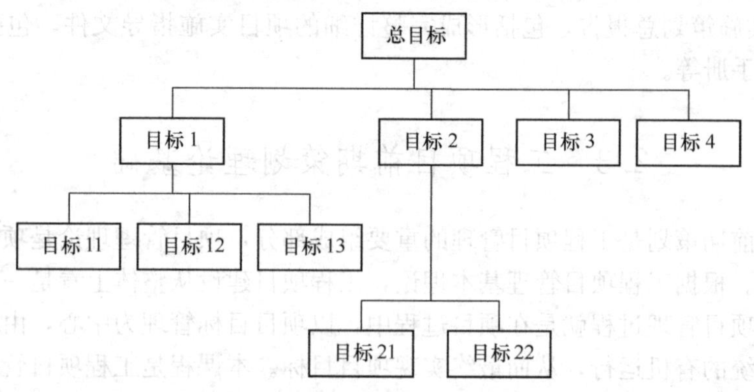

图 2-11　系统目标分解图

③系统构成分析：按照系统的整体性和层次性，分析系统的要素组成，分析各要素功能及其相互联系，分析整个系统的功能和运行机制。系统运行机制应有两个最基本的功能：自动适应外界环境；自动维持系统内部的相对平衡。

④系统过程分析：根据系统的动态性和系统的运行机制，在考虑系统环境因素的情况下，分析系统的发展变化中的种种渐变和突变过程，分析系统发展变化的方向和结果。

系统分析往往需要上述几项工作协同进行，否则很难得到全面、合理的分析结果。

3）系统控制

系统控制研究按照系统目标对系统进行控制的各种要素和操作过程，以及系统在控制下的运行机制，力求实现系统控制过程的最优化。

系统控制的要素可分为如下三个方面：

——控制目标：对系统目标进行技术性转化后得到的目标参数，往往具有多重性和相互矛盾性，需要进行综合的协调和均衡，得到最优的可行性控制目标。

——控制手段，控制手段往往也是多重性的。不同的手段，其控制作用各有所侧重。一般对多个控制手段进行组合。

——控制方式：分开环控制和闭环控制二种，复杂系统的控制方式都是闭环控制，闭环控制要求系统反馈信息及时、准确，控制系统的反应合理、迅速及时。

系统控制关键在于：选择可行最优的控制目标，建立完善的控制系统，采用合理的控制方式，达到最优的控制效果。

（2）组织论

组织论作为经典学科，形成于 1940 年以后。组织有两个含义：其一为结构性组织，指人们（单位、部门）以某种规则的结合，是一种静态的组织结构模式．如企业组织，项目管理组织等；其二为过程性组织，是对行为的筹划安排、实施控制和检查，如组织一次会议，组织一次大型活动等，对项目而言它包括了策划、计划、控制的全部工作。

本书将在第九章（工程项目实施组织策划）中，结合工程项目本身，讲解组织策划的内容。

（3）决策论

决策论主要研究内容是针对一个系统内某个问题，在系统调查、预测、信息处理基础上，根据客观需要和可能，确定其行动目标，采用一定的科学理论方法，拟订出多个可供选择的方案，并将方案及采取方案对系统的影响进行综合研究评价，按某种衡量准则，选出最优的方案。

决策根据决策条件不同可分为：确定型决策和不确定型决策，根据决策目标不同可分为：单目标决策和多目标决策。

决策的程序一般包括如下步骤和内容：

1）确定决策目标，从系统现状调查入手，进行问题分析、定义问题的性质、内容范围、原因。系统地考虑各方面需要和可能性，对决策目标的概念、时间、条件、数量四方面进行明确的界定。

2）拟订多个可行方案，根据确定的目标，收集资料和信息，系统分析各种因素，策划出多个可行方案，每个方案都要进行可行性分析。

3）应用不同决策标准（准则），按“最优”或“最满意”原则进行决策，选择最优方案。其中决策标准是方案评价与选择的依据和准则，它需考虑到两个问题：一是价值标准问题，什么是好，好的标准是什么，这通常取决于决策的需要，如果以经济效益为中心，就涉及多目标问题，价值标准不同，各目标在决策中的地位就有不同，这需要采取加权排序法处理；二是不同状态情况下决策标准问题，决定于问题所处状态，确定性决策一般可采用价值标准，不定性决策多采用期望值标准。

复习思考题

1. 什么是工程项目前期策划？它可以分为哪几种类型？

2. 工程项目前期策划的作用是什么？

3. 工程项目前期策划有哪些特点？

4. 工程项目决策策划和工程项目实施策划有什么区别？

5. 工程项目策划的理论基础有哪些？

6. 理解与辨析。威廉·M·培尼亚和史蒂文·A·帕歇尔在《建筑项目策划指导手册：问题探查》中将项目策划师和设计师的区别描述如下：“谁做什么？设计师做项目策划吗？他们可以，但是只有经过高度训练的建筑师才能在正确的时间提出正确的问题，才能区分想要的和必需的，才能把事情理出头绪。…项目策划师和设计师的技能是不同的。项目策划师和设计师是不同类型的专业人士，他们处理的问题都非常复杂，需要两种不同的思考能力，一个是分析而另一个是综合。当然，如果一个人能够同时做好分析和综合就好了。如果这样的话，他或她必须在心里交替盘算两件事情。因此，为了分清责任，这两种不同的技能应当由不同的人担任，即项目策划师和设计师。”请讨论：①文中提到的项目策划师指的面向哪个项目阶段的策划师；②项目策划师不同于设计师所应掌握的理论、方法、工具是什么；③项目策划师和设计师之间的任务界面是什么，策划师和设计师可否组成一个集成的策划与设计团队。

第三章　工程项目前期策划主要内容

3.1　工程项目决策策划

工程项目决策策划包括四个主要方面内容、一个中间成果及一系列相关报告。四个主要方面内容是指：环境调查与分析、项目定义与项目目标论证、项目经济策划和项目产业策划；一个成果是指决策策划报告完成之后需要编写的设计任务书；一系列相关报告是指决策策划所形成的各类文本或图纸资料。项目决策阶段策划的基本内容如图 3-1 所示。

3.1.1　环境调查分析

环境调查分析是项目策划工作的第一步，也是最基础的一环。因为策划是在充分占有信息和资料的前提下所进行的一种创造性劳动，因此充分占有信息是策划的先决条件，否则策划就成为了无本之木、无源之水。往往在很多情况下，如果不进行充分的环境调查，所策划的结果可能与实际情况背道而驰，得出错误的结论，并直接影响建设项目的实施。因此策划的第一步必须对影响项目策划工作的各方面环境情况进行调查和认真分析，找出影响项目建设与发展的主要因素，为后续策划工作奠定较好的基础。

以建设工程项目环境调查为例，其任务既包括对项目所处的建设环境、建筑环境、当地的自然环境、项目的市场环境、政策环境以及宏观经济环境等的客观调查（图 3-2）；也包括对项目拟发展产业及其载体的概念、特征、现状与发展趋势、促进或制约其发展的优缺点的深入分析。

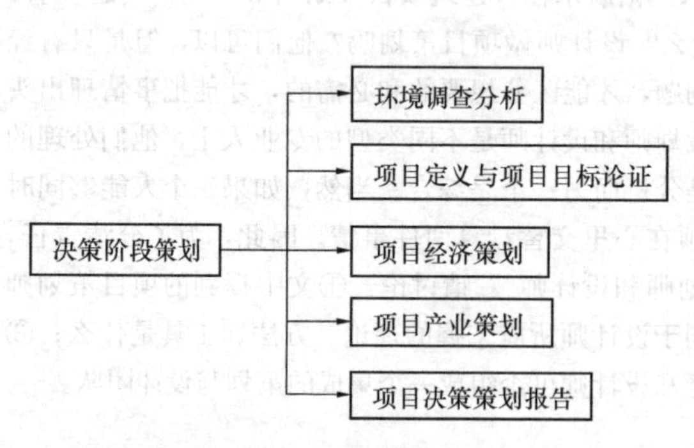

图 3-1　项目决策阶段策划的基本内容

图 3-2　现场调查是环境调查的重要环节

环境调查的工作范围为项目本身所涉及的各个方面的环境因素和环境条件，以及项目实施过程中所可能涉及的各种环境因素和环境条件。环境调查的范围和内容很多，不同项目有不同的调查内容和重点方面，应在调查前列出调查提纲。一般情况下，环境调查工作应包括以下八方面的内容，如图 3-3 所示。

1）项目周边自然环境和条件；

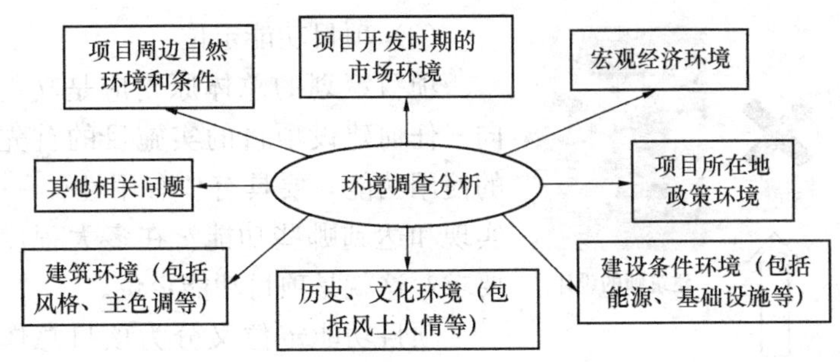

图 3-3　环境调查分析主要内容

2）项目开发时期的市场环境；

3）宏观经济环境；

4）项目所在地政策环境；

5）建设条件环境（包括能源、基础设施等）；

6）历史、文化环境（包括风土人情等）；

7）建筑环境（包括风格、主色调等）；

8）其他相关问题。

3.1.2　项目定义与项目目标论证

一个项目是否上马，要进行投入产出分析，投资估算和收益估计的相对准确性就显得尤为重要。然而要得到相对准确的投资估算，前提条件是对准备建设什么要有一个准确的定义，并且对拟建项目的规模、组成和建设标准要有一定深度的详细描述，这就是项目定义与目标论证。

项目定义与项目目标论证是将项目建设意图和初步构思，转换成定义明确、系统清晰、目标具体、具有明确可操作性的项目描述方案。它是经济评价的基础，其重点是用户需求分析与功能定位策划。项目定义与项目目标论证的基本内容常常包括以下几个方面：

（1）项目定义

项目定义确定项目实施的总体构思，是项目建设的主题思想，是对拟建项目所要达到的最终目标的高度概括，是在决策策划的其他工作基础上做出的，同时也对这些工作确定了总原则、总纲领。项目定义主要要解决两个问题：第一个问题是明确项目的初步定位。项目定位是指项目的功能、建设的内容、规模、组成等，也就是项目建设的基本蓝图。项目定义的第二个问题是明确项目的建设目标。项目的建设目标是一个系统，包括质量目标、投资目标、进度目标等三个方面。项目的质量目标，就是要明确项目建设的标准和建设档次等，投资目标在项目定义阶段应该初步明确项目建设的总投资，进度目标在项目定义阶段应该明确项目建设或开发的周期和分期实施的具体目标。

（2）项目用户需求分析

项目用户需求分析，是功能定位之源，是使策划工作科学化的源泉。通过对潜在的最终用户的活动类型进行分解，归纳出每一类最终用户的主导需求，从用户角度出发，研究使用者对功能的切身需求，从一开始就保证了设计、创新是在正确的轨道之上，把“以最终用户需求导向”落实到实处。这是下面几步工作的基础，也是用户需求分析的重要性所在（图 3-4）。用户的需求可能包括：工作需求、生活需求和其他方面需求等。

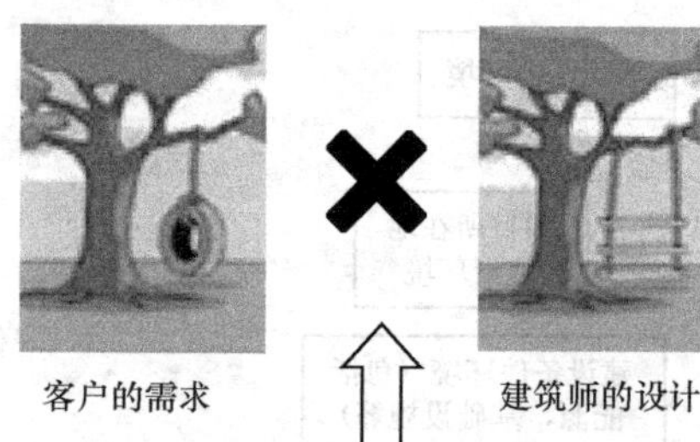

图 3-4　用户需求分析的重要性

(3) 项目功能定位

项目策划的总体原则应是功能领先、功能导向。任何建设项目的实施目的首先是要达到一定的使用功能，要具有“有用性”。一个项目究竟要实现和达到哪些功能？在多大程度上满足使用者要求？这就是项目功能定位。

项目功能定位又分为项目总体功能定位和项目具体功能分析。

项目总体功能定位是指项目基于整个宏观经济、区域经济、地域总体规划和项目产业一般特征而做出的与项目定义相一致的宏观功能定位，也是对项目定义的进一步细化，是对项目组成各部分、各局部的具体功能定位具有指导意义的总体定位。项目总体功能定位应充分重视借鉴同类项目的经验和教训，方法上应建立在同类项目功能分析的基础上并结合项目自身特点确定。

项目具体功能分析，指为了满足项目运营活动的需要，满足项目相关人群的需要，在总体功能定位的指导下对项目各组成部分拟具有的功能、设施和服务等分别详细进行的界定，主要包括明确项目的性质、项目的组成、项目的规模和质量标准等。项目具体功能分析是对项目总体功能定位的进一步分析。

项目的功能分析应进行详细的分析和讨论，是明确项目要“建什么”的关键一环，由于是在设计之前，往往得不到重视，非常模糊，给后面的经济分析和项目评价的不准确带来隐患。因此，要充分认识到这项工作的重要性，在讨论时应邀请项目投资方和项目最终使用者参与，关键问题的讨论还可邀请有关专家、专业人士参与，使项目各部分子功能详细、明确，满足项目运营的需要并具有可操作性。项目功能分析的工具之一是项目结构图。

【案例 3-1】　项目初步定位、用户需求分析和初步功能定位：科技中介服务区前期策划

案例背景见【案例 2-1】。根据该项目产业定位的发展方向、园区发展方向以及园区发展规划等，该项目最终初步定位为：

● 服务定位：立足太科园、服务新区、辐射全市、面向长三角；

● 服务目标：区域科技中介服务集聚平台、区域科技创新要素富集基地、区域科技人才发展服务中心、区域科技中介孵化培育社区；

● 服务理念：服务功能高度集聚、服务内容规范齐全、服务方式灵活便利、服务手段现代高效；

● 建设定位：一站化的企业服务、一体化的金融服务、集成化的信息服务、体系化的技术服务、规范化的法务服务、专业化的人才服务、人性化的配套服务等；

● 建设特色：便捷高效的交通区位、生态环保的社区环境、用户导向的功能空间、智能现代的办公设施等。

该项目的初步功能定位如图 3-5 所示。

而最终用户需求分析的前提是对最终用户的识别和确定。对于该项目，由于最终用户

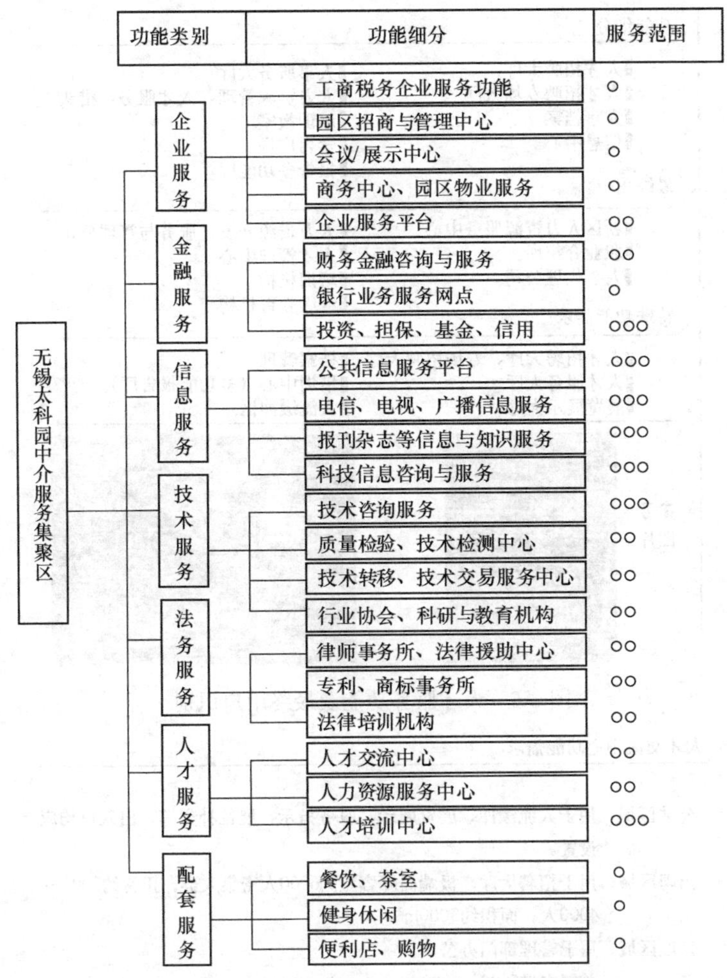

图 3-5 科技中介服务集聚区初步功能定位

较多、类型复杂，应分别进行分析。以人才服务功能为例，其功能包括人才交流中心、人才资源服务中心和人才培训中心，不同的功能细化所对应的最终用户也不同，因此需求也会不尽相同。图 3-6 为人才服务功能及最终用户识别，图 3-7 为人才交流中心和人才资源服务中心需求分析，其他略。

(4) 项目面积分配

项目面积分配也是建设工程项目决策策划中很重要的一部分，它不仅是对项目功能定位的落实和实施，而且为项目的具体规划提供设计依据和参考，使设计人员在尽可能了解建设意图的基础上，最大限度地发挥创造性思维，使规划设计方案更具合理性和可操作性。

(5) 项目定位

在最终用户需求分析、项目使用功能分析、项目面积分配等工作基础上，接下来可以对拟建项目进行相对准确的项目定位。

项目开发建设的过程中，项目定位是很重要的一个环节，关系到项目开发建设的目

功能细分

- 人才招聘大厅
- 人才招聘专场大厅
- 人事档案
- 信息中心
- 人事服务大厅
- 人力资源管理、人才服务、猎头
- 培训教室
- 学习广场
- 报告多功能厅

最终用户

- 新区人力资源服务中心
- 职业介绍所
- 人事代理公司
- 人力资源开发、服务与管理公司
- 人才管理中心
- 培训机构
- 继续教育机构

特殊功能需求

- 人才招聘大厅、专场招聘大厅
- 人才服务大厅
- 展览展示大厅
- 档案管理
- 培训中心（多功能报告厅）
- 人流缓冲区

参考图片

图 3-6 人才服务功能及最终用户识别

人才交流中心功能需求

公共区域：用于人流缓冲、展览展示、服务指示、展位补充等，出入口均应设置。

招聘区域：用于招聘大厅，极端高峰容量约6000人密集人群，正常约3000～4000人，面积约3000m²。

管理区域：用于管理部门办公。

总需求量5000～6000m²

人力资源服务中心功能需求

招聘区域：用于专场招聘以及高级人才招聘。

服务大厅：用于窗口服务，包括等候区、电子显示区等，约3000m²。

会客厅、面试区：用于会客、面试等。

办公区域：用于管理部门办公室。人力资源公司、代理公司等约8家。

总需求量6000～7000m²

图 3-7 人才交流中心和人才资源服务中心需求分析

标、功能定位，决定了项目的发展方向。一个项目只有项目定位准确，才有可能获得成功。项目定位的根本目的只有一个，即明确项目的性质、用途、建设规模、建设水准以及预计项目在社会经济发展中的地位、作用和影响力。项目定位是一种创造性的探索过程，其实质在于挖掘可能捕捉到的市场机会。项目定位的好坏，直接影响到整个项目策划的成败。

3.1.3　项目经济策划

在准确的项目定义和详细的项目目标论证基础上，接下来可以进行经济策划。事实上，以往很多可行性研究报告之所以没有足够的可靠性，原因之一就是基础工作不够翔实，没有详细的项目定义。

项目经济策划主要包括三个方面的内容，即项目总投资估算、项目融资方案策划和项目的经济评价。

项目经济策划的首要工作是进行项目总投资估算。就建设项目而言，项目的总投资估算包括了建筑安装工程费用、工程建设其他费用、预备费、建设期利息等。其中建筑安装工程费用是项目总投资中最主要的组成部分。

项目融资方案策划主要包括融资组织与融资方式的策划、项目开发融资模式的策划等。

项目的经济评价系统包括项目的国民经济评价和财务评价两个部分，它们分别从两个不同的角度对项目的经济可行性进行了分析。国民经济评价从国家、社会宏观角度出发考察项目的可行性，而财务评价则是从项目本身出发，考察其在经济上的可行性。虽然这两个方面最终的目的都是判断项目是否可行，但是它们各自侧重点不同，在实际进行项目可行性研究时，由于客观条件的限制，并不是所有的项目都进行国民经济评价，只有那些对国家和社会影响重大的项目才在项目财务评价的基础上进行国民经济评价。

3.1.4　项目产业策划

项目产业策划超出了纯粹的建筑策划的范畴，是一种比较特殊的策划内容，它从国民经济或区域经济的发展角度考虑，与行业发展规划相关，影响到项目建成后的经济发展情况，同时也影响到最终用户的人群需求分析，因此有些项目在决策策划中加入了产业策划的内容。

项目产业策划是立足产业行业环境与项目所在地的实际情况，通过对今后项目拟发展产业的市场需求和区域社会、经济发展趋势分析，分析各种资源和能力对备选产业发展的重要性以及本地区的拥有程度，从而选择确定项目主导产业的方向，并进一步构建产业发展规划和实施战略的过程。

比如进行某“企业总部基地”决策策划，首先要确定的是“什么企业”的总部基地，是高科技企业？还是房地产企业？或者不限定行业，任何企业都可以？不同的产业定位，对项目定义有不同的影响。

项目产业策划的步骤主要有：

（1）项目拟发展产业概念研究

归纳项目拟发展产业及其载体的概念、特征，影响该产业发展的促进或制约因素。作为项目产业策划的基础。如3-8为软件及信息服务业产业及细分。

（2）项目产业市场环境发展现状研究

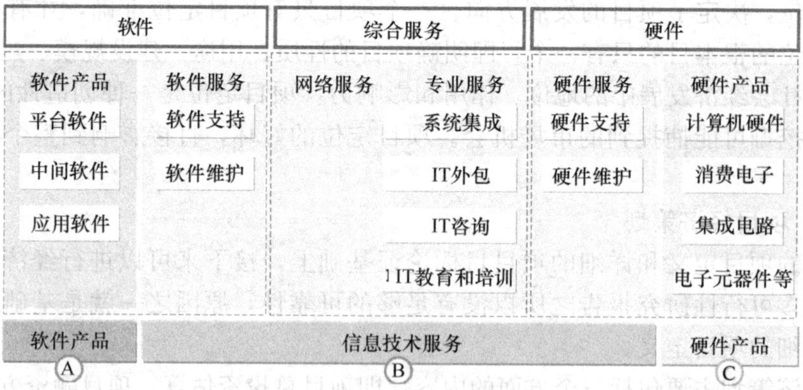

软件
综合服务
硬件
软件产品　软件服务　网络服务　专业服务　硬件服务　硬件产品
平台软件　软件支持　系统集成　硬件支持　计算机硬件
中间软件　软件维护　IT外包　硬件维护　消费电子
应用软件　IT咨询　集成电路
IT教育和培训　电子元器件等
软件产品 A　信息技术服务 B　硬件产品 C

图 3-8　软件及信息服务产业及细分

通过对项目拟发展产业的宏观市场环境分析和项目所在地产业发展现状的研究，判断拟发展产业目前在国家的总体发展情况及本地区产业在市场中所处的水平，并针对性的制定竞争措施。

(3) 项目产业市场需求的分析

市场需求是产业发展的原动力，项目产业辐射区域有效市场容量的分析是制定项目产业发展目标的基础。其具体工作包括，项目产业辐射区域市场容量测算、项目产业发展需求分析等。

(4) 城市社会、经济发展趋势的研究

与产业相关的城市社会、经济发展趋势是产业长远发展的重要推动或制约力量。产业策划作为战略层面的方向性研究，必须对影响拟发展产业的城市社会、经济发展趋势进行分析，就城市社会、经济发展趋势对产业发展可能带来的优势或劣势进行判断，并进一步就城市社会、经济发展趋势可能导致的产业发展优势或劣势提出相应的促进措施或预防、风险转移措施。

(5) 项目所在地拟发展产业优、劣势分析

在前期项目所在地环境调查的基础上，研究项目所在地对拟发展产业可能带来的优势与劣势，重点归纳制约项目所在地拟发展产业的不利因素，制定针对性的完善措施，为产业发展规划提供基础。图 3-9 为无锡太科园发展软件及信息服务产业的优劣势分析。

(6) 项目产业发展规划

在上述产业概念、市场需求及定位以及项目所在地环境分析的基础上，项目产业策划最终可以确定项目产业的发展规划，并进一步构建具体的实施战略和辅助措施。项目产业发展规划是指项目产业发展的目标体系，它是基于对城市社会、经济发展趋势和国内外产业市场发展态势的综合分析制定的。产业实施战略和辅助措施则是具体落实产业发展规划的方法和途径。无锡太科园的产业发展规划最终为图 3-10 所示。

3.1.5　项目决策策划报告

项目决策策划报告是对决策阶段工作的总结，是决策策划成果的表现形式。项目决策策划报告从形式上可以是一本总报告，也可以是几本专题报告，图 3-11 为嘉定新城科技总部基地项目策划系列报告。从内容上，项目决策策划报告一般包括以下几个

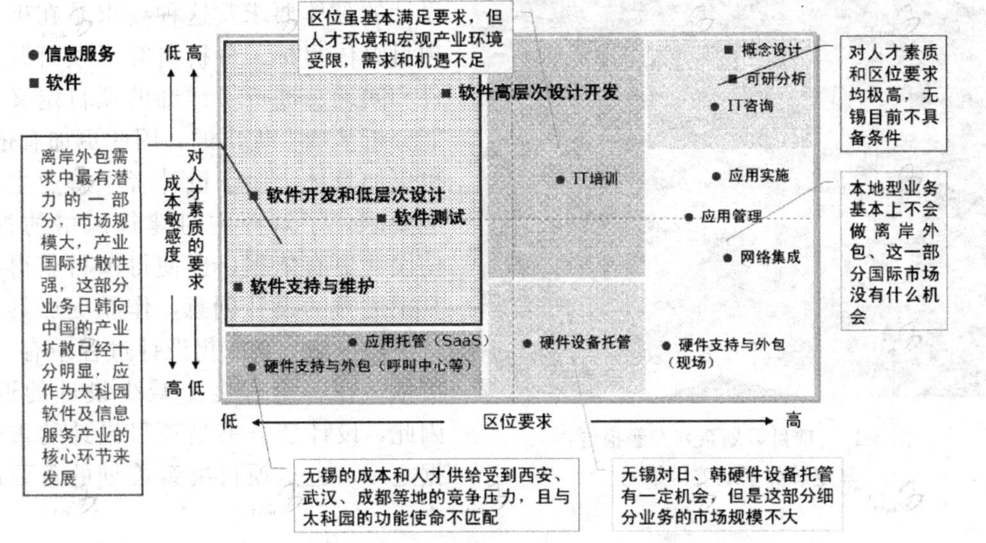

图 3-9　产业发展优劣势分析：无锡太科园的一个示例

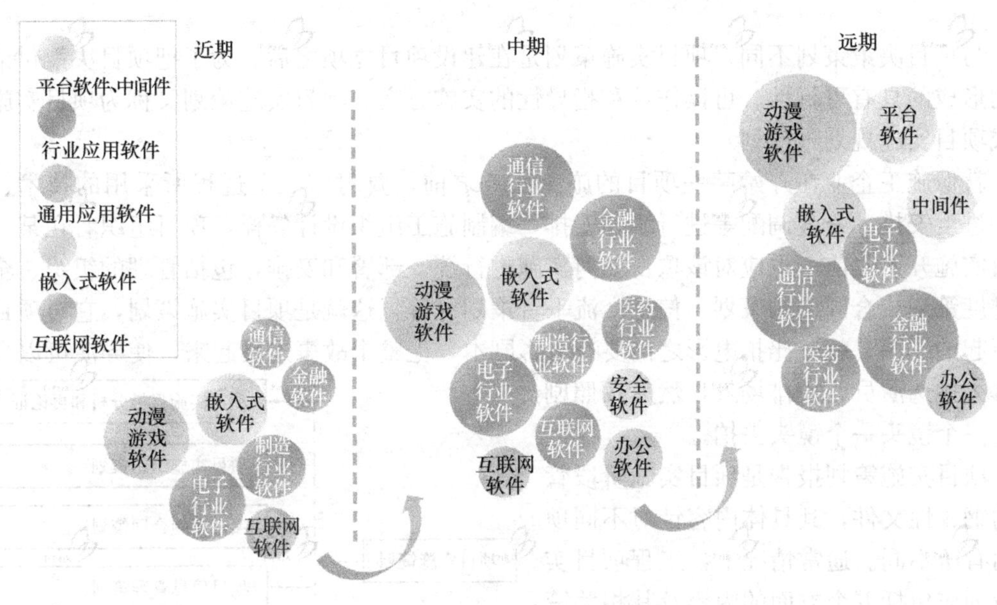

图 3-10　产业发展规划：无锡太科园的一个示例

部分：

1）环境调查分析报告；

2）项目定义与目标论证报告；

3）项目经济策划报告；

4）项目产业策划报告；

5）设计任务书。

其中，设计任务书是项目决策策划最终成果中的一项重要内容。设计任务书是对项目

图 3-11　项目策划系列专题报告：嘉定总部基地项目策划

设计的具体要求，这种要求是在确定了项目总体目标、分析研究了项目开发条件和问题、进行了详细的项目定义和功能分析基础上提出的，因此更加有依据，也更加具体，便于设计者了解业主的功能要求，了解业主对建筑风格的喜好，使设计更有依据，也使得项目获得一个真正优秀的设计创意，作品更加具有可行性，也使后续深化设计过程中有“法”可依，在一定程度上减少设计的返工。因此，设计任务书是项目设计的重要依据之一，也是项目决策策划的重要成果之一。

3.2　工程项目实施策划

与项目决策策划不同，项目实施策划是在建设项目立项之后，为了把项目决策付诸实施而形成的具有可行性、可操作性和指导性的实施方案。项目实施策划又称为项目实施方案或项目实施规划（计划）。

就像施工企业在开始某一项目的施工任务之前，要对施工全过程所采用的技术、方案、进度安排、资金调配等进行统筹安排，编制施工组织设计一样，项目组织者在某一个项目实施开始之前，也应对该项目如何实施进行统一部署和安排，包括管理的组织、全过程进度策划、合同结构策划、信息交流平台策划等等，这就是项目实施策划，它对项目实施所起的作用，就好比拍电影之前要有电影剧本，把整个故事连贯起来，使导演可以拿着剧本去挑选演员、安排场景，然后按照剧本，一个镜头一个镜头去拍。

项目实施策划报告是项目实施阶段管理的纲领性文件，其具体内容针对不同项目而有所不同。通常情况下，工程项目实施策划应包括五个方面的内容及其相关策划报告，五个方面内容分别是：项目实施目标分析和再论证、项目实施组织策划、项目实施合同策划、项目信息管理策划和项目目标控制策划。项目实施阶段策划的基本内容如图 3-12 所示。

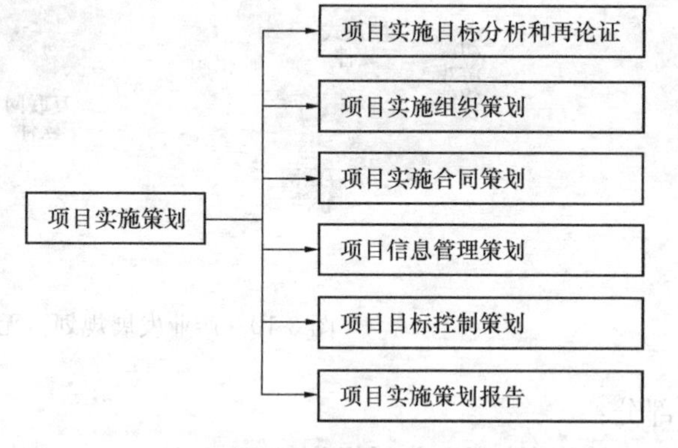

图 3-12　项目实施阶段策划的基本内容

3.2.1　项目实施目标分析和再论证

项目管理的核心是目标控制，因此在项目实施前明确项目目标是关键。在项目决策策划中已经对投资、进度和质量目标进行了初步分析，但是在项目真正开始实施之前，必须对项目目标进一步分析和再论证，以对实施总体部署和安排确定行动纲领。

项目目标的分析和再论证是项目实施策划的基础。应根据项目实施的内外部客观条件重新对项目决策策划中提出的项目性质和项目目标进行分析和调整，进一步明确项目实施的目标规划，以满足项目自身的经济效益定位和社会效益定位。因此在项目实施目标控制策划中，只有从项目业主方的角度出发，才能统筹全局，把握整个项目管理的目标和方向。项目目标的分析和再论证主要包括三大目标规划内容：

1）投资目标规划，在项目决策策划中的总投资估算基础上编制；

2）进度目标规划，在项目决策策划中的总进度纲要基础上编制；

3）质量目标规划，在项目决策策划中的项目定义、功能分析与面积分配等基础上编制。

项目实施总目标将在以后的项目实施过程中不断细化、优化或调整。

3.2.2 项目实施组织策划

项目实施组织是指为实现项目目标，参与项目的所有人、单位或机构的组织，其中重点是项目业主方的组织，以及业主方与其他参与方之间的关系。

项目实施的组织策划是指为确保项目目标的实现，在项目开始实施之前以及项目实施前期，针对项目的实施阶段，逐步建立一整套项目实施期的科学化、规范化的管理模式和组织，即对项目参与各方，特别是业主方和代表业主利益的项目管理方在整个建设项目实施过程中的组织结构、岗位设置、指令关系、任务分工和管理职能分工、工作流程等进行严格定义，为项目的实施服务，使之顺利实现项目目标。组织策划是项目实施策划的核心内容，是实现有效的项目管理的基础。许多大型项目管理的实践，第一步就是理顺组织关系。项目实施的组织策划是项目实施的“立法”文件，是项目参与各方开展工作必须遵守的指导性文件。组织策划一般包括以下内容：

（1）组织结构策划

组织结构包括机构的设置、单位以及部门的划分、指令关系的确定等。组织结构策划的工具之一是组织结构图，在组织结构图中，重点明确反映单位以及部门之间的指令关系。

根据组织论的基本原理，组织结构按照指令关系的不同划分为三种基本组织结构：线性组织结构、职能组织结构和矩阵组织结构，项目管理组织结构策划就是以这三种基本模式为基础，根据项目实际环境情况分析，应用其中一种基本组织形式或多种基本组织形式组合设计，形成本项目的组织结构体系。

（2）任务分工策划

项目管理任务分工是对项目组织结构的说明和补充，是在工作任务分工的基础上，将组织结构中各单位部门或个体的职责进行细化扩展，体现每项工作的主责、配合和协办部门，它也是项目管理组织策划的重要内容。项目管理任务分工体现组织结构中各单位部门或个体的职责任务范围，从而为各单位部门或个体指出工作的方向，明确要做什么，将多方向的参与力量整合到同一个有利于项目开展的合力方向。

（3）管理职能分工策划

管理职能分工就是明确每一项工作任务的具体责任单位或部门，明确组织中各任务承担者的职能分配。它以工作任务为中心，规定任务相关部门对于此任务承担何种管理职能。管理职能分工表是进行管理职能分工的一种工具，它明确了每一项工作任务由谁承担计划职能、谁承担决策职能、谁承担执行职能、谁承担检查职能。

管理职能分工与任务分工一样也是组织结构的补充和说明，体现对于一项工作任务，组织中各任务承担者管理职能上的分工，与任务分工一起统称为组织分工，是组织结构策划的又一项重要内容。

（4）工作流程策划

工作流程是指把工作任务分解后，进一步明确这些工作在时间上和空间上的先后开展顺序。其工具之一是工作流程图，非常清晰地反映了工作与工作之间的开展顺序，以便于管理。

项目管理涉及众多工作，必然产生数量庞大的工作流程。依据建设项目管理的任务，项目管理工作流程可分为投资控制、进度控制、质量控制、合同与招投标管理工作流程等等，每一流程又可随工程实际情况细化成众多子流程。

（5）管理制度策划

落后的管理体现在工作的无序性、盲目性和忙乱性，先进的管理体现在工作的标准化、规范化和流程化。管理工作制度化是科学管理的体现。

工程项目中涉及众多参与单位，必须制定一系列相关管理制度，以确保处理好项目过程中存在的各种关系，并使得各项管理标准化、制度化，提高办事效率。管理制度应涵盖项目管理工作的方方面面，大到投资控制制度、合同管理制度、采购制度，小到办公制度、会议制度、考勤制度、印章管理制度、劳动用品发放制度、车辆使用管理制度、值班制度等等各项内容。

3.2.3 项目实施合同策划

理顺项目参与单位之间的关系，是项目实施策划的重要任务之一。而项目参与方之间错综复杂的关系，归纳起来最重要的是三大关系：指令关系、合同关系和信息交流关系。组织策划解决指令关系，而合同策划则重点解决合同关系。

项目实施合同策划是策划工作中非常重要的一项内容，因为项目许多工作需要委托专业人士、专业单位承担，而委托与被委托关系需要通过合同关系来体现，如果不能很好地管理这些合同关系，项目实施的进展就会受到干扰，并会对项目实施的目标产生不利影响。

合同策划主要包括：合同结构模式策划、承发包模式策划、合同类型策划，合同文本策划以及合同管理策划等等。

3.2.4 项目信息管理策划

信息管理是指对信息的收集、加工、整理、存储、传递与应用等一系列工作的总称，信息管理的目的是通过有组织的信息流通，使决策者能及时、准确地获得相应的信息。对于建设工程项目而言，信息管理主要是指在建设项目决策和实施的全过程中，对工程建设信息的获取、存储、存档、处理和交流进行合理的组织和控制，其目的在于通过有组织的信息流通，使项目管理人员能够及时掌握完整、准确的信息，了解项目实际进展情况并对项目进行有效的控制，同时为进行科学决策提供可靠的依据。

信息管理策划重点解决项目参与方之间的信息交流方式，明确其相互之间的信息传递关系。项目信息管理策划主要内容包括：项目信息分类策划、项目信息编码体系策划、项目信息流程策划、项目信息管理制度策划、项目管理信息系统以及项目信息平台策划等。

3.2.5　项目目标控制策划

项目实施目标控制策划是项目实施策划的重要内容。它是依据项目目标规划，制订项目实施中的质量与安全、投资、进度目标控制的方案与实施细则。

项目目标控制策划主要包括三个方面：投资目标控制策划、进度目标控制策划以及质量与安全目标控制策划。鉴于三大目标的系统性，项目实施阶段的目标控制策划也应坚持系统的观点，在矛盾中求得统一。既要注意到多方目标策划的均衡，又要充分保证各阶段目标策划的质量。在项目目标控制策划中，还应考虑将主动控制和被动控制充分结合，即项目实施阶段的目标组合控制策划。

3.2.6　项目实施策划报告

项目实施策划报告是实施策划阶段的工作成果和总结，是对项目实施阶段工作的指导和纲领性文件。从形式上看，项目实施策划报告可以是一本总报告，也可以是一系列分报告；或者既有总报告，又有分报告。总报告的形式也有多种，如项目建设管理规划、项目建设大纲等等；分报告的形式也很多，如管理的工作手册、制度汇编等等。或者分别形成下列报告：

1）项目实施目标分析和再论证报告；

2）项目实施组织策划报告；

3）项目实施合同策划报告；

4）项目信息管理策划报告；

5）项目目标控制策划报告。

其中目标分析和再论证报告又有多种形式，或者分别形成总进度纲要、总投资规划、总体质量目标报告等等。项目建设大纲是目前许多项目所采用的实施策划总报告形式。建设大纲是项目实施的“立法文件”，它是项目实施过程中各相关部门开展工作必须遵守的指导性文件，是从宏观上、整体上对项目各项工作开展做出的规定。编制项目建设大纲的根本目的是确保项目建设按既定计划实现，其核心内容应涵盖项目管理的全部工作内容：明确项目建设目标；明确组织分工与协作；明确项目进度控制、投资控制、质量控制和合同管理、信息管理等要求。

【案例 3-2】　中国 2010 年上海世博会工程项目管理标准化、制度化体系上海世博会项目建立的项目管理标准化、制度化体系的系统层次如图 3-13 所示。各层次的内容形成了一个有机的协同整体，并且各层次内容清晰，不交叉，不存在重复、盲区等。

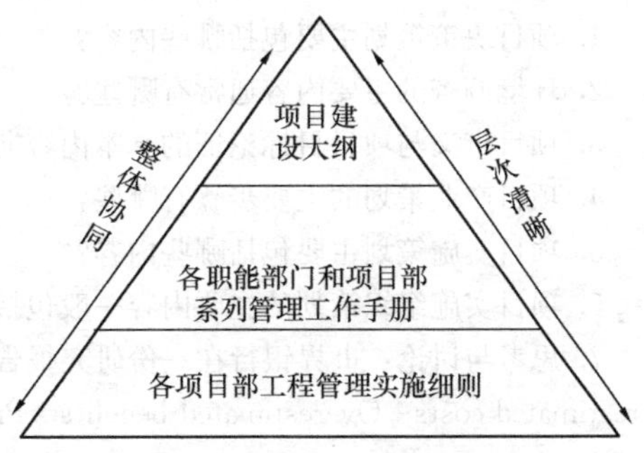

图 3-13　中国 2010 年上海世博会项目规范化制度体系

(1) 建设大纲

整个项目的实施、各项目部的运作规章、各职能部门的操作守则都应以项目建设大纲为指导，因此建设大纲必须具有宏观的指导性，系统地指导各职能部门管理手册的编制、各项目部实施规划的制订等。建设大纲必须掌握整体的宏观性及实施工作的科学指导性，提纲挈领地指导具体工作的实施、运作。

建设大纲是为了确保项目建设目标的实现，对项目建设过程中的组织、管理、经济和技术等方面因素和问题进行系统地分析、计划和安排，使项目管理组织的工作有正确的方向和明确的目的，同时形成项目管理组织各职能部门和项目管理部的职责和明确的分工，根据工程建设要求，确保项目建设按既定计划实现。

编制建设大纲将使项目管理组织逐步建立一整套项目实施期的科学化、规范化的管理组织体系，明确各职能部门以及项目部在整个建设项目实施过程中的岗位设置和管理职能分工，确定各项管理工作的基本模式及重点，促进对建设目标的实现。

(2) 各职能部门管理手册

在建设大纲的宏观指导下，制订各职能处室的管理手册，管理手册是对建设大纲的细化补充，将建设大纲中宏观的指导思想，项目建设的目标落实到各职能部门的具体操作细则上，从而保证各职能部门的工作有章可循，并最有效地减少了建设项目实施的交易费用。

职能部门的管理手册是对各职能部门主要工作内容、工作范围等界定，同时明晰处室主要的管理手段、方法，制订处室的运行规章制度。虽然建设项目组织具有临时性和高度的动态性，更需要具体的管理制度规范组织的运行规则，保障组织内部信息、指令关系的流通。

(3) 各项目部的实施细则

项目部的实施细则是在建设大纲和职能部门管理手册指导下进行的，比如说其目标进度计划应当是在建设大纲总体进度计划的规定下进一步的细化，以里程碑事件为关键控制点，明确各项目的实施的关键节点。

项目部的实施细则对上必须贯彻建设大纲的所有目标、指导思想，同时必须能与各处室的管理手册能有效衔接，对下能够直接指导项目的具体实施，指导各项目部组织的运作，项目的有效管理。各项目部的实施手册以本项目的实施为主要目标，但同时必须综合考虑与同级项目之间界面的处理，包括技术系统界面、组织界面、合同界面等。保证项目进度的有机衔接、项目成本的合理控制等。

复习思考题

1. 项目决策策划主要包括哪些内容？
2. 环境调查的主要内容通常有哪些？
3. 项目定义与项目目标论证的基本内容通常包括哪几部分？
4. 项目产业策划的主要步骤有哪些？
5. 项目实施策划主要包括哪些内容？
6. 项目实施组织策划的主要内容一般包括哪些方面？
7. 思考与讨论：世界银行在一份研究报告中提到目前项目建议书存在的通病，用公式说明即：Underestimated costs＋Overestimated benefits＝Project approval（最小化成本＋最大化收益＝项目批准）[1]

[1] 摘自：World Bank Policy Research Working Paper 3781 (2005.12)

第二篇　工程项目决策策划

1990 年清华大学庄惟敏到日本国立千叶大学读博士[1]。在第一次研讨会上，日本导师服部先生笑容可掬地请他向研究室讲一讲在国内的作品。他取出北京东方艺术大厦（现称北京希尔顿，如图 4-1 所示）的图纸、照片和幻灯，开始给大家展示介绍。本以为导师会赞叹两句给出个评价，可出乎意料，导师没有评价而是发问：

“从北京东方艺术大厦的设计中可以看出你们卓有成效的工作成果，可是我要问一句，你们的设计依据是什么？”

“是业主的设计任务书和国家有关规范。”

“可业主的设计任务书是如何制定的呢？”

“是根据项目投资立项，遵照有关规划条件，由业主（或委托专家）依照经验而制定的。”

“那么单凭业主的经验，对现代生活的特征、现代建筑的使用方式及社会经济发展新模式的客观了解和调查有多少呢？”

图 4-1　北京希尔顿大厦

“——？”

“这一设计任务书的科学性和逻辑性以及对建成后使用实效的预测又如何呢？”

“——？”

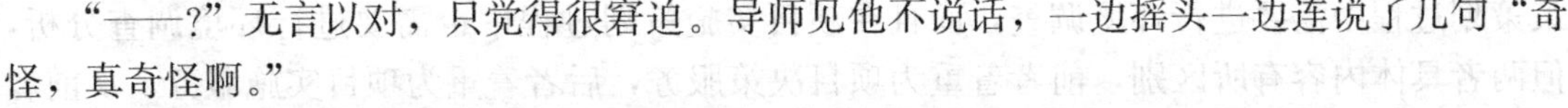

“建筑师在这种被动的环境中进行创作感受如何？”

“——？”无言以对，只觉得很窘迫。导师见他不说话，一边摇头一边连说了几句“奇怪，真奇怪啊。”

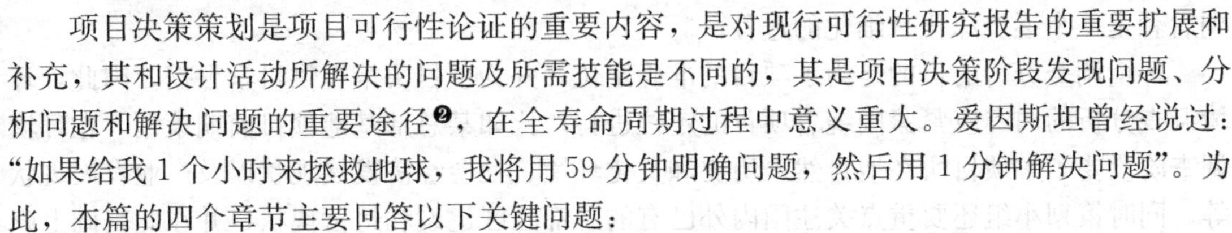

项目决策策划是项目可行性论证的重要内容，是对现行可行性研究报告的重要扩展和补充，其和设计活动所解决的问题及所需技能是不同的，其是项目决策阶段发现问题、分析问题和解决问题的重要途径[2]，在全寿命周期过程中意义重大。爱因斯坦曾经说过：“如果给我 1 个小时来拯救地球，我将用 59 分钟明确问题，然后用 1 分钟解决问题”。为此，本篇的四个章节主要回答以下关键问题：

（1）如何开展前期策划的第一步：环境调查分析？

（2）如何进行项目定义、功能分析、面积分配和项目定位？

（3）如何在前期进行总投资估算？如何进行经济可行性论证？有哪些融资方案？

（4）若需要，如何进行产业策划？

---

[1] 庄惟敏，关于建筑策划——由一次尴尬的谈话引出的．建筑，2001，6.

[2] 有关建筑策划和建筑设计的不同，可参见威廉·M·培尼亚等著《建筑项目策划指导手册：问题探查》（第四版）及罗伯特·G·赫什伯格等著《建筑策划与前期管理》等著作。

第四章 环 境 调 查 分 析

充分占有信息是工程项目策划的先决条件，否则策划工作将成为照本宣科、纸上谈兵，缺乏针对性、结论将缺乏真实性。而信息的充分占有要通过环境调查与分析，这是项目策划工作的第一步，也是最基础的一环。如果不进行充分的环境调查，所策划的结果可能与实际需求背道而驰，得出错误的结论，并直接影响建设项目的实施。

本章主要内容包括概述、环境调查准备工作、环境调查实施工作以及环境调查分析报告的基本格式和内容。

4.1 概 述

(1) 环境调查分析的目的

策划的过程是知识管理与创新的过程，因此，无论是大型城市开发项目策划还是单体建筑策划，都需要进行多种信息的收集。科学的项目决策建立在可靠的项目环境调查和准确的项目背景分析基础上。环境调查分析是对影响项目策划工作的各方面环境进行调查，并进行认真分析，找出影响项目建设与发展的主要因素，为后续策划工作提供较好的基础。

对不同类型的工程项目，其环境调查内容不尽相同，而且在项目生命期的过程中，环境调查因不同的主体（业主、投资者、开发者等）、不同的需求，有不同的调查内容、范围和深度，需要根据具体情况确定调查方案。

环境调查分析是项目决策策划的第一步，也是整个项目策划的基础，因此不仅项目决策策划过程中需要进行环境调查，而且在项目实施策划过程中也需要进行环境调查分析，但两者具体内容有所区别，前者着重为项目决策服务，后者着重为项目实施服务，从前者到后者是一个逐步深化、细化的过程。

环境调查分析的目的是为了项目的准确定位，并为项目决策提供科学根据。因此，环境调查分析的内容应紧紧围绕着项目的定位进行。比如某总部基地项目前期策划，在环境调查阶段要了解项目所在地自然、历史和文化环境、社会经济发展现状以及产业发展现状等，同时策划小组还要重点关注国内外已有的总部园区建设和运营现状，并在此基础上归纳和分析什么是总部经济、总部经济形成的条件是什么和总部经济的载体是什么等问题，进而分析总部园区的主要功能及一般的配套要求，据此可以确定各类功能空间的建筑规模。在功能定位中要分析区内是否需要一定量的具有生活服务配套的功能空间，如餐饮、居住、休闲娱乐、酒店等，这就要求进行周边环境的调查，摸清周边的配套情况，防止功能的重叠。此外，周边环境可能对项目策划产生重要影响，如图 4-2 所示。因此可以说，在策划前进行充分的环境调查与分析是项目准确定位的基础和前提。

(2) 环境调查分析的原则

环境调查所获得的信息的可靠性直接关系到项目决策的科学性，因此保证项目环境调查的质量非常重要，环境调查工作必须坚持以下原则：

1）科学性原则。科学性原则包括两层含义：

第一，项目环境调查必须坚持实事求是的科学精神，保证调查信息的客观性，不能靠主观的想象来代替对客观事物的调查。调查者必须站在客观的角度考虑问题，不能因为调查者本身同时也是项目利益相关者而影响了对客观事实的判断。

图 4-2　周边环境可能对项目策划产生重要影响：例如 F1 赛场

第二，环境调查的科学性原则还要求调查者能够透过事物的现象看到事物的本质，理解现象发生的原因。要用科学的方法对调查获得的信息进行分析、归纳和提炼，成为可供指导决策的有用知识。

2）系统性原则。环境调查的系统性原则要求环境调查者不能以偏概全，仅仅掌握部分的环境信息就轻易下结论，要全面系统地对项目所处的环境进行调查，然后得出结论。例如只调查了市场旺盛的需求状况，而没有调查市场供给的情况，容易对项目的前景产生盲目的乐观，可能会导致错误决策的发生。

3）复合性原则。复合性要求是指要求环境调查者运用多种方法、多种途径分别对项目环境的要素进行调查，信息的来源可以通过多种渠道，调查的方式可以采取多种手段，调查的结果应相互补充、相互验证，从而提高项目环境调查的综合性和可靠性。例如，利用互联网是一种较好的文献调研方法，如图 4-3 所示。

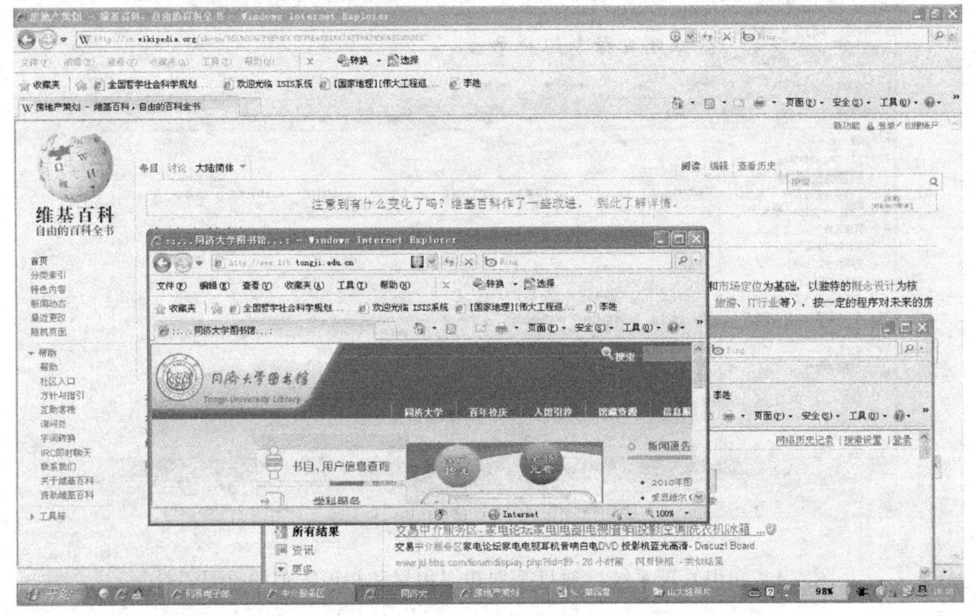

图 4-3　互联网：信息和文献检索的重要方法

4）重点导向性原则。环境调查的目的是为项目前期策划提供依据和基础，这对策划工作为项目增值具有非常重要的意义，其本身也是项目增值过程之一。但是同时也应该注意到，项目环境调查工作是需要投入成本的，调查者要使用一定的人力、物力、财力和时间来完成工作。项目前期策划的资源是有限的。因此要在尽可能全面、系统的前提下，应该更加关心那些对项目增值影响大的方面进行调查。也就是说，项目环境调查工作，既要做到面面俱到，又要突出重点，有所选择。选择的标准是环境因素对项目增值影响力的大小。

5）前瞻性原则。项目前期策划是预先对未来项目进行策划，因此，项目环境调查工作一定要具有前瞻性和预见性，不仅要对过去市场的现状进行详细的调查和分析，提出进入市场的机会和存在的风险，还要对市场将来的变化做出分析和预测，这是项目策划者必须注意的问题。市场总是千变万化的，今天非常畅销的产品明天可能会供过于求，反过来今天市场上没有的产品和服务正是明天的机会所在。项目环境调查的前瞻性原则要求调查者对市场具有敏锐的直觉和极强的归纳能力，能够从调查对象者提供的没有规律的信息中找到市场的切入点和将来发展的方向。我国有些大型工业投资项目投产之日即为停产之时，就是因为项目决策阶段没有做具有前瞻性的市场调查，项目的实施期间市场发生了巨大的变化，导致了项目的失败。

（3）环境调查分析的工作方法

在策划过程中，知识的积累至关重要，而知识的来源不仅包括自身的知识积累，也包括他人的经验总结，所以在策划过程中要充分吸收多方的经验和知识，建立开放的策划组织。对于专业化的策划组织，往往会建立知识管理系统进行信息和知识的积累与管理，如图 4-4 所示。

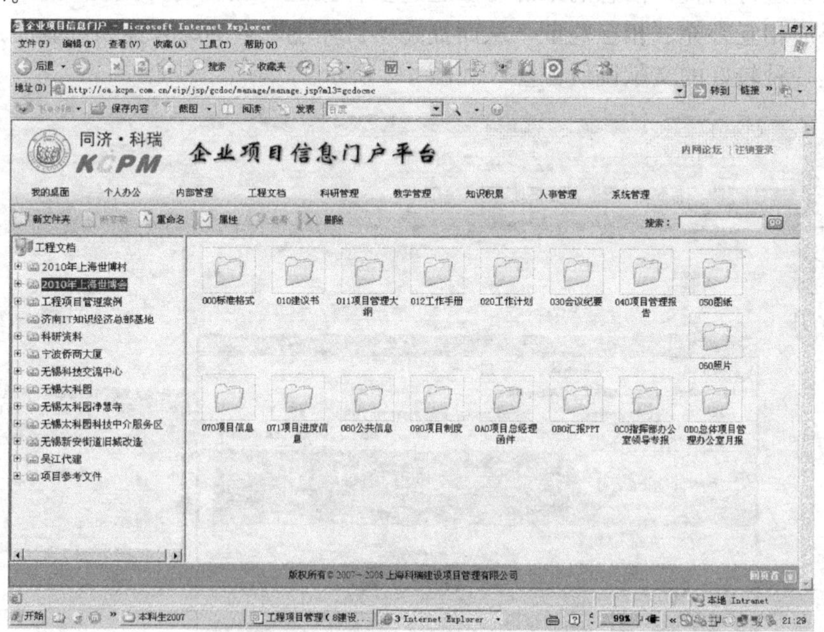

图 4-4　知识管理系统：项目策划知识积累和知识管理的重要工具

环境调查有多种途径和方法，这些途径和方法在项目策划时一般都会用到，但考虑到资料的积累和重复利用问题，应注意知识管理的应用，使信息发挥更大的价值，并为后期的重复利用提供方便。一般而言，环境调查的方法包括现场实地考察、相关部门走访、有关人员（群）访谈、文献调查与研究、问卷调查等方法（具体内容见本章4.3节）。

（4）环境调查分析的工作要点

在环境调查分析过程中，不同项目的环境调查分析重点不同，事先应确定调查方案，注意把握重点部分内容。从总体上讲，环境调查应以项目为基本出发点，将项目实施可能涉及的所有环境因素进行系统性地思考，以其中对项目影响较大的核心因素为调查的重点，尤其应将项目策划和项目实施所需要依据、利用的关键因素和条件作为主要的考虑对象，进行全面深入的调查。

环境调查工作应该注意把握以下几个要点：

1）立足于项目实施，重在环境分析

环境分析的对象是影响项目实施的环境因素，目的是使项目实施能充分适应环境，无关项目实施的环境因素无需考虑。而“策划”是考虑项目实施范围内的对策，是在环境分析的基础上，对项目实施应采取的措施进行策划，而不是对大规模的环境工程进行策划。因而，工作的重点在于根据项目实施的需要进行环境分析。

2）不可忽视项目的系统性、环境的整体性

项目的多个环境因素相互影响、相互制约，往往牵一发而动全身。因此，对环境因素的分析、对环境变化的预测应具有整体性观念，考虑项目实施的对策时应注意项目的系统性，以及各项环境因素相互之间的作用和影响。

3）重视稳定环境中的不稳定因素

在项目实施过程持续的有限时间内，项目环境一般表现出相对稳定的状态，对项目实施的影响表现为持续的制约作用。但如果其中个别因素发生突然变化，它对项目实施的影响则表现为比较强烈的刺激作用。显然，环境因素的变化难以分析、难以预防，这种动态性具有较大的影响作用，需要在分析、策划中充分重视。

（5）环境调查分析的步骤

项目环境调查工作涉及面广，工作量大，必须要有组织、有计划地进行。一般项目环境调查工作可以按照以下步骤进行，如图4-5所示。

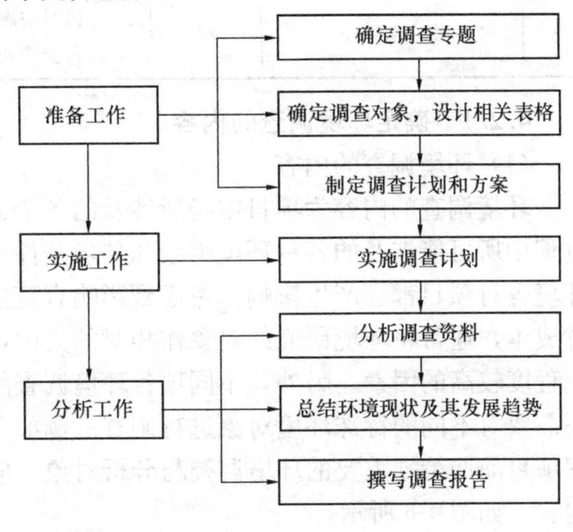

图4-5 环境调查一般步骤

1）环境调查的准备工作。环境调查前期，需要进行大量的准备工作，包括确定调查专题，确定调查对象、设计相关表格，以及制订调查计划和方案。

2）环境调查的实施，即具体实施环境调查计划。有些项目要求对调查工作进行分工，即分组进行调查，回来后进行汇总。

3）环境调查的分析。环境调查实施完成后，具备了大量的项目素材和资料，如何分析资料并提炼出有利于项目增值的信息是下一步的关键。其主要包括分析调查资料，得出环境的现状和发展趋势，以及撰写调查报告三个主要内容。环境调查分析是对整个调查过程的总结，是将调查到的信息和分析预测结果书面化，提出调查的结论和建议，最终将形成的调查报告，光调查不分析，只是资料的堆砌，对决策的策划毫无意义，这也往往是在项目定位时容易犯的通病，应引起重视。

4.2 环境调查的准备工作

由于环境调查的涉及面广，被调查者往往来自不同的行业，有着不同的知识背景和专业特长，而且环境调查各个方面要求的调查深度不同，有的需要得到很精确的数据，有的则只需要得到一个宏观的概况，所以在正式进行环境调查工作之前，调查人员有必要做好详细周全的准备工作，这样可以有针对性、有条理性地展开环境调查实施工作，提高工作效率。环境调查准备工作的步骤包括：确定环境调查的内容、确定环境调查的对象、列出环境调查的提纲，形成完整的环境调查计划和方案，表 4-1 为嘉定新城科技总部园区项目策划第一阶段调研与访谈计划。

调研与访谈计划：项目工作开展的重要准备工作 **表 4-1**

编号	访谈部门	被访谈人	被访者职务	访谈人	访谈时间
1	新城发展有限公司	略		乐、何、李	05.7.7 15：30—17：00
	新城发展有限公司	略		何、李	05.7.7 15：30—17：00
2	嘉定区建委	略		乐、周	05.7.8 8：30—9：30
3	嘉定区规划局	略		乐、周、王	05.7.8 10：00—11：00
4	嘉定区房地局	略		何	05.7.8 8：00—9：30
5	嘉定区发改委	略	主任助理	何、杨	05.7.8 10：00—11：30
6	嘉定区统计局	略		李、刘	05.7.8 8：30—9：30
7	嘉定区商委	略	副主任	罗、胡	05.7.8 8：30—9：30
8	嘉定区科委	略	区科协副主席 区科委产业科科长	杨、王	05.7.8 8：30—9：30

4.2.1 确定环境调查的内容

（1）环境调查的内容

环境调查的内容为项目本身所涉及的各个方面的环境因素和环境条件，以及项目实施过程中所可能涉及的各种环境因素和环境条件。政策法律环境、社会文化环境、宏观经济环境等对项目都会产生影响。考虑到影响有直接、间接之分，以及影响程度各异，为了节省成本，通常将环境研究的对象作相对的集中，侧重于研究那些对项目有直接影响而且影响程度较高的因素。另外，不同项目环境调查的内容可能差别很大，针对不同的项目类型还需要对不同的特殊环境对象进行调查。例如，项目建设环境、项目建筑环境等是建设工程项目前期策划重要的环境调查与分析对象。成片商业区域开发策划往往需要调研更多的内容，如图 4-6 所示。

环境调查的内容应力求全面、深入和系统，通常包括以下方面：

1）政策、法律环境。政策、法律环境泛指社会制度、政府的方针、政策，以及国家制定的与项目相关的法律、法规等。

2）产业市场环境。产业市场环境包括项目所处行业的市场供求情况、价格水平以及竞争对象基本情况等。

3）宏观经济环境。宏观经济环境主要指项目所在地国民收入、国民生产总值及其发展趋势、国民经济发展水平和经济发展速度等。

4）社会、文化环境。社会、文化环境包括项目所在地区人口数量以及增长趋势、居民受教育程度和文化水平以及风俗习惯、风土人情、价值观念等人文环境，有时还会涉及当地的历史发展背景。

5）项目建设环境。项目建设环境包括当地的地质、气象、水文、土壤等地理环境，以及项目实施必需的能源、项目所在地的基础设施、交通条件等。

图 4-6 成片商业区域开发策划往往需要调研更多的内容

6）项目建筑环境。项目建筑环境包括项目所在地区城市规划以及已有项目的建筑色调、传统建筑风格、当地建筑材质等。

7）其他相关问题。

（2）环境调查的依据

环境调查分析应该以项目定位为基本出发点，将项目实施所可能涉及的所有环境因素做系统性地思考，以其中对项目策划和项目实施影响较大的关键因素作为主要的考虑对象，进行全面、深入地调查与分析。

同时应该指出的是，因项目本身的特点不同、项目策划工作的侧重点不同等原因，环境调查可侧重在上述工作范围中的一部分或几部分内容进行细化，也可以对工作范围中的内容进行重新分类与组合，为后续策划工作提供参考。

项目环境调查分析的主要依据有以下几种：国家颁布的政策、法规及有关统计年鉴、市场信息的数据、指标等；有关社会状况和市场形势的资料、数据等；关于市场发展趋势的专家咨询意见和分析报告；城市规划、区域经济发展规划、旅游规划、项目实施计划和对环境的要求；相近项目的环境因素构成和变化资料等等。

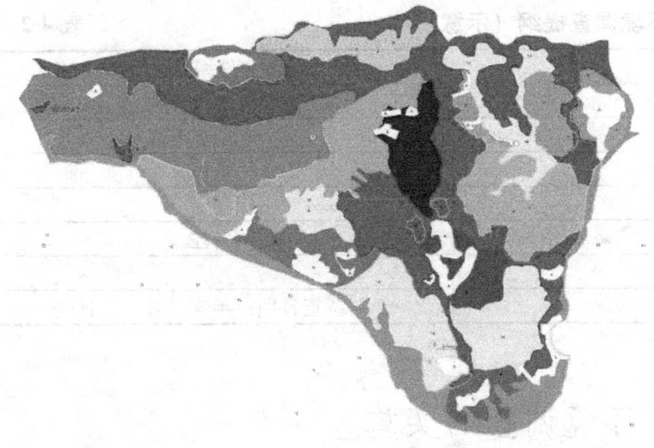

图 4-7 需要了解的外部信息：如宏观的区域总体规划

除此之外，还有其他许多数据可对项目前期策划进行支撑（图 4-7）。

4.2.2 确定环境调查的对象

环境调查的对象即调查人员取得调查资料的来源。调查者应思考希望获得哪些资料，并根据这些资料来源渠道有针对性地调查相关的单位、人员和档案资料。环境调查的对象一般包括以下几类：

(1) 相关部门

调查将涉及哪些部门？政府相关部门是项目宏观、中观与微观背景资料的主要来源。从这些部门获取的资料具有相当的权威性和及时性，有时甚至是尚未正式发布的草案，对了解宏观背景的发展趋势具有极大的帮助作用。

图 4-8 座谈会：相关人群集中调研的一种方式

(2) 有关人员（群）

调研将涉及哪些人员？政府走访的相关人员（群）是重要的环境调查对象，通常包括业主方相关人员、最终用户、有关领导、相关专家和专业人士，以及其他相关人员等等。通过对这些相关人员（群）的访谈，可以了解项目相关人员（群）和项目的关系以及对项目的意见或建议。为了提高调研效率，可以集中召开座谈会，图 4-8 为南通创业社区调研时各职能部门集中座谈的情形。

4.2.3 确定环境调查提纲

确定了调查内容与对象之后便可以着手编写调查提纲，调查提纲应包括以下主要内容：

(1) 调查目的，希望获取哪些资料；

(2) 调查内容，对调查目的的细化；

(3) 被调查者情况，一般包括被调查人所在部门及其职位等；

(4) 调查的问题及备注，准备问哪些问题，并留下谈话记录的空间；

(5) 调查的资料编号及其名称，希望索要哪些资料（有些可能是有偿的）；

(6) 调查人与调查日期等等。

环境调查提纲如表 4-2 所示：

环境调查提纲（示意） 表 4-2

项目名称：	文件编号：
调查目的：	调查部门：
调查内容：	被调查人：
调查的问题：	备注
调查的资料编号其名称：	备注
调查人：	调查日期：年 月 日

4.3 环境调查的实施

环境调查的实施，即调查人员采取各种手段，从被调查对象处取得预期的资料，经过加工处理进行保存，为环境分析做准备。这是一项繁琐的工作，需要调查人员具有足够的耐心和责任心。实施工作一般包括资料的获取、资料的整理、资料的分类与保存几个步骤。

资料的获取，根据环境调查工作对象不同，可采用不同调查方法。通常有如下工作方法：

（1）现场实地考察

现场实地考察是环境调查的一个重要方法与途径，该种方法主要是通过现场调查增加项目的感性认识，并了解有关项目的具体细节，掌握项目环境的最新情况，有时可能和理解的有一定差距，如图4-9所示。一般而言，对于新建项目，实地调查需要了解以下内容：市政基础设施情况、项目基地现状、项目基地对外交通情况、周边建筑风格等，对于改造项目则更需要实地考察，尽可能地了解影响项目策划工作的每一个细节，因为文字资料上往往缺乏细节信息，或者在访问时，对方可能出于自己主观判断而遗漏重要信息，这些信息对策划可能产生很大影响。在实地调查时，可借助拍照、测量、录像等手段辅助工作。

图4-9　实地考察：资料和实景可能不一致

（2）相关部门走访

相关部门的资料具有一定的权威性和及时性，对了解项目宏观背景有很大的帮助。通过这种方式进行收集资料时应注意两点准备事项：一是要提前进行联系，告知对方调研的意图、目的、时间安排以及所需要的资料等，二是制定调查记录表格。

1）准备事项一

在进行相关部门走访时，大部分受访部门事先并不了解调查人员所针对的具体项目的背景以及调研的意图，因此往往不能在较短的时间内把握访问人的真正目的并提供所需资料，因此，一般需要通过电话、传真、电子邮件等联系方式提前通知受访部门。需要说明的是，因为大多数策划项目与被访部门没有直接的行政或经济关系，相关部门并没有义务接待访问或提供资料，因此需要通过适当的渠道达到既定目的。对于政府投资项目的策划，可通过政府行政手段的方式进行处理。

2）准备事项二

除了事先联系外，环境调查还应做好充分的准备，其中最重要的是制定调查记录表格，表格的形式可以有多种，表4-3为环境调查记录表格样式，但内容基本包括调查的目的、内容、受访人、调查参与人、调查的问题、资料需求等，其中调查的问题和资料需求尽量明确，使受访人能清楚的理解并提供准确的信息，调查完毕后应由调查人完成调查报告，根据受访人的意见和建议分析对项目策划的影响。

环境调查记录表格样式　　表 4-3

项目名称：　　文件编号：

调查目的：	调查部门：
调查内容：	被调查人：
调查纪录及说明：	
收集资料情况及说明：	
调查结果对策划的启示：	
调查人：	调查日期：

对相关部门调研完毕后，策划小组开一次碰头会，分别介绍调研情况，最终由策划小组整理出若干个重要问题，并进行排序，形成调研报告以及对策划的影响分析，作为后续策划的基础以及参考性文件。

(3) 有关人员（群）访谈

对项目相关人员（群）的访谈，侧重点是人，或者是这些人的想法对项目策划至关重要，或者是这些人手头拥有与项目策划相关的重要资料，或者是这些人的经历是项目重要的背景。人物访谈对策划而言是非常重要的，往往和相关部门的调研相结合。一般包括以下几类人员的访谈：

1) 业主方相关人员

对业主方相关人员的访谈内容主要集中在项目的背景、当前已开展工作以及进展状况、项目建设的目的、希望达到的目标、基本设想的来龙去脉以及目前存在的困难等。访谈的形式可以有很多种，可以采用集中介绍的方式，也可以采用单独访谈的方式，可以是正式的形式，也可以是非正式的形式。

2) 最终用户

项目策划的重要原则之一就是“最终用户需求导向”原则，因此应充分重视对最终用户的访谈或调查。对最终用户的访谈会影响到项目定位的具体内容，如功能的布局、标准的确定、建筑面积的确定、结构形式的选择、使用和维修的方便等。在最终用户已经明确的情况下，可采用访谈形式，但如果最终用户尚不明确，如尚未招商的园区，则对可能的最终用户进行分析，以典型同类用户的需求为依据，总结概括出项目最终用户的需求。图 4-10 为一个医院项目策划调研案例。

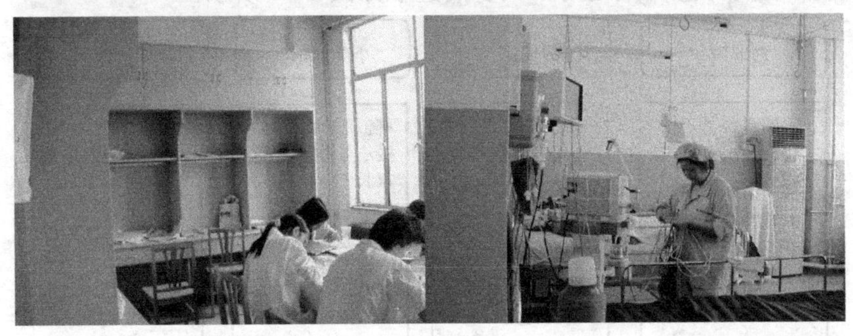

图 4-10　项目最终用户往往是复杂的：一个医院项目策划调研实例

3）有关领导

对有关领导的访谈主要是掌握项目开发的宏观背景和总体指导思想，包括扶持政策、限制政策、区域发展规划等等从宏观层面和管理角度了解他们个人的意见，整理成为宏观层面的系统性的思想，并以此作为确定项目发展的大方向的参考性依据。

4）有关方面专家和专业人士

如前所述，策划是一个专业性极强的工作，需要各方面的专业知识，这就决定了策划组织必须是一个开放性的组织。另外一方面，对于某些专业性或知识性极强的内容，专家或专业人士拥有更多的知识和经验，因此对他们的访谈对项目策划大有裨益。他们的知识、建议或意见，可作为策划的重要参考依据。

5）其他相关人员

一个建设项目涉及很多方面，也影响到很多人群，如一个科技商务区的建设，其影响到普通从业人员、经营者、管理人员、普通消费者、居民、潜在的从业及经营人员等等，因此需要对他们进行访谈，了解其对项目的关注程度和相关建议，从社会和市场的需求、期望等角度了解具体的基础条件和制约因素，进而整理成为具体的、较为完整的环境描述。其他相关人员范围的确定依据项目的特征而定。

对相关人员的访问除了要进行必要的准备以外，还应注意记录访谈要点，访谈结束后应进行回顾、总结与分析，除此之外，还应注意访谈技巧，包括赞同、重复、澄清、扩展、改变话题、解释与总结等。

（4）文献调查与研究

策划是一种创造性的劳动，在这一过程中，汲取的知识越多，对策划越有利，而文献是各种知识的凝聚与升华，因此要充分收集和研究文献。目前，随着文献的数字化程度越来越高，文献的调查越来越方便。可以充分利用网上资源、档案馆、图书馆资料、书籍、杂志、论文等文献。

（5）问卷调查

问卷对于有明确用户对象的项目策划有显著作用，如学校、商业街、住宅、办公楼以及某些建筑单体的策划等，对最终用户的问卷有助于策划成果的合理与完善。此外，问卷也可以针对已经策划的某一部分，如项目定位、功能布局、面积分配等，征求相关人员的意见，进一步完善策划成果。问卷的问题有很多种类型，包括分支性问题、名词性问题、顺序性提问、间隔式提问、简短回答式提问以及不做最终结论的提问等。问卷的对象应具有代表性，例如在对净慧寺策划时，调研的选取如图 4-11 所示。

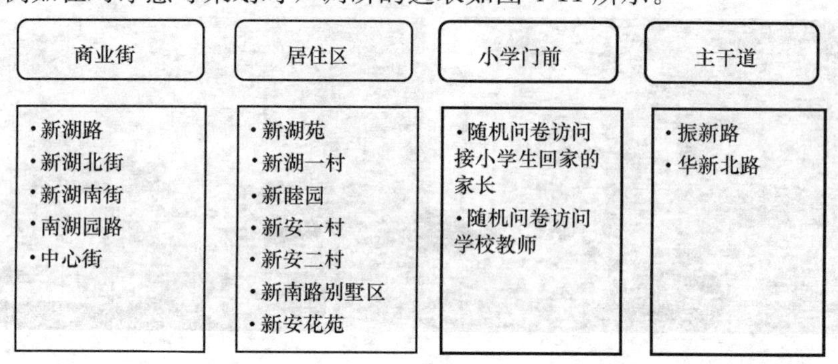

图 4-11　调研对象的选取：净慧寺改造与搬迁居民意向调研

注：新安街道区域几经演变，现有户籍人口 2.6 万人。针对新安街道本地居民的主要分布地点，调研小组选取四个区域随机问卷访问老百姓对净慧寺改造（搬迁）的看法。

问卷问题要注意逻辑次序安排，一般的主要次序包括：

1）提起答题者的兴趣；

2）明确答题者的类型；

3）程序按照从一般到特殊进行；

4）允许进行解释或者加以阐述；

5）当答题完毕后，告诉答题者如何处理问卷。

资料收集完毕之后，应对资料进行整理归纳。由策划小组开一次碰头会，分别介绍各个小组的调研情况，并对调查项进行修改，使其符合规定的格式。最后，资料应该按调查项的不同进行相应的分类，并按一定的顺序保存起来，为环境调查分析提供基础参考资料。

4.4　环境调查分析整理

环境调查的最终目的是为项目策划服务，因此环境调查的分析至关重要，其是大量资料与信息提炼的过程，也是思考、分析和归纳的过程，甚至是出点子、出思路的创新过程。没有经过整理与分析的资料不仅对策划没有帮助，反倒会成为大量的信息垃圾，大大降低信息的价值，因此应充分关注环境调查资料整理与分析。环境调查的主要工作成果包括环境调查分析报告及其附件。

环境调查分析报告没有固定的格式，根据策划的需要进行设定，但一般包括资料的简要论述、对比，由此得出的结论以及对策划的启示，此外还包括主要参考资料清单以及资料来源目录，重要的参考文献也可分类装订成册，作为附件，以便查阅。

一般情况下，环境调查分析报告可以涵盖以下几个方面的内容：

1）自然环境分析；

2）历史与文化环境分析；

3）社会发展环境分析；

4）经济环境分析；

5）政策环境分析；

6）产业发展环境分析；

7）需求环境分析；

8）建设环境分析等等。

【案例 4-1】 嘉定新城总部园区环境调查准备工作

（1）整体思路

2003 年公布的《2003～2007 年上海城市建设规划》中，上海市提出建设三大新城：松江新城、临港新城和嘉定新城，其中嘉定新城的规划面积约 20km^2。三大新城的区位图如图 4-12 所示。

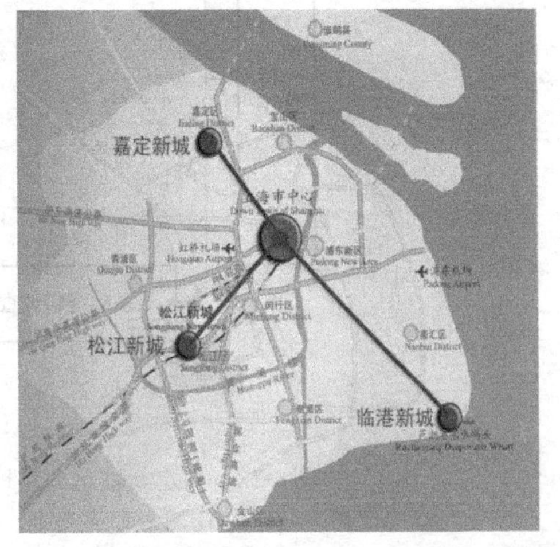

图 4-12　上海三大新城区位图

基于上海地区发展总部经济的大背景，上海嘉定新城提出了利用嘉定优势资源建设总部园区的设想。嘉定总部园区占地 190 万 m^2，位于嘉定新城核心区，紧临 F1 上海赛车场。但该项目建设总部园区、发展总部经济的基础条件如何？国内外同类项目有哪些经验可以借鉴？所有这些问题都需要掌握全面的信息才能给予较好的回答。本案例将对项目策划中环境调查的工作内容、工作方法和工作成果进行系统阐述。

嘉定新城总部基地策划环境调查分析部分的整体思路如图 4-13 所示：

（2）确定调查内容

初步考虑需了解下述几个方面有关经济、建设和自然条件等方面的情况：

1）产业和经济发展现状及规划；

2）嘉定区经济和社会发展的政策环境情况；

3）城市建设和开发情况及拟开发项目建设环境和建筑环境情况；

4）交通及其他基础设施；

5）嘉定区自然环境和人文历史情况；

6）嘉定区商业市场环境包括旅游业、餐饮业以及娱乐业的发展状况。

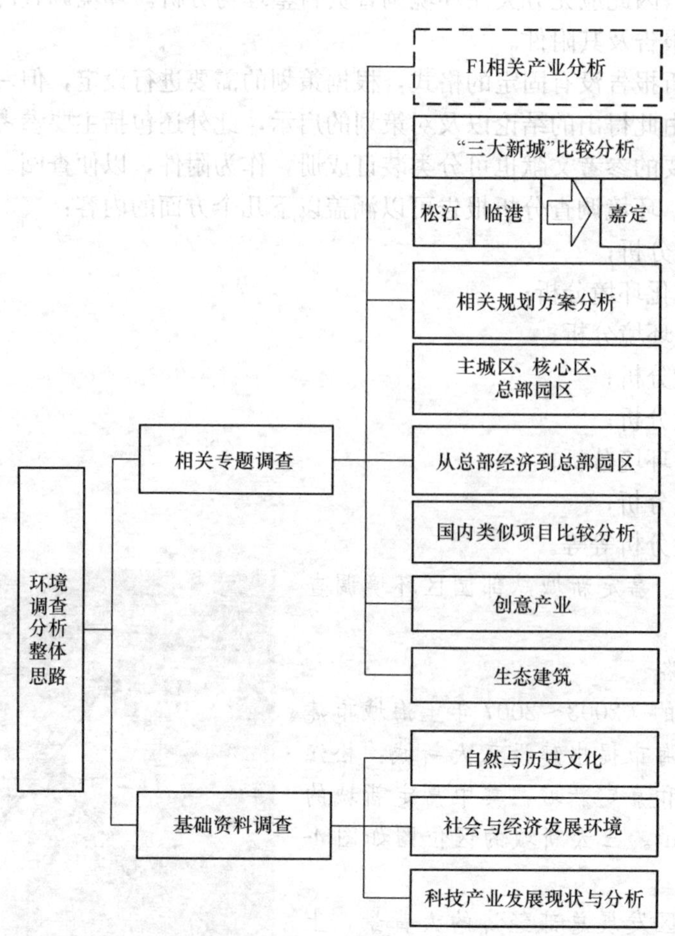

图4-13　嘉定新城总部基地策划环境调查分析部分的整体思路

（上图中F1的虚框，会在【案例4-3】中作出解释。）

(3) 确定调查对象

初步考虑，需要走访以下10个机关和部门，访问相关的领导，收集相应的资料和信息。

1) 新城发展有限公司
2) 区规划局
3) 区发改委
4) 区经济委员会
5) 区房地局
6) 区统计局
7) 区科学技术委员会
8) 区建设和管理委员会
9) 区政府
10) 区商业委员会

具体调查问题及调查所需资料详见以下分项调查提纲。

(4) 分项调查提纲

根据嘉定新城核心区总部园区具体情况及上述拟定的十个不同调查对象，针对其不同行业背景，分别列出详细的调查提纲，如下表 4-4 (1) 至表 4-4 (10) 所示。

新城发展公司分项调查提纲 **表 4-4 (1)**

调查内容：了解业主方对总部园区、新城大厦以及迎宾馆项目的开发构想	
调查部门：新城发展公司	被调查人：相关负责人
调查的问题： 1. 嘉定新城总体规划编制状况以及编制计划； 2. 对嘉定新城的发展构想和目标，比如：发展规模、开发进度计划等； 3. 对嘉定新城核心区的发展构想和目标，比如：发展规模、开发进度计划等； 4. 对总部园区、新城大厦以及迎宾馆的发展的构想与目标； 5. 对总部园区、新城大厦以及迎宾馆运作模式的构想； 6. 总部园区以及新城大厦已达成初步入住意向的企业情况； 7. 公司的组织结构及人员配备	调查的资料编号其名称： 1. 嘉定新城总体规划成果资料； 2. 对嘉定新城及其和核心区发展构想的相关文件、会议纪要以及可行性研究报告等资料； 3. 对总部园区、新城大厦、迎宾馆项目构想的相关文件、会议纪要以及可行性研究报告等资料； 4. 新城发展有限公司的组织机构及人员配备等资料

区规划局分项调查提纲 **表 4-4 (2)**

调查内容：了解嘉定区、新城区、核心区规划情况	
调查部门：区规划局	被调查人：局长、副局长等
调查的问题： 1. 嘉定区、嘉定新城及其核心区的规划情况； 2. 总部园区、新城大厦以及迎宾馆的规划情况； 3. 对总部园区、新城大厦以及迎宾馆的规划的要求及建议； 4. 对新城、核心区、总部园区、新城大厦及迎宾馆规划指标的限制情况； 5. 嘉定区区级规划的依据性资料等； 6. 总部园区、新城大厦、迎宾馆的选址情况以及红线图情况； 7. 嘉定区建筑环境如：风格、主色调等； 8. 对标志性建筑物在高度方面的要求以及目前嘉定区最高楼情况介绍	调查的资料编号其名称： 1. 嘉定区规划资料，如：嘉定区总体区位图（图、电子版）； 2. 嘉定新城及其核心区规划资料，如：嘉定新城道路规划图（图、电子版）； 3. 总部园区、新城大厦、迎宾馆红线图（电子版）； 4. 核心区地形图； 5. 总部园区、新城大厦以及迎宾馆有关的分区规划、专项规划（如：交通规划）、详细规划等文件； 6. 核心区现有建筑和道路图，基础设施与市政配套现状和规划情况资料

区计委分项调查提纲 **表 4-4 (3)**

调查内容：了解嘉定区的产业布局及产业发展规划	
调查部门：区发改委	被调查人：主任、副主任等
调查的问题： 1. 嘉定区产业和经济发展现状、经济结构情况、近几年国民经济运行情况； 2. 嘉定区十五规划及 20 年远景规划、2005～2008 年嘉定区经济发展目标； 3. 最新固定资产投资管理的宏观政策和措施、投资产业导向性文件、全区重大建设项目介绍； 4. 全区科技发展及高新技术产业发展战略和政策、衔接平衡全区科技及高新技术产业的发展规划等推动国民经济新产业的形成和发展、促进高新技术领域的合作和交流的相关政策	调查的资料编号其名称： 1. 嘉定区 2004 年国民经济和社会发展计划执行情况及 2005 年计划相关文件资料； 2. 最近 3 年《全区国民经济和社会发展年度计划》等反映国民经济和社会发展战略、发展速度、产业比例关系、生产力布局，重点领域的专项规划，以及城市化发展规划和政策的相关文件； 反映全区固定资产投资的总规模、结构、资金来源的有关资料

区经委分项调查提纲 **表 4-4（4）**

<table>
<tr><td colspan="2">调查内容：了解嘉定区经济发展状况及相关政策措施</td></tr>
<tr><td>调查部门：区经委</td><td>被调查人：主任、副主任等</td></tr>
<tr><td>调查的问题：
1. 嘉定区近五年经济运行状况；
2. 国家产业政策的地方实施办法，引导本地重点产业集群形成、发展方向与空间布局的政策措施；
3. 利用内外资进行技术改造、技术引进的中长期投资规划和年度计划，拟定推进企业技术改造的政策措施和管理办法，以及落实国家、省、市有关鼓励技术改造的优惠政策；
4. 贸易流通行业发展战略、发展规划、政策规章，重点培育和发展适应科技产业需要的现代贸易流通方式和新型业态的有关资料；
5. 嘉定大中型企业入住情况</td><td>调查的资料编号其名称：
1. 嘉定区近五年经济运行状况；
2. 国家产业政策的地方实施办法文件；
3. 招商引资的优惠政策性文件；
4. 嘉定大中型企业入住情况汇总资料</td></tr>
</table>

区房地局分项调查提纲 **表 4-4（5）**

<table>
<tr><td colspan="2">调查内容：了解嘉定区房屋状况及土地使用情况</td></tr>
<tr><td>调查部门：区房地局</td><td>被调查人：局长、副局长等</td></tr>
<tr><td>调查的问题：
1. 全区及新城区以及总部园区、新城大厦以及迎宾馆所在区域的国土规划、土地利用总体规划以及土地利用计划等情况；
2. 总部园区、新城大厦、迎宾馆周边土地权属和用地情况；
3. 嘉定区土地招商程序；
4. 新城发展有限公司获得土地使用权的方式和价格情况；
5. 嘉定区拆迁政策；
6. 嘉定区对别墅用地的相关政策；
7. 嘉定区及核心区自然环境（气象条件和水文地质如：地形、地貌、水文、河流水系、土壤、自然灾害等）</td><td>调查的资料编号其名称：
1. 全区及新城区以及总部园区、新城大厦以及迎宾馆所在区域的国土规划、土地利用总体规划、以及土地利用计划等；
2. 总部园区、新城大厦、迎宾馆周边土地权属和用地情况资料；
3. 嘉定区土地招商程序文件；
4. 嘉定区拆迁政策文件；
5. 嘉定区对别墅用地的相关政策文件；
6. 嘉定区及核心区自然环境资料</td></tr>
</table>

区统计局分项调查提纲 **表 4-4（6）**

<table>
<tr><td colspan="2">调查内容：获取经济、社会、科技等综合性统计数据</td></tr>
<tr><td>调查部门：区统计局</td><td>被调查人：局长、副局长等</td></tr>
<tr><td>调查的问题：
1. 嘉定区年鉴；
2. 嘉定区国内生产总值和投入产出核算数据，地方国民经济综合平衡分析研究报告，以及其他有关的经济、社会、科技综合性统计数据；
3. 统计局内部分析报告；
4. 嘉定区人口及社会结构状况</td><td>调查的资料编号其名称：
1. 嘉定区年鉴；
2. 嘉定区国内生产总值和投入产出核算数据，地方国民经济综合平衡分析研究报告，以及其他有关的经济、社会、科技综合性统计数据；
3. 统计局内部分析报告；
4. 嘉定区人口及社会结构状况资料</td></tr>
</table>

区科委分项调查提纲 **表 4-4（7）**

调查内容：了解高新技术产业发展状况及规划	
调查部门：区科委	被调查人：主任、副主任等
调查的问题： 1. 区高新技术产业发展规划； 2. 嘉定区及周边地区高科技产业和企业发展状况及政府相关政策； 3. 嘉定区科技产业现状、高科技企业现状、科技统计数据、发展规划、相关政策等； 4. 文化及科研机构情况	调查的资料编号其名称： 1. 嘉定区科技发展“十五”计划； 2. 嘉定区及周边地区高科技产业和企业发展状况及政府相关政策资料； 3. 嘉定区科技产业现状、高科技企业现状、科技统计数据、发展规划、相关政策等资料； 4. 文化及科研机构情况汇总资料

区建委分项调查提纲 **表 4-4（8）**

调查内容：了解核心区及周边地区建筑物建设情况	
调查部门：区建委	被调查人：主任、副主任等
调查的问题： 1. 嘉定区已建、在建、拟建商务楼项目和酒店项目情况； 2. 核心区及周边地区建筑物基本情况； 3. 核心区及周边地区近期开发建设情况； 4. 嘉定区基本建设程序	调查的资料编号其名称： 1. 嘉定区已建、在建、拟建商务楼项目和酒店项目情况资料； 2. 核心区及周边地区建筑物基本情况资料； 3. 核心区及周边地区近期开发建设情况资料； 4. 嘉定区基本建设程序文件

区政府分项调查提纲 **表 4-4（9）**

调查内容：区政府对嘉定新城、核心区发展的总体构想	
调查部门：区政府	被调查人：主任、副主任等
调查的问题： 1. 嘉定区总体发展思路及目前发展状况； 2. 区政府对总部园区、新城大厦、迎宾馆项目发展的目标构想； 3. 对总部园区、新城大厦、迎宾馆项目发展策划的具体要求和意见； 4. 新城开发相关政策	调查的资料编号其名称： 1.“十五”、“十一五”（草稿）发展规划或远景发展规划 2. 嘉定区总体发展思路及目前发展状况； 3. 区政府对总部园区、新城大厦、迎宾馆项目发展具体要求和意见的相关批文、可行性研究报告、有关会议纪要及文件； 4. 新城开发相关政策资料

区商业委员会分项调查提纲 **表 4-4（10）**

调查内容：了解核心区商业发展状况及规划	
调查部门：区商业委员会	被调查人：主任、副主任等
调查的问题： 1. 嘉定核心区商业发展目标及规划； 2. 嘉定核心区及周边地区商业网点布局及经营状况； 3. 嘉定区大中型宾馆的规模、入住率等详细资料； 4. 嘉定区在建、拟建宾馆项目情况； 5. 嘉定区、嘉定新城大中型餐饮机构情况； 6. 嘉定区、嘉定新城休闲娱乐设施情况； 7. 嘉定区旅游业发展现状	调查的资料编号其名称： 1. 嘉定核心区商业发展目标及规划文件； 2. 嘉定核心区及周边地区商业网点布局及经营状况资料； 3. 嘉定区大中型宾馆的规模、入住率等详细资料； 4. 嘉定区在建、拟建宾馆项目情况资料； 5. 嘉定区、嘉定新城大中型餐饮机构情况和休闲娱乐设施情况资料； 6. 嘉定区旅游业发展资料

【案例 4-2】 嘉定新城总部基地环境调查记录

在嘉定总部基地环境调查过程中，调查人员按照之前列举的提纲，在走访了10个机关和部门之后，得到了大量调查资料和成果。以下列举嘉定新城发展公司、嘉定区发改委、嘉定区统计局等三家单位调查记录供读者参考，分别见下表 4-5（1）至表 4-5（3）所示。

嘉定新城公司环境调查记录 **表 4-5（1）**

调查目的：编制嘉定新城核心区项目发展策划环境调查报告	调查部门：新城公司
调查内容：了解业主方对总部园区、新城大厦以及迎宾馆项目的开发构想	被调查人：管理层人员
调查纪录及说明：	
对于策划内容新城公司的意见 1）策划能明确总部园区的市场、规模和档次，以及入驻企业的品牌、规模及行业，便于招商工作进行； 2）明确提出新城大厦和迎宾馆的设备配置方案及选型依据； 3）迎宾馆要求有个性、品味，实现区领导的“自然、和谐、有创新点”的建设构想，注重人工景观和自然山水的结合，确定适当服务水准、档次和规模； 4）总部园区的产业与功能定位，希望能有自身特色； 5）总部园区的开发模式和运营模式，包括开发主体的形式和构成，开发后的运营管理； 6）总部园区的可行产权结构和运营效益分析和比较； 7）策划中能包括招商政策的研究。 关于环境调查 1）与政府办公室的沟通需延迟，初步估计下周有机会； 2）新城公司可提供部分关于产业资料和江桥总部园区的调查协助	
收集资料情况及说明	
《嘉定新城主城区总体规划（2004～2020 年）报审稿（04/OCT)》 《嘉定新城主城区总体规划（2004～2020 年）报审稿（05/JAN)》 《嘉定新城主城区总体规划（2004～2020 年）报审稿主城图集》 嘉定新城主城区总体规划（2004～2020 年）近期土地利用规划图 嘉定新城主城区总体规划（2004～2020 年）土地利用现状图 《嘉定新城主城区雨水排水系统规划》 《嘉定新城主城区供水系统专业规划（送审稿)》 《嘉定新城主城区污水系统专业规划（送审稿)》 嘉定新城核心区城市设计（RKTL，探讨） 《嘉定新城核心区控制性详细规划（西南特定区 JD010601)》(同济版) 《嘉定新城核心区控制性详细规划用地规划图》 《嘉定新城核心区首期启动建设项目》 《嘉定新城核心区功能性项目选址及建筑参数汇总表》 《嘉定核心区航拍地图》 《嘉定新城核心区共同沟概念性规划方案》 《和谐新嘉定》 《嘉定新城核心区综合管沟概念性规划方案 2005.06（同济大学建筑设计研究院)》RTKL（2005—05—19）图片 《嘉定新城创业园区概念性规划方案 2005.06（何显毅)》 《上海嘉定新城核心区总部创业园概念规划设计 2005.06》 (上海联筑建筑设计顾问有限公司) 《嘉定新城双控住宅区规划设计方案（何显毅)》 《嘉定行政中心建筑及环境设计方案》 《嘉定新城中心区城市设计（日本建筑)》 《嘉定新城核心区新城大厦建筑设计方案及城市中心广场城市风貌设计方案》 《嘉定新城“创意谷”概念性规划方案》 《嘉定新城创业园区概念规划方案（05/06 同济)》 《总部经济型资料》	

续表

《2005年工作计划及其目标》 《关于嘉定新城核心区产业功能定位等若干问题的请示》 《落实金区长1月26日新城建设工作要求和关于嘉定新城核心区产业功能定位等若干请示》 《上海创意产业的发展现状及推进设想》 《打造时尚嘉定的相关研究材料》（嘉定新城发展有限公司） 《打造时尚嘉定的研究报告》（嘉定新城发展有限公司） 《嘉定五十年》 《嘉定年鉴2000［总第十卷］》 《嘉定年鉴2002》 《嘉定年鉴2003》 《嘉定年鉴2004》 《新世纪新蓝图》（嘉定区"十五"计划汇编） 《嘉定县志》	
调查结果对策划的启示：	
调查人：乐某，何某，李某	调查日期：2005年7月7日

嘉定区计委环境调查记录　　表4-5（2）

调查目的：编制嘉定新城核心区项目发展策划环境调查报告	调查部门：嘉定区发改委
调查内容：了解嘉定区的产业布局及产业发展规划	被调查人：部门负责人
调查纪录及说明：	
国际汽车城核心区情况介绍： 国际汽车城核心区，占地68km^2，是上海市六大产业基地之一，韩正市长曾评价国际汽车城"是上海市产业与区域结合得最好的产业基地"，是内涵扩大程度最好的区域。目前包括：（1）汽车整车制造；（2）汽车零部件制造；（3）F1赛场；（4）汽车配套服务。 规划的国际汽车城的六大功能有：制造功能、贸易功能、研发功能、科教功能、文化体育功能、居住功能等。但目前的发展现状是： 研发与科教功能发展良好，引入的院校和科研机构有同济大学嘉定校区等高校，国家机动车检测中心、汽车实训基地，其他还有风洞实验室、燃料电池研发、磁悬浮试验线等科研项目。 贸易功能以及居住功能发展情况不理想。在大多数人看来，嘉定区是乡下不是城市，是工业区而不是居住区。 措施是将嘉定区定义为上海市的一个辅城，提升城市的综合服务功能，完成嘉定区由"县城向辅城的转变，由工业区向综合服务区的转变"。 建议： 总体上从完善城市综合服务功能入手，比如：完善城市基础设施和其他辅助设施入手。 对于总部园区功能定位要充分利用原来的产业优势来带动城市发展，如：服务业，信息产业等，注重二产和三产的结合。 对于新城大厦、迎宾馆项目要体现其在城市形态构建上的作用。 放大F1的效应，依托F1的品牌效应、集聚效应和催化效应，完善城市服务功能，并形成资金、人才、信息的互动	
收集资料情况及说明：	
关于嘉定区2004年国民经济和社会发展计划执行情况与2005年国民经济和社会发展计划草案的报告 嘉定区发展战略规划纲要 国际汽车城新一轮发展策划中期成果汇报（讨论稿） 嘉定区国民经济和社会发展第十一个五年规划纲要	
调查结果对策划的启示：	
从充分完善城市综合服务功能入手，研究分析F1与一个区域发展之间的联动效应，研究汽车城目前产业发展与配套情况，抓住二产与三产相结合的思路，从平台打造和信息服务等角度来思考	
调查人：何某，杨某	调查日期：2005年7月8日

嘉定区统计局环境调查记录　　表 4-5 (3)

<table>
<tr><td>调查目的：编制嘉定新城核心区项目发展策划环境调查报告</td><td>调查部门：区统计局</td></tr>
<tr><td>调查内容：获取经济、社会、科技等综合性统计数据</td><td>被调查人：部门负责人</td></tr>
<tr><td colspan="2">调查纪录及说明：</td></tr>
<tr><td colspan="2">嘉定区年鉴；
嘉定区国内生产总值和投入产出核算数据，地方国民经济综合平衡分析研究报告，以及其他有关的经济、社会、科技综合性统计数据；
2005 年上半年最新统计资料
统计局内部分析报告，包括各个产业分析报告，如汽车、高科技产业等；大中型企业统计分析、服务业统计分析、贸易分析等；
嘉定区人口及社会结构状况。</td></tr>
<tr><td colspan="2">收集资料情况及说明：</td></tr>
<tr><td colspan="2">嘉定统计月报 2004 年 12 月，2005 年 1、2、3、4、5 月份统计月报
嘉定统计网站可获取相关资料，内部分析资料不便于外给。
高科技相关资料可到科技局索取</td></tr>
<tr><td colspan="2">调查结果对策划的启示：</td></tr>
<tr><td colspan="2">受大众业绩影响，嘉定汽车产业，即“一业特强”，产业发展并不是特别理想，曾有负增长</td></tr>
<tr><td>调查人：李某，刘某</td><td>调查日期：2005 年 7 月 8 日</td></tr>
</table>

【案例 4-3】 嘉定新城总部基地环境调查分析报告

(1) 环境调查报告形式

环境调查分析报告分册报告封面和框架如图 4-14 所示。

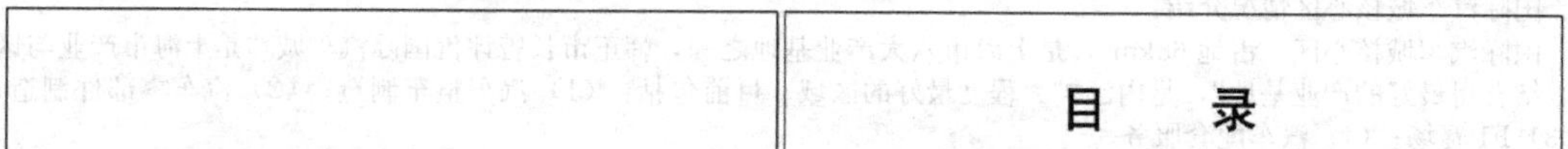

上海嘉定新城园区前期策划系列报告之一

环境调查分析报告

目　录

上篇：项目相关专题研究分析

1. 上海三大新城比较：松江新城、临港新城对嘉定新城的启迪
2. 嘉定新城主城区、核心区、总部园区：规划方案分析
3. 从“总部经济”到总部园区：国内类似项目比较分析
4. 创意产业：产业发展的又一个契机
5. 生态建筑：理论与实践案例分析

下篇：项目基础资料研究分析

6. 自然与历史文化环境
7. 社会与经济发展环境
8. 科技产业发展现状与分析

图 4-14　环境调查分析报告分册报告封面和框架

(2) 环境调查报告目录

环境调查分析报告目录如图 4-15 所示。

上篇：项目相关专题研究分析

1 上海三大新城比较：松江、临港给嘉定的启迪

1.1 “三大新城”的背景

1.2 上海三大新城比较

(1) 区位优势比较

(2) 历史文化比较

(3) 总体定位比较

(4) 新城规划比较

(5) 优势产业比较

(6) 发展机制比较

(7) 松江、临港新城对嘉定新城建设的启迪

2 嘉定新城主城区、核心区、总部园区：规划方案分析

2.1 规划概况

2.1.1 嘉定新城、嘉定新城主城区、嘉定新城核心区的范围

2.1.2 现有规划的层次与相互关系

2.2 总体规划与控制性详细规划分析

2.2.1 嘉定区区域总体规划分析

2.2.2 嘉定新区主城区总体规划分析

2.2.3 核心区概念规划方案与控制性详细规划分析

2.2.4 “和谐新嘉定”概念方案分析

2.2.5 分析汇总

2.3 总部园区的规划设计前提

2.3.1 规划设计依据

2.3.2 规划条件分析

2.4 总部园区的规划方案比较

2.4.1 总部园区（创业园区）规划征集概况

2.4.2 总部园区（创业园区）规划的方案分析

2.4.3 方案比较与总结

3 从“总部经济”到总部园区：国内类似项目比较分析

3.1 什么是总部经济

3.2 为什么要发展总部经济

3.3 发展总部经济应具备什么条件

3.4 总部经济的企业集聚模式

3.5 总部经济的载体分析

3.6 国内现有总部园区比较分析

3.6.1 硅谷商务花园

3.6.2 新加坡商务花园

3.6.3 丰台园二期总部基地

3.6.4 虹桥国际商务花园

3.6.5 上海国际总部之都

3.6.6 BDA 国际企业大道

3.6.7 张江集电港科技领袖之都

3.6.8 国内现有总部园区比较汇总表

图 4-15 环境调查分析报告目录（一）

3.6.9　启示
4　创意产业：嘉定产业发展的又一个契机
4.1　什么是创意产业
4.2　创意产业包含哪些内容
4.3　全球创意产业发展现状及展望
4.4　我国创意产业发展现状及展望
4.4.1　我国创意产业发展历程
4.4.2　我国"创意产业"规模及现状
4.4.3　我国"创意产业"区域分布现状
4.5　我国主要城市创意产业发展现状
4.5.1　北京
4.5.2　上海
4.6　小结
5　生态建筑：理论与实践案例分析
5.1　什么是生态建筑
5.1.1　生态建筑的定义
5.1.2　生态建筑、绿色建筑与可持续发展建筑
5.1.3　生态办公区（Economical Office District）
5.2　生态建筑要素
5.2.1　生态建筑五要素
5.2.2　生态建筑技术"5R"原则
5.3　生态建筑评估指标
5.3.1　国际生态建筑评价体系
5.3.2　国内生态建筑具体评价指标研究
5.4　生态建筑的典型案例分析
5.4.1　北京海淀生态办公区
5.4.2　上海生态建筑示范楼
5.4.3　德国法兰克福商业银行总部大厦
下篇：项目基础资料研究分析
6　自然与人文历史环境分析
6.1　自然环境
6.1.1　地理位置
6.1.2　交通条件
6.1.3　气象条件
6.1.4　水文地质条件
6.1.5　河流水系
6.2　人文历史环境
6.2.1　历史与人文环境
6.2.2　古城风貌
6.2.3　历史文化风貌
7　社会与经济发展环境
7.1　社会环境
7.2　经济发展环境
7.2.1　嘉定区经济发展概况

图 4-15　环境调查分析报告目录（二）

7.2.2　嘉定区相关产业发展现状
7.2.3　产业发展战略规划
8　科技产业发展现状与分析
8.1　嘉定科技产业综述
8.2　科研院所情况
8.3　民营企业情况
8.4　科技园区情况
8.5　嘉定科技发展十五规划分析

图 4-15　环境调查分析报告目录（三）

这里特别说明，在【案例 4-1】嘉定园区策划的整体思路中，F1 汽车产业用虚线绘制是有一定缘由的。在最初环境调查分析思路中，由于项目所在地区毗邻中国上海国际赛车场，因此策划团队首先就 F1 概念与项目拟发展产业的关系进行了研究。前期环境调查就世界上所有二十条 F1 赛道及其相关产业进行了资料的收集和分析（略）。

各国 F1 赛道包括：澳大利亚墨尔本阿尔伯特公园赛道，巴林麦纳麦赛道，巴西英特拉格斯赛道，比利时斯帕赛道，德国霍根海姆赛道，德国纽伯格林赛道，法国马尼库尔赛道，加拿大蒙特利尔赛道，马来西亚雪邦赛道，美国印第安纳波利斯赛道，土耳其伊斯坦布尔赛道，西班牙加泰罗尼亚赛道，匈牙利布达佩斯赛道，意大利蒙扎赛道，英国银石赛道，日本铃鹿赛道，日本富士山赛道，西班牙拉瓦伦西亚赛道，摩纳哥蒙特卡洛赛道，中国上海国际赛车场。

通过对各国 F1 赛道周边产业的调查研究，没有发现具备显著共同特征的 F1 相关及其衍生产业。即目前国际上各 F1 举办地区并没有发展形成可供借鉴的、由 F1 概念支持的共性特色产业。如果仅仅依靠 F1 概念，对于该地区产业策划缺少参考依据和经验数据。

同时目前数据表明，汽车产业占项目当地工业总产值的比重已超 35%。汽车相关及衍生产业种类已比较齐全，若仍旧主打汽车业独强定位，对于项目所在地区扶持新产业的出发点来说缺少新意和新的利润增长点。因此，策划团队对最初以 F1 及汽车产业概念作为拟发展产业主导方向的设想进行了修改，在环境调查分析报告中放弃了这方面的专项研究内容。

(3) 具有代表性的环境调查报告专题

嘉定新城环境调查报告涉及很广泛的调查面，与此同时，调查人员在某些具体的调查点上进行了深入详实的调查，得到了一批极具参考价值的资料，例如：

1) 上海三大新城比较：松江、临港锅嘉定的启迪

①“三大新城”的背景

2003 年 10 月 22 日公布的《2003～2007 年上海城市建设规划》中，将“新城”数目从一个增加到三个，即松江新城、临港新城煌嘉定一安亭新城（注：鉴于项目策划的需要，以下主要考虑嘉定新城部分）。这也意味着原来“一城九镇”的提法已成过去，上海市将重点发展三大新城。

②上海三大新城比较

本部分主要从六大方面对三大新城进行比较（见图 4-16），以便为嘉定新城以及嘉定

新城总部园区的建设发展提供借鉴。综合比较分析结构示意如表格所示。

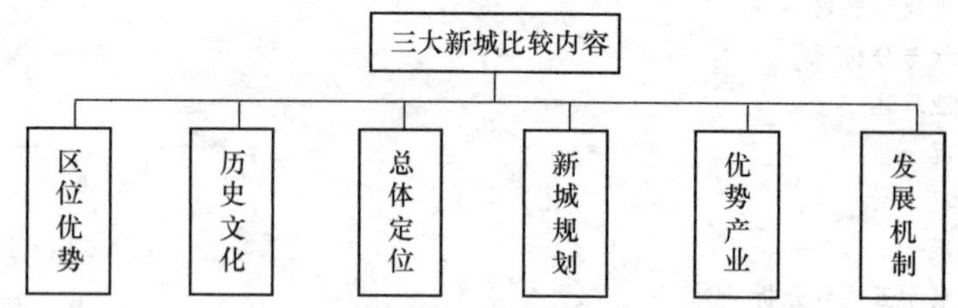

图 4-16　三大新城比较内容

另外，三大新城规划比较，综合比较见表 4-6 及 4-7。

三大新城规划比较　　**表 4-6**

新城名称	规划指标			新城规划
	规划面积	规划人口	其他指标	
松江新城	近期规划面积：36km²	近期规划人口：30 万	松江新城公共绿地 800 万 m²，集中绿地率达到 22%，人均绿地达到 27m²，其中新城示范区绿化率为 46%。	“一城两貌”，英式风格的泰晤士小镇（英式风貌区），大学城，行政中心，中央商务区等
	远期规划面积：60km²	远期规划人口：60 万		
临港新城	总规划面积：297km²	主城区：50 万～60 万		中心区、主产业区、物流园区和综合区，建设成为新型海滨城市
	主城区规划面积：100km²			
	产业区规划面积：200km²	产业区：50 万		
	一期建设面积：36.5km²			
嘉定新城	嘉定一安亭面积：168km²	50 万～60 万		嘉定主城区、安亭、南翔三个组团，主城区有六大区，北部城区、南部城区、F1 体育休闲区、生态文化公园区、都市产业区、绕城森林地区
	近期开发：100km²			

③松江、临港新城对嘉定新城建设的启迪

嘉定新城作为第三个重点建设的新城，通过以上的对比来看，松江、临港新城的建设和发展对嘉定新城的建设有以下几点启迪：

● 充分发挥新城的区位优势，挖掘区位优势所带来的有形和无形资源，促进嘉定新城以及总部园区的发展；

● 悠久的历史文化遗产是嘉定的宝贵财富，在嘉定的发展建设中要充分注意对历史文化的保护，不仅要使嘉定“江南名城”的美誉名副其实，还要注重传统风格和现代风格的和谐统一；

● 嘉定新城区域总体定位的确定决定了嘉定的发展方向，嘉定要做大、做强、做足汽车及其相关产业的文章，同时要注重嘉定高科技的发展，使嘉定成为名副其实的科技城，嘉定新城总部园区可利用嘉定的优势产业环境；

● 嘉定新城以及总部园区尽量保持建筑风格的统一，可借鉴松江新城风貌控制的做法；

● 新城建设有多种产业聚集模式，嘉定新城以及总部园区可借鉴其他新城产业的聚集模式，同时探索适合嘉定实际情况的产业引进、聚集和发展模式。

要充分借鉴其他新城的建设体制和机制，同时探索嘉定新城的建设模式、招商引资模式并制定相关优惠政策。

三大新城综合比较分析示意表 **表 4-7**

新城名称	松江新城	临港新城	嘉定新城
区位	位于上海市西南部，距市中心 40km，上海西南重要门户	沪杭、沪清平、嘉金高速公路，地铁 9 号线	位于上海西北部，距离市中心 30km，是上海西北的重要门户
交通	位于长江与杭州湾的交汇处，与大、小洋山隔海相望，是上海通向沿海各大岛屿的重要门户	距离浦东机场约 15km，沪芦高速公路	沪宁、沪嘉高速，轨道交通 11 号线
历史文化	素有“上海之根”的美誉，佘山国家旅游度假区	没有文化渊源	有 780 多年的历史，素有“教化嘉定”、“江南历史文化名称”之美誉
总体定位	人与自然的最佳和谐，打造最适合人居住的城市	现代装配制造业基地	汽车产业基地、科技城
优势产业	上海微电子产业基地，佘山旅游度假区，松江大学城，市级绿色农副产品生产基地，中国流行面料工程研发基地，生物医药基地等	产业区（现代装备制造业基地），规划建设集先进制造、现代物流、研发服务、出口加工、自由贸易、教育培训六大功能于一体的上海临港新城产业区，成为现代装备制造业基地	嘉定区将建设上海国际汽车城，基本形成亚洲规模最大、功能最全的综合性汽车产业基地，重点发展汽车整车和零部件研发制造、汽车贸易、汽车物流、汽车科教博览、汽车文化旅游、汽车服务等产业。嘉定市科技城，包括上海光电子工业园等
发展机制	投融资多元化，环境的先行营造和功能项目的重点突破 高起点规划、高标准实施，处理好城市建设与环境建设之间的关系，快速形成产业集聚效应	组建管委会，组建/委托开发主体 制定优惠政策（争取国家级园区和保税区）	组建开发主体 制定优惠政策

2）从“总部经济”到总部园区：国内类似项目比较分析

因本项目为企业总部基地，为了准确定位，策划小组决定对总部经济和总部园区等相关概念均作一个彻底的调查和分析。

①总部经济的概念

根据调查，相关专家对“总部经济”作了如下定义：总部经济是指某区域由于特有的资源优势吸引企业将总部在该区域集群布局，将生产制造基地布局在具有比较优势的其他地区，而使企业价值链与区域资源实现最优空间耦合，以及由此对该区域经济发展产生重要影响的一种经济形态。

“总部经济”作为一种跨国公司经济，既给所在地带来资本、技术、产品和服务，又带来经营理念、管理方式、经理人文化以及其他现实的和心理的促动，是一种具有“外来刺激”的现代经济形态。同时，总部经济是一种高效率的头脑经济、知识经济、技术经济。它能创造巨大的税收效益，更能带动相关产业如金融服务业、餐饮业等第三产业的发展，从而带动整个区域经济的发展。

②发展总部经济需要什么条件

总部经济的形成和发展，对区域环境以及企业产业聚集情况有一定的要求，不是任何地区都能发展总部经济。具体来说，一个地区发展总部发展应具备以下五个外部条件：

a. 要拥有高素质的人力资源和科研教育资源，来满足企业总部以较低的成本获取战略资源，进行知识密集型价值活动的创造；

b. 要有良好的区位优势和良好的交通运输网络设施，交通运输必须是立体的；

c. 要具有便捷的信息获取渠道以及良好的同异地沟通的信息通道，同时在基础性资源条件方面能够同周边地区形成较大的差异；

d. 要具备高效的法律制度环境，具有多元的文化氛围，以开放的胸怀吸引全球的、全国的企业总部到该地区来发展；

e. 要形成围绕总部服务的专业化服务支撑体系（即厂商服务），发展总部经济其实是浓缩了一个区域发展经济的最基本的要素。

③总部经济的载体类型

总部经济是借助一定的载体实现的，从国内外发展总部经济的实践情况来看，总部经济的载体主要有四种形式：CBD，微型总部园，总部园区，总部小镇。它们之间是一个逐渐过渡和发展的关系，如图 4-17 所示。

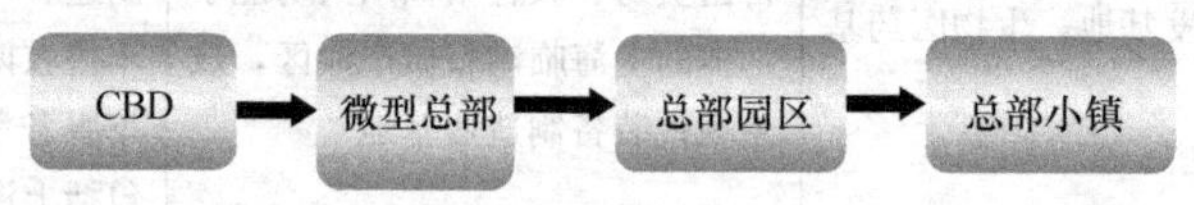

图 4-17　总部经济载体发展演示图

a. 中央商务区（Central Business District，CBD）。最初起源于 20 世纪 20 年代的美国，其实质是适应现代社会人们就近办理商务、提高效率的需要，通过高度集聚、最优布局在整个城市化当中最大程度地降低产业之间的交易成本。而现代意义上的商务中心区指集中大量金融、保险、贸易、信息及中介服务机构，拥有大量商务办公、酒店公寓等配套设施，具备完善的市政交通与通信条件，便于现代商务活动的场所。目前，CBD 在我国的发展已经比较成熟，著名的有北京朝阳 CBD、上海陆家嘴 CBD。它是“总部经济”聚集的一种传统载体。

b. 微型总部园。微型总部园是总部园的雏形，是CBD向商务花园过渡的一种形态。它一般由若干栋低层建筑组成，以独栋出售的形式吸引总部进驻。如北京的置地星座和上海滨江财富广场。

c. 总部园区。总部园区是商务花园和总部经济的结合体。它以商务花园作为规划定位，一般座落在城郊结合部，能够充分利用建成城市的各种资源，且具有园林景观优美、建筑密度低、群体建筑有序结合、单体占天占地的特征。典型的有丰台园二期总部基地、张江集电港科技领袖之都等。

d. 总部小镇。总部小镇就是将总部经济建设与提高城市效益、改变城区单中心格局相结合，将产业中心、商业和服务配套、权利和信息资源与居住人口同步、同方位、按比例分散出城市中心，利用郊区的成本优势，形成总部基地和居住小区良性运转的近郊小镇。或者说，总部小镇其实就是以低密度、低容积、高绿化、花园式办公、生态化生活为特征的"郊外CBD"＋郊外住宅小区的结合。在我国和其他国家的经济发展过程，都以自然和客观渐进的方式，形成了许多类似总部小镇，如德国法兰克福周围的制造业小镇，美国的好莱坞和我国的汽车城十堰。国内正式提出以总部小镇的方式对中心城郊区统一规划，统一开发的有北京的通州总部小镇、怀柔总部新城。

④类似总部园区的比较

商务花园在国外已经发展到了第四代，有许多成功运行的典范，如硅谷商务花园群落、新加坡商务花园；总部园区是中国在商务花园的基础上借鉴了总部经济的理念而发展起来的，在国内已经有许多探索实践的案例，其中最典型的是北京丰台园二期。本案在大量调研的基础上，归纳整理了以下七个典型园区的情况，主要从背景、概况、产业定位、项目区位、项目内容组成、政策等方面进行阐述，以供参考。图4-18为类似园区一览。

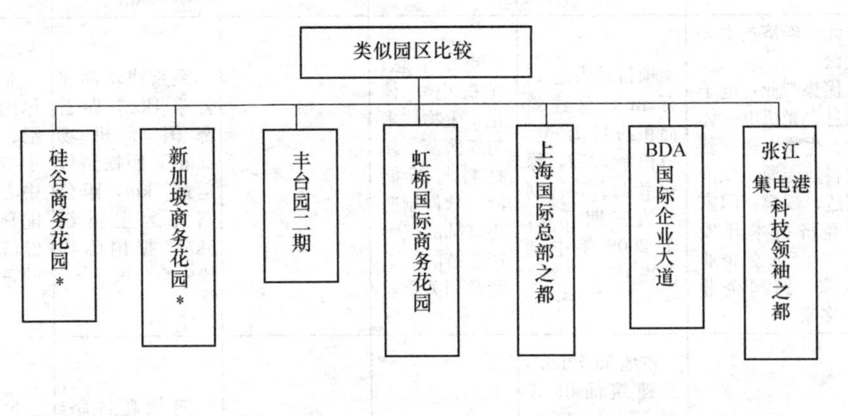

图4-18　类似园区一览

注：*为商务花园，其余为总部园区

为了更为方便地对国内现有总部园区进行比较，将各园区基本资料进行归纳汇总，见表4-8国内现有总部园区汇总表。

国内现有总部园区汇总表（示例） 表 4-8

名称	背景	规划指标	目标客户	开发模式	基地区位	项目内容
丰台园二期总部基地	丰台园优势产业：生物医药、电子信息、先进制造业与新材料；规模：国家级高新区。现有入驻企业2700余家，技工贸收入500万元以上企业442家	总占地面积65hm²，总建筑面积130万m²，容积率约1.59，平均绿化率50%左右，总投资约45亿人民币，建设周期3～5年	跨国企业的地区总部、高新技术企业总部、外地进入北京的管理总部和结算总部及其他高附加值企业	政府和企业合资开发，一级土地开发采用银行贷款，统一规划，统一建设	东临京开、京津塘高速公路、南苑机场，毗邻国际汽车城；西有京石、京良等重要公路干线；北有北京西站、丰台站、丰台西站，距轻轨500m	总部办公楼700栋，总部会所、酒店、总部小公寓、总部广场、总部资产运营管理中心、银行、超市、邮局
虹桥国际花园	虹桥临空园优势产业：信息业、现代物流业、服装服饰业及其他高新技术产业；规模：长宁三大经济组团之一，截至2003年五月，落户企业已累计达1328家	总占地140万m²，总建筑面积130万m²。建筑密度不超过30%，容积率低于1，绿化率高于50%，建筑限高24m	成熟型、大型企业总部且亩产地税60万人民币以上，产业区无污染	政府和企业合资开发，租售土地，办公楼企业自建，土地使用年限50年	位于外环线内侧，地处"虹桥国际机场"、沪宁、沪杭、沪嘉高速公路和318国道的连接处，毗邻地铁二号线	商务酒店、河滨公园、商业一条街、银行、邮局
上海国际总部之都	松江科技园优势产业：高科技及IT产业；规模：吸引了IT高科技台积店项目和正泰电器等一批知名企业	占地23.3hm²，建筑面积约27万m²，总投资6.7亿人民币，建设周期五年	国内有发展潜力的中小型企业，国外企业（有意借助上海的平台）	海沁园春投资管理有限公司投资开发，统一开发、统一建设	东邻松江大学城，北临佘山度假区，距沪松高速1.5km，距同三高速（通沪宁高速）1.5km，距轻轨九号线松江新城站3km，距铁路松江站5km，距离虹桥机场15km，浦东机场40km	设计、研发办公楼、公共配套设施、产品展示厅、专家公寓、酒店式公寓
BDA国际企业大道	北京经济技术开发区 优势产业：电子信息、光机电一体化、生物医药、新材料新能源、软件制造；规模：国家级经济技术开发区，有500强企业38家，跨国企业80多家	项目总占地12万m²，总建筑面积约11万m²，容积率0.77，绿化率41%，计划分为三期开发，于2005年中全部竣工	电子信息、光机电一体化、生物技术与新医药、新材料与新能源、软件制造为基础的五大产业链的上下游及相关企业		距京津塘高速公路1km，距首都国际机场25km，距铁路货运站7km，距公路货运主枢纽5km，据国际物流中心公里	低层办公楼、休闲餐吧、咖啡吧、员工食堂、小型超市、健身中心、小型商务配套，共享北京经济技术开发区的完善商务配套
张江集电港二期	张江集电港优势产业：集成电路产业	占地35.72hm²，总建筑面积20多万m²，容积率为0.59，建筑密度21%，绿地率39%。规划为低密度、低层独立式商务办公楼。单体为3—4层			南依高科路，西靠申江路，北面的龙东大道是连接内环线和浦东国际机场的交通要道，申江路段有地铁站。	5个组团，共80套商务别墅，世纪之舞观光塔。借用了集电港内的商务中心、会展中心、商务酒店式公寓

⑤综合以上七个类似园区，对于嘉定项目的建设有以下启示：

● 项目选址一般在交通便利、环境优美、地价较低的城郊

● 项目应贯彻商务花园的理念，建设低密度、低容积率、高绿化率的低层办公楼群，周围环绕优美的园林环境

● 办公楼独栋出售或租售土地给企业自建，彰显企业的个性，打造企业的家

● 软件平台和硬件设施并重，搭建完整的金融、信息、中介、商务、会展服务体系，促进信息传递和资源共享，真正实现总部集聚效应

● 目标定位企业总部，结合已有产业集聚的优势吸收相关产业的行政、研发、销售总部等

3）创意产业：嘉定产业发展的又一个契机

为了对项目进行准确定位，还必须回答一个问题：拟建的企业总部基地打算引进什么样的企业？这是产业策划的核心内容。因此策划小组在环境调查阶段想到了创意产业，有必要对创意产业进行专题调研。

①什么是“创意产业”

“创意产业”（Creative Industries）又被称为“文化产业”（Cultural Industries）或“创意文化产业”，目前世界各国还没有统一的名称。美国称为“版权产业”，日本称为“感性产业”，我国和联合国教科文组织（UNESCO）称之为“文化产业”。尽管名称有所差异，但就其所包含的核心内容和范围来看是大体相同的。对于“创意产业”的定义，目前比较通行的定义是英国创意产业特别工作小组于1998年该小组的研究报告中所提出的，即：“源自个人创意、技巧及才华，通过知识产权的开发和运用，具有创造财富和就业潜力的行业。”

②“创意产业”包含哪些内容

对于“创意产业”所包含的内容，目前还没有全球统一的标准。但是，世界各国都根据各国的实际情况对“创意产业”进行产业和内容上划分。美国是当今创意产业最为发达的国家，“创意产业”在美国被称为“版权产业”。其又划分为“核心版权产业”、“交叉版权产业”、“部分版权产业”和“边缘版权产业”四部分，分别涉及《北美产业分类体系》（NAICS）20个门类中的8大门类，其中如“信息”、“专业、科学、技术服务”和“艺术、娱乐与休闲”这几个门类所属的几乎全部或绝大多数行业被囊括入“版权产业”。

我国“创意产业”通常称为“文化产业”，根据2004年3月29日国家统计局［国统字（2004）24号文件］正式颁发了《文化及相关产业分类》标准，共将“文化产业”划分为3个层次和9个大类（如图4-19所示）：

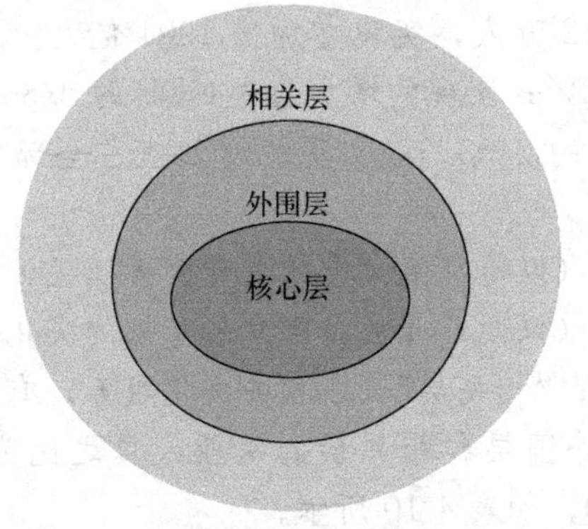

核心层包括：
（一）新闻服务
（二）出版发行和版权服务
（三）广播、电视、电影服务
（四）文化艺术服务
外围层包括：
（五）网络文化服务
（六）文化休闲娱乐服务
（七）其他文化服务
相关层包括：
（八）文化用品、设备及相关文化产品的生产
（九）文化用品、设备及相关文化产品的销售

图4-19　我国文化及相关产业整体概括

此外，世界其他国家地区和组织的“创意产业”分类如表4-9所示。

其他国家、地区和组织的“创意产业”分类 **表4-9**

国家和地区	类别	产业类型
新西兰	9	广告、软件与信息服务业、出版、广播电视、建筑、时尚设计、音乐与表演艺术、视觉艺术
澳大利亚	7	制造（出版、印刷等）、批发与销售（音乐或书籍销售）、财务资产与商务（建筑、广告与其他商务）、公共管理与国防、社区服务、休闲服务、其他产业
芬兰	9	文学、雕塑、建筑、戏剧、舞蹈、影像、电影、工业设计、传媒
韩国	17	影视、广播、音像、游戏、动画、卡通形象、演出、文物、美术、广告、出版印刷、创意设计、传统工艺品、传统服饰、传统食品、多媒体影像软件、网络
日本	3	内容产业、休闲产业、时尚产业
台湾	13	视觉艺术、音乐与表演艺术、文化展演设施、工艺、广播电视、出版、广告、设计、品牌时尚设计、建筑设计、创意生活、数码休闲娱乐
香港	13	广告、建筑、漫画、设计、时尚设计、出版、电玩、电影、艺术与古董、音乐、表演艺术、软件与信息服务业、电视
联合国教科文组织（UNESCO）	6	印刷、出版、多媒体、视听产品、影视产品、工艺设计

③我国“创意产业”规模及现状

根据国家2003年发布的数据，我国文化及相关产业共有从业人员1274万人，实现增加值3577亿元。我国文化及相关产业从业人员占全部从业人员（7.44亿人）的1.7%、城镇从业人员（2.56亿人）的5.0%。实现的文化及相关产业增加值占GDP（11.69万亿元）的3.1%。

在文化及相关产业中，直接从事文化活动的“文化服务”各行业有从业人员645万人，占城镇从业人员的2.5%、第三产业从业人员（2.18亿人）的3.0%，创造的增加值为1718.45亿元，占第三产业增加值的4.4%；提供文化用品、设备及相关文化产品的生产和销售活动的“相关文化服务”各行业有从业人员629万人，实现增加值1858亿元。

在现行部门统计的管理范围内，文化部（含文物局）、广播电影电视总局和新闻出版总署三部门共有文化及相关从业人员312万人，实现增加值1004亿元。三部门文化及相关产业从业人员占城镇从业人员的1.22%；实现的增加值占GDP的0.86%。三部门的从业人员占全部文化及相关产业从业人员的24.5%，实现的增加值占全部文化及相关产业增加值的28.1%。

在文化及相关产业内部，“核心层”（以传统意义上的文化产业为主）有从业人员223万人，实现增加值884亿元；“外围层”（以改革开放以来发展起来的文化产业为主）有从业人员422万人，实现增加值835亿元；“相关层”（即相关文化服务）有从业人员629万人，实现增加值1858亿元。核心层、外围层和相关层的从业人员之比为17.5∶33.1∶49.4，增加值之比为24.7∶23.3∶52.0，如表4-10所示。

我国 2003 年文化及相关产业主要指标　　表 4-10

层别	文化及相关产业分类	增加值 亿元	从业人员 万人
	合计	3576.72	1273.72
核心层	第一部分　文化服务	1718.45	644.58
	一、新闻服务	8.56	0.95
	二、出版发行和版权服务	388.73	68.73
	三、广播、电视、电影服务	320.49	78.04
	四、文化艺术服务	166.06	74.96
	核心层小计	883.84	222.68
外围层	五、网络文化服务	261.97	91.68
	六、文化休闲娱乐服务	369.57	286.99
	七、其他文化服务	203.07	43.22
	外围层小计	834.61	421.89
相关层	第二部分　相关文化服务	1858.27	629.15
	八、文化用品、设备及相关文化产品的生产	1785.79	619.59
	九、文化用品、设备及相关文化产品的销售	72.48	9.55
	相关层小计	1858.27	629.15
三部门合计		1004.18	311.99
文化部		307.20	165.88
广播电影电视总局		320.49	78.04
新闻出版总署		376.50	68.07

④我国“创意产业”区域分布现状

2005 年初，在北京市多媒体行业协会和上海市多媒体行业协会的指导下，由中国领先的创意设计产业门户网站—视觉中国发起，携手中国创意设计行业的众多专业媒体发布的《2005 中国创意设计产业网络与媒体消费行为调查研究报告》中，按照创意设计人员区域分布情况的分析数据指出：

创意设计人群集中分布在华北、华东、华南等较发达经济区域。根据调查，华北地区的从业者所占比例最大，达 24%，其次是华东地区和华南地区，分别占总样本量的 22% 和 20%，再次是华中地区，占总样本量的 14%，西南地区和东北地区所占比例接近，分别占总量的 8% 和 8%，而西北地区的从业者最少，占总数的 4%。这表明创意产业的发展与我国人口分布与经济发展水平区域差异相关。此外，调查还显示，北京、上海、广州、深圳、成都等城市从业人员占相对多数，这和这几个城市创意产业的发展状况是一致的，如图 4-20 所示。

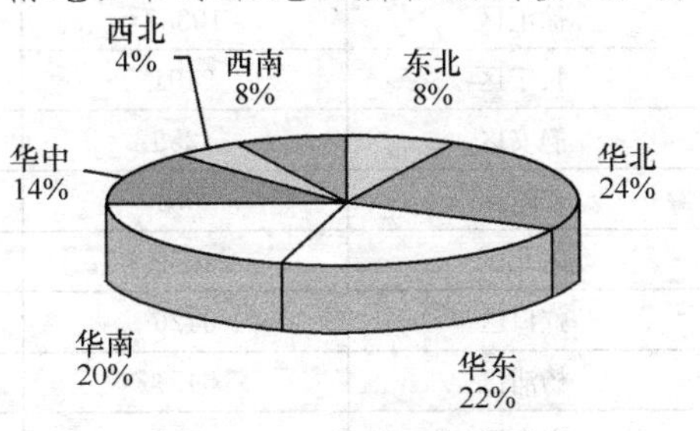

图 4-20　2005 年中国创意设计行业人员区域分布

⑤小结

目前，“创意产业”在我国正处于起步阶段，即便是在一些创意人员聚集的大城市里。对于作为上海三大新城之一的嘉定，相信依托现有汽车产业优势和F1赛事，在发展创意产业中仍是有相当机会，同时，这也与嘉定区政府"大力发展现代服务业"的方针也是相一致的。

【案例4-4】 中德友好医院环境调查与分析

中德友好医院是按照上海市政府"应具有中国特色、时代精神和上海特点，立足上海、服务中国、面向世界"建设卫生体系的要求，建成具有世界水平、与国际标准接轨的医疗中心，按照国际标准进行规划、建设、运营和管理。其主要由同济大学通过国际化、多元化的投融资方式，与德国和国内投资者合股建设。该项目拟建于上海南汇区国际医学园区内，占地面积200亩，总建设规模为占地200亩，1000张床位。总建筑面积约84000m^2，总投资估算约1.47亿欧元（约15亿元人民币）。一期工程将于2008年完成，开放500张床位，21个临床中心和科室，4个医技中心。项目启用以后，将涵盖医疗、预防保健、康复、教学和科研五个方面功能，可以满足多层次医疗和保健需求。

(1) 环境调查分析的内容

医院项目不同于一般的工业产品生产项目，它属于关系到国计民生的基础设施建设，带有公益性的色彩。虽然现在医院建设已经逐步向国内外民营资本开放，国家鼓励民营营利性医院的建设，但是医院的建设还是具有很强烈的基础设施建设的特点。因此医院项目策划的环境调查，应该考虑医院项目的特点，注重对社会公共事业的现状和规划的调查。本人认为，中外合资营利性医院项目策划的环境调查应该主要包括以下四个内容：

1) 当地社会、经济发展环境调查；(略)

2) 当地医疗卫生设施建设的现状和规划调查；

在进行区域卫生现状与规划情况调查时，应该对该城市各区以及郊县与周边地区的医疗卫生设施现状和规划情况进行详细调查，内容应该包含各区的医院数量、级别、规模、医疗技术人员数量等等，本文对上海市各区卫生资源调查结果如表4-11所示。

上海市各区、县医疗机构基本情况（2002）　　表4-11

地　区	床位数（张）	医疗技术人员数（人）	其　中	
			医　生	护　士
总　计	83459	101563	43792	37115
浦东新区	7056	8710	4187	3086
黄浦区	5102	7937	3293	3026
卢湾区	3377	5784	2312	2073
徐汇区	10357	12678	4529	4983
长宁区	3491	4900	2025	1660
静安区	4255	6721	2566	2623
普陀区	4051	5142	2276	1838
闸北区	4652	4919	2301	1720
虹口区	6426	7859	3316	3062
杨浦区	5454	7156	3094	2777
宝山区	3882	4752	2243	1732
闵行区	4446	4387	2119	1512

续表

地　区	床位数（张）	医疗技术人员数（人）	其中	
			医　生	护　士
嘉定区	2172	2877	1473	968
金山区	2677	3177	1409	1071
松江区	3303	2747	1181	1023
青浦区	1740	2498	1124	888
南汇区	3971	3241	1497	1034
奉贤区	4008	3051	1365	1069
崇明县	3039	3027	1482	970

3）当地医疗服务市场调查；

以中德友好医院项目环境调查为例，我们对上海市医疗市场的调查的情况如下：

①基本情况

截止 2002 年底，上海市共有医疗机构 2422 家，全市医院总床位数已经达到了 84502 张，医疗机构从业人员 133 万人，其中卫生技术人员 101563 名（医生 43797 人，护士 37115 人）。每万人床位数已经达到了 63 张，超过全国平均水平（23 张/万人），每万人拥有医生数达到 33 人，具体情况如下表 4-12 所示。

上海各类卫生机构、床位及人员数（2002）　　　**表 4-12**

机构类别	机构数	床位数	人员数	卫生技术人员	医生	护士
总计	2422	84502	133386	101563	43797	37115
医疗机构合计	2342	83459	126642	97566	41728	36882
医院	192	61784	91055	69048	25744	29805
综合医院	121	41787	69012	53010	20180	22814
中医医院	18	3588	6246	4828	1940	1730
中西医结合医院	4	1405	2574	1963	756	773
专科医院	49	15004	13223	9247	2868	4488
疗养院	3	462	276	108	30	47
护理院	11	1650	585	355	132	130
社区卫生服务中心	101	6909	12694	9829	5145	2654
乡镇卫生院	128	11199	10225	8309	4521	2165
门诊部、所	66	65	1121	864	495	190
诊所、卫生所、医务室、护理站	1785		5332	5332	3884	595
妇幼保健院（所、站）	22	1208	3103	2389	1017	1012
专科疾病防治院（所、站）	22	182	1395	989	536	255
急救中心（站）	11		744	285	224	29
其他医疗机构	1		112	58		
疾病预防控制中心	23		2837	1933	1145	81
卫生监督所	21		1552	1087	686	10
医学科学研究机构	12		944	449	108	2
其他卫生机构	24	1043	1411	528	130	140

②供给情况

在本次市场调查中，供给的情况主要调查对象为上海市的三级综合性医院和特需服务的情况。目前上海市共有三级综合性医院18所，其中三级甲等医院16所，三级乙等医院2所。选取其中的十所医院经济指标进行统计，结果如表4-13所示。

上海市十所综合医院2001年主要经济指标　　**表4-13**

	单位	市一	市六	中山	华山	瑞金	新华	仁济	九院	龙华	曙光
收入总计	万元	51508.8	47593.2	53593	63370.9	68911.9	62566.4	59334.5	35058.6	22460.8	22624.3
其中：门诊收入	万元	9751.5	10322.7	8862.6	11032.6	13539.1	11512.5	13324.3	10176	2879.5	2956.7
住院收入	万元	11794.7	12592.5	16712.4	13402.9	21677.9	17382.4	13247.5	9084.2	3482	3754.7
药品收入	万元	26162.5	19557.3	24676.5	28244.7	28318.7	26718.2	26798.9	13078.2	12702.5	12933.1
支出总计	万元	47193.2	44416.6	51047.3	53047.8	64840	55327.1	57849.2	31528	19352.8	21141.3
其中：人员费用	万元	13062.4	11984.1	12772.1	12052	17897.7	14756.3	1322.2	11168.9	4870.7	5680
职工人数	人	2255	2308	2389	2180	3453	2760	2273	1811	1107	1110
核定床位	张	1080	1010	1044	1088	1353	1250	886	757	547	600
实际开放床位	张	1304	1148	1044	1088	1362	1230	886	732	633	569
累计实际占用床日	万日	43.02	45.92	41.83	40.9	51.01	47.39	36.4	26.4	21.4	19.7
床位使用率	%	90	109.6	99.7	103	101.4	105.6	114.4	98.8	92.7	95
累计出院人数	人次	23625	22437	23222	18670	36243	31450	22952	15529	7541	8526
平均住院天数	天	18	19.2	17.5	21		14.9	15.7	16.7	28.2	23.4
累计门急诊人次	万次	133.5	113.3	104.4	142.9	158.7	200.08	140.8	85.4	76.9	70.1
每住院床日费用	元	447.16	437.58	618.10	519.02	615.29	564.14	594.76	527.38	307.85	376.13
每门急诊人次费用	元	213.22	197.52	233.42	220.02	202.56	144.33	225.24	215.74	162.22	174.43
其中：药品	元	140.19	106.42	148.74	142.91	117.26	86.79	130.62	96.54	124.77	132.23

随着人们生活水平的提高，病人对医院特需服务需求的不断增加，上海各医院为满足这种需求，纷纷开设了特需服务。我们对上海市几家提供特需服务的主要医院进行了调查，发现目前上海市高等级医院特需服务具有以下特点：

- 科室不齐全，如华山医院特需服务部目前服务范围主要是神经内科、神经外科、皮肤科等科室疑难杂症；
- 规模较小，如中山医院下属的逸仙医院只有46张床，仁济医院的宾馆式特需床位也只有96张；
- 大部分是中国医生看病，没有或较少外籍医生坐诊；
- 硬件设施有改善，但医院管理模式、看病流程、对病人的服务理念等基本没有改变；

●综观上海市各家医院，目前真正能接待大量外宾病人、能让外籍人士放心的综合性医院还没有。

③需求情况调查

据上海市统计局资料显示，上海市 2002 年门急诊总数达到 8617.31 万人次，其中综合医院有 3649.26 万人次；入院人数 135.76 万人，其中综合医院 70.95 万人，占一半左右。具体数据如表 4-14 所示。

医疗机构诊疗人次和入院人数（2002）　　**表 4-14**

机构类别	诊疗人数（万人次）	门急诊（万人次）	入院人数（万人）	每百诊次的入院人数
总计	8783.29	8617.31	135.76	1.55
卫生部门	8382.38	8219.85	128.19	1.53
医院	5059.31	4995.53	92.59	1.83
综合医院	3693.42	3649.26	70.95	1.92
中医医院	743.35	738.29	7.20	0.97
传染病院	15.95	14.85	0.92	5.77
精神病院	56.36	56.13	1.01	1.79
结核病院	20.66	18.37	1.25	6.05
妇幼保健院	171.98	164.71	5.24	3.05
儿童医院	167.17	163.51	3.12	1.87
肿瘤医院	32.05	32.05	0.96	3.00
其他专科医院	158.37	158.36	1.94	1.22
护理院	15.26	15.26	0.32	2.10
其他医疗机构	149.96	146.13		
社区卫生中心	2419.09	2328.39	5.73	0.24
乡镇卫生院	738.76	734.54	29.55	4.00
工业及其他部门	400.91	397.46	7.57	1.89

从以上数据，我们可以作如下分析：

●上海作为一个国际化的大都市，正越来越吸引着外国人前来工作、旅游、定居，但是他们的就医需求还不能在当地得到满足，医疗保障问题也越来越成为外国企业在上海遇到的难题之一。

●上海市高收入人群非常密集，他们具有潜在的高级医疗保障服务的需求。

●在上海开办面向高端市场的中外合资营利性医院具有非常迫切的需求。

●中外合资营利性医院政策调查。（略）

通过以上充分的前期环境调查研究，获得了详细、具有足够深度的数据，为项目的目标定位、功能分析和面积分配，及下一步经济策划工作打下了扎实的基础。

复习思考题

1. 什么是项目的环境调查？其目的和意义是什么？

2. 简述环境调查的基本原则和工作步骤？

3. 环境调查的方法有哪些？

4. 环境调查需要哪些准备工作？

5. 环境调查的实施工作有哪些？

6. 环境调查报告形式多样，请简述它一般应包括的主要内容。

7.【案例讨论】某城市档案馆建于上世纪80年代，由于坐落在市中心，空间狭小、设施陈旧，已经无法满足城市建设档案管理的客观需求（图4-21为年档案存放数量的增长曲线）。尤其在2000年以后，由于我国实行竣工验收备案制以及城市建设的快速发展，该矛盾更为突出。因此，档案馆计划在原址进行扩建，以能满足未来50年的存储要求，并丰富档案馆功能，最终建成现代化、多功能的城市档案馆。由于项目坐落在市中心，扩建难度大，管理部门欲先行进行项目前期策划。如果你是策划总负责人，在前期调查时，请讨论：①该项目从哪些方面进行环境调查？②如何确定用户需求？③可采用哪些环境调查方法？④请编制环境调查工作计划书。

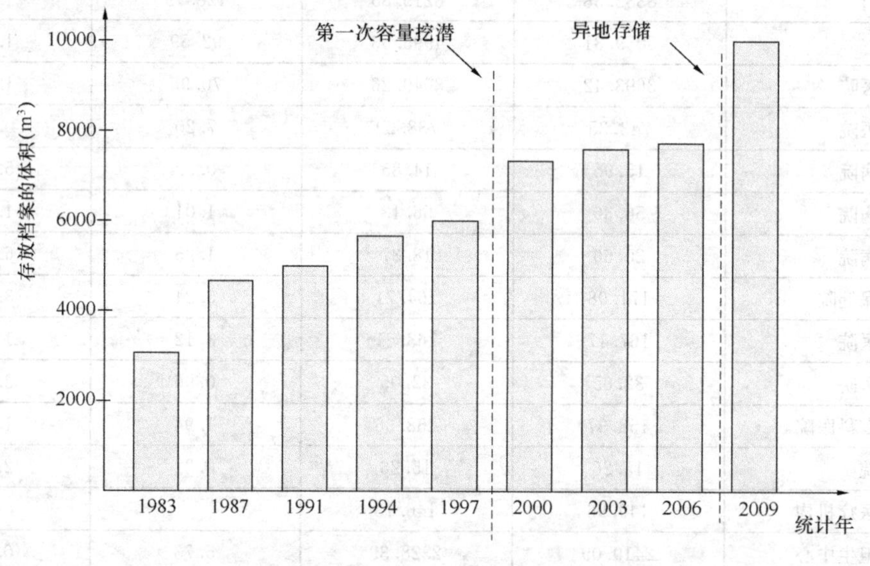

图4-21　城市建设档案存放数量统计

第五章　项目定义与项目目标论证

项目决策策划的根本目的是进行项目的准确定位，对整个项目进行全面的、系统的定义，将业主的建设意图和功能需求反映到项目结构中去，并提出总体功能的定位。只有在准确定位的基础上做出的投资估算才有依据；也只有在准确定位的基础上做出的投入产出分析、经济效益分析才可信。项目定义与目标论证建立在环境调查分析的基础上，重点是项目定义和目标论证，而项目定义与项目目标论证的主要方法是功能分析与面积分配。本章的主要思想和方法强调以最终用户需求为项目导向。

本章主要内容包括：项目定义概述，用户需求分析，项目的功能分析、面积分配，以及项目的总体定位。

5.1　项目定义概述

项目定义是建立在环境调查基础之上的，定义的结论又是投资估算、技术经济评价、投入产出分析和规划设计的基础。我国目前建设项目在做可行性研究时，由于环境调查的不充分，导致了项目定义不准确，投资估算“拍脑袋”，这样使得技术经济评价的结果与实际情况相差很大，没有发挥其应有的作用。因此，策划人员应该充分认识到项目定义的必要性：

1）项目定义明确了拟建项目对象，使项目的经济评价更加准确并符合实际情况，从而使可行性研究不流于形式，起到应有作用。

2）项目定义可使业主对整个项目形成整体构思，对项目组成、项目总投资进行合理规划，避免项目决策和实施带来较大的随意性，实现对项目投资、进度和质量的有效控制；

3）项目定义是规划设计的重要依据，它明确并量化了业主的建设意图，避免了因规划设计任务书含糊不清而导致设计工作的多次返工。

因此，在项目决策阶段之初，应该对项目进行严格的定义并对项目目标进行论证，从而使项目决策有可靠的依据。

5.1.1　项目定义基本概念

项目定义是将项目建设意图和初步构思，转换成定义明确、系统清晰、目标具体、具有明确可操作性的方案。项目定义用于回答“建什么”的问题，只有明确了“建什么”，才有可能正确分析“要不要建”。项目开发建设的过程中，项目定义是很重要的一个环节，关系到项目开发建设的目标、功能定位，决定了项目的发展方向。

(1) 项目定义的目的

项目定义确定项目实施的总体构思，其目标主要解决项目定位和建设目标两个方面的问题，如图 5-1 所示。

第一个问题是明确项目定位。项目定位最主要是指项目的功能、拟建项目的组成的分解、建设内容、建设规模和建设标准等，也就是项目建设的基本思路；

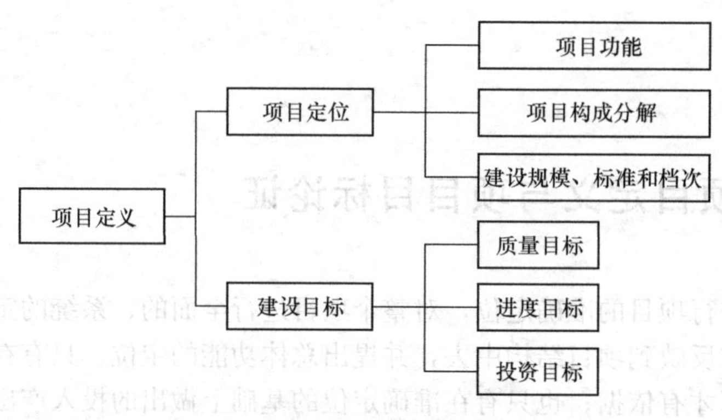

图 5-1　项目定义的内容框架

第二个问题是明确项目的具体建设目标。建设项目的目标是一个系统，包括质量目标、进度目标、投资目标三个方面。项目的质量目标，就是要明确项目建设内容、规模、标准和档次等；项目进度目标是指在项目定义阶段，应该明确项目建设的周期以及项目分期开发和滚动开发计划，明确项目投产期和投资回收期；项目投资目标，就是在项目定义阶段明确项目建设的总投资估算，它是在明确了项目的质量目标和进度目标的基础上确定的。

项目定位和建设目标之间是相互联系的，两者存在着因果关系。比如对于医院项目，其项目定位说明了要建设什么样的医院。其中，医院功能包括医院科室设置、门诊和手术治疗、康复、辅助设施、行政管理等功能分析、设备数量和种类、人力资源配置等方面；建设内容组成指医院所需各种功能的种类及其搭配；建设规模是指医院的占地面积、建筑面积、科室数、床位数、医生数、护士数、医技人员数等指标；建设标准和档次指医院建设应遵循的建设规范以及医院对环境洁净度、装修档次等的特殊要求、所服务的不同人群需求等。

而建设目标，则是根据项目定位提出建设这样的医院必须在各方面达到什么样的要求。其中，医院项目目标中的质量目标，是指拟建医院在明确、潜在和隐含的质量需求上需要达到的要求，包括检查和治疗区的质量标准、住院部的质量标准、配套服务设施的质量标准等。在项目定义中，要对医院建设的各部分质量目标进行初步的确定；进度目标是根据项目的定位，初步估算出工程建设的周期是一次全部开发，还是分期滚动开发，以及前期、设计、招标、采购、施工等主要节点的时间安排等；投资目标是根据项目的定位，按照有关法规、计算标准和价格市场行情匡算出项目总投资。

有些项目的项目定义还包含项目产业策划。项目产业策划是立足项目所在地以及项目自身的特点，根据当前城市经济发展趋势和项目所在地周边市场需求，从资源、能力分析入手，通过分析各种资源和能力对备选产业发展的重要性以及本地区的拥有程度，选择确定项目发展主导产业。

无论采用哪种形式，项目定义的根本目的只有一个，即明确项目的性质、用途、建设规模、建设水准以及预计项目在社会经济发展中的地位、作用和影响力。项目的性质不同，项目的目标和内容就不同。同是建一座商场，该商场是单纯的用于购物还是集购物、餐饮和娱乐于一体，性质显然就不同，如图 5-2

图 5-2　Shopping-Mall 的功能较为复杂

所示，Shopping-Mall 的功能较为复杂。项目定义是一种创造性的探索过程，其实质在于挖掘可能捕捉到的市场机会。项目定义往往是决策策划的最终成果，或者是在详细的功能分析和经济分析后对先期提出的项目定义再进行的修正。项目定义的好坏，直接影响到整个项目策划的成败。

（2）项目定义的原则

项目定义过程中，应该遵循一定的原则，掌握了这些原则之后，在对项目进行定义时就能有所依赖，有所参照，有的放矢，使项目定义更符合实际情况，更有利于项目的建设和发展。项目定义的主要原则有以下几点：

1）进行项目定义前，需充分了解该项目的特点，以及项目特点对宏观环境的依赖性。例如，对总部园区进行项目定义时，首先应该对总部园区的产业进行仔细调研和总结，并将其和其他产业进行对比，从而掌握总部园区产业经济的特点。

2）项目定义前，要认真查阅国内外类似项目的规划建设情况以及它们的各项政策。例如，总部基地的产业策划，由于当初总部园区的规划建设在我国尚处于初始阶段，建设经验不足，没有很好的案例可以借鉴，但国外的建设经验在规划建设和功能定位层面上有很多相似之处，可以加以借鉴。

3）在对项目建设的外部条件进行调查的同时，不能忽视对影响项目建设的内部条件的调查分析，进而找出其内在的规律性。包括项目提出的背景、来龙去脉、项目提出者的初衷、前期已做的大量调研、分析和思考以及政府的支持、领导的期望等。

4）对内外部条件的调查结束后，要对所有因素进行综合分析，以修正项目定义，使其更符合实际情况。结合调查分析结果，不断对项目定义进行论证，直至与内外部条件的结合逐步完善。

贯彻上述各项原则所形成的项目定义，能够很大程度上接近项目真实目标的需要以及实际建设环境。例如，通过上述原则之后的嘉定总部园区项目定义，总部不是单纯地定义为“跨国公司的地区总部”，而应该是：国际和国内所有需要在某一特定地区建立总部的高科技企业或者企业集团。它可以是大型的跨国公司地区总部，也可以是大型国内企业集团的总部，但不是创业园，不是发展初期的企业；可以是工业企业总部，也可以是现代物流业企业总部；可以是科研机构和高等院校的技术开发总部，也可以是上市公司和金融机构的总部；可以是国内外大型传统贸易，也可以是 IT 业总部企业和办事处等。这些企业应该是涉及高科技的相关产业，而不是其他。这就给嘉定总部园区一个即比较丰富，同时又比较准确的定义范围。

【案例 5-1】 国内某软件园项目定义策划

根据国内外软件园区的调查结果，对该软件园项目进行如下三个方面的定义：

（1）该软件园的项目总体构思为：通过软件园的建设，以自身良好的资源、设施和环境，协同国内外软件产业界，从行业协调、引导着手，为业

图 5-3　软件园效果图

界提供技术/产品研发、评测认证、产品项目孵化、出口企业成长培育、良好的行业环境等支持和服务，使本项目成为省软件产业技术及产品研发的重要基地；创新技术、创新产品、创新人才集散枢纽；为软件产品评测和质量认证服务中心；软件企业、资本、人才、技术、产品、项目、市场等资源交流及整合服务中心；国内外知名的软件出口基地。

(2) 该软件园的发展战略确定为：依靠政府引导和政策支持，政府投入启动资金进行首期关键基础设施、资源和环境建设。以良好基础资源为启动发展基础，以合作联营及股份制经营方式引入国内外软件业界相关资源，进行规模运营和发展，以高品质的资源服务和业务服务实现经济效益目标，以公益和支持性服务实现社会效益目标。

(3) 该软件园的宏观产业策划为：成为该省进行软件产业技术、产品、项目研发和孵化的基地，推动该省软件产业的规模化发展，为该省软件行业交流、软件出口企业成长等提供优越的资源、设施、环境和运营条件；协调、引导该省软件行业，充分发挥业界资源总体效益的服务机构；为该省软件企业提高管理水平、培训高层次技术人才、提高软件产品质量、实现与国际接轨提供协助及相关服务。

5.1.2 项目目标分析论证

目标控制是项目管理的核心任务，而目标明确是项目成功的一个必要前期条件。但对于大多数项目而言，系统的初始目标往往是笼统而模糊的，必须对目标进行多次的分解和论证，形成完整的目标系统，才能使它逐渐明确且具备充分的可行性。

(1) 目标分解

项目目标分析的最好办法是对目标进行分解和细化。目标分解主要是根据目标的内容以及系统的阶段性和层次性，将项目的总目标分解为具体的、基本的目标单元，使项目系统中每一个基本功能单位在各个层次、各个阶段都具有明确的目标。通过目标分解，原先笼统而模糊的项目目标逐渐被清晰化、明确化。

项目目标的分解可以是多维度的，需要考虑目标的构成、项目构成、项目实施过程等多方面因素，从不同的角度进行分析。分析过程是在由多种因素构成的多维空间中进行的过程。将这个由多种因素构成的多维空间定义为目标分解空间，目标分解空间通常可以从三个维度考虑：一是目标内涵，包括质量、投资、进度、安全、环境影响等，其中最主要的是质量、投资、进度三个方面；二是项目结构，指构成整个项目的各个子项目以及各分部分项工程；三是项目阶段，包括项目决策、实施（设计和施工）、运行等几个主要阶段。如图 5-4 所示。

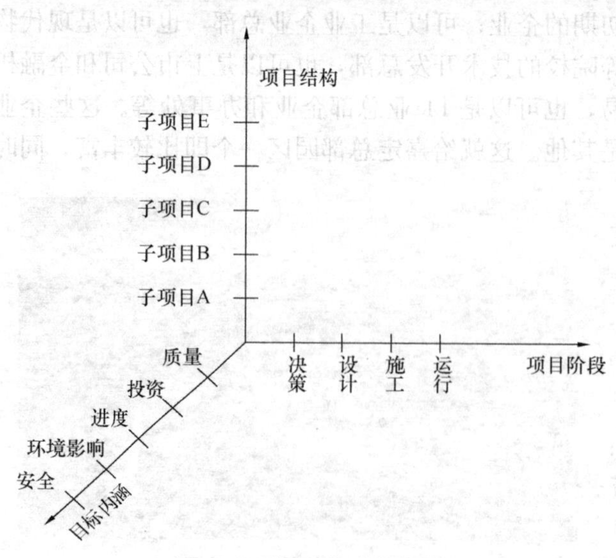

图 5-4　项目目标分解空间

项目目标分解的基本原则是从宏观到微观、从静态到动态，在分解空间中具体地表现为目标分解可以从三个维度分别展开，但相互之间又有影响和关联。

项目总体目标的分解是一个在分解空间的三维上分别进行并需要多次重复的循环过程，而且在每一维上进行目标分解时，都要考虑分解后的目标在其他两维上的可行性。项目总体目标分解后将成为有着一定层次性和逻辑性的目标系统。这个系统在每一维上都应体现出其内在的逻辑性，在任何两维构成的平面上都应体现出清晰的层次性。

(2) 项目目标论证

项目目标论证必须从技术、经济、管理等方面论证目标的可行性，并往往在三维目标分解空间的两维平面上进行，从不同的侧面或截面论证目标的可行性，从而求证目标系统的整体可行性。

项目目标论证平面如图 5-5 所示，在目标维与项目维构成的平面上，对目标系统技术上的合理性和协调性进行论证；在项目维与项目阶段维构成的平面上，对目标系统总体工作安排上的合理性和可行性进行论证；在目标内涵维与项目阶段维构成的平面上，对项目目标在不同阶段上的可行性进行论证。

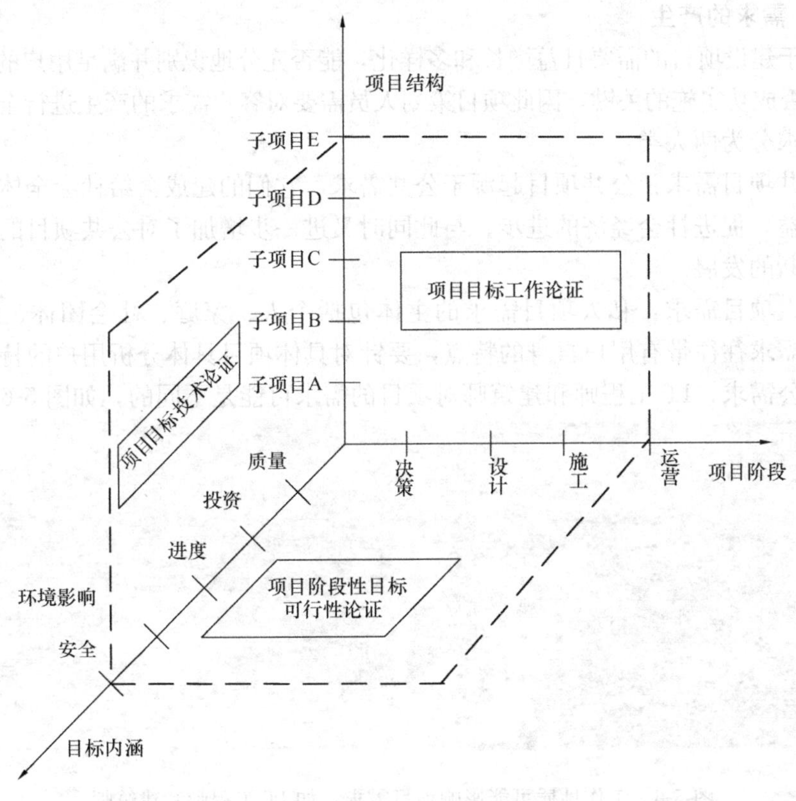

图 5-5 项目目标论证平面

需要提及的是，在目标维与项目阶段维构成的平面上，用经济指标综合表示系统目标的各种指标，论证项目的经济效益和目标的可行性，即现在为人们所熟知的项目可行性研究工作中的重要内容。

经过多次的目标分解、论证循环过程之后，原来笼统而模糊的项目目标将成为清晰明确、具有充分可行性的目标系统，这个系统将作为建立整个项目系统并对其进行控制的一个基本依据。

5.2 用户需求分析

项目定义的一个非常重要的方法是用户需求分析，以最终用户的需求为导向，先进行人群分类，把最终用户分解为不同的人群，通过换位思考和调研，直接明确使用者对项目的要求，从而得出项目的目标。

项目用户需求分析指对潜在的最终用户进行分类，归纳出每一类最终用户的主导需求，并就项目的功能与客户需求达成一致，最终形成项目开发目标的一个过程。简言之，需求分析就是解决“做什么”的问题，就是要全面理解并准确地表达用户的各项要求。从广义上理解，需求分析包括需求的获取、分析、说明、变更、验证、管理的一系列工作；狭义上理解，需求分析指需求的分析、定义过程。用户需求分析是项目功能策划的第一步，并强调以最终用户需求为导向的原则。

5.2.1 需求的产生

人们对于建设项目的需要日益增长和多样化，能否充分地识别并满足用户的需求是一个建设项目能否成功实施的关键，因此项目策划人员需要对客户需求的产生进行全面了解。

项目需求分为两大类：

(1) 公共项目需求：公共项目起源于公共需求，它们的建成会给社会全体成员带来巨大的外部收益，促进社会经济的进步，与此同时又进一步增加了对公共项目的需求，带动经济持续不断的发展。

(2) 私人项目需求：私人项目需求的主体包括个人、家庭、社会团体、组织、企业等，这样的需求往往带有用户自身的特点，要针对具体项目具体分析用户的特殊需求。例如，同是办公需求，IT 工程师和建筑师对项目的需求可能是不同的，如图 5-6 所示。

图 5-6 工作性质可能影响项目需求：如 IT 工程师和建筑师

5.2.2 需求分析的内容

只要真正站在最终用户的立场上进行思考，必然会得出对项目定义有用的信息。通常情况下，需求分析一般包括下列六方面具体内容：一是项目总体需求，反映了用户对项目总体上的目标要求，是对项目的基本需求，通常在项目定义中予以体现；二是用户使用需求，描述了用户使用建设项目的需求，用以满足用户的生产或生活方式，流程和规律等；三是功能需求，定义了用户生产或生活对建设项目的要求，明确建设项目必须达到的使用功能，使用户利用该项目能够完成他们的任务，从而满足需求；四是非功能性的需求，描述了用户对最终竣工项目的特殊要求，它包括即使最终用户不提出，但从技术上项目必须遵从的标准、规范和约束等；五是综合考虑用户、技术发展和社会发展等的前瞻性需求；六是在前面几项需求分析基础上归纳做出的用户需求分析报告，报告所说明的功能需求充分描述了项目所应具有的各种特性。"用户需求分析报告"在立项、审批、设计、施工以及运营中起着重要作用。

5.2.3 需求分析的方法

需求分析的方法多种多样，常用的有调研法、原型法等方法，下列介绍这两种常用方法的工作流程。

(1) 调研法工作流程

1) 需求调研小组制定工作计划，进行详细进度安排；

2) 以启动会方式落实，并推动进度计划实施；

3) 根据人群分类分别进行访谈；

4) 需求调研小组整理/梳理需求；

5) 需求调研小组再次就整理的需求与用户进行走访；

6) 需求调研小组进行需求分析总结；

7) 需求调研小组编写需求说明书或需求分析表。

(2) 原型法工作流程

1) 需求调研小组制定工作计划和详细进度安排；

2) 以启动会方式落实，并推动进度计划实施；

3) 就事先已经拟定的项目定义听取不同用户群的意见；

4) 需求调研小组整理不同用户群对项目的意见；

5) 需求调研小组进行用户需求意见分析，并修正项目定义；

6) 需求调研小组将修正的项目定义再次征询用户意见；

7) 需求调研小组编写需求说明书或需求分析表。

以上两种方法第 4) 步至第 6) 步为可循环可重复过程，目的是确保需求的客观性、可行性、完整性和准确性。

5.2.4 需求分析的步骤

需求分析一般包括以下四个步骤：需求的识别、需求的表达、编写需求分析报告、评审。

(1) 需求的识别

需求识别始于最终用户群的分类，结束于需求分析报告。对不同人群进行分解，目的是分析出人群对项目的不同需求，从而进行需求分解。只有需求明晰，策划人员才能准确地把握用户的意图。需求识别是一个过程，项目创意产生之时即识别需求开始之时，只有通过不断收集信息和资料，进行调查和研究，才能使客户的需求明晰化。

(2) 需求的表达

需求的表达是用户从自身的角度出发，全面、详细地陈述、表达其已识别的需求，策划人员对用户需求进行记录、分析、整理、表达的过程。有时甚至是策划人员自身换位思考，帮助最终用户表达最终需求的过程。同时，在需求调研或访谈时，相互启发也是需求识别的重要方法。当用户的需求界定后，策划人员便可以开始着手准备用户需求报告。

用户需求报告是策划人员用来说明用户已识别的需求的文件。它是从用户自身的角度出发，全面详细地论述、表明所期望的目标和期望得到的结果。好的需求报告能提供全面的、明确的信息，让决策者把握用户所期待的产品或服务是什么，只有这样才能进行项目识别、项目构思等，为下一步工作打好基础。

(3) 编写需求分析报告

需求分析报告，按其阅读者的不同层次可以分为三类：

1）项目目标分析，也就是项目要达到的总体目标，要结合具体的项目环境进行系统分析和论证，这个文档的阅读者是最高层次的决策者。

2）功能目标分析，也就是项目将要达到的具体功能目标，这个部分基本上需要技术专家认真地分析，这个文档的阅读者是策划者。

3）技术实现报告，也就是为完成以上功能需要的专业技术，这个文档的阅读者基本是相关的设计人员。

需求分析报告的内容因具体项目规模的大小不同各有不同，但基本上包括以下内容：

1）满足用户要求的项目调查工作陈述；

2）期望的总体目标；

3）对项目目标的具体要求；

4）分别不同人群对项目的具体功能需求的细化；

5）非功能性的其他要求；

6）需求分析的总结、归纳。

(4) 评审

评审就是对项目功能的正确性、完整性和清晰性，以及其他需求给予评价，可采用专家评审等方法。

下面分别列举大型会展项目［案例5-2］、新建开发园区项目［案例5-3］、房地产居住小区项目［案例5-4］三类不同的用户需求分析案例，供读者参考。

【案例5-2】 上海2010世博会人群需求分析

与奥运会体育设施不同，上海世博会项目的最大难点是需求不确定，尽管是大型会展设施，但建设的内容、规模、标准有许多不确定性，尤其需要进行用户需求分析。

(1) 最终用户的类型

归纳起来，2010年上海世博会将有六大类主要人群，分别是：参观人群、参展人群、园区管理和服务人群、后备保障人群、决策指挥控制人群、新闻媒体人群等。这些人群有不同的需求，这些需求将对世博会的建设、运行和管理带来巨大影响。

(2) 最终用户的需求分析

1）到世博会现场的参观人群需求分析

参观人群的需求包括远程了解世博信息、网上预约购票、交通工具和交通路线选择、酒店入住、现场购票、排队服务、寄存服务、参观引导、园区交通服务、气象服务、咨询服务、紧急帮助、饮食服务和特色服务等。

从参加人群的需求分析出发，世博园区的功能除了场馆建筑以外，还应该有广场、停车场、园内餐饮设施、公共厕所、休息区、排队等候区、机动车和步行道路等等，这些设施的数量、位置、标准等等都应进行详细分析。

2）参展人群需求分析

参展人群的需求包括展位布局与展位信息、物流与仓储服务、销售管理、参观人群预警与管理、信息通信与信息服务、应急通信保障、后勤供应和能源供应等。

从参展人群的需求分析出发，世博园区的功能除了能供应水、电、气等能源外，还应该方便布展，包括大型展品的运输、入关手续、仓储、垃圾清运、参展人群的生活设施、布展的需求等等。

3）园区管理和服务人群需求分析

园区管理和服务人群包括物业管理人员、安保人员、设施保障人员、活动组织人员、卫生保洁人员等等，这些不同人群对项目的需求也不同，要分别进行分析。他们的需求包括各种信息的掌握、信息通信与信息服务、应急支持、掌握各类设施和供应系统的运行信息、项目建设信息等。

4）后备保障人群需求分析

后备保障人群包括医护人员、消防人员、武警官兵、备品备件供应商、水电气供应单位等等，他们的需求包括实时掌握世博会的各项动态，做好预案和应急准备。

5）决策指挥控制人群需求分析

决策指挥控制人群包括一级指挥平台、二级指挥平台、分区指挥部等等，他们的需求包括掌控世博会各项活动、各类设施和各个系统的运行信息，要能快速地启动应急措施或应急设施，要能及时地调度各种后备资源。

6）新闻媒体人群需求分析

新闻媒体人群的需求包括需要提供便利、可靠、快速的通信服务和信息服务，如为记者提供话音接入和数据接入，保证全球的新闻媒体能够方便地采访世博会场和高速同步地发布文稿、图片、视频等信息。

(3) 用户需求分析结论

从历届世博会的实践经验来看，要满足这些人群的需求，分门别类的分析，将不同人群的不同需求进行分析、细化，从如何满足这些需求的角度出发，去指导项目的定位，确定设计的原则，给设计提要求，从而确保设计的成功。

【案例 5-3】 嘉定新城总部园区目标客户分析

为给嘉定总部园区项目功能分析和面积分配指明方向，首先需要对目标客户——包括目标企业和目标人群进行分析。

1. 目标企业分析

(1) 目标企业定位

经过大量的调研和分析，策划小组认为对拟建的总部园区将引进的企业类型应有所界定，不能什么样的企业都进来。应大力发展科技企业总部，以吸引科技型的总部作为重点目标客户，同时考虑到信息服务业基地的建设，可以适当引入汽车产业核心部门、信息服务业企业总部、创意产业企业。与此同时，优化、配制、吸引各类资源，包括商务资源，教育资源，娱乐资源。

定位一：高科技企业总部，包括决策型总部、研发型总部两种类型。

入驻的企业主体，包括信息产业、新材料、新能源、生物医药等类型企业，强调企业的决策和研发核心功能。科技企业既可以在此设立企业总部，也可以设立分部机构；为企业战略研究与创新、总裁办公、研发、财务结算、市场拓展等各项功能提供空间。

主要类型包括：一、国内正在快速发展的极具发展潜力的科技企业，它们迫切需要通过上海的平台接轨国际市场，开拓国内市场。这一层次企业是主要目标企业，尤以江浙一带企业为主。二、国外有意向进入中国市场的科技企业，总部基地将为它们提供合适的发展平台与广阔的拓展空间，为其根植于中国特别是上海的巨大市场，谋求最大发展可能性提供便利。三、其他类型的企业或其总部，如外地进入上海的管理总部和结算总部及其他高附加值企业等。

定位二：汽车产业核心部门。

嘉定的汽车工业较发达，目前正在抓紧建设集汽车生产、展示、销售、服务、F1赛车等功能于一体的上海国际汽车城，使汽车产业成为嘉定的特强产业。基地考虑引进一定规模的汽车产业核心部门，比如设计、研发等技术含量高、能源消耗少的部门。

定位三：信息服务业企业总部。

包括软件服务业、网络服务业、信息内容服务业、信息渠道服务业企业。

定位四：创意产业的创业企业。

创意产业是新兴产业，但发展前途巨大。也可以有部分属于创意产业的新型公司可以吸引进来。

(2) 目标企业需求特征分析

- 中等及以上规模成熟科技企业，需要有更好的办公环境，相对独立的办公空间；
- 正处于发展中的企业，规模扩大后需要更换新的办公场所；
- 为了提升企业的形象，并处于地段的考虑，需要有更好的办公空间；
- 注重集聚效应的企业；
- 大部分为知识密集型企业或者中介、机构、办事处；
- 企业有长久的发展计划，处于经济的考虑，有意向购买办公楼，同时也是一种投资。

2. 目标人群需求特征分析

对入驻企业的定位，决定了目标人群的总体定位。嘉定总部基地定位为“科技企业总部基地”，以低密度、高绿化，依山傍水的特点，吸引各类科技企业在此建立郊区化办公、商务、研究和培训基地；吸引在沪的高级白领及高科技企业的高级员工到基地工作、生活。经过调查分析，这些入驻人群的共同特征主要有：

- 在上海工作或由于工作关系经常到上海；
- 对配套比较依赖，注重生活品质；
- 关注周边的环境氛围；
- 注重工作的便利性；
- 对价格敏感较低，注重品质；
- 社交广泛。

【案例5-4】 某居住区的需求分析

目标居民是居民中的特定群体，目标居民居住需求分析是居住区功能策划分析的基础。进行居民居住需求分析，首先必须分析居住需求的内容，然后根据居住需求的变化归纳出居住需求变化规律。

1. 居民居住需求内容

居民居住需求是人类需求的一个方面，它有不同的层次。将人的需求与居住区内、外部环境的形体空间相结合，可以把居民的居住需求分为如下五类。

(1) 生理需求

它包括人对阳光、空气、光、温度和一般居住安全的需求，是人类最基本的需求。在现代居住区中基本的生态环境、交通环境等也是居住生理需求的重要内容。人类的其他居住需求是以生理需求的满足为前提的。

(2) 休闲需求

是指居民在工作之余的闲暇时间里进行娱乐消遣的要求。在现代生活中，居民休闲需求日益提高，其内容也日益广泛，包括休息、健身、文化娱乐、艺术欣赏等内容。

(3) 领域需求

领域需求分个人和群体两大类，每个人都需要在居住地方建立一个有限空间范围，在这个范围内人有权对自己的生命财产进行防卫和保护，从事个人或家庭的部分私密性活动。在居住区环境中，群体的领域感应进行再认识，因为它能使我们保护“我们的”邻里，“我们的”团体和“我们的”社区，它能使居民团结并互相帮助，维护共同利益，因此也是人的基本居住需求。

(4) 邻里交往需求

包括友好交往、社区公共活动等。现代文明居住区生活中，人与人的接触、邻里关系、互助互爱等社会交往需求是必不可少的人类活动。作为社会的人，加入某一组织群体并成为其中一员是非常重要的。研究表明：经常探亲访友，在邻里圈里有较高知名度、乐于成为某团体成员的人比不参加以上活动的人有较高的“幸福”程度。

(5) 自我实现需求

自我实现需求是最高层次的人类需求。人区别于其他动物就在于人具有思维能力，除物质需求之外，有更丰富的精神世界。为了体验人生、美化人生，而努力实现自我、满足自我。体现在居住环境中表现为与自然接近的需求、美感需求、住户参与社区发展决策需求、住户理解、使用和改变自己居住内外环境等。住户参与设计、改造居住环境，不仅是对美和完善的追求，而且是自我实现需求的过程。

2. 居民居住需求变化规律

居民居住需求有其自身的特点，并处于不断地变化之中，这种变化遵循着一定的规律。具体说来，居民居住需求表现出以下变化规律：

(1) 居住需求层次递进

居民的居住需求随社会发展而不断发展、提高，一百年前人的居住需求与现代人的居住需求不可同日而语。在相对稳定的一段时间内，居民居住需求的一般递进次序为生理需求——休闲需求——领域需求——邻里交往需求——自我实现需求，而且当低层次需求满足后，会有更高一级层次的需求。也就是说当人们满足了物质需求后必然要追求精神上的需求，当前随人类文明的进步和社会的发展，人们已逐步摆脱生理需求、安全需求的困扰，转而追求爱和尊敬的需求，尤其是对自我价值的实现将得到人们的青睐。人们不光关心自己，还关心他人和社会，关心共同生存的环境以及子孙后代生存的权利，居住需求将进入更高层次。

(2) 居住需求随时间轴的变化

人的居住需求会随年龄增长而变化，心理学家埃克里森（E. Erikson）把人的生命过程分成婴儿期、儿童期、少儿期、少年期、青年期、壮年期、成年期、老年期八个阶段，各阶段心理特征很不一样。人在不同阶段的心理特征必然影响其对居住的需求。儿童、少年、老年对邻里交往较重视，青年人对自我表现的需求较强烈。同时人的需求随时间（四季交替）呈周期性变化。

(3) 居住需求随主体对象的变化

生活中，个体之间存在差异，现代社会强调个体的平等独立。每个人应该能不受他人妨碍地使用共有的环境，为此应了解使用者的不同与相同之处，以适应不同需求者，包括特殊对象（如老年人、儿童、妇女、残疾人）的特殊需求，这样才能体现人类居住区可持续发展精神，提高居住区管理水平和环境，使人人享有平等和充分参与的机会和权利。

居民居住需求变化规律要求我们针对目标居民的特点，对其居住需求内容进行具体的分析。

3. 目标居民居住需求分析

针对特定居住区项目，研究所有居民的需求是基础，但已不具有代表性，因此首先要选定居住区的目标居民。

因为每一个居住小区仅能居住一定层次、具有一定个性特点的居民群体，居住区也不可能满足所有居民阶层的要求。例如小区居民既有可能是产业工人，也有可能是经营管理者或高级知识分子，还有可能是动迁居民。

目标居民的需求分析既要全面考虑，又要抓住重点，有所侧重。在现阶段居民居住标准还不是很高的情况下，居民居住需求的核心仍表现为生理需求。不同的目标居民的居住需求在生理需求上基本相同，但程度和标准不同；此外，在其他需求上会有很大不同。例如，与产业工人相比，经营管理者的休闲需求种类较为丰富，档次及自我实现需求要求较高。

在所有居住需求中，生理需求、休闲需求、领域需求、邻里交往需求和自我实现需求均应在居住区功能中得以体现。除生理需求外，其他需求更能反映不同目标居民的特点。根据不同的目标居民，其功能可以有侧重点，但生理需求应首先得到保证。

居住区可以看作是人们对居住的物质需求和精神需求的物化与外在化，居民居住需求变化是居住区功能变化的内在动力。居民居住需求要求居住区具有综合的功能，换句话说，居住区应有相应的功能才能满足居民不同层次的居住需求。

5.3　项目功能分析

项目功能分析是指在总体构思和项目总体定位的基础上，在不违背对项目性质、项目规模以及开发战略等定位的前提下，结合潜在最终用户的需求分析，将项目功能、项目内容、项目规模和项目标准等进行细化，以满足项目投资者或项目使用者的要求。

(1) 功能分析的内容

只有总体构思，没有功能分析，项目的定位就太粗放，在此基础上所做出的投入产出分析就缺乏依据，项目决策就带有盲目性，这是许多项目可行性研究的通病。项目功能分析可分为项目总体功能定位和项目具体功能分析两个部分的内容。

1) 项目总体功能定位

项目总体功能定位是指项目基于整个宏观经济、区域经济、地域总体规划和项目产业一般特征而做出的与项目定义相一致的宏观功能定位，是对项目具体功能定位具有指导意义的总体定位，而不是指具体到项目某个局部微观功能的界定。项目总体功能定位应充分重视借鉴同类项目的经验和教训；项目总体功能定位的方法应建立在同类项目功能分析的基础上结合项目自身特点确定。

2）项目具体功能分析

项目具体功能分析，指为了满足项目运营活动的需要，满足项目相关人群的需要，对项目拟将具有的功能、设施和服务等进行的详细界定，是对总体功能定位的分解和细化，明确拟建项目究竟要实现哪些功能，主要包括明确项目的性质、项目的组成、项目的规模和质量标准等。项目具体功能分析是对项目总体功能定位的进一步细化，反过来也是总体功能定位的确定、修改和调整的基础。

项目的具体功能分析应从项目建成后运营使用的活动主体——使用人群和企业出发，分析项目为满足他们的活动所应提供的各种设施和服务，从人群的功能需求和企业的功能需求两个方面对项目进行功能策划。项目的功能分析可以是分层次的，即明确项目要实现哪几大功能，每一项功能又包含哪几项子功能，这样一层层细化，直到功能分析得非常清楚为止。项目功能分析的工具是功能分析结构图。

【案例 5-5】 嘉定新城总部园区功能分析

(1) 总体功能定位

总部园区的总体功能定位随着外界环境和总部园区内外条件的变化而变化。不同总部园区的总体功能定位有很大不同，它不仅代表了社会对总部园区的效益要求，也代表了投资者对总部园区建设的经济利益要求。

在对嘉定总部园区进行宏观功能定位时，把总部园区所处的不同经济区域或行政区域作为总部园区建设的一个外部条件，融合到总部园区的宏观功能定位中，不再作为单独因素分别考虑。这样，在对总部园区进行宏观功能定位时，仅从园区与城市位置关系的角度，分析园区所处城市位置对总部园区宏观功能定位的影响。

嘉定总部园区位于城市近郊，处于城市边缘地带，距离城市很近，既可以部分利用城市中已有的基础设施、各种附属设施和社会网络，又可以避免城市的各种弊端，如：道路拥挤、住房紧张、空气污染严重、环境质量差和发展空间有限等缺点，可以有一个相对比较优美、安静的工作和生活环境，又可以在开发建设时统一规划，统筹考虑开发建设力度和步伐，给总部园区的扩展留下足够的空间。该总部园区的宏观功能定位在能够独立提供工作和生活场所的开发新区，可以逐渐发展为城市的副中心。

嘉定总部园区的宏观功能除了必需的总部办公楼外，还必须有部分的居住功能，提供总部园区从业人员、园区管理人员等居住之用，以免他们上下班的车马之劳，不仅节约时间，减轻疲劳，还可以减轻城市与园区之间的交通压力；既然有部分的居住功能，园区还必须提供与城市类似的休闲和娱乐设施，以缓解园区内人员的紧张情绪，放松神经；园区还要提供一定的教育和文化设施，如学校、图书馆、电影院、音乐厅等，供园区内工作人员及其家属和子女教育之用；园区还要有一定的体育运动设施，以满足工作人员锻炼、健身的需求；园区围绕总部办公这一主题，还需提供一系列的服务，如软硬件服务平台、展示中心和商务中心等。

总而言之，其开发建设的最终目的是通过物质环境的建设，为总部企业的发展提供一个成熟的物质环境。其总体功能定位首先是企业总部办公，其次是为总部办公服务的附属设施的建设和环境的培育。

(2) 具体功能分析

总部园区的具体功能分析，即为满足企业总部办公活动的需要，总部园区应该具备哪些具体的功能，提供哪些具体的设施和服务。在对总部园区进行具体功能分析时，从人群的功能需求和企业的功能需求两个方面对项目进行功能策划，不再考虑总部园区区位的不同，统一设定为功能最齐全的总部园区，对其进行功能分析和策划。这样，在策划时如果具体到某一总部园区时，可以以此功能策划为基础，根据实际情况做一定删减。

1) 人群的功能需求分析

经过调查分析，入驻嘉定总部园区的人群主要有这几类：在上海工作或由于工作关系经常到上海；对配套比较依赖，注重生活品质；关注周边的环境氛围；注重工作的便利性；对价格敏感较低，注重品质；社交广泛。在对该地区的文化底蕴、生活习惯、工作节奏调查的基础上，分析上述各种类型的人群对嘉定总部园区的需求，需求主要有以下三个方面：一是工作需求，包括办公、会议、生产、展销、展示、培训等；二是生活需求，包括居住、餐饮、购物、娱乐健身、文化以及卫生、医疗等；三是其他需求，包括交流、学习、教育需求等。

2) 企业的功能需求分析

嘉定总部基地定位为“科技企业总部基地”，以低密度、高绿化，依山傍水的特点，吸引各类科技企业在此建立郊区化办公、商务、研究和培训基地；吸引在沪的高级白领及高科技企业的高级员工到基地工作、生活。目标企业的功能需求主要有以下特征：中等及以上规模成熟科技企业，需要有更好的办公环境，相对独立的办公空间；正处于发展中的中小企业，规模扩大后需要更换新的办公场所；为了提升企业的形象，并处于地段的考虑，需要有更好的办公空间；注重集聚效应的企业；大部分为知识密集型企业或者中介、机构、办事处；企业有长久的发展计划，处于经济的考虑，有意向购买办公楼，同时也是一种投资。

3) 园区功能组成分析

为满足入驻嘉定总部园区人群、企业的功能需求，需要建设相应的设施和场所来实现这些功能，通过对各种设施和场所的空间分布进行分析，得出总部园区的功能应包括六个方面：总部办公、生活功能、园区管理功能、公共服务功能、教育培训功能以及环境功能。

①总部办公功能。园区首先应具备适应不同规模和发展阶段的企业的、设施完备的不同风格的办公楼群。

②公共服务功能。总部园区应具备商务中心、信息中心、展示中心、会议中心等硬设施以及专业化服务机构等公共技术支撑平台和公共资源支撑平台等软设施，为企业间商务活动、信息交流、业务开展等提供各种信息与服务。

③生活功能。园区应该具备包括普通公寓、高级公寓和别墅等在内的住宅小区、包括大众化的餐厅、食堂、饭店以及档次较高的酒店、宾馆等在内的餐饮设施；包括咖啡屋、酒吧、露天吧、休闲书店以及卡拉OK厅、舞厅等的休闲娱乐设施；包括网球场、篮球场、体育场、室内体育馆、游泳池等的健身场所以及高尔夫球场等高档的休闲健身场所；包括小卖部、商店、购物中心等的购物场所；包括图书馆、音乐厅、艺术中心、音像店等

的文化设施；包括卫生所、医务室、医院等在内的医疗设施和包括垃圾处理站或垃圾焚烧炉、化粪池在内的卫生设施等。

④教育培训功能。园区应该具有培训基地以及为其服务的后勤设施、幼儿园以及中小学校等。

⑤园区管理功能。园区应该具备供物业管理、行政管理和商务中心使用的商务办公大楼；银行、邮局等服务机构的办公场所；为园区安全服务的安保警卫系统、门岗以及各种保安设施等。

⑥环境功能。总部园区对环境的总体要求比较高，道路系统、绿地、水域、建筑小品、小的公园和广场、各种景观植物等构成室外空间的元素应该具备；包括给排水、通风供热、电力、电信等构成环境的基础设施和市政设施也必须具备，并应达到较高的标准。

(2) 功能分析的步骤

功能分析的一般步骤可分为以下三个阶段：

1) 在项目定义的基础上进行引申，对项目的总体功能进行宏观定位；

2) 基于项目的总体功能定位，分析项目建设者的初衷和使用者的活动类型，对项目的具体功能进行分解、细化；

3) 考虑项目功能的具体实现方式，进行功能区划分和各功能区面积分配。

例如，嘉定总部园区功能策划的流程如图 5-7 所示。

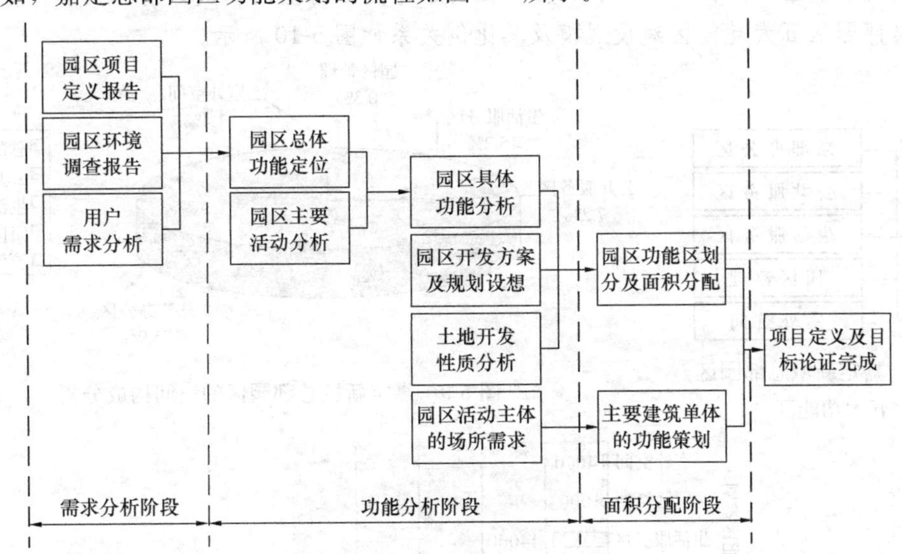

图 5-7　总部园区功能分析流程图

(3) 功能区划分的要点

策划人员所做的功能区划分，主要目的还是对功能分解的梳理，即每项功能究竟属于哪个总体功能，从逻辑上更为合理，以避免功能的漏项，同时也避免功能的重复。但是，这种策划不能代替规划设计。

功能区划分不仅要根据整体功能分析的结果来进行，还要考虑到在具体开发建设中，建设区域和建设时序与功能实现的关系。进行功能区划分应注意把握以下要点：

1) 功能区划分应符合项目的整体功能分析结果，充分体现项目功能的完备性，做到不漏项，不重复。

2）功能区划分应参照项目的功能类别分析结果，分别实现各种功能，相近功能尽量集中分区，并注意相互之间的关系。

3）项目的功能区划分不考虑空间的界限，以免代替规划设计。

4）不同功能独自分区，但相联系的功能区之间可能会有联系，应予以说明。

项目的目标定位、功能定位不同，所提供的具体功能不同，其功能区的划分也不同。以上四个要点只是对功能区划分时的原则性建议，对于具体项目的功能区划分，需要针对实际情况进行具体分析。

【案例 5-6】 嘉定总部园区功能分析

总部园区的功能区划分，遵循如下步骤：首先对总部园区的功能构成进行分析，按照功能需求的类型对其功能构成分类；在功能分类的基础上，对总部园区的功能分区进行设想；然后根据各功能区在园区中的重要程度及其所提供功能的范围，对各功能区进行粗略的面积分配。

（1）功能构成分析

通过对总部园区的具体功能进行归类，其功能构成可以分为三个部分：办公功能、生活功能以及公共功能。其中办公功能包括办公、公共服务、园区管理以及教育培训。公共功能包括环境功能和其他功能。根据该总部园区的功能定位，嘉定总部园区项目总体功能分解为五大功能区，如图 5-8 所示；嘉定新城总部园区的空间构成分析如图 5-9 所示；嘉定新城总部园区五大功能区建设规模及其比例关系如图 5-10 所示。

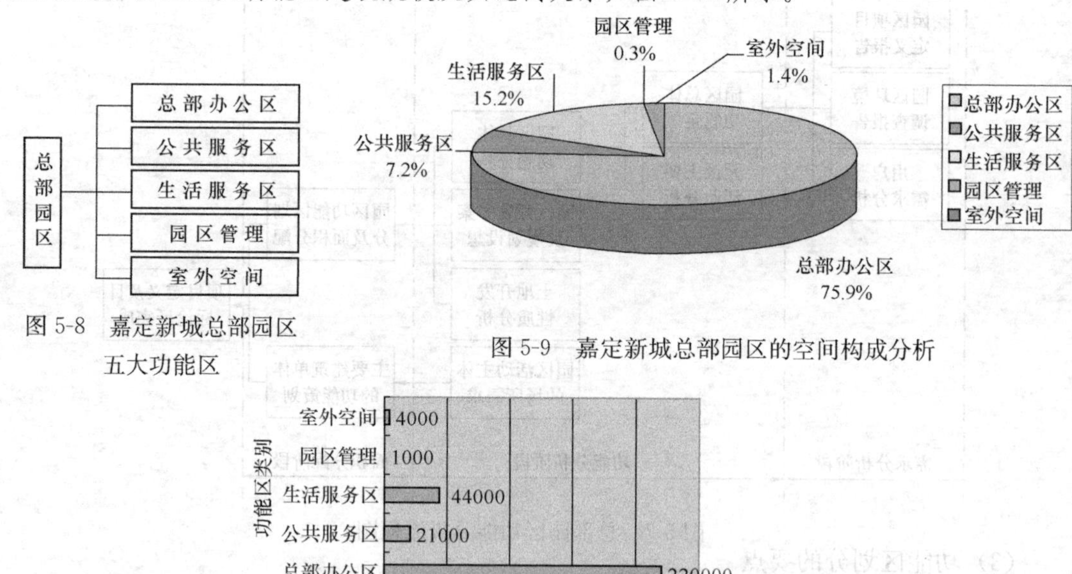

图 5-8　嘉定新城总部园区五大功能区

图 5-9　嘉定新城总部园区的空间构成分析

图 5-10　嘉定新城总部园区五大功能区建设规模及其比例关系图

（2）功能分区设想

对嘉定新城的五大主要功能区作进一步细化，五个主要功能区划分为 20 个二级子功能区，50 个三级子功能区，如图 5-11 所示。

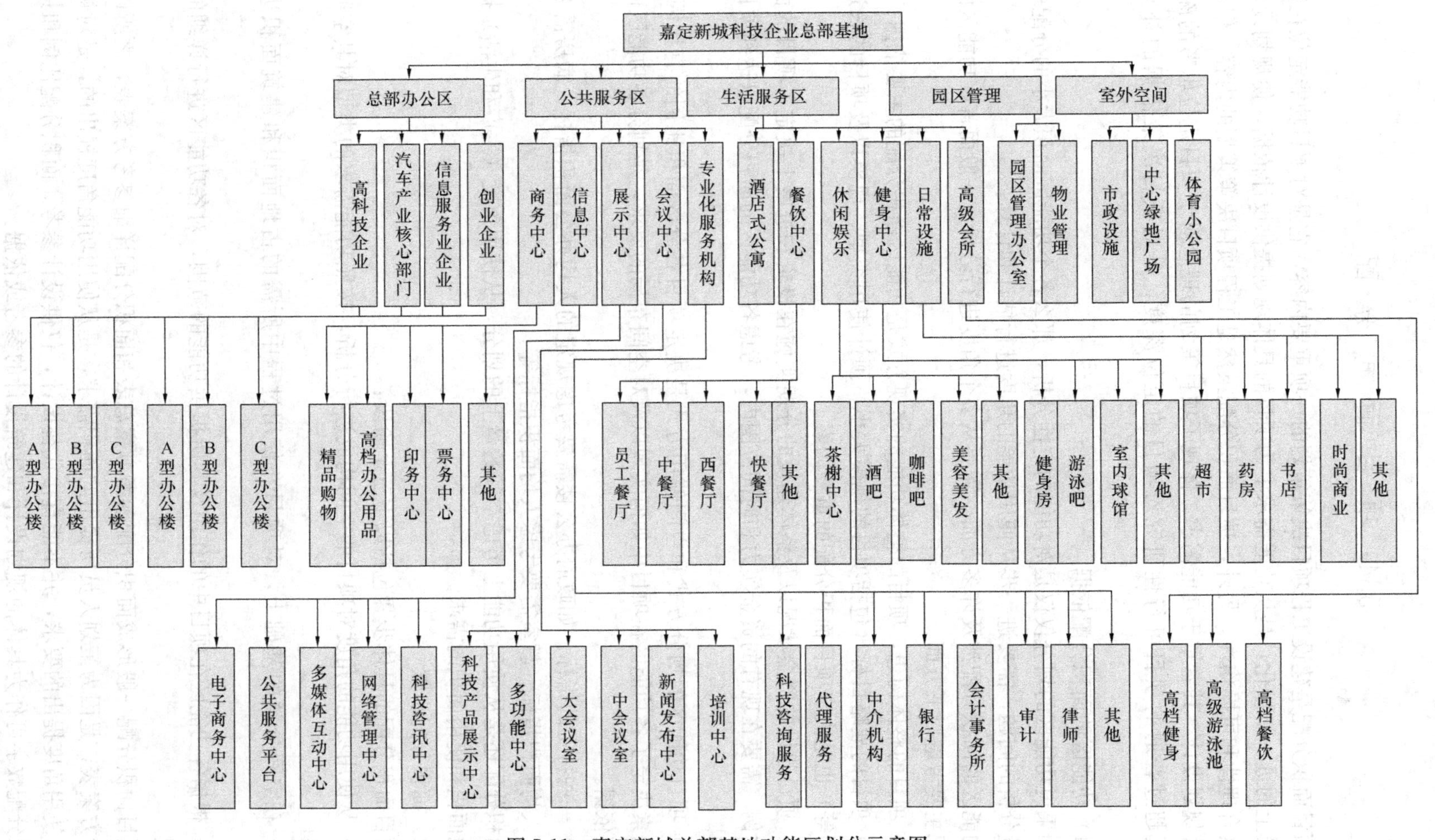

图 5-11　嘉定新城总部基地功能区划分示意图

5.4 项目面积分配

项目面积分配是建设工程项目决策策划的一项重要内容，它是对项目功能定位在数量和规模上的进一步量化，是从功能需求上为项目的具体规划提供设计依据，使规划设计方案更具合理性和可操作性。另外，项目面积分配虽然是工程项目决策策划的内容，但是并不代替规划设计，其着重于功能需求，体现了项目策划的理念对于项目定位思考的深度，已远远超过普通的项目可行性研究对项目的定位深度，是对项目决策依据的补充和完善。

（1）功能区的面积分配依据

如果说功能区的划分仅仅是对功能的定性分析，那么各个功能区面积大小的分配就涉及定量分析的问题，需要进一步从使用功能的角度进行估计和计算。

功能区的面积分配涉及许多方面，需要从多个角度进行分析。一般而言，功能区的面积分配主要考虑以下方面：

1）项目的整体构想，项目的整体功能的实现方式是功能区面积分配的主要依据。

2）项目的战略目标（包括项目的规模大小、预计使用类型、规模以及项目的长远发展规划等）也是决定项目面积分配的重要因素。

3）项目建设的资金状况以及整体建设的分期实施在投资和进度上决定了项目的面积分配比例。需要在现有的资金实力和时间范围内，考虑各功能区的面积分配以达到项目建设目的。

4）项目功能区的划分方式和空间使用方式是决定项目各分区面积比例的直接因素。这些因素决定了各功能区在项目中如何实现以及对空间布局的要求，是划分各功能区面积的直接依据。

5）一些特定的指标。如政府办公楼需要考虑规定的人均办公面积指标、病房需要考虑病人人均面积指标、教室需要考虑人均面积指标等。

面积分配还是从使用功能上考虑空间数量上的划分，从使用角度（生产和生活）提出对占地面积和使用面积的需求。

（2）面积分配步骤

项目面积分配的具体步骤包括以下三个阶段：

1）从使用功能的角度对项目的空间构成进行分析，按照功能需求的类型对其空间构成分类；

2）在空间分类的基础上，对项目在使用过程中所需的占地面积和建筑面积进行设想；

3）根据各功能区在项目中的作用及其所提供功能的范围，对各功能区进行详细的面积分配。

项目面积分配一般形成面积分配参考方案总表和面积分配详细参考方案表，之所以称为参考方案表，是因为策划人员所提出的面积需求，是从使用功能角度提出的，是对规划设计从使用角度提出的要求，并不能直接代替设计，仅供设计参考。面积分配比例和具体的面积分配数字可作为具体的规划设计和建筑设计的参考或依据。

【案例 5-7】 总部园区面积分配分析

总部园区功能区的面积分配，涉及定量的分析，可以采用一定的数学模型或数学计算方法来进行。在项目的此阶段，属于项目定义的深化阶段，所得出的面积分配比例仅仅是估计的数值，是在对总部园区项目定义和整体功能划分深入分析的基础上，参考国内外总部园区的功能区划分比例而得出的粗略的估计比例。具体步骤如下：

1）对总部园区的战略目标和发展规模进行分析，得出总部园区近期和远期的空间规模；如果已经有一些比较详细具体的相关数据，或者对总部园区的建设规划已经到了比较详细的阶段，其规模的确定可以采用一定的推理方法进行推算。具体方法如 5-12 所示。采用图 5-12 所示的程式，可以大致确定总部园区项目的建设规模。

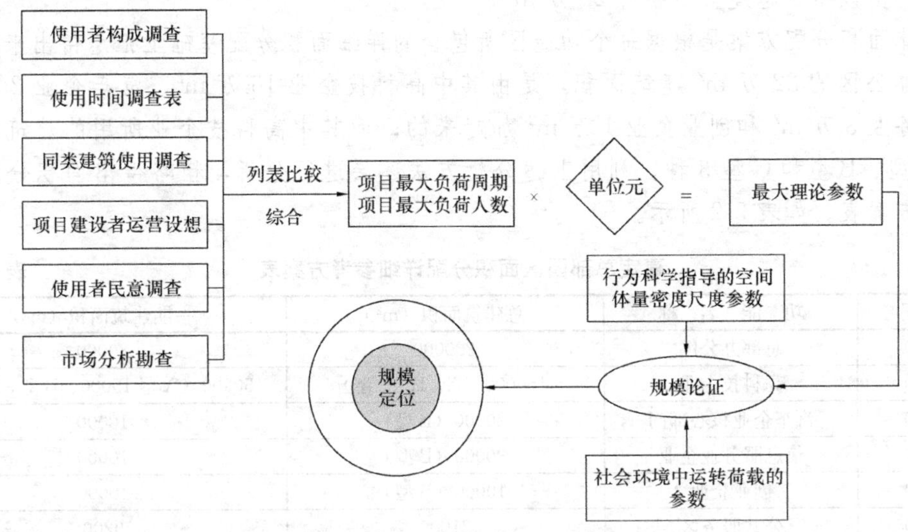

图 5-12 总部园区项目规模确定程式[1]

2）对总部园区的项目定义和功能区划分进行分解，进一步分析各功能分区的空间关系，找出它们在空间上的独立和交叉部分。在总部园区中，各功能区的面积有些是独立的，有些是相互交叉的，即在某些空间同时存在几种功能区，比如，在某些区域，既有公共绿化，又有休闲娱乐设施。

3）分析国内外已建成总部园区的面积分配原则和面积分配比例，结合当地的客观条件，如，经济实力、区域环境、科技水平、风俗习惯等，并考虑到总部园区长期发展的空间需要，对总部园区的初步面积分配进行调整。

4）将使用功能进行分解、细化，就可以初步估计各项功能所需的建筑面积，而且在此基础上提出的面积分配草案，可以与投资者、开发者和最终用户进行讨论，把使用要求细化，不断修改完善，使功能要求越来越清晰化，越来越趋于合理。

在具体进行面积分配时，往往是从细部着手，对每个功能区的细部进行估算，得出细化的面积分配表，再从小到大逐步汇总，得出大的功能的面积分配。此面积分配仅供规划设计时参考。

利用此方法得出的嘉定总部园区的面积分配参考方案总表如表 5-1 所示。

---

[1] 庄惟敏．建筑策划导论．北京：中国水利水电出版社，2000．第 66 页。

嘉定总部园区面积分配参考方案总表 **表 5-1**

编 码	功 能 名 称	总建筑面积（m²）	一期建筑面积（m²）
10000	总部办公区	220000	80000
20000	公共服务	21000	9200
30000	生活服务区	44000	25500
40000	园区管理	1000	1000
50000	室外空间	4000	4000
合计		290000	119700

该表是对图 5-11 功能分解图的量化，反映了该项目五大功能区分别要建设多大的面积，并得出该项目总建筑面积为 29 万 m^2。

总体面积分配方案是根据每个功能区所包含的详细面积分配基础上汇总得出来的。比如总部办公区的 22 万 m^2 建筑面积，是由其中高科技企业 16 万 m^2、汽车企业 2 万 m^2、信息服务业 3 万 m^2 和创业企业 1 万 m^2 加起来的；而其中高科技企业所用的建筑面积又分为 A 型、B 型和 C 型 3 种。利用上述分析方法逐层进行分析，粗略得出面积分配的详细参考方案表。如表 5-2 所示。

嘉定总部园区面积分配详细参考方案表 **表 5-2**

编 码	功 能 名 称	总建筑面积（m²）	一期建筑面积（m²）
10000	总部办公区	220000	80000
11000	高科技企业	160000（A、B、C 型）	50000（A 型 15000、B 型 35000）
12000	汽车企业核心部门	20000（B 型）	10000
13000	信息服务业企业	30000（B 型）	10000
14000	创业企业	10000（B 型）	10000
20000	公共服务区	21000	9200
21000	商务中心	3000	3000
22000	信息中心	2000	2000
23000	展示中心	4000	—
24000	会议中心	6000	4200
25000	专业化服务机构	6000	
30000	生活服务区	44000	25500
31000	酒店式公寓	18000	8000
32000	餐饮中心	7500	5000
33000	休闲娱乐	4500	2000
34000	健身中心	5000	5000
35000	日常设施	6000	2500
36000	高级会所	3000	—
40000	园区管理	1000	1000
41000	园区管理办公室	500	500
42000	物业管理	500	500
50000	室外空间	4000	4000
51000	市政设施	3000	3000
52000	中心绿地广场	—	—
53000	体育小公园	1000	1000
合计		290000	119700

5）规划指标建议。本项目总用地面积44.5万m^2，其中适于建设用地为30万m^2，要求绿化率为50%。根据上述分析，嘉定总部园区项目规划指标建议如表5-3所示。

规划指标建议　　表5-3

编　号	项　目	数　量	单　位
1	总用地面积	445000	m^2
2	适于建设用地面积	300000	m^2
3	总建筑面积	290000	m^2
4	容积率	0.97	—
5	建筑密度	20～25	%
6	绿化率	50	%

【案例5-8】 中德友好医院面积分配分析

项目背景同第4章的【案例4-4】。

现代综合性医院项目一般包括医疗、教学、科研和康复等功能。根据我国综合医院建设标准，医院建设主要包括以下七部分的内容：急诊部、门诊部、住院部、医技科室、保障系统、行政管理、院内生活。由于我国综合医院建设标准制定年代较早，部分内容目前已经不适合国际上医院发展的趋势和潮流。根据德国现行标准，中德友好医院项目制定了如下的六个功能分区：检查与治疗区、护理区、行政管理区、配套服务区、物资管理区、教学科研区。

在功能策划阶段，还应将各功能区进行细化的功能分解，最好能够细化到可以制定出项目的空间规划，对各功能分区的各项房间组成，列出清单，如表5-5所示。

在功能分析的基础上，要对项目的整体面积进行分解和分配。项目整体的建筑面积是根据项目建设的标准确定的，因此各功能分区的面积分配有两种方法。第一种是将总面积根据项目各功能分区按照一定的比例进行分配，第二种方法是根据项目的空间规划，按照建设标准的要求，确定项目每个房间的面积需求，汇总即可得到项目的总面积和各功能分区的面积分配计划。

面积分配的成果文件是获得面积分配方案总表和明细表。中德友好医院项目的面积分配成果如表5-4，表5-5所示。

功能分区面积分配方案总表　　表5-4

序　号	功　能　分　区	净使用面积（m^2）	比　例
1	检查和治疗	9232	29.38%
2	护理（等级病房）	12030	38.29%
3	行政管理	1280	4.07%
4	配套服务设施	2260	7.19%
5	物资管理	4220	13.43%
6	教学和科研	2400	7.64%
7	小计	31422	100%
8	公共部分	27941	
合计		59363	

面积分配方案明细表 **表 5-5**

项目功能名称	净使用面积（m^2）	房间数量（间）		项目功能名称	净使用面积（m^2）	房间数量（间）	
		检查/治疗室	手术室			检查/治疗室	手术室
检查和治疗	9232	10	2	B级病房	5280		180
病人收治急救处理中心	800	10		C级病房	1740		33
临床科室	4340			新生儿病房	250		
病人服务中心	128	6		重症监护室	760		
门诊部	400	30		行政管理			
麻醉科	150			行政管理部门	1280		
眼科	210	2	3	档案室	480		
普通外科	268	5		信息中心	200		
创伤外科	250	5		图书室和会议室	400		
耳鼻喉科	240	4	6	配套服务设施	2260		
妇产科	314	4	4	病人服务设施	560		
内科Ⅰ	500	3	14	心灵安抚设施	100		
内科Ⅱ	500	8	10	员工更衣室	800		
泌尿科	560	3	6	员工食堂	800		
中医科	350	4	6	物资管理	4220		
脑外科	200	3	3	药房	1000		
心血管外科	150	3	2	中央消毒室	450		
整形外科	120	4	1	医疗器械维护中心	250		
临床检验中心	380			衣被准备中心	240		
病理科	350			饮食服务中心	700		
医学影像科	700	5	5	洗衣房	400		
手术室	2000		67	储藏中心	550		
产房	500		7	器械维修中心	400		
理疗科	400			垃圾处理站	50		
供应室	210		15	搬运中心	180		
护理（等级病房）	12030			教学和科研	2400	3	
A级病房	4000		80				

5.5 项目总体定位结论

在对项目进行用户需求、功能划分和面积分配的基础上，最终可以汇总编制完整的项目定位报告，得出项目的总体定位结论，包括明确项目的性质、项目的功能、项目的规模、项目的标准以及预计项目在社会、经济发展中的地位、作用和影响力等。下面是嘉定总部园区项目定位结论案例。

【案例 5-9】 嘉定总部园区项目定位策划报告（节选）

（1）嘉定开发总部园区资源条件分析

嘉定历史积淀悠久；自然资源优越，水系发达、生态环境保持较好；交通便利，周边交通环线畅达；区位优势明显，嘉定总部基地，位于上海市“西大门”，向西直接辐射长江三角洲地区，是昆山经济开发区、苏州新区、苏州新加坡工业园区、萧山经济技术开发区等地连接上海的门户，如图 5-13 所示。科研教育资源丰富：嘉定具有多家科研院所，具备人才资源、技术资源、教育科研资源优势。

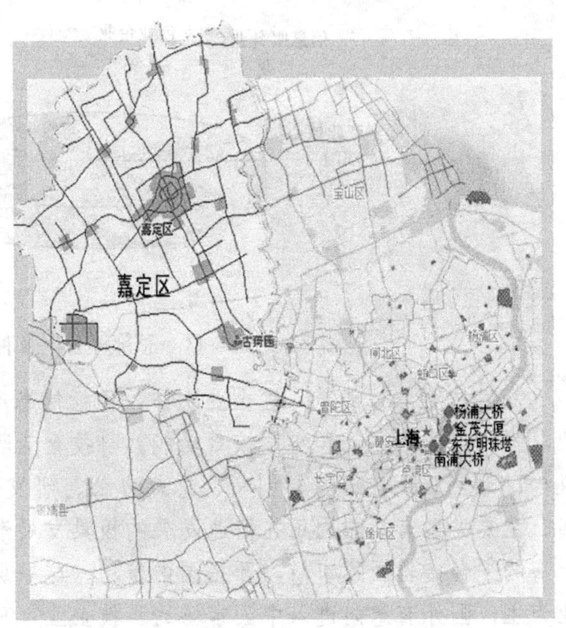

图 5-13　嘉定区位图

总部基地发展空间大：嘉定总部基地地块，规划空间、选择空间和发展空间较大，适合大面积、低密度的规划和建设；而且，嘉定区的人口、社区、产业基地都呈现低密度的布局，在房屋、土地、交通、环境的未来空间中有巨大的后增值量。嘉定科技企业总部基地凭借其独特的资源，成为上海大总部经济区国内企业进入上海的跳板；总部基地依托上海的经济优势和人才优势，凭借独特的地理位置及更高层次的规划，将成为上海辐射长江三角洲的“桥头堡”。

（2）嘉定总部基地项目总体定位

从上面的分析得出，嘉定企业总部基地的总体产业定位是：嘉定科技企业总部基地是一个服务于整个长江三角洲乃至全世界企业的科技企业，并构建成为长江三角洲地区商务互为辐射的平台，并以嘉定科技企业总部基地为核心，使嘉定总部园区逐步形成一个对长三角、中国乃至世界都具有强大吸引力的区域经济中心，也就是说在吸引企业的所属地域范围上，嘉定科技企业总部基地面向国内的大中型科技企业，面向在中国设立地区总部的国外大中型科技企业，并以面向华东地区的大中型科技企业作为重点。

嘉定科技企业总部基地的产业定位离不开对入驻总部基地的企业所属行业的分析，嘉定科技企业总部基地，以吸引科技型企业的总部作为重点目标客户，在科技型企业总部中，又以决策型总部和研发型总部为主，同时考虑到嘉定总部园区内信息服务业基地的建设，可以适当引入信息服务业企业总部，以及与此配套的其他现代服务业企业总部，另外，可以适当引进部分汽车产业相关企业总部。

（3）引入企业类型

大力发展科技总部，以吸引科技型企业的总部作为重点目标客户，同时考虑到信息服务业基地的建设，可以适当引入汽车产业核心部门、信息服务业企业总部、创意产业企业。与此同时，优化、配制、吸引各类资源，包括商务资源，教育资源，娱乐资源，4 种类型企业的建设规模如图 5-14 所示。

1）高科技企业总部

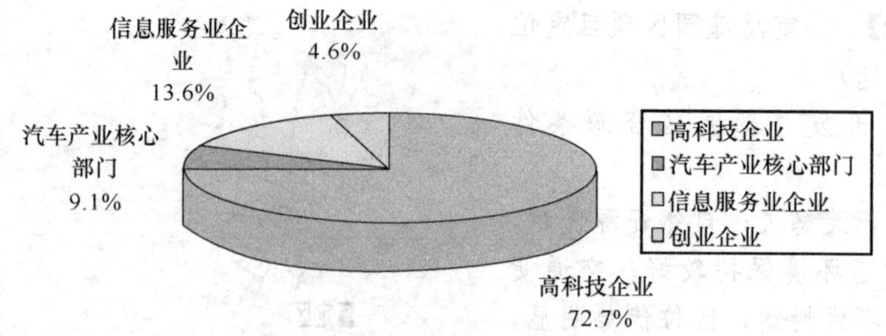

图 5-14 总部办公区 4 种入驻企业构成图

高科技企业总部是入驻企业主体，包括信息产业、新材料、新能源、生物医药等类型企业，强调企业的决策和研发核心功能。科技企业既可以在此设立企业总部，也可以设立分部机构；为企业战略研究与创新、总裁办公、研发、财务结算、市场拓展等各项功能提供空间。主要类型有：国内正在快速发展的极具发展潜力的中小型科技企业，它们迫切需要通过上海的平台接轨国际市场，开拓国内市场。这一层次企业是主要目标企业，尤以江浙一带企业为主；国外有意向进入中国市场的科技企业，总部基地将为它们提供合适的发展平台与广阔的拓展空间，为其根植于中国特别是上海的巨大市场，谋求最大发展可能性提供便利；其他类型的企业或其总部，如外地进入上海的管理总部和结算总部及其他高附加值企业等。

2）汽车产业核心部门

嘉定的汽车工业较发达，目前正在抓紧建设集汽车生产、展示、销售、服务、F1 赛车等功能于一体的上海国际汽车城，使汽车产业成为嘉定的特强产业。基地考虑引进一定规模的汽车产业核心部门，比如设计、研发等技术含量高、能源消耗少的部门；吸引汽车产业相关企业总部：汽车制造企业总部、汽车零配件生产大型企业总部等。

3）信息服务业企业总部

包括软件服务业、网络服务业、信息内容服务业、信息渠道服务业企业。

4）创业企业

包括中小高科技企业孵化、培训基地，也可以有部分属于创意产业的小公司。

（4）未来总部之都

嘉定总部园区未来总部之都用地的 D 地块的设想是：在前三期项目运作和商业开发成功的前提下，以较低容积率（0.5 左右）和建筑密度（不大于 25%），为成熟、成功的企业总部提供良好的办公环境，提高园区的整体品位与档次。图 5-15 为未来总部之都风

图 5-15 未来总部之都风貌示意图

貌示意图。

1）项目定位

总裁或企业高级成员办公、企业首脑机关；投资型总部、决策型总部、经营型总部、研发型总部，重点是决策型总部和研发型总部；总部业务，如企业战略研究与创新、企业财务结算中心、市场拓展部。

2）功能定位

强调“三低四高”，即低密度、低容积率、低层数；高档办公、高层会议、高级商务、高雅休闲，建设环境优雅、设施一流的高科技企业总部基地。

3）目标客户分析

入驻企业均为成熟、成功企业，可以不局限于科技企业，但一定要是知识密集型、能源消耗少的企业或机构。主要可以有两种类型：

■原入驻A地块，有了一定发展，对环境条件要求提高的企业。这类企业经过一段时间的发展，需要园区提供更好的办公环境、更高的服务水准、更人性化的管理模式。对于它们来说，迁入D地块是最为合适的选择。

■前期项目建成后，形成集聚效应，吸引到园区外更高层次的企业。这类企业本身就有一定程度的落户嘉定的愿望和需求，又为前期园区集聚效应所吸引；D地块的适时开发和建成，为它们实现企业战略构想提供了现实可能性和发展的可预期性，从而形成入驻企业与园区的良好互动，共同推动嘉定经济的发展。

复习思考题

1. 什么是项目定义？它主要解决什么问题？主要内容是什么？

2. 在进行项目定义时，应遵循哪些基本原则？

3. 项目目标分解是项目定义的重要环节，请简要分析目标分解与目标论证两者之间的关系。

4. 用户需求分析包括哪些内容？有哪些方法？

5. 什么是项目的功能分析？它包括哪几个步骤？

6. 什么是面积分配？面积分配要考虑的基本因素有哪些？

7. 根据【案例3-1】，讨论以下问题：①面积分配的参考依据有哪些（提示：可根据不同的功能区域回答）？②对人才服务功能区域进行面积分配。（注：该高科技园规划人数10万人，正常期招聘人数4000人，极端高峰期1万人，人才服务功能区总建筑面积约2万m^2，科技中介服务集聚区周边规划建设有科技交流中心内设有会议中心。）

第六章　项目经济策划

项目经济策划作为工程项目前期策划的重要组成部分，在项目前期通过较准确的项目定位，对项目的投融资和财务状况进行分析和预测，使项目投资风险降低到最小。它不仅可作为项目的最终决策依据，也可作为项目可行性研究、相关部门审批、投融资渠道选择等的重要参考资料。

本章内容主要包括项目经济策划概念、项目总投资估算、项目融资策划，以及项目经济评价。

6.1　项目经济策划概念

项目经济策划是指在项目决策阶段，通过对项目经济方面数据进行预测、分析和评价，初步确定项目投资规模、融资渠道及各项经济指标等，以达到优化项目投资并规避投资风险的目的，对项目前期甄选具有十分重要的意义。

6.1.1　经济策划主要内容

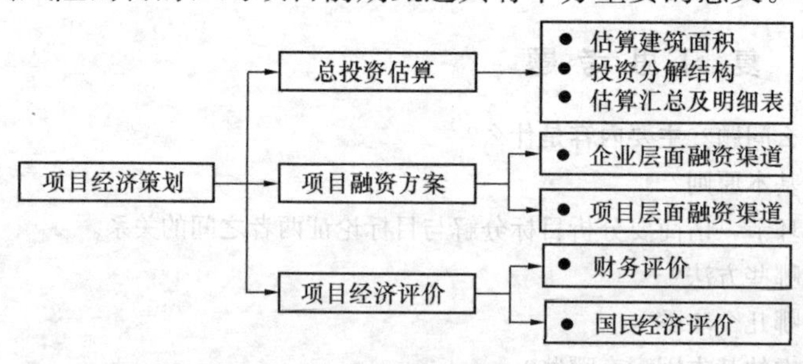

图 6-1　项目经济策划工作内容

项目规模、标准、投资额度等条件不同，项目经济策划工作开展程度也有所不同。一般而言，项目经济策划的主要工作内容包括项目总投资估算、项目融资方案、项目经济评价三个部分，如图 6-1 所示。其中，投资估算是项目经济策划的首要工作，它包括估算建筑面积、投资分解结构和估算汇总及明细表；项目融资方案包括企业层面融资和项目层面融资两种方式，前者是以独立法人的身份由项目开发商的企业进行融资，后者站在具体项目的角度；项目经济评价是指财务评价和国民经济评价，其中财务评价中包括财务评价基础数据与参数选取，收支预测，投资盈利能力及主要财务指标分析，财务清偿能力分析，敏感性分析，财务评价结论及财务评价报告等。

6.1.2　经济策划的意义

项目经济策划的主要任务是依据项目功能策划确定的项目功能、规模和标准，明确项目的总体投资目标、投融资方案并对投入与产出进行经济分析。作为工程项目策划的重要组成部分，其意义主要表现为：

（1）经济策划是对项目进行评估与决策的重要依据。工程项目投资的目标主要是为了取得经济效益，通过对项目的经济策划，可以科学地分析项目的盈利能力，据以作出正确的项目投资决策。

（2）经济策划是有关部门审批拟建项目的重要依据。项目财务效益的好坏，不但会对项目投资主体的生存与发展造成影响，还会对国家财政收入状况产生影响，项目发生的损失最终可能会通过各种形式造成国家的损失。项目经济策划可使得项目风险减低到最小。

（3）经济策划包含项目融资方案，分析融资渠道，也是金融机构确定是否贷款的重要依据。项目贷款具有数额大、周期长、风险大等特点，通过经济策划，金融机构可以较为准确地估计项目的造价，科学地分析项目贷款的偿还能力，并据此决定是否贷款。

6.1.3 经济策划准备工作

项目经济策划的基础是环境调查分析报告及项目定义与项目目标论证报告。其中，环境调查报告为项目提供了宏观经济背景和类似项目的经济比较情况；项目定义与项目目标论证中的功能分析和面积分配是项目经济策划的直接依据。

6.2 项目总投资估算

项目总投资估算是项目经济策划的重要内容。与投资决策过程中的各个工作阶段相对应，投资估算也需按相应阶段进行编制。

项目投资估算并不是一次确定的，而需要根据项目进展情况逐步精确、细化，缩小与实际值之间的差距。按照项目时间维度，工程项目投资估算可分为以下三个阶段：

（1）投资机会研究阶段的投资估算

这一阶段主要是选择有利的投资机会，明确投资方向，提出概略的项目投资建议。该阶段工作比较粗略，投资额的估计一般通过与已建类似项目的对比得来，投资估算的误差率在±30%左右。

（2）初步可行性研究阶段的投资估算

这一阶段主要是在投资机会研究结论的基础上，在项目定义和目标论证正在进行并未最终定稿的过程中，逐步弄清项目的投资规模、原材料来源、工艺技术、厂址、组织机构和建设进度等情况，做出初步投资评价。投资估算的误差率一般要求控制在±20%左右。

（3）详细可行性研究阶段的投资估算

该阶段主要是在已有明确的目标论证和项目定义结论基础上，进行全面、详细、深入的技术经济分析论证，要评价选择拟建项目的最佳投资方案，对项目的可行性提出结论性意见。该阶段研究内容详尽，投资估算的误差率应控制在±10%以内。

以上三阶段所具备的条件和掌握的资料不同，因而投资估算的准确程度不同，进而每个阶段投资估算所起的作用也不同。随着阶段的不断发展，调查研究不断深入，掌握的资料越来越丰富，投资估算逐步准确。

6.2.1 项目投资构成

建设项目费用是指进行工程项目的建造所需要花费的全部费用，即从工程项目确定建设意向直至建成、竣工验收为止的整个建设期间所支付的总费用，也即建设项目有计划地进行固定资产再生产和形成相应的无形资产和铺底流动资金的一次性费用的总和，包括固定资产投资和流动资产投资两大部分。

按我国现行规定，工程建设项目费用可划分为：设备、工器具及生产家具购置费用，建筑安装工程费用，工程建设其他费用，预备费（不可预见费），建设期贷款利息和铺底流动资金等，如图 6-2 所示。

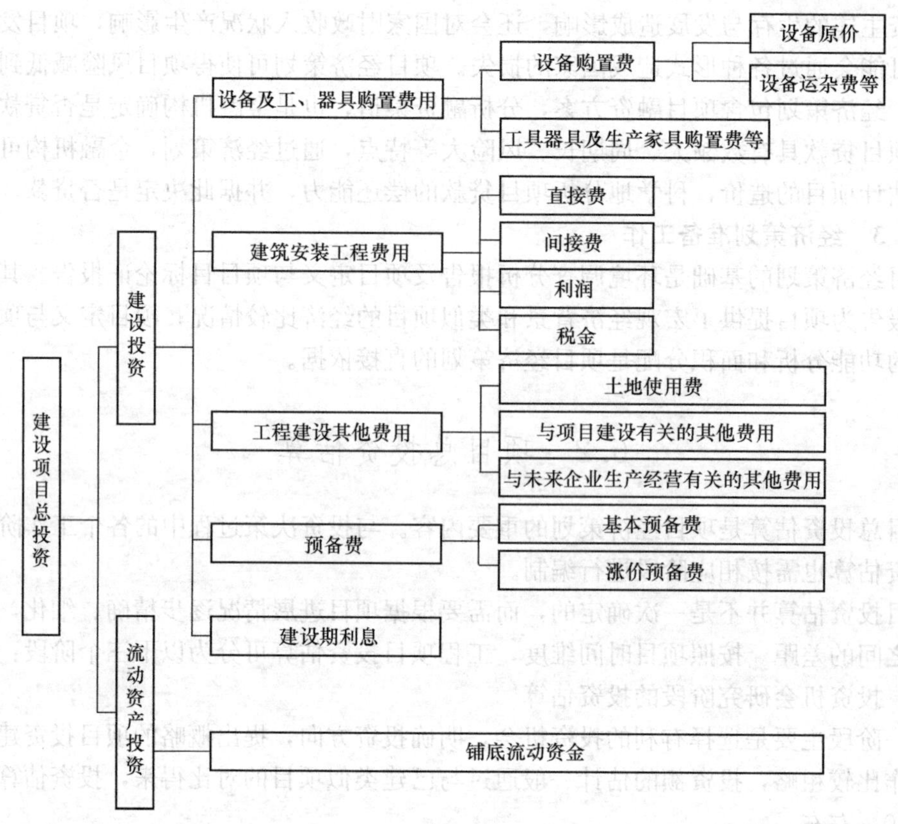

图 6-2　建设项目总投资构成

（1）设备及工器具费用

设备工器具购置费是指为工程项目购置或自制达到固定资产标准的设备和新建、扩建工程项目配置的首批工器具及生产家具所需的费用，设备及工器具购置费由设备购置费和工器具及生产家具购置费组成。

工具、器具及生产家具购置费，是指新建或扩建项目初步设计规定的，保证初期正常生产必须购置的没有达到固定资产标准的设备、仪器、工卡模具、器具、生产家具和备品备件等的购置费用。一般以设备购置费为计算基数，按照部门或行业规定的工具、器具及生产家具费率计算。

（2）建筑安装工程费用

建筑安装工程费用，即建筑安装工程造价，是指各种建筑物、构筑物的建造及其各种设备的安装所需要的工程费用，它由建筑工程费用和安装工程费用两部分组成。

建筑工程费用包括：

1）各类房屋建筑工程和列入房屋建筑工程预算的供水、供暖、供电、通风、燃气等设备费用及其装饰、油饰工程的费用，列入建筑工程预算的各种管道、电力、电信和电缆导线敷设工程的费用；

2）设备基础、支柱、工作台、烟囱、水塔、灰塔等建筑工程以及各种窑炉的砌筑工程和金属结构工程的费用；

3）为施工而进行的场地平整，工程和水位地质勘察，原有建筑物和障碍物的拆除以及施工临时用水、电、气、路和完工后的场地清理，环境绿化、美化等工作的费用；

4）矿井开凿、井巷延伸、露天矿剥离和石油、天然气钻井以及修建铁路、公路、桥梁、水库、堤坝、灌渠及防洪等工程的费用。

安装工程费用包括：

1）生产、动力、起重、运输、传动和医疗、实验等各种需要安装的机械设备的装配费用，与设备相连的工作台、梯子、栏杆等装饰工程以及附设于安装设备的管线敷设工程和被安装设备的绝缘、防腐、保温、油漆等工作的材料费用和安装费用；

2）为测定安装工程质量，对单个设备进行单机试运转和对系统设备进行系统联动无负荷试运转工作的调试费。

我国现行建筑安装工程费用主要包括直接费、间接费、利润和税金四部分。如表 6-1 所示。

建筑安装工程费用的构成 **表 6-1**

<table>
<tr><td rowspan="2">直接费</td><td>直接工程费</td><td>1. 人工费
2. 材料费
3. 施工机械施工费</td><td></td></tr>
<tr><td>措施费</td><td>1. 环境保护
2. 文明施工
3. 安全施工
4. 临时设施
5. 夜间施工
6. 二次搬运
7. 大型机械设备进出场及安拆
8. 混凝土、钢筋混凝土模板及支架
9. 脚手架
10. 已完工程及设备保护
11. 施工排水和降水</td><td></td></tr>
<tr><td rowspan="4">间接费</td><td rowspan="3">规费</td><td>1. 工程排污费
2. 工程定额测定费</td><td></td></tr>
<tr><td>3. 社会保障费</td><td>1. 养老保险费
2. 失业保险费
3. 医疗保险费</td></tr>
<tr><td>4. 住房公积金
5. 危险作业意外伤害保险</td><td></td></tr>
<tr><td>企业管理费</td><td>1. 管理人员工资
2. 办公费
3. 差旅交通费
4. 固定资产使用费
5. 工具用具使用费
6. 劳动保险费
7. 工会经费
8. 职工教育经费
9. 财产保险费
10. 财务费
11. 税金
12. 其他</td><td></td></tr>
<tr><td>利　润</td><td></td><td></td><td></td></tr>
<tr><td>税金</td><td></td><td></td><td></td></tr>
</table>

(3) 工程建设其他费用

工程建设其他费用，按内容大体可分为以下三类：

1) 土地使用费

• 农用土地征用费。农用土地征用费由土地补偿、安置补助费、土地投资补偿费、土地管理费、耕地占用税等组成，并按被征用土地的原用途给予补偿。青苗补偿费和被征用土地上的房屋、水井、树木等附着物补偿费：这些补偿费的标准由省、自治区、直辖市人民政府制定。征用城市郊区的菜地时，还应按照有关规定向国家交纳新菜地开发建设基金。

• 取得国有土地使用费。取得国有土地使用费包括：土地使用权出让金、城市建设配套费、拆迁补偿与临时安置补助费。

2) 与项目建设有关的费用

• 建设单位管理费。建设单位管理费是指建设项目从立项、筹建、建设、联合试运转、竣工验收交付使用及后评价等全过程管理所需费用。

• 勘察设计费。勘察设计费是为建设项目提供项目建议书、可行性研究报告及设计文件等所需要费用。

• 研究试验费。研究试验费是指为本建设项目提供或验证设计参数、数据资料等进行必要的研究试验以及设计规定在施工中必需进行的试验、验证所需费用，包括自行或委托其他部门研究试验所需人工费、材料费、试验设备及仪器使用费，支付的科技成果、先进技术的一次性技术转让费。

• 临时设施费。临时设施费是指建设期间建设单位所需临时设施的搭设、维修、摊销费用或租赁费用。

• 工程监理费。工程监理费是指委托监理单位对工程实施监理工作所需费用。

• 工程保险费。工程保险费是指建设期间根据需要，实施工程保险部分所需费用，包括以各种建筑工程及其在施工过程中的物料、机器设备为保险标的的建筑工程一切险，以安装工程中的各种机器、机械设备为保险标的的安装工程一切险，以及机器损坏保险等。

• 引进技术和进口设备其他费。其费用内容包括：出国人员费用、国外工程技术人员来华费用、技术引进费、分期或延期付款利息、担保费以及进口设备检验鉴定费。

3) 与未来企业生产和经营活动有关的费用

• 联合试运转费。联合试运转费是指新建企业或新增生产工艺过程的扩建企业在竣工验收前，按照设计规定的工程质量标准，进行整个车间的负荷或无负荷联合试运转发生的费用支出大于试运转收入的亏损部分。试运转收入包括试运转产品销售和其他收入，不包括应有设备安装工程费开支的单台设备调试费及试车费用。

• 生产准备费。生产准备费是指新建企业或新增生产能力的企业，为保证竣工交付使用进行必要的生产准备所发生的费用。

• 办公和生活家具购置费。办公和生活家具购置费是指为保证新建、改建、扩建项目初期正常生产、使用和管理所必需购置的办公和生活家具、用具的费用。

(4) 预备费

1) 基本预备费。基本预备费是指在初步设计概算内难以预料的工程费用。

2) 涨价预备费（工程造价调整预备费）。涨价预备费（工程造价调整预备费）是指建设项目在建设期间内，由于人工、设备、材料、施工机械价格及费率、利率、汇率等变化，引起工程造价变化的预留费用。内容包括：人工、设备、材料、施工机械价差费，建筑安装工程费及工程建设其他费用调整，利率、汇率、税率的调整等增加的费用。

（5）建设期贷款利息

建设期贷款利息，是指建设项目在建设期间内发生并计入固定资产的利息。

6.2.2 项目投资估算的编制方法[1]

对于房屋、建筑物等投资的估算，经常采用指标估算法，即根据编制的各种具体的投资估算指标，进行单位工程投资的估算。投资估算指标的表示形式较多，如以元/m、元/m^2、元/m^3、元/t、元/kV·A表示。根据这些投资估算指标，乘以所需的面积、体积、容量等，就可以求出相应的土建工程、给水排水工程、照明工程、采暖工程、变配电工程等各单位工程的投资。在此基础上，可汇总成某一单项工程的投资。另外，再估算工程建设其他费用及预备费，即求得所需的投资。

采用这种方法时，要根据国家有关规定、投资主管部门或地区颁布的估算指标，结合工程的具体情况编制。一方面要注意，若套用的指标与具体工程之间的标准或条件有差异时，应加以必要的换算或调整；另一方面要注意，使用的指标单位应密切结合每个单位工程的特点，能正确反映其设计参数，切勿盲目地单纯套用一种单位指标。具体计算方法如下。

1）单位面积综合指标估算法。该法适用于单项工程的投资估算，投资包括土建、给水排水、采暖、通风、空调、电气、动力管道等所需费用。其数学计算式如下：

$$\text{单项工程投资资}=\text{建筑面积}\times\text{单位面积造价}\times\text{价格浮动指数}\pm\text{结构和建筑标准部分的差价}$$

2）单元指标估算法。该法在实际工作中使用较多，可按如下公式：

$$\text{项目投资额}=\text{单元指标}\times\text{民用建筑功能}\times\text{物价浮动指数}$$

上式中，单元指标是指每个估算单位的投资额。例如：饭店单位客房间投资指标、医院每个床位投资指标等。

6.2.3 项目投资估算的步骤

项目总投资估算一般分以下五个步骤：

第一步是根据项目组成对工程总投资的组成项进行结构分解，即进行投资切块分析并进行编码，确定各项投资与费用的组成，其关键是不能有漏项。

第二步是根据项目规模分析各项投资分解项的工程数量，由于此时尚无设计图纸，因此要求估算师具有丰富的经验，按照详细的目标论证和项目定位进行估算，并对工程内容做出许多假设。

第三步是根据项目定义中所作出的建设标准估算各项投资分解项的单价，此时尚不能套用概预算定额，要求造价工程师拥有大量的经验数据及丰富的估算经验。

第四步是根据数量和单价计算投资合价。有了每一项投资分解分项的投资合价以后，即可进行逐层汇总。每一个父项投资合价都是子项各投资合价汇总之和，最终得出项目投资总估算，并形成估算汇总表和明细表。

---

[1] 刘晓君．工程经济学（第二版）．北京：中国建筑工业出版社，2008。

第五步是对估算所作的各项假设和计算方法进行说明，编制投资估算说明书。

从以上步骤可以看出，投资估算是一项专业性较强的工作，要求估算师具有丰富的实践经验，了解大量同类或类似项目的经验数据，掌握投资估算的计算方法。

6.2.4 项目投资估算的注意事项

为提高项目总投资估算的准确性，应注意做到以下几点：

(1) 要注意收集整理和积累前期各种建设项目的竣工决算实际造价资料，建立价格信息数据库。这些资料的可靠性越高，则估算出的投资准确度也越高。

(2) 选择使用投资估算的各种数据时，不论是自己积累的数据，还是来源于其他方面的数据，要求估算人员在使用前都要结合时间、物价、现场条件、装备水平等因素作出充分的分析和调查研究工作。

(3) 投资的估算必须考虑本项目所在地区和当前以及今后物价、工资等方面的动态因素变化。

(4) 应留有足够的预备费。一般说来，对于那些建设工期长、工程复杂或新开发的新工艺流程，预备费所占比例可高一些；建设工期短、工程结构简单并在国内已有建成的工艺生产项目和已定型的项目，预备费所占的比例就可以低一些。

(5) 对引进国外设备或技术项目要考虑汇率的变化。进口设备、引进国外先进技术的建设项目和涉外建设项目，其建设投资的估算额与外汇兑换率关系密切。

(6) 注意项目投资总额的综合平衡。必须从总体上衡量工程的性质、项目所包括的内容和建筑标准等，是否与当前同类工程的投资额相称。

(7) 进行项目投资估算要认真负责、实事求是。

【案例 6-1】 中德友好医院总投资估算

项目背景同第 4 章的【案例 4-4】。

本项目的总投资估算包括两方面的工作，第一，确定医院项目投资构成，并进行医院项目投资切块分析，第二，对医院项目建安工程投资进行分解估算。

(1) 医院项目投资构成

本项目投资构成包括土地费用、建筑安装工程投资、设备工器具购置费用以及工程建设其他投资四部分。

土地费用包括土地补偿费用和拆迁补偿费用，由于上海不同区域土地费用的高低差异很大，因此项目选址对医院投资的影响比较大。中德友好医院是一所按照德国标准建造拥有一千张床位的综合性医院，需要 500 亩土地，根据上海市的土地价格情况和中外合资项目用地的实际情况，估计土地费用为 3000 万欧元。建筑安装工程投资是指用于建筑和安装工程方面的投资，包括用于建筑物建造及有关准备、清理等工程的投资，用于必要设备的安置、装配工程的投资，是以货币表现的建筑安装工程的价值。医院项目设备工器具购置投资包括两部分，一部分为固定设备投资，一部分为可移动设备投资。工程建设其他投资主要包括项目启动费用，即项目建设期贷款利息、项目开办费用以及第一年经营的财务费用等。

明确了项目投资构成之后，就要进行项目各分项投资的估算。各分项投资估算可以采取两种方法进行。第一种方法是，当策划者掌握项目的资料比较少，投资者对项目的要求还不是非常清晰的时候，可以通过与类似工程的比较，来估算本工程各分项投资。例如通过类似医院每床位投资额、每平方米建筑面积投资额等指标来近似估计本工程各项投资。这种方法的特点是计算简便，不涉及医院项目建设的细节要求。因此这种方法适合于在项目发起的初期，策划人无法获得项目较深入的细节时采用，它的缺点是估算的精度比较低。第二种方法是通过对医院投资结构进行分解，然后根据分解好的结构进行详细估算。本案例的建筑安装工程投资估算采用的是第二种方法。

(2) 医院项目建安工程投资估算

医院项目的投资分解结构是在项目分解结构的基础上进行的。在项目定义中，将医院划分为检查与治疗、护理、行政管理、配套服务设施、物资管理、教学与科研等六大功能分区，并对各功能分区进行了面积分配合。

为了计算简便，将医院的6大功能区合并为检查与治疗区、护理区、行政教研后勤区等三个分区，并对各大分区的建筑面积进行了调整和归并，如表6-2所示。

估算建筑面积表　　　　**表6-2**

序号	项　目	使用面积（m^2）	公共部分分摊	建筑面积总计（m^2）
1	检查和治疗区	9232	8208	17440
2	护理区	12030	10700	22730
3	行政教研后勤区	15797	9033	24830
3.1	配套服务设施	2260	2010	4270
3.2	物资管理	4220	3750	7970
3.3	行　政	1280	1140	2420
3.4	教　研	8037	2130	10170
	合　计	37059	27941	65000

分解项目建安工程投资费用，例如检查与治疗区的建筑安装工程投资各项费用分解如图6-3所示。所拥有的项目信息越多，分解的层次就可以越多，估算的精度也就越高。在获得功能分区面积分配表和各分区的分解结构之后，进行各分区建筑安装工程费用的估算。土建费用中，直接费部分按照类似工程价格进行估算，其余各项费用均可按照当地建筑安装预算定额进行计算。例如中德友好医院的检查与治疗区建安工程投资估算明细表如表6-3所示，护理区、行政教研后勤区和室外总图工程的建安工程投资估算与检查治疗区相似。最后汇总各分区投资估算明细表得到整个医院的建安工程投资汇总表，如表6-4所示。

检查与治疗区建安工程投资估算明细表　　　　**表6-3**

序号	项目名称	单位	数量	单价（元）	合计（万元）	单位造价（元/m^2）
一	检查与治疗区	万元			17946.00	10290
1	工程费用	万元			14231.50	8160
1.1	土建工程	万元			8318.90	4770
1.1.1	打桩	m^2	17440	150	261.60	
1.1.2	基坑围护	m^2	17440	220	383.70	

续表

序号	项目名称	单位	数量	单价（元）	合计（万元）	单位造价（元/m²）
1.1.3	地下结构	m²	17440	400	697.60	
1.1.4	地上结构	m²	17440	800	1395.20	
1.1.5	建筑	m²	17440	400	697.60	
1.1.6	外立面装修	m²	17440	800	1395.20	
1.1.7	精装修	m²	17440	2000	3488.00	
1.2	设备及安装工程	万元			4981.60	2856
1.2.1	变配电	m²	17440	250	436.00	
1.2.2	动力及照明	m²	17440	300	523.20	
1.2.3	柴油机发电	m²	17440	100	174.40	
1.2.4	给水排水及冷却水系统	m²	17440	200	348.80	
1.2.5	消防喷淋及 CO_2 灭火	m²	17440	120	209.30	
1.2.6	空调通风	m²	17440	800	1395.20	
1.2.7	锅炉房及动力	m²	17440	80	139.50	
1.2.8	电梯	台	6	60万元	360.00	
1.2.9	智能化	m²	17440	800	1395.20	
1.3	零星工程费	%	5	13300	665.00	381
1.4	总包管理费	%	2	13300	266.00	153
2	工程性费用	万元			2083.10	1195
2.1	建设单位管理费	%	5	14231	711.60	
2.2	人防建设费	m²	17440	50	87.20	
2.3	勘察费	万元			10.00	
2.4	设计费	%	3	14231	426.90	
2.5	监理费	%	1	14231	142.30	
2.6	电贴	kVA	2500	450	112.50	
2.7	水增容费	吨	300	825	24.80	
2.8	城市建设综合配套费	m²	17440	200	348.80	
2.9	招投标管理费	%	0.2	14231	28.50	
2.10	工程保险费	万元			34.00	
2.11	竣工图编制费	%	0.15	14231	21.30	
2.12	审计费	%	0.1	14231	14.20	
2.13	联合试运转费	%	1	4982	49.80	
2.14	其他零星收费项目	%	0.5	14231	71.20	
3	预备费	万元			1631.40	935
3.1	价格上涨预备金	%	3	16314	489.40	
3.2	不可预见费	%	7	16314	1142.00	

建安工程投资估算汇总表　　单位：万元　**表 6-4**

序号	项　　目	工程费用	工程性费用	预备费	小计
1	检查与治疗区	14231.50	2083.10	1631.40	17946.00
2	护理区	19167.00	2773.60	2194.00	24134.60
3	行政教研后勤区	19649.70	2884.80	2253.50	24788.00
4	室外总图工程	2751.00	273.80	302.40	3327.20
5	合计	55799.20	8015.30	6381.30	70195.80

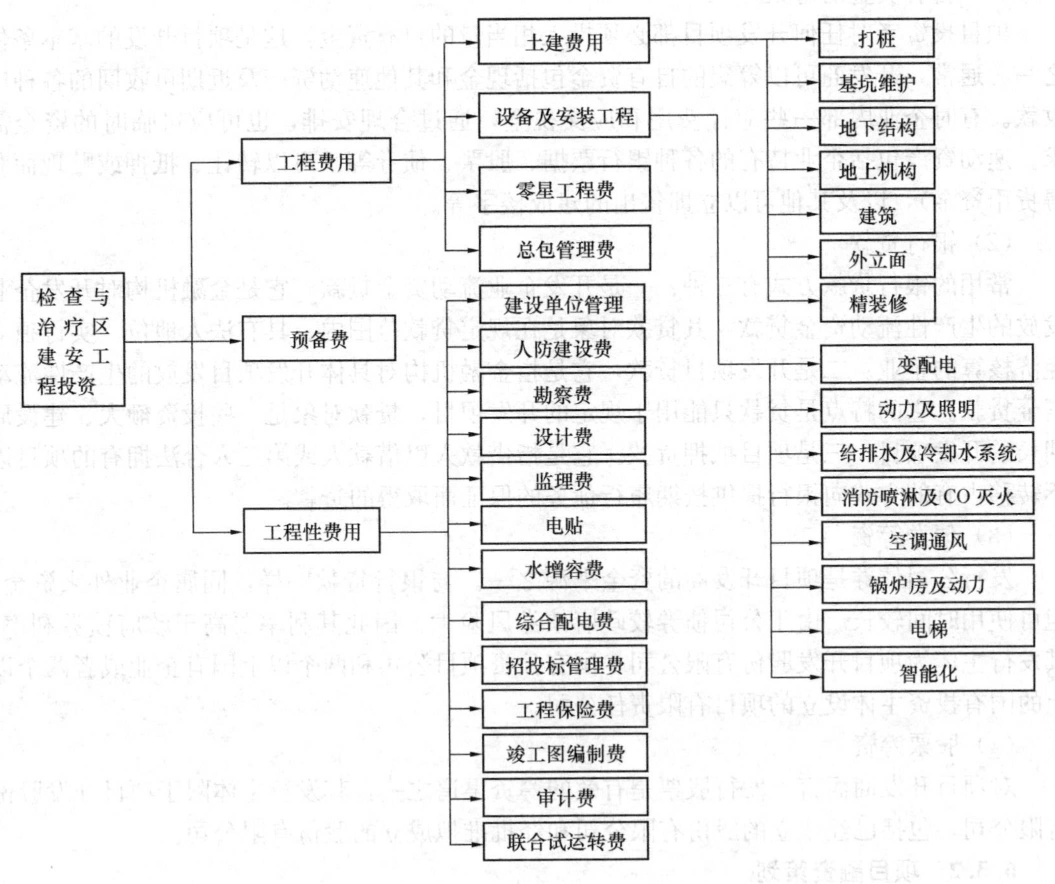

图 6-3　建安工程投资分解

6.3　项目融资策划

由于项目开发资金需求量特别大，投资人自有资金可能无法完全满足需求，通过其他渠道落实项目资金就成为项目前期策划必须解决的一个重要问题。随着我国建筑行业管理体制的逐步完善，资金筹集渠道也越来越多。由于项目资金的筹集一般必须以项目投资者所属企业——即法人为主体进行，因而从企业的角度对项目开发资金的筹集显得十分重要；而实际上，在进行开发项目的可行性研究、资金筹集方案的比较时，一般又都是以具体项目为主体进行开展的，因而从项目的角度进行融资策划也具有很强的实践意义和操作性。除此之外，对于基础设施和政府投资建设的项目，也不断涌现出一些新型的融资方式。

本节主要内容包括企业融资方式、项目融资方式和新型的基础设施项目融资方式三个部分。

6.3.1　企业融资策划❶

项目的投资主体大都以企业的形式表现出来。对于企业层面而言，其主要融资方式包括自有资金、银行贷款、发行债券或股票，以及一些其他的方式。

（1）自有资金的筹集

项目投资者对任何开发项目都必须投入相当量的自有资金，这是项目开发的基本条件之一。通常，开发商可以筹集的自有资金包括现金和其他速动资产及近期可收回的各种应收款。有时企业内部一些应计费用和应交税金，通过合理安排，也可应付临时的资金需求。速动资产包括企业持有的各种银行票据、股票、债券等（可以转让、抵押或贴现而获得货币资金），以及其他可以立即售出的建成楼宇等。

（2）银行贷款

常用的银行贷款方式有三种：一是开发企业流动资金贷款，它是金融机构对开发企业发放的生产性流动资金贷款，其贷款对象是在规定贷款范围内、具有法人地位、实行独立经济核算的企业。二是开发项目贷款，它是指金融机构对具体开发项目发放的生产性流动资金贷款。它的特点是贷款只能用于规定的开发项目，贷款对象是一些投资额大、建设周期长的开发项目。三是项目抵押贷款。它是指借款人以借款人或第三人合法拥有的项目以不转移占有的方式向银行提供按期履行债务的保证而取得的贷款。

（3）债券筹资

发行公司债券是项目开发商的资金来源之一。与银行贷款一样，同属企业外来资金，但可使用时间较长。由于公司债券较政府债券风险大，因此其利率要高于政府债券利率。其发行主体为项目开发股份有限公司、国有独资项目公司和两个以上国有企业或者两个以上的国有投资主体设立的项目有限责任公司。

（4）股票筹资

对项目开发商而言，发行股票是有效的筹资渠道之一，其发行主体限于项目开发股份有限公司，包括已经成立的股份有限公司和经批准拟成立的股份有限公司。

6.3.2　项目融资策划

从项目的角度来看，在项目开发融资策划中，需要特别注意两个方面的问题，即项目融资的组织策划和项目融资的模式策划。

（1）项目融资组织策划

融资组织策划主要包括确定项目融资的主体及主体所采用的组织方式。不同项目的融资主体不同，需要根据实际情况进行最佳组合和选择。从国内外经验看，融资组织方式主要有以下几种，如图 6-4 所示。

其中，直接安排融资即通过项目投资者所属公司进行融资，这种方式灵活性较小，开发公司承担的资金压力和财务风险比较大。

❶　施建刚. 房地产开发与管理. 上海：同济大学出版社，2004.

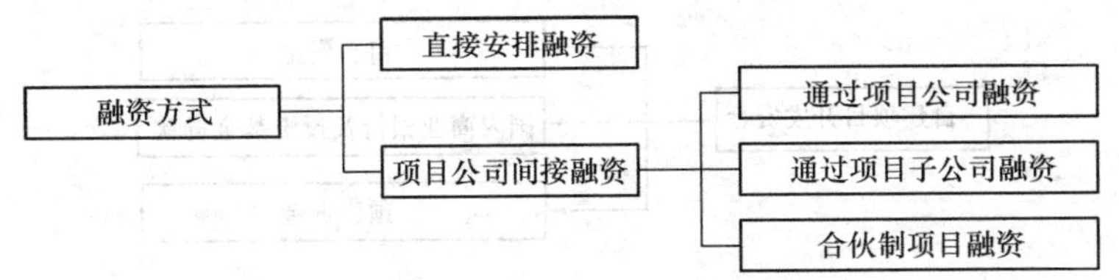

图 6-4 项目融资组织模式

除此之外，大多数项目往往通过组建项目公司的组织形式进行间接融资。具体实现途径有以下三种：

1）通过项目公司进行融资

由开发公司独资或合资的方式组建一个项目公司，以项目公司的名义建设、拥有项目和安排有限追索融资。项目建设期间，由开发公司等投资者为贷款银行提供完工担保。

2）通过项目子公司安排融资

建立项目公司的项目子公司，以该子公司的名义与其他投资者组成合资结构安排融资。由于项目子公司缺乏必要的信用记录，可能需要投资者提供一定的信用支持和保证。

3）通过合伙制项目安排融资

投资人通过合伙协议确定投资与建设关系，以各自出资额承担法律责任，并以投资人信用申请银行贷款。

项目融资方式可根据具体项目予以灵活应用，以上海嘉定新城总部园区项目经济策划为例，在其开发过程中，建立了总部园区项目公司，以解决包括项目基础设施、景观绿化、交通道路以及公共服务设施建设在内的整个项目的资金融资；同时，部分地块开发和建设同时考虑了联建等其他方式安排融资。待整个项目开发结束后，计划由总部园区项目公司继续持有该园区内部分物业产权，并负责后期运营服务及物业管理；或可能注销项目公司，由开发公司持有总部园区的产权，并委托其他专业公司承担园区管理及服务。

（2）项目融资开发模式

项目融资组织形式确定以后，需要对项目开发时具体的融资模式进行策划。通过对国内高新技术开发区、商务花园的开发融资模式的调查和分析，单个项目开发融资模式主要包括以下四种类型，如图6-5所示：

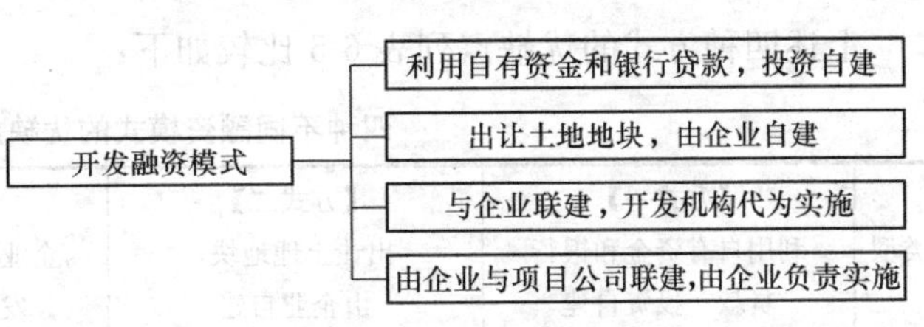

图 6-5 单个项目开发融资模式

方式一：利用自有资金和银行贷款，投资自建项目开发机构通过自有资金以及银行等金融机构贷款作为项目的建设资金，进行项目的设计和建设。尤其是对于一些公共性服务设施、市政配套、道路交通和景观绿化等设施建设项目，其资金主要通过此种方式募集。对于一些可赢利性设施，其主要初期建设资金也主要通过该方式募集。此外，在项目建设后期，也可通过预售来作为其资金募集渠道。

方式二：出让土地地块，由企业自建

该种开发融资方式又可分为两种：一是由当地土地储备中心与入住企业签署项目合作

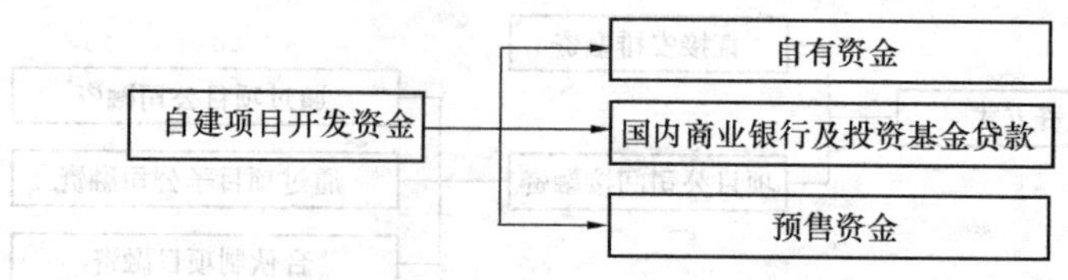

图 6-6　自建项目资金来源图

协议，企业按照协议以有偿的方式获取协议地块的出让权，并根据项目规划设计及建设要求，进行该地块上建筑物的设计、建造以及获得完工后的使用权。由项目开发机构协助企业进行建设项目的报批及办理必要建设手续。二是对于开发机构已取得使用权的土地，可由项目开发机构与入住企业签署项目合作协议，项目开发机构以有偿转让的方式将土地的使用权转让给企业。根据园区规划设计及建设要求，企业进行该地块上建筑物的设计、建造以及获取完工后的使用权。项目开发机构协助企业进行建设项目的报批及办理必要建设手续。

方式三：与企业联合出资兴建，开发机构代为实施

由一家或若干家企业分别与项目开发机构就某个建设项目的全部或部分使用权签订联建协议书，协议书明确约定使用权的交付时间、涉及面积以及双方其他责任。各联建企业按照协议以及工程建设进度向项目开发机构支付协议确定的联建费用，由开发机构负责该项目的建设工作。待工程完工后，相关设施办理有关权证并交付联建企业使用。在建设过程中，项目开发机构收取必要的项目管理费用。

方式四：由企业与园区开发机构联建，由企业负责实施

由企业和项目开发机构通过合伙制协议或组建项目公司的方式进行项目联合开发的方式。项目开发机构以土地出资，企业承担其他部分开发资金，并由企业承担项目的设计和建造。项目完工后，开发企业和项目开发机构按照联建协议规定享有相应比例部分建筑的使用权。倘若企业未能按照协议完成项目建设，在特定条件下，园区开发机构可无偿收回土地。

上述四种方式的优缺点列表 6-5 比较如下：

四种不同融资模式的优缺点比较　　　　**表 6-5**

类型	【方式一】 利用自有资金和银行贷款，投资自建	【方式二】 出让土地地块，由企业自建	【方式三】 与企业联合出资兴建，开发机构代为实施	【方式四】 由企业与园区开发机构联建，由企业负责实施
优点	开发机构拥有产权、运营权，同时对于项目实施过程能较强地予以控制，开发机构具有较大的灵活性，可以根据自身资金条件调控租售比	开发机构可以减少资金压力，缩减开发规模和项目实施建设管理幅度，在特定条件下，还可获得部分短期收益	开发机构可以减少资金压力，缩减开发规模，在特定条件下，还可获得部分短期收益，且无需考虑项目建设后的运营问题	开发机构风险较小，而且在实施过程中，承担的风险较小
缺点	资金需求巨大，开发机构承担财务费用及风险较高	在园区建设初期，几乎很难产生任何收益，使用局限性很大	实际操作中，寻求合作企业及协议签订实施较为复杂。开发机构最好拥有自己的项目管理团队	寻求合作伙伴较为困难，同时，为了降低风险，必须严格挑选合作伙伴

【案例 6-2】 中德友好医院融资方案分析

案例中，将结合中德友好医院具体情况，对项目的融资方案、资金结构和融资成本进行分析。

(1) 融资计划

根据《中华人民共和国中外合资经营企业法》和国家工商行政管理局《关于中外合资经营企业注册资本与投资总额比例的暂行规定》的有关规定，中外合资经营项目资本金是为设立合资企业在工商登记管理机关登记注册的资本总额，是合资各方认缴的出资额之和。注册资本占投资总额（包括建设投资、建设期利息和全部流动资金）的最低比例要求是总投资在 3000 万美元以上的，其注册资本至少应占投资总额的 1/3，本项目总投资 21200 万欧元，因此资本金至少为 7000 万欧元。

国家卫生部和对外贸易经济合作部联合发布的《中外合资、合作医疗机构管理暂行办法》规定设立的中外合资、合作医疗机构应当符合以下条件：①必须是独立的法人；②投资总额不得低于 2000 万人民币；③合资、合作中，中方在中外合资、合作医疗机构中所占的股权比例或权益不得低于 30%；④合资、合作期限不超过 20 年。

根据有关规定，制定两个融资方案如下：

1) 融资方案一

在确定融资来源时，采用筹资渠道与投资资产匹配并符合有关规定的原则。据此，中方资本金应不低于 2100 万欧元。由于土地由中方作为资本金投入，作价 3000 万欧元，符合有关规定。设备投资 4000 万欧元，全部由德国进口，因此拟采用融资租赁或出口信贷方式。土建投资 11000 万欧元，其中进口建材 1200 万欧元由德方资本金解决，国内所需资金 9800 万欧元由国内银行贷款解决，项目启动资金 3200 万拟由德方资本金筹措投入。融资计划如表 6-6 所示。

融资方案一计划表 **表 6-6**

序号	渠道	金额（万欧元）	融资条件
1	资本金	7400	
1.1	中方股本投资	3000	要求固定回报率 15%
1.2	德方股本投资	4400	要求固定回报率 20%，7 年后德方自有资本返还投资者
2	债务资金	13800	
2.1	国内银行贷款	9800	贷款期限 12 年，其中宽限期 2 年，宽限期支付息不还本，还本期内等额还本息，年利率 10%，按月付息
2.2	海外融资租赁	4000	
2.2.1	固定医疗设备	1800	租赁期限 7 年，在租赁期限内年初等额付租金，年利率 9%，
2.2.2	可移动医疗设备	2200	租赁期限 5 年，在租赁期限内年初等额付租金，年利率 8%，

2) 融资方案二

在确定融资来源时，采用尽可能降低融资成本并符合有关规定的原则。据此，中方资本金应不低于 2100 万欧元。中方投资 3462 万欧元，符合有关规定。其中，土地由中方作为资本金投入，作价 3000 万欧元，现金投入 462 万欧元。德方现金投资 3604 万欧元。设备投资 4000 万欧元，其中 3534 万欧元的设备由德国进口，因此拟采用融资租赁或出口信贷方式，其他设备向中国银行贷款购买。国内所需资金 10600 万欧元由国内银行贷款解决，融资计划如表 6-7 所示。

融资方案二计划表 表 6-7

序号	渠道	金额（万欧元）	融资条件
1	资本金	7066	
1.1	中方股本投资	3462	要求固定回报率 15%
1.2	德方股本投资	3604	要求固定回报率 20%，10 年后德方自有资本返还投资者
2	债务资金	14134	
2.1	国内银行贷款	10600	贷款期限 12 年，其中宽限期 2 年，宽限期只付息不还本，还本期内等额还本息，年利率 6%，按月付息
2.2	海外设备融资租赁	3534	租赁期限 7 年，在租赁期限内等额付租金，年利率 8%，按月付息

（2）资金结构分析

方案一，本方案工程总投资 21200 万欧元中，资本金定为 7400 万欧元，比例为 35%。其中中方投资占 40.5%，德方投资占 59.5%。债务资金总额为 13800 万欧元，占总投资的比例为 65%，其中银行贷款为 9800 万欧元，设备融资租赁为 4000 万元。银行贷款占总投资的比例不超过 46.3%，是可行的。融资的资金结构如图 6-7 所示。

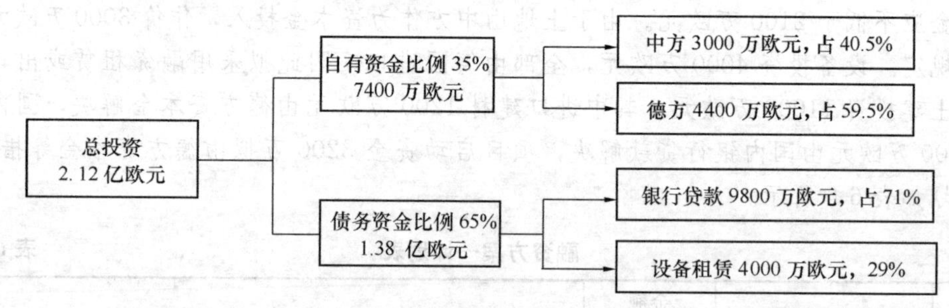

图 6-7 融资方案一资金结构图

方案二，本方案工程总投资 21200 万欧元中，资本金定为 7066 万欧元，比例为 33.3%。其中，中方投资 3462 万欧元，占 49%，德方投资 3604 万欧元，占 51%。债务资金总额为 14134 万欧元，占总投资的比例为 66.7%，其中，银行贷款为 10600 万欧元，设备融资租赁为 3534 万元。银行贷款占总投资的比例为 50%，是可行的。融资的资金结构如图 6-8。

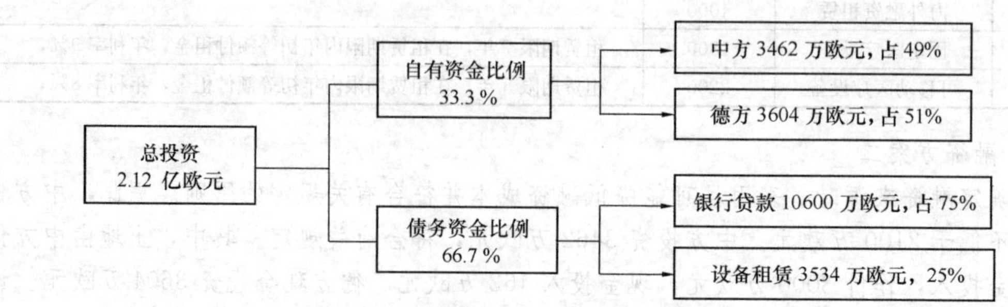

图 6-8 融资方案二资金结构图

(3) 项目融资成本计算

项目融资成本计算如表6-8和表6-9所示。

融资方案一融资成本计算表　　表6-8

序号	渠　道	金额	期限	利率	年金率	融资成本
1	资本金					
1.1	中方股本投资	3000	n. n.	15%	15.00	450
1.2	德方股本投资	4400	7	20%	20.00	880
1.3	资本金合计	7400				1330
2	债务资金					
2.1	国内银行贷款	9800	10	10%	15.85	1553
2.2	海外融资租赁					
2.2.1	固定医疗设备	1800	7	9%	18.23	328
2.2.2	可移动医疗设备	2200	5	8%	23.19	510
2.3	租赁总计/海外融资	4000				838
3	总计	21200				3722

融资方案二融资成本计算表　　表6-9

序号	渠　道	金额	期限	利率	年金率	融资成本
1	资本金					
1.1	中方股本投资	3462	n. n.	15%	15.00	519
1.2	德方股本投资	3604	7	20%	20.00	721
1.3	资本金合计	7066				1240
2	债务资金					
2.1	国内银行贷款	10600	10	6%	13.32	1412
2.2	海外融资租赁	3534	7	8%	18.70	661
3	总计	21200				3313

(4) 项目资本成本率计算

项目资本成本率计算对比如下表6-10所示。

各方案资金成本率表　　表6-10

资金成本率	方案一	方案二
债务成本率	6.40%	4.42%
资本金成本率	17.97%	17.56%
加权资金成本率	10.44%	8.75%

比较两个融资方案，方案二较方案一融资成本低，但中方投入资本金金额较高，从国家角度建议选用方案二，从中方角度如果项目资本金内部收益率超过德方的回报率，方案一优于方案二。因此若中方缺乏足够的资金，建议选择方案一，否则选方案二。

6.3.3 新型基础设施项目融资模式

基础设施项目，由于其公共服务性，传统上有由政府直接投资并管理或由政府控制的国有企业投资运营两种投资方式。近年随着我国建筑市场开放程度的逐步提高以及大量外国建筑相关企业的涌入，出现了基础设施特许经营等多种新型融资模式。基础设施特许经营，是由国家或地方政府将基础设施的投资和经营权，通过法定的程序，有偿或者无偿地交给选定的投资人投资经营。典型的基础设施特许经营方式有以下几种：

（1）BOT

BOT（Build-Operate-and-Transfer），即“建设—经营—移交”，意指根据合同安排，项目承办者承担建造，包括该设施的融资、维护，经营该设施一个固定时期，并允许对设施的使用者收取合理的使用费、酬金、租金及其他费用，但不超过投标书建议的或谈判并体现在合同中使项目承办者能够收回的投资和经营、维护费用，在规定的期限将该设施移交给政府（政府机构或政府控制的公司）或地方有关政府部门。BOT 投资的实质是一种债务与股权相混合的产权。BOT 除了普通模式，还有 20 多种演化模式，比较常见的有：BOO（建设－经营－拥有）、BT（建设—转让）、BOOT（建设—经营—拥有—转让）、BLT（建设—租赁—转让）、BTO（建设—转让—经营）等。

（2）PPP

PPP（Public Private Partnership）是指政府与民间投资人合作投资基础设施。在这种方式下，政府通过法定程序选定基础设施的投资运营商，政府将基础设施的投资经营权以特许经营方式授予选定的投资运营商，政府同时对基础设施的投资提供包括投资资金、运营补贴、减免税收在内的资金支持，或者给予其他支持。政府也可能从基础设施的经营中分享收益。特许经营期末，基础设施以有偿或者无偿的方式转交给政府，或者重新安排继续特许经营。

（3）TOT

TOT（Transfer-Operate-Transfer）是从特许权经营方式 BOT 演变而来。它是指政府或者需要融入现金的企业，把已经投产运行的项目（公路、桥梁、电站等）移交（T）给出资方经营（O），凭借项目在未来若干年内的现金流量，一次性地从出资方那里融得一笔资金，用于建设新的项目；原项目经营期满，出资方再把它移交（T）回来。TOT 方式可以积极盘活资产，只涉及经营权或收益转让，不存在产权、股权问题，可以为已经建成项目引进新的管理，为拟建的其他项目筹集资金。

（4）PFI

PFI（Private Finance Initiative）即私人主动融资，其根本在于政府从私人处购买服务。目前这种方式多用于社会福利性质的建设项目，不难看出这种方式多被那些硬件基础设施相对已经较为完善的发达国家采用。比较而言，发展中国家由于经济水平的限制，将更多的资源投入到了能直接或间接产生经济效益的地方，而这些基础设施在国民生产中的重要性很难使政府放弃其最终所有权。

（5）ABS

ABS（Asset-Backed Secunritization）即资产收益证券化融资。它是以项目资产可以带来的预期收益为保证，通过一套提高信用等级计划在资本市场发行债券来募集资金的一种项目融资方式。具体运作过程是：1）组建一个特别目标公司。2）目标公司选择能进行资产证券化融资的对象。3）以合同、协议等方式将政府项目未来现金收入的权利转让给目标公司。4）目标公司直接在资本市场发行债券募集资金或者由目标公司信用担保，由其他机构组织发行，并将募集到的资金用于项目建设。5）目标公司通过项目资产的现金流入清偿债券本息。

除以上几种形式外，未来还可能不断演化出各种新型的融资方式，这里不再赘述。

6.4 项目经济评价

6.4.1 基本概念

(1) 定义

建设项目经济评价[1]包括财务评价和国民经济评价。财务评价是在国家现行财税制度和价格体系的前提下，从项目的角度出发，计算项目范围内的财务效益和费用，分析项目的盈利能力和清偿能力，评价项目在财务上的可行性。国民经济评价是在合理配置社会资源的前提下，从国家经济整体利益的角度出发，计算项目对国民经济的贡献，分析项目的经济效率、效果和对社会的影响，评价项目在宏观经济上的合理性。

建设项目经济评价应根据国民经济与社会发展以及行业、地区发展规划的要求，在项目初步方案的基础上，采用科学的分析方法，对拟建项目的财务可行性和经济合理性进行分析论证，为项目的科学决策提供经济方面的依据。

(2) 评价内容

项目经济评价必须保证评价的客观性、科学性、公正性，坚持定量分析与定性分析相结合、以定量分析为主以及动态分析与静态分析相结合、以动态分析为主的原则。

项目经济评价内容的选择，应根据项目性质、项目目标、项目投资者、项目财务主体以及项目对经济与社会的影响程度等具体情况确定。对于费用效益计算比较简单，建设期和运营期比较短，不涉及进出口平衡等一般项目，如果财务评价的结论能够满足投资决策需要，可不进行国民经济评价；对于关系公共利益、国家安全和市场不能有效配置资源的经济和社会发展的项目，除应进行财务评价外，还应进行国民经济评价；对于特别重大的建设项目尚应辅以区域经济与宏观经济影响分析方法进行国民经济评价。

6.4.2 财务评价

财务评价是项目经济评价的第一步，它主要从微观投资主体的角度分析项目可以给投资主体带来的效益以及投资风险。作为市场经济微观主体的企业进行投资时，一般都进行项目财务评价。

财务评价效果的好坏，一方面取决于基础数据的可靠性，另一方面则取决于选取的评价指标体系的合理性，只有选取正确的评价指标体系，财务评价的结果才能与客观实际情况相吻合，才具有实际意义。

常用的项目财务评价指标，按其是否考虑资金的时间因素可分为两大类：即静态评价指标（不考虑资金的时间因素）和动态评价指标（考虑资金的时间因素）。在项目财务评价时，应根据评价深度要求、可获得资料的多少以及评价的推荐方案本身所处的条件，选用多个不同的指标，从不同侧面反映评价方案的财务评价结果。

财务评价一般主要包括以下内容：

---

[1] 引自《关于建设项目经济评价工作的若干规定》，发改投资【2006】1325号文件，2006年7月。

(1) 财务评价基础数据与参数选取

建设项目经济评价参数系指用于计算、衡量建设项目费用与效益的主要基础数据，以及判断项目财务可行性和经济合理性的一系列评价指标的基准值和参考值。它适用于各类建设项目的规划、机会研究、项目建议书、可行性研究阶段的经济评价，项目中间评价和后评价可参照使用。

建设项目经济评价参数应根据国家与行业的发展战略与发展规划、国家的经济状况、资源供给状况、市场需求状况、各行业投资经济效益、投资风险、资金成本及项目投资者的实际需要进行测定；并应遵循同期性、有效性、谨慎性和准确性原则，并结合项目所在地区、所处行业以及项目自身特点综合确定。

(2) 收支预测

收支预测可以由预测收支平衡表提供。在预测收支平衡表中，资产的种类和价值放在收支平衡表的资产一边，而资本的来源放在负债的一边。和损益表一样，法律要求收支平衡表有一个标准的会计格式，这些都应当以年度为单位。

工程项目投入使用后，即进入运营期。在运营期内，各年的成本费用由生产成本和期间费用两部分组成。生产成本亦称制造成本，是指企业生产经营过程中实际消耗的直接材料费、直接工资、其他直接支出和制造费用。期间费用是指在一定会计期间发生的与生产经营没有直接关系和关系不密切的管理费用、财务费用和营业费用。期间费用不计入产品的生产成本，直接体现为当期损益。

工程项目的收入是估算项目投入使用后运营期内各年销售产品或提供劳务等所取得的收入。营业收入是项目建成投产后补偿成本、上缴税金、偿还债务、保证企业再生产正常进行的前提。它是进行利润总额、营业税金及附加和增值税估算的基础数据。

(3) 投资盈利能力及主要财务指标分析

1) 静态投资回收期 (P_t)

投资回收期也称返本期，是反映投资方案盈利能力的指标。

静态投资回收期是在不考虑资金时间价值的条件下，以方案的净收益回收项目全部投入资金所需要的时间。静态投资回收期可以自项目建设开始年算起，也可以自项目投产年开始算起，但应予注明。自建设开始年算起，静态投资回收期 P_t（以年表示）的计算公式如下：

$$\sum_{t=0}^{P_t}(CI-CO)_t=0 \tag{6-1}$$

式中 P_t——静态投资回收期；

CI——现金流入量；

CO——现金流出量；

$(CI-CO)_t$——第 t 年净现金流量。

2) 动态投资回收期 (P'_t)

动态投资回收期是在计算回收期时考虑了资金的时间价值。其表达式为：

$$\sum_{t=0}^{P'_t}(CI-CO)_t(1+i_c)^{-t}=0 \tag{6-2}$$

式中 P'_t——动态投资回收期（年）；

i_c——基准收益率。

判别准则：设基准动态投资回收期为 P'_c，若 $P'_t < P'_c$，项目可行，否则应予拒绝。

动态投资回收期更为实用的计算公式是：

$$P'_t = (\text{累计折现值出现正值的年份数} - 1) + \frac{\text{上年累计折现值的绝对值}}{\text{出现正值年份的折现值}} \tag{6-3}$$

3）总投资收益率（*ROI*）

总投资收益率是指工程项目达到设计生产能力时的一个正常年份的年息税前利润或运营期内年平均息税前利润与项目总投资的比率。其计算公式如下：

$$ROI = \frac{EBIT}{TI} \times 100\% \tag{6-4}$$

式中 *ROI*——总投资收益率；

EBIT——项目达到设计能力后正常年份的年息税前利润或运营期内年平均息税前利润；

TI——项目总投资。

年息税前利润＝年产品营业收入－年产品营业税金及附加－年总成本费用❶

年营业税金及附加＝年消费税＋年营业税＋年资源税＋年城乡维护建设税＋教育费附加

项目总投资＝建设投资＋建设期利息＋流动资金

当计算出的总投资收益率高于行业收益率参考值时，认为该项目盈利能力满足要求。

4）项目资本金净利润率（*ROE*）

项目资本金净利润率表示项目资本金的盈利水平，系指项目达到设计能力后正常年份的年净利润或运营期内年平均净利润与项目资本金的比率。其计算公式如下：

$$ROE = \frac{NP}{EC} \times 100\% \tag{6-5}$$

式中 *ROE*——项目资本金净利润率；

NP——项目达到设计能力后正常年份的年净利润或运营期内年平均净利润；

EC——项目资本金。

当计算出的资本金净利润率高于行业净利润率参考值时，表明用项目资本金净利润率表示的盈利能力满足要求。

总投资收益率和资本金净利润率指标常用于项目融资后盈利能力分析。

5）净现值（Net Present Value）

净现值（*NPV*）是反映投资方案在计算期内获利能力的动态评价指标。投资方案的净现值是指用一个预定的基准收益率 i_c，分别把整个计算期间内各年所发生的净现金流量都折现到建设期初的现值之和。净现值 *NPV* 计算公式为：

$$NPV = \sum_{t=0}^{n} (CI - CO)_t (1 + i_c)^{-t} \tag{6-6}$$

式中 *NPV*——净现值；

$(CI - CO)_t$——第 t 年的净现金流量（应注意“＋”、“－”号）；

---

❶ 计算公式有两种，*EBIT*＝净利润＋所得税＋利息，或 *EBIT*＝经营利润＋投资收益＋营业外收入－营业外支出＋以前年度损益调整。

i_c——基准收益率；

n——方案计算期。

净现值（NPV）是评价项目盈利能力的绝对指标。当 $NPV>0$ 时，说明该方案除了满足基准收益率要求的盈利之外，还能得到超额收益，故该方案可行；当 $NPV=0$ 时，说明该方案基本能满足基准收益率要求的盈利水平，方案勉强可行或有待改进；当 $NPV<0$ 时，说明该方案不能满足基准收益率要求的盈利水平，该方案不可行。

6）内部收益率（Internal Rate of Return）

内部收益率（*IRR*）的实质就是使投资方案在计算期内各年净现金流量的现值累计等于零时的折现率。也就是说，在这个折现率时，项目的现金流入的现值和等于其现金流出的现值和。

内部收益率容易被人误解为是项目初期投资的收益率。事实上，内部收益率的经济含义是投资方案占用的尚未回收资金的获利能力，它取决于项目内部。

在项目计算期内，项目始终处于"偿付"未被收回投资的状况，内部收益率指标正是项目占用的尚未回收资金的获利能力，能反映项目自身的盈利能力，其值越高，方案的经济性越好。因此，在工程经济分析中内部收益率是考察项目盈利能力的主要动态评价指标。

由于内部收益率不是初始投资在整个计算期内的盈利率，因而它不仅受项目初始投资规模的影响，而且受项目计算期内各年净收益大小的影响。

对常规投资项目，内部收益率就是净现值为零时的收益率。其数学表达式为：

$$NPV(IRR)=\sum_{t=0}^{n}(CI-CO)_t(1+IRR)^{-t}=0 \tag{6-7}$$

内部收益率是一个未知的折现率，由式（6-7）可知，求方程式中的折现率需解高次方程，不易求解。在实际工作中，一般是用试算法确定内部收益率 *IRR*（也可通过计算机直接计算）。

7）净现值率（Net Present Value Rate）

净现值率（*NPVR*）是在 *NPV* 的基础上发展起来的，可作为 *NPV* 的一种补充。净现值率是项目净现值与项目全部投资现值之比。其经济含义是单位投资现值所能带来的净现值，是一个考察项目单位投资盈利能力的指标。由于净现值不直接考察项目投资额的大小，故为考察投资的利用效率，常用净现值率作为净现值的辅助评价指标。净现值率（*NPVR*）计算式如下：

$$NPVR=\frac{NPV}{I_p} \tag{6-8}$$

$$I_P=\sum_{t=0}^{m}I_t(P/F,i_c,t) \tag{6-9}$$

式中　I_p——投入资金现值；

I_t——第 t 年投资额；

m——建设期年数。

应用 *NPVR* 评价方案时，应使 $NPVR\geqslant 0$，方案才能接受。而且在评价时应注意两个方面的内容。一是投资现值与净现值的研究期应一致，即净现值的研究期是 n 期，则投资现值也是研究期为 n 期的投资；二是计算投资现值与净现值的折现率应一致。

8）净年值（Net Annual Value）

净年值（NAV）又叫等额年值、等额年金，是以基准收益率将项目计算期内净现金流量等值换算而成的等额年值。它与净现值（NPV）相同之处是，两者都要在给出的基准收益率的基础上进行计算；不同之处是：净现值把投资过程的现金流量折算为基准期的现值，而净年值则是把该现金流量折算为等额年值。净年值的计算公式为：

$$NAV=\left[\sum_{t=0}^{n}(CI-CO)_t(1+i_c)^{-t}\right](A/P,i_c,n) \tag{6-10a}$$

或

$$NAV=NPV(A/P,i_c,n) \tag{6-10b}$$

式中　$(A/P,i_c,n)$——资本回收系数。

由于净现值是项目在计算期内获得的超过基准收益率水平的收益现值，而净年值则是项目在计算期内每期的等额超额收益；净年值与净现值仅差一个资本回收系数，而且（A/P，ic，n）>0，依式（4-10b），NAV 与 NPV 总是同为正或负，故 NAV 与 NPV 在评价同一个项目时的结论总是一致的。其评价准则是：若 $NAV\geqslant 0$，则项目在经济上可以接受；若 $NAV<0$，则项目在经济上应予拒绝。

（4）财务清偿能力分析

工程项目偿债能力分析是项目融资后分析的重要内容，是项目融资主体和债权人共同关心的指标。

1）利息备付率（ICR）

利息备付率也称已获利息倍数，指项目在借款偿还期内各年可用于支付利息的息税前利润与当期应付利息费用的比值。其表达式为：

$$ICR=\frac{EBIT}{PI} \tag{6-11}$$

式中 ICR——利息备付率；

$EBIT$——息税前利润；

PI——计入总成本费用的应付利息。

$$\text{税息前利润}=\text{利润总额}+\text{计入总成本费用的利息费用} \tag{6-12}$$

当期应付利息是指计入总成本费用的全部利息。

利息备付率分年计算。利息备付率越高，表明利息偿付的保障程度高。

利息备付率表示使用项目利润偿付利息的保证倍率。参考国际经验和国内行业的具体情况，根据我国企业历史数据统计分析，一般情况下，利息备付率不且低于 2，并满足债权人的要求。

2）偿债备付率（$DSCR$）

偿债备付率指项目在借款偿还期内，各年可用于还本付息的资金与当期应还本付息金额的比值。其计算公式为：

$$DSCR=\frac{EBITAD-T_{AX}}{FD} \tag{6-13}$$

式中　$DSCR$——偿债备付率；

$EBITAD-T_{AX}$——可用于还本付息资金；

FD——应还本付息金额。

可用于还本付息的资金包括：可用于还款的折旧和摊销，成本中列支的利息费用，可用于还款的所得税后利润等；

当期应还本付息金额包括当期应还贷款本金额及计入成本的全部利息。融资租赁的本息和运营期内的短期借款本息也应纳入还本付息金额。

偿债备付率分年计算。偿债备付率高，表明可用于还本付息的资金保障程度高。

偿债备付率表示可用于还本付息的资金偿还借款本息的保证倍率。正常情况应当不低于1.3，并满足债权人的要求。

3）资产负债率（$LOAR$）

资产负债率指各期末负债总额同资产总额的比率。其计算公式为：

$$LOAR=\frac{TL}{TA}\times 100\% \tag{6-14}$$

式中　$LOAR$——资产负债率；

TL——期末负债总额；

TA——期末资产总额。

适度的资产负债率，表明企业经营安全、稳健，具有较强的筹资能力，也表明企业和债权人的风险较小。对该指标的分析，应结合国家宏观经济状况、行业发展趋势、企业所处竞争环境等具体条件判定。项目财务分析中，在长期债务还清后，可不再计算资产负债率。

（5）不确定性分析

不确定性分析是项目经济评价中的一个重要内容。一个建设项目的投资，是一个动态的过程，具有周期长，资金投入量大，影响因素多等特点，但事实上，对方案经济效果的评价通常都是对方案未来经济效果的计算，一个拟建项目的所有未来结果都是未知的。因为计算中所使用的数据大都是预测或估计值，而不论用什么方法预测或估计，都会包含有许多不确定性因素，可以说不确定性是所有项目固有的内在特性。只是对不同的项目，这种不确定性的程度有大有小。

常用的不确定分析方法有盈亏平衡分析、敏感性分析。在具体应用时，要在综合考虑项目的类型、特点，决策者的要求，相应的人力、财力，以及项目对国民经济的影响程度等条件下来选择。一般来讲，盈亏平衡分析只适用于项目的财务评价，而敏感性分析则可同时用于财务评价和国民经济评价。

（6）风险分析

风险，是相对于预期目标而言，经济主体遭受损失的不确定性。工程项目风险的主要来源有：

1）市场风险。它指由于市场价格的不确定性导致损失的可能性。具体讲，就是由于市场需求量、需求偏好以及市场竞争格局、政治经济等方面的变化导致市场价格有可能发生不利的变化而使工程项目经济效果或企业发展目标达不到预期的水平，比如营业收入、利润或市场占有率等低于期望水平。对于大多数工程项目，市场风险是最直接也是最主要的风险。

2）技术风险。它指高新技术的应用和技术进步使建设项目目标发生损失的可能性。在项目建设和运营阶段一般都涉及各种高新技术的应用，由于种种原因，实际的应用效果可能达不到原先预期的水平，从而也就可能使项目的目标无法实现，形成高新技术应用风险。此外，建设项目以外的技术进步会使项目的相对技术水平降低，从而影响了项目的竞争力和经济效果。这就构成了技术进步风险。

3）财产风险。它指与项目建设有关的企业和个人所拥有、租赁或使用财产，面临可能被破坏、被损毁以及被盗窃的风险。财产风险的来源包括火灾、闪电、洪水、地震、飓风、暴雨、偷窃、爆炸、暴乱、冲突等等。此外，与财产损失相关的可能损失还包括停产停业的损失、采取补救措施的费用和不能履行合同对他人造成的损失。

4）责任风险。它指承担法律责任后对受损一方进行补偿而使自己蒙受损失的可能性。随着法律的建立健全和执法力度的加强，工程建设过程中，个人和组织越来越多地通过诉诸法律补偿自己受到的损失。司法裁决可能对受害一方进行经济补偿，同时惩罚与责任有关的个人或组织。即使被告最终免除了责任，辩护一个案子的费用也是必不可少的。因此，经济主体必须谨慎识别那些可能对自己造成影响的责任风险。

5）信用风险。它是指由于有关行为主体不能做到重合同、守信用而导致目标损失的可能性。在工程项目的建设过程中和生产营运过程中，合同行为作为市场经济运行的基本单元具有普遍性和经常性，如工程承发包合同、分包合同、设备材料采购合同、贷款合同、租赁合同、销售合同等等。这些合同规范了诸多合作方的行为，是使工程顺利进行的基础。但如果有行为主体钻合同的空子损害另一方当事人的利益或者单方面无故违反承诺，则毫无疑问，建设项目将受到损失，这就是信用风险。

工程项目的风险分析主要涉及风险识别、风险估计、风险决策和风险应对。

（7）最终得出财务评价结论及财务评价报告

【案例 6-3】 中德友好医院财务评价

中德友好医院财务评价程序如图 6-9 所示。

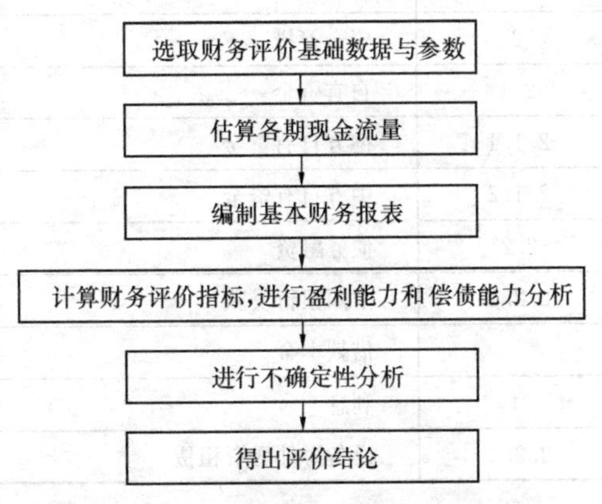

图 6-9　案例财务评价开展顺利

（1）基础数据与参数选取

医院项目财务评价的基础数据和参数包括项目评价的计算期、基准贴现率、资金筹措计划、资产折旧、摊销年限及残值率、税率等基本数据。

1）计算期选取

该医院计算期的选取，根据我国《中外合资、合作医疗机构管理暂行办法》规定，中外合资医院的经营期限不得超过 20 年，同时考虑中外双方合作方式、股份比例和投资回报方式的影响。一般来说，外方投资高的项目计算期比较长，例如本案例中，外方投资股份占总投资的 70%，因此财务评价计算期取 15 年，其中建设期为 2 年，经营期为 13 年。

2）财务基准贴现率

财务基准收益率根据该项目的资本成本而定。本案例采用多元化融资方式，不同渠道的投资具有不同的财务基准收益率，如表 6-11 所示。

基准贴现率表　　　　**表 6-11**

贴现率	税　后	税　前
全部投资贴现率	8.75%	10.18%
资本金贴现率	17.55%	17.55%
中方投资贴现率	15%	15%
德方投资贴现率	20%	20%
国内投资贴现率	10%	10%

3）分年投资与资金筹措计划

中德友好医院项目建设期为两年，土地费用在第一年投入，设备在第二年投入。土建投资建设期第一年投入比例为 40%，第二年比例为 60%。设备投资中有 3543 万欧元通过融资租赁获得，其他各年所需投资先通过资本金筹措解决，不足部分借款。投资使用及资金筹措计划表详见表 6-12。

投资使用及资金筹措计划表　　单位：万欧元　**表 6-12**

序　号	项　　目	第 1 年	第 2 年	合　计
1	总投资	7410	13790	21200
1.1	建筑安装费	4400	6600	11000
1.2	设备安装费	—	4000	4000
1.3	土地费	3000		3000
1.4	启动资金	10	3190	3200
1.4.1	建设期利息	10	328	338
1.4.2	补亏		2862	2862
2	资金筹措	7410	13790	21200
2.1	自有资金	7066	—	7066
2.1.1	德方自有资金	3604	—	3604
2.1.2	中方自有资金	3462		3462
2.2	债务融资	344	13790	14134
2.2.1	中国银行贷款	344	10256	10600
	借款本金	334	9928	10262
	利息	10	328	338
2.2.2	设备海外融资租赁	—	3534	3534

4)资产折旧、摊销年限及残值率

在基础数据中，还应该确定项目中各项固定资产和无形资产、递延资产的折旧、摊销年限、折旧方法和残值比例。本项目中，建筑物的折旧年限为 30 年，残值率为 10%；设备折旧年限为 7 年，残值率为 10%。土地作为无形资产进行摊销，摊销年限为 48 年。所有的折旧摊销均按照平均折旧、摊销法计算。

5)税收

目前对于中外合资营利性医院的税收政策还不是十分明朗，《关于医疗卫生机构有关税收政策的通知》规定，非营利性医院经营期前3年免收各项税，至于3年经营期满之后的税率，目前还没有统一的规定，从保守预测、为投资者负责的角度出发，本项目按照经营期前3年免税，以后所得税按税前利润33%的税率征收，营业税按营业额的5%计算。本项目属合资企业，合资企业的三项基金包括职工奖励和福利基金、储备基金和企业发展基金。本项目的三项基金按税后利润的15%提取。

6)服务负荷

由于大型综合性的中外合资营利性医院还处于探索阶段，国内高端医疗市场还不是非常成熟，而且这类医院往往得不到医保份额，因此需要根据项目市场需求及本项目发展情况，合理预测经营期初期的服务负荷。中德友好医院预测在经营期前两年的服务负荷分别为50%和80%。经营期第3年开始服务负荷为100%。而相应的营运材料投入负荷为经营期第1年为70%，经营期第2年开始为100%。

(2)服务收支预测

1)营业收入预测

医院项目的服务收入主要包括住院病人手术业务收入、门诊病人手术业务收入、分娩收入、门诊病人收入及护理业务收入，需要指出的是，目前国内医院收入中包含很大一部分比例的药品收入，随着我国卫生领域改革的进一步深入，医药分家将成为一种趋势，因此在本项目营业收入估算中不包含药品收入。

中德友好医院项目的营业收入预测如表6-13所示，达到满负荷运转后年总收入为9161万欧元。

营业收入预测及依据表　　　　**表6-13**

项　　目		单价（欧元）	容量（人次）	平均年收入(万欧元)
住院病人手术业务	大手术	7000	2500	1750
	中手术	4500	3000	1350
	小手术	2250	7500	1688
门诊病人手术业务		400	34000	1360
分娩		3000	800	240
门诊病人业务		80	100000	800
护理业务		400	49347	1974

2) 成本费用估算

医院项目的总成本费用包括材料费、保险税收、修理费、营运信贷、人员工资福利费、折旧费、摊销费、财务费用和其他费用等。医院的总成本费用中所占比例最大的部分为人员费用。中外合资医院往往试图引进国外先进的管理、技术，因此需要引进国外的优秀医院管理人才、医生以及医疗技术人才来华管理和行医，例如中德友好医院最初创意全部由德国人承担医院的运营工作，但是我们也必须注意到，国外人力资源的成本远远高于我国。

经过多方认证和调查，为使医院既保持德国特色，同时又要使项目可行，最终确定医院人力资源由中德双方人员共同组成，各部分人员组成比例和费用标准如表6-14所示。

从表中我们可以看出，中德双方的人力资源成本差异悬殊，我们所测算的中方人力资源成本已经考虑到了医院高标准、高规格人力资源组成的要求。

人员组成比例与工资标准　　表 6-14

项　目	中方比例	人均工资（万欧元）	德方比例	人均工资（万欧元）
医生	70%	2.12	30%	6.5
护士	70%	1.33	30%	4.3
医疗技术助手	90%	0.8	10%	3.52
技术服务（辅助员工）	100%	1.0	0%	3.35
技术服务	90%	1.0	10%	3.8
行政	90%	1.0	10%	4.6
合计				

项目总成本费用的详细数据见表 6-15（以经营期 3～8 年为例）。

总成本费用估算表　　（单位：万欧元）　表 6-15

序号	内容	合计	1	2	3	4	5	6
1	食品	1281	71	101	101	101	101	101
2	医疗物品	9331	514	735	735	735	735	735
3	水、电及可燃物	1380	76	109	109	109	109	109
4	家用材料	2103	116	166	166	166	166	166
5	行政用材料	1314	72	103	103	103	103	103
6	保险、税收等	526	29	41	41	41	41	41
7	修理费	2497	138	197	197	197	197	197
8	营运信贷	197	11	16	16	16	16	16
9	其他材料费用	1708	94	135	135	135	135	135
10	生活消费品	263	14	21	21	21	21	21
11	人员工资福利费	32275	2483	2483	2483	2483	2483	2483
12	其他	2600	200	200	200	200	200	200
13	折旧费	11107	854	854	854	854	854	854
14	摊销费	813	63	63	63	63	63	63
15	财务费用	5143	919	842	760	672	579	479
16	总成本费用	72537	5654	6063	5981	5894	5800	5700
	其中：可变成本	20600	1135	1622	1622	1622	1622	1622
	固定成本	51938	4518	4441	4359	4272	4178	4078
17	经营成本	55277	3807	4289	4289	4289	4289	4289

（3）编制各项财务报表和计算评价指标

在完成了基础数据和参数的收集、财务收支预测之后，应该按照国家技术经济评价的相关规定和算法进行各项财务报表的编制和各项技术经济评价指标的计算。需要编制的报表包括现金流量表、损益和利润分配表、资金来源与运用表等等，同时还应该计算项目净现值、内部收益率、投资回收期等评价指标。需要指出的是，不仅仅要编制项目本身的现金流量表，计算投资收益率，还应该编制项目资本金现金流量表，计算资本金内部收益率，对于中外合资项目，还应该分别编制中方、外方资金的现金流量表和分别计算它们的内部收益率。

(4) 得出财务评价结论

在编制完成各项财务报表并计算出各项财务评价指标之后，即可得出项目财务评价结论。财务评价结论包括项目获利能力分析、财务可持续性和清偿能力分析。

项目获利能力主要依据项目的财务净现值、内部收益率和投资回收期指标。中德友好医院的投资盈利能力指标计算结果如表6-16所示：

投资盈利能力指标表　　　**表 6-16**

评价指标		项目	资本金	中方投资	德方投资	国内投资
税　前	净现值（万欧元）	4741	2697	—	—	5225
	内部收益率（%）	13.95	24.55	—	16.5	15.3
	投资回收期（年）	7.82	5.77	—	—	—
税　后	净现值（万欧元）	2709	610	1440	—	5225
	内部收益率（%）	10.91	19.37	22.14	16.5	15.3
	投资回收期（年）	8.58	6.28	—	—	—

从上表可以看出本项目全部投资的税后内部收益率为10.91%，在7～8年内收回全部投资；项目税后资本金收益率为19.37%，资本金在6～7年内收回；中方投资内部收益率22.1%；国内投资收益率为15.3%。均满足财务基准值要求，项目可行。

财务可持续性和清偿能力分析包括资金平衡能力分析和项目偿债能力分析。资金平衡能力分析的目的是考察项目在经营期能否保持资金的收支平衡，是否需要进行借款。项目资金平衡分析的依据是项目资金来源与运用表。中德友好医院的资金来源与运用表如表6-17（1～8年为例）所示。

资金来源与运用表　　（单位：万欧元）　**表 6-17**

序号	项　　目	合计	1	2	3	4	5	6	7	8
1	资金流入	142619	7410	13790	4792	7410	9161	9161	9161	9161
1.1	经营收入	112685			4581	7329	9161	9161	9161	9161
1.2	长期借款	10600	344	10256						
1.3	设备融资租赁	3534	—	3534						
1.4	项目资本金	7066	7066	—						
1.5	流动资金借款				211	81				
1.6	回收固定资产余值	8230								
1.7	回收流动资金	211								
2	资金流出	128273	7410	10928	7342	7699	7618	9003	9034	9067
2.1	经营成本	55277			3807	4289	4289	4289	4289	4289

续表

序号	项　目	合计	1	2	3	4	5	6	7	8
2.2	营业税金及附加	4581			—	—	—	458	458	458
2.3	所得税	10624			—	—	—	927	958	991
2.4	建设投资	8338	7410	10928						
2.5	设备更新投资	4000								
2.6	流动资金	292			11	81				
2.7	利息支出	5340			930	857	775	688	594	494
2.8	偿还债务本金	13817			1154	1231	1313	1401	1495	1594
2.9	分配利润	12401			1240	1240	1240	1240	1240	1240
2.10	权益资金退出									
3	资金盈余	14345	—	2862	2551	−289	1543	158	127	94
4	累计资金盈余		—	2862	312	23	1566	1724	1852	1946

从上表我们可以看出本项目在第3年、第4年的盈余资金为负，主要原因是第3年和第4年的服务未满负荷，营业收入较少，由于筹资预留了资金，因此累计盈余资金为正，项目在运营前两年能够实现资金平衡。

偿债能力分析主要通过利息备付率和偿债备付率两个指标进行分析。本项目的利息备付率、偿债备付率的详细数据如表6-18所示。

利息备付率和偿债备付率表　　**表6-18**

指标/年份	1	2	3	4	5	6	7	8	9	10	整个计算期
利息备付率(%)	−0.2	2.5	5.2	5.2	6.0	7.3	9.4	14.2	19.9	34.5	8.7
偿债备付率(%)	−0.1	1.1	2.0	1.8	1.8	1.9	1.9	2.9	3.0	3.0	2.3

从表中可见，本项目在整个计算期内的利息备付率大于2，第3年的利息备付率小于2，原因在于营业收入较少，可以通过启动资金进行偿还贷款利息。除第3年外其他年份的利息备付率也均大于2，说明本项目有较强的付息能力；除第3年外，各年及整个计算期内的偿债备付率均大于1，说明本项目的资金来源足以偿还当期债务。

(5) 不确定性分析

1) 敏感性分析

敏感性分析预测主要因素发生变化时，对项目财务评价指标的影响，分析其敏感程度。影响医院投资项目财务评价指标的主要因素有：营业收入、工资福利费、土建投资等。

选取中方投资内部收益率作为分析的评价指标，考虑中方投资内部收益率对收入变化和土建投资变化的敏感性，我们得出计算结果如表6-19和图6-10所示，

中方投资内部收益率敏感性分析表　　表 6-19

变　化		收入变化							
		65%	70%	75%	80%	85%	90%	95%	100%
土建投资变化	50%	—	−0.5%	5.1%	11.9%	19.9%	28.7%	37.7%	46.3%
	55%	—	−0.9%	4.3%	10.5%	17.8%	26.0%	34.4%	42.5%
	60%	—	—	3.6%	9.3%	16.0%	23.5%	31.4%	39.2%
	65%	—	—	3.0%	8.3%	14.4%	21.4%	28.8%	36.2%
	70%	—	—	2.4%	7.4%	13.1%	19.5%	26.5%	33.5%
	75%	—	—	1.9%	6.5%	11.9%	17.9%	24.4%	31.1%
	80%	—	—	1.5%	5.8%	10.8%	16.4%	22.5%	28.9%
	85%	—	—	1.1%	5.2%	9.8%	15.1%	20.8%	26.9%
	90%	—	−2.8%	0.7%	4.6%	9.0%	13.9%	19.3%	25.1%
	95%	—	—	0.4%	4.0%	8.2%	12.9%	18.0%	23.5%
	100%	—	—	0.0%	3.6%	7.5%	11.9%	16.8%	22.1%

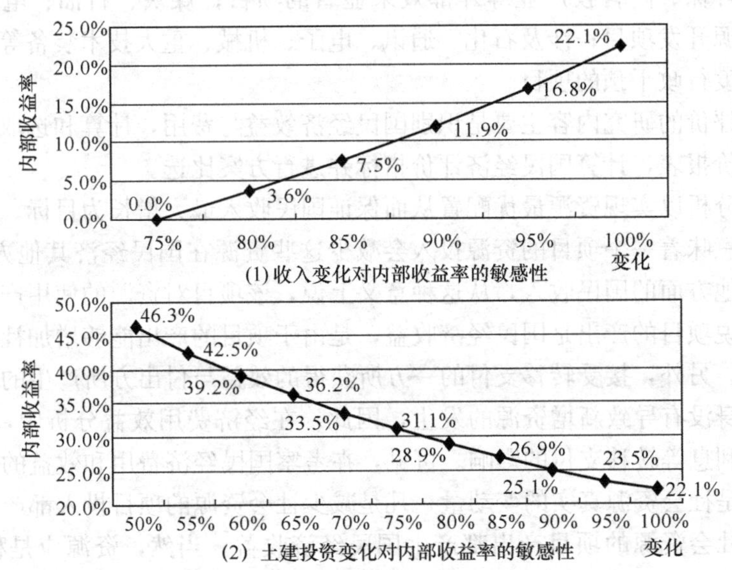

图 6-10　中方投资内部收益率敏感性分析图

从表和图中可见，在其他因素不变的情况下，收入下降 10%项目即不可行，所以应对收入给予特别关注，可通过加强市场分析，以增加收入预测的可靠性，另一方面可设法降低成本。如果土建投资降低 30%，资本金投入不变，中方内部收益率可提高到 36.3%，此时收入降低只要不超过 15%，项目仍有不错的投资效益。若工资福利费比预测值提高 30%，土建投资降低 30%，收入不变，中方内部收益率达 17.1%。因此中方投资内部收益率对土建投资的敏感性不是很强。

2）盈亏平衡分析

盈亏平衡分析着眼于项目经营的服务量、成本和盈利三者之间的相互关系进行分析，找出投资项目在服务量、价格和成本方面的盈亏界限，据此判断项目是否可行。

中德友好医院项目整个计算期内，用服务能力利用率表示的盈亏平衡点（BEP），其计算公式为：

$$BEP=\frac{\text{固定成本}}{\text{经营收入}-\text{可变成本}-\text{销售税金及附加}}\times 100\%$$

$$=\frac{5,7080}{112,685-20,600-4,581}$$

$$=65.2\%$$

计算结果表明，该项目在计算期内经营收入只要达到设计能力的65.2%，也就是住院率与门诊量均达到设计能力的65.2%时，项目就可以达到盈亏平衡。

6.4.3　国民经济评价

在市场经济条件下，大部分工程项目财务评价结论可以满足投资决策要求，但对于财务现金流量不能全面、真实地反映其经济价值的项目，还需要进行国民经济评价。这类项目主要包括：农业、水利、铁道、公路、民航、城市建设、电信等具有公共产品特征的基础设施项目；环保、高科技产业等外部效果显著的项目；煤炭、石油、电力、钢铁、有色、黄金等资源开发项目；涉及石化、通讯、电子、机械、重大技术装备等国家经济安全的项目；受过度行政干预的项目。

国民经济评价的研究内容主要是识别国民经济效益与费用，计算和选取影子价格，编制国民经济评价报表，计算国民经济评价指标并进行方案比选。

国民经济分析以实现资源最优配置从而保证国民收入最大增长为目标。由于经济资源的稀缺性，就意味着一个项目的资源投入会减少这些资源在国民经济其他方面的可用量，从而减少了其他方面的国民收入，从这种意义上说，该项目对资源的使用产生了国民经济费用。同理，说项目的产出是国民经济收益，是由于项目的产出能够增加社会资源——最终产品的缘故。另外，接受转移支付的一方所获得的效益与付出方所产生的费用相等，转移支付行为本身没有导致新增资源的发生，因此，在经济费用效益分析中，应剔除税赋、补贴、借款和利息等转移支付的影响。可见，在考察国民经济费用和效益的过程中，依据不是货币，而是社会资源真实的变动量。凡是减少社会资源的项目投入都产生国民经济费用，凡是增加社会资源的项目产出都产生国民经济收益。当然，资源应是稀缺的经济资源，而不是闲置或不付出代价就可自由使用的物品。

国民经济评价参数是国民经济评价的基本判据，对比选优化方案具有重要作用。国民经济评价的参数主要包括：社会折现率、影子汇率和影子工资等，这些参数由有关专门机构组织测算和发布。

（1）社会折现率

社会折现率是用以衡量资金时间价值的重要参数，代表社会资金被占用应获得的最低收费率，并用作不同年份价值换算的折现率。

社会折现率是国民经济评价中经济内部收益率的基准值。适当的折现率有利于合理分配建设资金，指导资金投向对国民经济贡献大的项目，调节资金供需关系，促进资金在短期和长期建设项目之间的合理调配。

根据对我国国民经济运行的实际情况、投资收益水平、资金供求状况、资金机会成本以及国家宏观调控等因素综合分析，根据国家发展改革委员会和建设部联合发布的第三版《建设项目经济评价方法与参数》，目前社会折现率测定值为 8%；对于受益期长的建设项目，如果远期效益较大，效益实现的风险较小，社会折现率可适当降低，但不应低于 6%。

(2) 影子汇率

汇率是指两个国家不同货币之间的比价或交换比率。

影子汇率是反映外汇真实价值的汇率。影子汇率主要依据一个国家或地区一段时期内进出口的结构和水平、外汇的机会成本及发展趋势、外汇供需状况等因素确定。一旦上述因素发生较大变化时，影子汇率值需作相应的调整。

在国民经济评价中，影子汇率通过影子汇率换算系数计算，影子汇率换算系数是影子汇率与国家外汇牌价的比值。工程项目投入物和产出物涉及进出口的，应采用影子汇率换算系数计算影子汇率。目前根据我国外汇收支、外汇供求、进出口结构、进出口关税、进出口增值税及出口退税补贴等情况，影子汇率换算系数取值为 1.08。

6.4.4 国民经济评价与财务评价的关系

(1) 国民经济评价与财务评价的共同之处

两者的共同之处主要集中在以下三个方面：①评价方法相同。它们都是经济效果评价，都使用基本的经济评价理论，即效益与费用比较的理论方法。都要寻求以最小的投入获取最大的产出，都要考虑资金的时间价值，采用内部收益率、净现值等盈利性指标评价工程项目的经济效果。②评价的基础工作相同。两种分析都要在完成产品需求预测、工艺技术选择、投资估算、资金筹措方案等可行性研究内容的基础上进行。③评价的计算期相同。

(2) 国民经济评价与财务评价的区别

两者的区别主要有以下五个方面：①两种评价所站的层次不同。财务评价是站在项目的层次上，从项目经营者、投资者、未来债权人的角度，分析项目在财务上能够生存的可能性，分析各方的实际收益或损失，分析投资或贷款的风险及收益。国民经济评价则是站在国民经济的层次上，从全社会的角度分析项目的国民经济费用和效益。②费用和效益的含义和划分范围不同。财务评价只根据项目直接发生的财务收支，计算项目的费用和效益。国民经济评价则从全社会的角度考察项目的费用和效益，这时项目的有些收入和支出，从全社会的角度考虑，不能作为社会费用或收益，例如，税金和补贴、银行贷款利息。③财务评价与国民经济评价所使用价格体系不同。财务评价使用实际的市场预测价格，国民经济评价则使用一套专用的影子价格体系。④两种评价使用的参数不同。如衡量盈利性指标内部收益率的判据，财务评价中用财务基准收益率，国民经济评价中则用社会折现率，财务基准收益率依行业的不同而不同，而社会折现率则是全国各行业各地区都是一致的。⑤评价内容不同。财务评价主要有两个方面，一是盈利能力分析。而国民经济评价则只做盈利能力分析，不做清偿能力分析。

【案例 6-4】 中德友好医院社会评价

同样以中德友好医院为例，该项目的社会评价结果汇总如表 6-20 所示。

项目社会评价结果汇总表 **表 6-20**

序号	分析因素	分析结果	简要说明
1	项目社会影响分析		
1.1	项目对上海市公共卫生状况的影响	良好	项目能推进上海市公共卫生、进一步发展
1.2	项目对上海市医学科研、医院管理以及医学水平的影响	良好	项目能对上海市医学科研、医院管理以及器官移植专科水平的提升起积极的作用
1.3	项目对上海社会经济环境的影响	良好	项目在促进上海市公共卫生进步的同时也改善了市投资环境
1.4	项目对同济大学科研水平的影响	重大	项目对振兴同济医学有着极其重要的意义
2	项目与所在地互适性分析		
2.1	不同利益群体对项目的态度及参与程度	互适性较强	能受到欢迎
2.2	各级组织对项目的态度及支持程度	比较支持	
2.3	拟设医疗机构在服务半径中与其他医疗机构的关系及相互影响情况	改变了现有格局，并引入了竞争	有利于医疗资源的优化配置
3	社会风险分析		
3.1	医患矛盾	出现并激化的可能性一般	可以通过在医院实际经营中优化经营策略和利用经济市场导向最低限度的解决这种矛盾
3.2	拆迁安置问题	出现可能性小	妥善安置移民并考虑给予适当的补偿，可能会使得这方面问题不会出现

该项目可能带来的社会风险较小，并在多方面给社会带来许多的积极影响。从社会评价的角度来看，项目是可行的，但要注意相关事项，尽量避免社会风险出现。

复习思考题

1. 谈谈你对项目经济策划和可行性研究报告的理解，以及两者之间的区别和联系。
2. 项目经济策划的主要内容包括哪些方面？
3. 简述工程项目总投资费用构成情况。
4. 企业融资有哪几种方式？各自的优缺点分别是什么？
5. 谈谈你对不同类型项目融资模式的理解和各自的优缺点。
6. 什么是新型的基础设施项目融资模式？有哪些典型的代表模式？
7. 什么是项目经济评价？它包括哪些方面内容？
8. 简述财务评价的评价内容、基本报告形式与评价指标体系。
9. 简述工程项目风险的类型和相互关系，并分析风险的主要来源。
10. 国民经济评价和财务评价有何不同？它通过什么参数进行判断？
11. 【案例分析】某企业拟建设一个生产性项目，以生产国内某种急需的产品。该项目的建设期为 2

年，运营期为7年。预计建设期投资800万元（含建设期贷款利息20万元），并全部形成固定资产。固定资产使用年限10年，运营期末残值50万元，按照直线折旧法折旧。该企业于建设期第1年投入项目资本金380万元，建设期第2年向当地建设银行贷款400万元（不含贷款利息），贷款年利率10%，项目第3年投产。投产当年又投入资本金200万元，作为流动资金。运营期，正常年份每年的销售收入为700万元，经营成本300万元，产品销售税金及附加税率为6%，所得税税率为33%，年总成本400万元，行业基准收益率10%。投产的第1年生产能力仅为设计生产能力的70%，为简化计算这一年的销售收入、经济成本和总成本费用均按照正常年份的70%估算。投产的第2年及其以后的各年生产均达到设计生产能力。

问题：①计算销售税金及附加和所得税。②依照表6-21格式，编制全部投资现金流量表。③计算项目的动态投资回收期和财务净现值。④计算项目的财务内部收益率。⑤从财务评价的角度，分析说明拟建项目的可行性。

提示：销售税金及附加＝销售收入×销售税金及附加税率

所得税＝(销售收入—销售税金及附加—总成本)×所得税

固定资产余值＝年折旧费×(固定资产使用年限—营运期)＋残值

内部收益率采用插值法进行计算

某拟建项目全部投资现金流量表　　（单位：万元）　　**表6-21**

序号	项　目	建设期		投　产　期						
		1	2	3	4	5	6	7	8	9
	生产负荷			70%	100%	100%	100%	100%	100%	100%
1	现金流入									
1.1	销售收入									
1.2	回收固定资产余值									
1.3	回收流动资金									
2	现金流出									
2.1	固定资产投资									
2.2	流动资金投资									
2.3	经营成本									
2.4	销售税金及附加									
2.5	所得税									
3	净现金流量									
4	折现系数 $i_c=10\%$	0.9091	0.8264	0.7513	0.6830	0.6209	0.5645	0.5132	0.4665	0.4241
5	折现净现金流量									
6	累计折现净现金流量									

第七章 项目产业策划

许多建设项目刚开始时，首先考虑的往往不是建筑的布局问题、建筑风格问题，而是从更高的层面，从国家产业发展战略、区域经济和城市产业布局的角度，关注该项目区域内今后重点发展的产业。只有产业定位正确并且明确，才能真正明确项目定位，才能聚焦客户人群，才能吸引与该产业相关的各类最终用户入驻；只有形成一个产业群体优势，才能使该投资项目在市场竞争中具备立于不败之地的可能，真正获得最大的经济效益。特别是针对城市化进程中大规模的新城镇开发、大型开发区、产业园区等大规模项目，产业策划的重要性体现得更加明显。因此，产业策划是一些项目决策策划的内容。

本章内容主要包括产业策划含义、步骤、主要内容和最终成果等四个方面。

7.1 产业策划的含义

产业策划是立足项目所在地以及项目自身的特点，根据当前城市经济和产业发展趋势，以及项目所在地周边市场需求，从资源、能力分析方面入手，通过分析各种资源和能力对备选产业发展的重要性以及本地区的拥有程度，选择确定项目发展主导产业。

产业策划的任务是基于新兴产业的不断产生和高科技产业的不断发展，依托项目所在地经济、社会环境和区域发展规划，特别是重点扶持的新兴产业发展规划，结合产业市场环境与所在地客观情况，确定项目将吸引和重点扶持主导产业的方向和产业载体，明确项目产业市场需求，制定在项目所在地发展的产业的促进或完善措施，并构建产业发展规划和实施战略。

在产业策划过程中，应始终遵循科学性、战略性、前瞻性与可操作性的基本原则。所谓科学性，即坚持科学发展观与科学的分析方法；所谓战略性，即在产业策划中，从宏观层面，从较高层次，突出具有战略性的问题；所谓前瞻性，即在产业策划中，立足于当代经济迅速发展和高科技瞬息万变，从未来和发展的角度审视问题；所谓操作性，即脚踏实地，理想与现实结合，最终的设计方案应当具有可行性与可实施的价值。坚持这四项原则，是产业策划取得成功的前提条件。

7.2 产业策划的步骤

项目产业策划由于需要立足产业行业环境与项目所在地的实际，通过对今后项目拟发展产业的市场需求和区域社会、经济发展趋势分析，分析各种资源和能力对备选产业发展的重要性以及本地区的拥有程度，才能最终选择确定项目主导产业的方向，并进一步构建产业发展规划和实施战略的过程。

产业策划没有固定模式，一般而言，项目的产业策划包括六个步骤，如图 7-1 所示。

这六个步骤是一个逻辑过程，但在具体项目应用时，根据每个项目不同的实际情况，可能会有所调整。

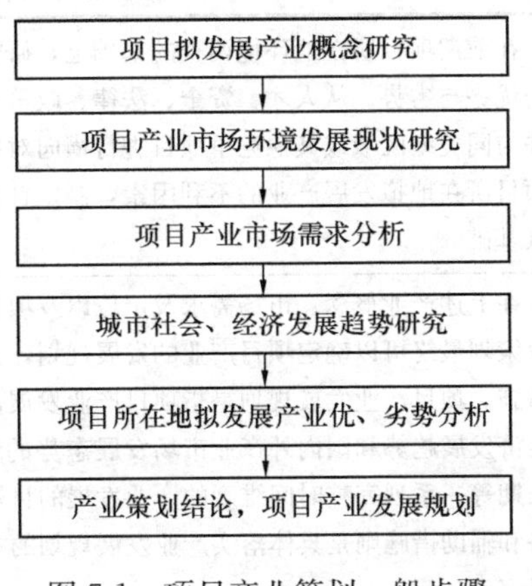

图 7-1 项目产业策划一般步骤

7.3 产业策划的主要内容

不同类型的项目，其产业策划内容有很大区别，如科技园区的产业策划和商业园区的产业策划内容就大相径庭。但一般而言，项目的产业策划主要集中在对项目所在地的产业现状进行分析，以及对新兴产业的未来发展趋势的认识，包括分析项目的产业结构、产业布局与产业发展导向、产业发展中面对的问题等。因此，只有在对项目所在地的产业情况进行充分分析后，才能完全了解项目所在地的优势产业和弱势产业以及将来可发展的产业情况，只有对未来产业发展变化具有预见性和洞察力，才能清楚认识项目所在地需要发展的产业和不需要发展的产业，从而对项目做出准确的产业发展定位。

根据上述产业策划的六个主要步骤，产业策划每个环节所涉及的主要工作内容如表7-1所示。

产业策划各阶段主要工作内容 表 7-1

序号	主要阶段	主要工作内容描述
第一阶段	项目拟发展产业概念研究	主要通过国内外理论和产业实践，归纳项目相关产业的基本概念、特征，以及促进或制约产业发展的诸多因素，作为项目产业策划的基础。
第二阶段	项目产业市场环境发展现状研究	通过对项目拟发展产业的宏观市场环境分析和项目所在地产业发展现状的研究，判断拟发展产业目前在我国的总体发展情况及本地区产业在市场中所处的水平，制定针对性竞争措施。同时，也就该产业在本区域与其他区域之间的横向发展做出比较和总结。
第三阶段	项目产业市场需求的分析	市场需求是产业发展的原动力，项目产业辐射区域有效市场容量的分析是制定项目产业发展目标的基础。其具体工作包括，项目产业辐射区域市场容量测算、项目产业发展需求分析等，作为中长期产业发展的决策基础。
第四阶段	城市社会、经济及新兴产业发展趋势的研究	与产业相关的城市社会、经济发展趋势是产业长远发展的重要推动或制约力量。产业策划作为战略层面的方向性研究，必须对影响拟发展产业的城市社会、经济发展趋势进行分析，就城市社会、经济发展趋势以及新兴产业发展可能带来的优势或劣势进行判断，并进一步就城市社会、经济发展趋势可能导致的产业发展优势或劣势研究相应的促进措施或预防、风险转移措施。

续表

序号	主要阶段	主要工作内容描述
第五阶段	项目所在地拟发展产业优、劣势分析	在前期项目所在地环境调查的基础上，研究项目所在地对拟发展产业可能带来的优势与劣势。从人才、资金、法律、政策和宏观环境等各方面综合进行分析，并与同类型区域或其他竞争项目进行横向对比。除此之外，还需要重点归纳制约项目所在地拟发展产业的不利因素，制定针对性的完善措施，为产业发展规划提供基础。
第六阶段	项目产业发展规划	在上述产业概念、市场需求及定位以及项目所在地环境分析的基础上，项目产业策划最终可以确定项目产业的发展规划，并进一步构建具体的实施战略和辅助措施。项目产业发展规划是指项目产业发展的目标体系，它是基于对城市社会、经济发展趋势和国内外产业市场发展态势的综合分析制定的。其中包括短、中、长期等一系列完整时间维度的产业发展的目标、重点及可行性分析。产业实施战略和辅助措施则是具体落实产业发展规划的方法和途径，以保障产业发展规划得以完成

【案例 7-1】 某科技商务区产业策划

某科技商务区坐落在中国东部沿海经济大省，是全省政治、文化、经济、金融、教育中心，也是国家批准的沿海开放城市和十五个副省级城市之一。为了对该科技商务区进行准确的项目定位，必须明确重点扶持哪些高科技产业，即进行产业策划。策划小组按照以上六个步骤，所做工作和主要成果如下。

(1) 项目拟发展产业概念研究

通过国内外理论和产业实践，策划小组从诸多高科技产业中，归纳出信息产业、信息服务业应该成为本项目重点引进和扶持的产业，因此策划小组重点对相关概念、特征以及促进或制约产业发展的诸多因素进行了分析（略）。

(2) 项目产业发展现状研究

1) 项目产业宏观市场现状

近 10 年来，中国信息产业以年均高于全国 GDP 三倍的速度增长，中国已成为世界十大信息产业国之一。在珠江三角洲、长江三角洲、环渤海湾地区、部分中西部地区，已经初步形成了国家电子信息产业基地。我国三大电子信息产业基地区域布局与产业特征如表 7-2 所示。

我国三大电子信息产业基地区域布局与产业特征 **表 7-2**

区域	主要省、直辖市	重点城市	重点行业及产品
珠江三角洲	广东省、福建省	广州、深圳、东莞、中山、顺德、珠海、福州、厦门	家用电器、视听产品、计算机及外部设备、微电子、软件
长江三角洲	上海、江苏、浙江	上海、杭州、南京、苏州、无锡、常州、昆山	集成电路制造、封装；通信、计算机装配、电子元器件类产品、视听产品
环渤海湾地区	北京、天津、河北、辽宁、山东	北京、天津、石家庄、沈阳、大连、青岛	通信、计算机、集成电路设计、微电子、软件、家用电子电器类产品等

策划团队对我国三大电子信息产业基地并重点就周边省市信息业的区域布局与产业特征进行了研究。其中包括：山东省的青岛、烟台和威海等地的电子信息产业发展概况，江

苏省、河南省、上海市、天津市、北京市、安徽省、山西省以及珠江三角洲等省市的电子信息产业的区域特征，南京市、徐州市、郑州市和太原市的电子信息产业的集聚现状与发展前景等（略）。

2）项目所在地产业现状研究

策划小组分别对该科技商务区所在省份、城市、区域与贸易和信息相关的一系列产业的发展现状进行了调查和分析。重点研究了其信息产业的内部结构。并明确产业竞争战略。

根据2003年的调查，该地块现有高新技术产业技工贸型企业总数约2449家，占地面积590000m^2，从业人员35493人，其中本科以上学历6029人，占全部从业人员的19%，2002年技工贸总收入168.1亿元，税收10.68亿元。以计算机及办公设备研发、销售及售后服务为主的电子信息企业2118家（为总数的86.5%），技工贸收入134.02亿元（为科技商务区的79%）。营业面积地均产出28492元/年·m^2，即使按照调查面积计算，地均产出也达到了9087元/年·m^2，人均产出473332元/年·人。在该地区，著名电子信息企业和生物制药企业已经成为区域内新兴产业。2002年，1664家民营科技企业技工贸收入共计109.25亿元（占全部企业收入的65%），民营科技企业成为该地区经济发展的支柱。该地区信息产业具体内部结构如图7-2所示。

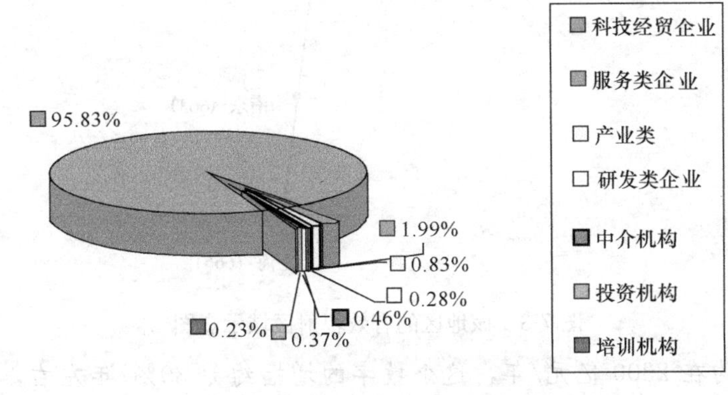

图7-2　该地区信息产业内部结构

在对我国主要城市信息产业横向比较和项目所在地信息产业市场环境现状分析的基础上，制定了该地区信息产业竞争战略：对于北京、上海等大都市的影响，基本与之形成互动。而京津软件产业未来可能更大程度上积压项目所在城市的成长空间。省内青岛、烟台和威海的信息产品制造业会与项目所在城市形成竞争态势，江苏及南京的信息产业将直接制约项目所在城市信息产业的辐射，河南省和郑州市的信息产业发展目前无法与项目所在城市相竞争。

(3) 项目产业市场需求的分析

1）该地区有效辐射区域以及市场容量测算

2）产业发展策划的现实基础：需求分析

采用“城市引力模型”测算，该地区市场的辐射范围。除部分产品或技术可以辐射全国市场外，如图7-3所示，以200～300公里为半径的辐射区域是该地区的有效辐射区域。

根据有效辐射区域的范围，计算市场总容量和增长速度。经测算，该地区辐射区域内

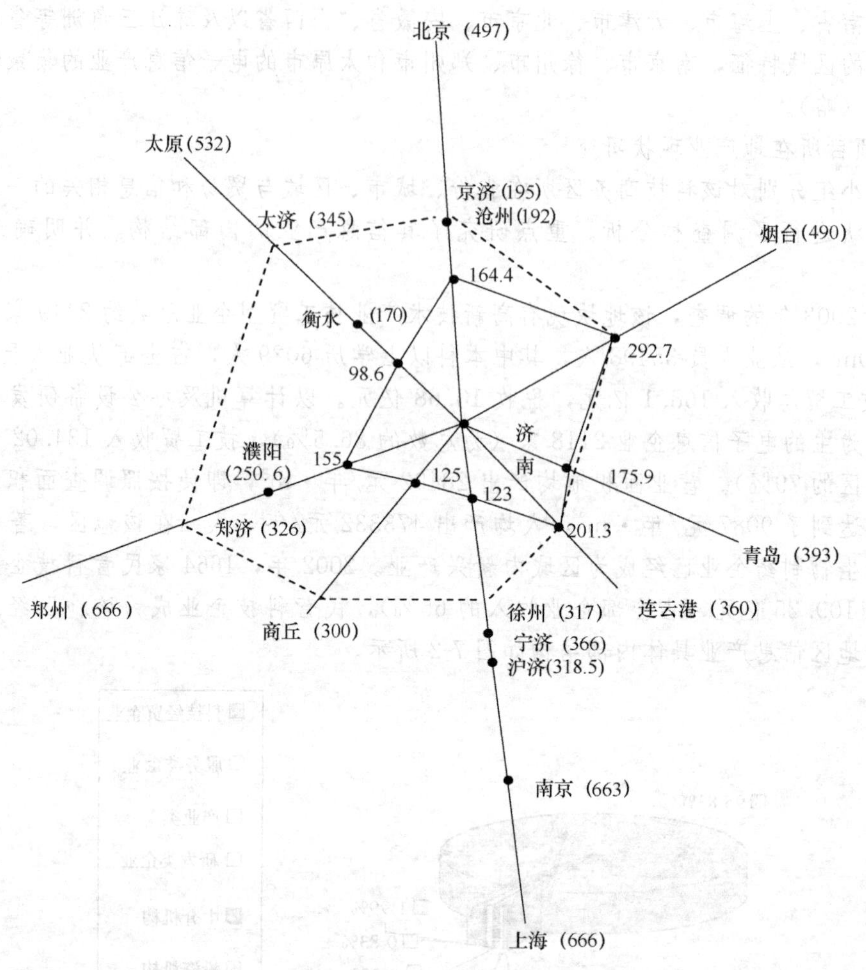

图 7-3　该地区的有效辐射区域示意图

的信息产业需求约在 2300 亿元/年，这个数字的增幅约为 30%/年左右，并且在中长期(10 年) 内会维持这个速度。

策划小组还对该地区的区位特征、产业基础与比较优势进行了深入分析。研究发现：现阶段，基于产业高度化和电子商务发展、电子政务建设、社会消费、国防建设与国际市场五个层次的现实需求，是该地区信息产业发展的客观基础。其现实市场需求情况如表 7-3 所示。

该地区信息产业发展的现实市场需求　　　　**表 7-3**

序号	客观存在的现实需求	近、中期可以考虑发展的项目
1	辐射区域内产业高度化和电子商务发展的需求	面向企业电子商务的信息服务业发展，平板显示器、行业软件、工业计算机、ERP、中药单体等
2	区域内各级政府电子政务建设的需求	从事电子政务的信息服务业、政务网络、公共信息平台建设等
3	区域内信息产品消费需求	数字电视机顶盒、小硬盘、GPS、网络游戏、U 盘、LED 等

续表

序号	客观存在的现实需求	近、中期可以考虑发展的项目
4	国防现代化对信息技术与产品的需求	军用电脑、军事数字化装备、军事后勤管理系统、民兵预备役建设所需要的网络和硬件等
5	国际市场需求	中间件的研发、软件外包等

(4) 产业相关的城市发展趋势分析

基于对影响该地区相关产业发展的多种因素分析发现，该地区面临的产业集群化、商业组织模式升级与3C融合等成为当前城市社会、经济发展的三大趋势，决定了该地区的发展的主要趋势与方向（略）。

(5) 项目所在地拟发展产业优、劣势分析。

制约在该地区高科技产品贸易市场发展的约束条件主要表现为：

1) 信息化人才短缺，特别是缺少开发高新技术、新产品的高级人才。

2) 以信息化带动工业化效果不够明显。

3) 资本市场不健全，投入不足。

4) 信息化发展的法律、法规尚不健全，发展环境亟待改善。

5) 在招商引资方面与先进省市存在比较大的差距。

(6) 产业策划结论

在上述市场需求、行业及项目所在地环境分析、不利因素分析的基础上，确定项目信息产业的发展规划，并进一步构建具体的实施战略和辅助措施。

该地区的信息产业发展规划确定为分三步走的具体目标。

1) 该地区的产业发展规划

● 近期指产业发展计划开始实施的前二、三年。产业发展的步骤首先是要引进大卖场，促进3C融合，并结合城市的物流发展规划，整合物流服务等。同时发展其他商业服务设施，全面促进该地区贸易及商业的繁荣。

● 中期指截止到2010年的一个阶段。该地区在这一阶段的产业发展重点是促进以信息服务业为龙头的IT产业链的整体发展，形成一个支柱行业。同时在区域内商务活动日趋活跃的背景条件下发展商务服务，使区域内的商务服务功能趋于成熟。

● 远期指截止到2020年的一个长远发展阶段。在该地区的商业和商务活动都趋于繁荣、信息服务业稳定健康发展的条件下，逐渐发展高科技信息服务和产品贸易，使之成为该地区的另一个重要经济力量。同时在经济活动逐渐发达的条件下，以市场需求为推动力量发展金融、法律、管理、税务等现代信息服务业，力求在区域内形成完整的现代信息服务业体系。

2) 该地区产业发展的对策建议

策划小组经过广泛的分析和论证，通过对国内外其他电子信息产业的对比研究，针对该地区的产业发展提出了错位经营战略和分步走战略。

● 错位经营战略

该地区的错位经营战略主要体现为三个层次的内容：在有效辐射圈内进行全方位市场开发，并根据这一区域的发展水平和需求结构来安排有效的供给；在区域内部与青岛、烟台、威海等沿海城市形成市场上的错位互补关系；在城市内与高新技术开发区、东部产业带形成产业上的错位互补关系，在此基础上发挥该地区在区域高科技产品贸易市场的龙头地位，带动区域经济的发展。

● 分步走战略

每一个阶段与不同的主导产业相匹配，最终实现以高科技产品贸易为龙头、以高科技产品制造与金融相结合的、有综合创新能力的高科技产品商务中心这个长期建设的大目标。如图 7-4 所示

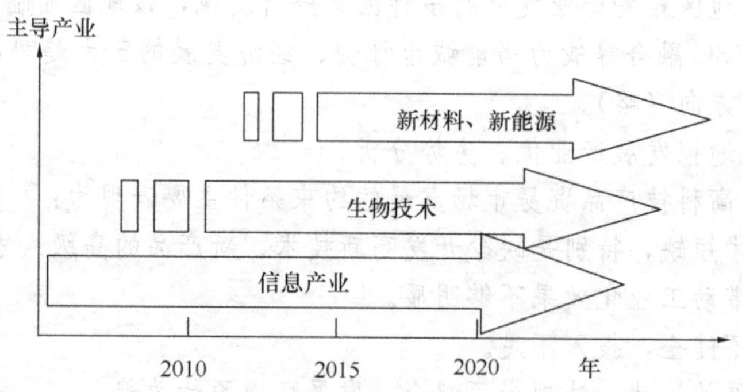

图 7-4 该地区发展阶段与主导产业匹配示意图

由于产业选择的多样性，在产业策划时往往首先进行产业的初步筛选，具体可采用资源能力分析方法。资源、能力优化分析方法在企业发展战略方面应用较多，其基本原理也同样适用于某一地区的产业发展战略。这种方法主要通过分析各种资源和能力对某一行业发展的重要性以及该地区的拥有程度，根据产业发展要求与地区资源、能力优势的匹配程度，筛选出适合该地区发展的行业。这是一种将产业发展需求和地区比较优势结合起来的分析方法，将产业发展需求和地区优势匹配起来，从而优化该地区的主导产业选择和资源配置。

为了直观简明地说明问题，这种方法采用坐标轴分区图，纵轴代表资源和能力因素对该产业的重要性，横轴代表某一地区对资源和能力因素的拥有程度，根据两大指标的强弱程度在坐标轴内划分出四个区域；以一个点表示一种资源和能力因素，根据两维坐标将各个点进行定位，分析出该地区对关键因素的拥有程度。

具体方法如下：首先用一个图分析某一个产业。第一，右上部分的点表示某一因素对产业的发展较为重要，而该地区正好在这个因素上具有优势；如果右上部分的点相对比较多，说明该地区的优势与产业发展要求是匹配的，该地区适合发展这一产业。第二，左下部分的点表示对某产业发展并不重要的因素，而该地区在这些因素上也没有很大优势；这种情况也较为理想，说明该产业的发展并不会受到该地区劣势的影响。第三，左上部分的点表示某一产业发展的关键因素，该地区在这些因素上并不具备优势；如果短期内该地区难以在这些资源、能力因素上有所提高，那么这一产业就不适合成为该地区主导产业。第四，右下区域的点表示该地区拥有的优势因素对该产业发展并不重要；在这种情况下该地区的资源配置需要调整，一种方法是将优势资源从该行业中转移出来，投入到那些对这些资源因素要求比较高的产业中去。

然后，分别针对不同的产业画出相应的图，并按照以上思路进行资源能力分析，比较

各个产业与该地区优势的匹配程度；如果某一产业在右上和左下部分集中的点较多，说明该产业适合这一地区发展。

【案例 7-2】 某科技创业社区产业发展初步筛选

项目背景：科技创业社区位于苏南某市新城区，与市行政中心、大学、中央商务区和体育会展中心相比邻，是以促进科技成果转化、培养高新技术企业和企业家为宗旨，为科技创业企业发展提供各项服务，推动科技企业快速成长的综合科技服务机构。社区总体规划 423 亩，将分期分批建设各核心功能区，最终形成功能完备、环境优雅、发展活跃的新型科技创业社区。

利用资源能力分析方法，该科技创业社区产业发展的初步筛选如下。

(1) 两大类参数的选择

这一分析方法涉及行业参数和资源能力因素参数两大类。也既是选择哪些产业进行分析，以及选择什么资源和能力因素进行定位。

1) 行业参数选择

在行业选择方面，周边地区创业中心的产业选择对创业社区具有重要的借鉴意义。周边的苏南、苏中地区与南通在地域、经济水平、外部环境等方面具有一定的共性，都位于长江三角洲地区、处于工业化中后期、面临着优化产业结构的要求和国际产业转移的趋势等。这些地区的创业中心在高科技主导产业方面的定位，一方面取决于各地的自身条件，另一方面也在很大程度上取决于外部发展环境和行业趋势等共性因素，因此，对于创业社区的产业选择具有重要的参考价值。

由表 7-4 可以看出，各个创业中心基本都是选择大的电子信息概念作为首选主导产业，苏州、无锡、杭州等则根据当地产业优势集中在电子信息的软件、集成电路等细分领域。电子信息产业链庞大而复杂，某一个地区或者大型企业都很难在产业链的每个环节都做好，因此需要对信息产业进行进一步划分，以寻求适合地区发展的产业环节；大体上可以分为电子信息产品制造业和信息服务业两部分❶（详见电子信息产业的定义即细分领域界定）。此外，各地创业中心的其他主导产业主要有生物医药、新材料、光机电一体化、精细化工、环保产业和航空航天。这些可以作为南通创业社区进行产业选择的参照体系。

同时，拟建创业社区的产业选择还应该立足于该市现有的产业基础以获得相应的支持；虽然产业发展战略具有一定的前瞻性和先导性，但是也不能完全脱离现有的产业基础。根据分析，该市在电子元器件、医药、新材料、光机电一体化方面都具有一定的产业基础，而在电子信息高端产品、节能环保、航空航天等方面尚未形成产业基础或者基本上是空白。

综合周边地区产业和现有基础，拟选择信息产品制造业、信息服务业、生物医药、新材料、光机电一体化五大产业进行分析。

❶ 根据国家统计局产业划分的规定，目前我国的信息产业主要涉及以下五个细分领域：电子信息设备制造业、电子信息设备销售和租赁业、信息传输服务业、计算机服务和软件业、内容服务业等其他信息相关服务。从一般意义上讲，后三者可以统称为信息服务业；本文考虑到销售和租赁行为很大程度上也具有服务的性质，亦将其归入信息服务业范畴。

周边地区创业中心高科技主导产业选择　表 7-4

创业园区	主导产业
苏州高新技术创业中心	电子软件业、生物医药、环保业和光机电
无锡市高新技术创业服务中心	IC、软件、光机电一体化、生物工程及医药、新材料和环保产业
宁波市科技创业中心	电子信息、生物医药、新材料、光机电一体化
南京（高新区）科技创业服务中心	电子信息、生物医药、航空航天和新材料
常州市高新技术创业服务中心	光机电一体化、电子信息、生物医药以及精细化工
扬州高新技术创业服务中心	电子信息、软件、光机电一体化、精密机械设计和制造、生物工程及新医药、新材料、节能环保、精细化工
泰州创业中心	电子信息、生物医药、基因工程、新型材料
杭州高新区科技创业服务中心	现代通讯设备制造、软件、IC 设计、光机电一体化、生物医药、新材料

数据来源：根据各创业中心调研资料整理。

2）资源能力因素参数选择

根据高科技产业的特征，需要考虑的资源能力因素有：技术壁垒、初期投入、人力资源、基础研发平台、产业基础、产业聚集度、周边市场需求、区位优势、商务成本、环保条件、政策支持、占地要求。以上因素可大体分为产业内部因素和外部因素。

内部因素与产业自身密切相关，包括技术壁垒等前六个因素。技术壁垒主要指该产业对技术水平的基本要求，也就是技术门槛。初期投入指产业发展的前期投入；例如生物医药需要大量的前期研发、材料和试验，这些都要有相应的资金投入而且回收期可能较长。人力资源则是指人才的技术水平、能力等要求，根据产业的不同，相应的标准也不同，例如生物医药、信息制造业中的高端部分（集成电路）、新材料等产业，技术含量大、对研发能力要求高，其对人力资源必然要求大量的高端技术、研发人才；而信息服务业中的销售、计算机服务、软件外包等产业，对人力资源的要求相对而言较低，主要是中等层次的技术人才。基础研发平台是指公用实验室、中试车间等硬件方面的设施和资源。产业基础指相关产业在该地区是否已经有了一定的发展水平。产业集聚度是指相关产业的集聚和规模是否对产业发展、企业竞争力提升有重要作用，例如电子信息产品制造业会因为企业的集聚和产业链的完善配套而获得规模优势，生产效率提高同时成本下降；而生物医药行业由于产品具有特色和一定的垄断性，规模优势并不十分关键。

外部因素是影响产业发展的外部环境因素。周边市场需求是指周边地区客户对相关产品、服务的潜在需求和购买力，决定了某一产业发展的市场前景。区位优势是指某一地区所处的地理位置、交通网络是否具有优势，从而能与周边地区形成良性互动。商务成本则主要是指企业和人才在该地区发展所需要支付的生产、生活成本，包括土地、房产、服务收费及物价水平等。环保条件是指产业发展对环境质量的要求，例如某些生物医药产业的发展对空气清洁度等的要求较高，而某些产业对此并没有特殊要求，例如电子信息等。政策支持主要指政府支持、引导和优惠政策等是否对产业发展有关键作用。占地要求指相关产业的企业由于需要厂房、试验车间等对地块面积的要求。

(2) 创业社区产业发展的资源能力分析

前述报告已经对拟建创业社区的主要资源和能力因素进行了详细的优劣势分析。总结之后可以看出，拟建创业社区的区位优势突出，商务成本相对较低，可辐射周边地区从而获得一定的市场需求和空间，社区建设有政府的支持，这些都是创业社区产业发展可以依托的优势。但是该市由于科研机构少、水平不高使得相应的技术条件较为薄弱，研发平台尚待完善，企业规模普遍较小难以支持大规模的初期投入，而且社区缺乏高科技产业基础，离该市现有产业基地的距离较远。另外，该市的人力资源优势体现在中等层次的技术人才较为丰富、成本较周边地区低，但是高层次的科技人才比较缺乏。

通过产业资源能力分析方法可以使拟建创业社区选择自身优势与产业发展需求最为匹配的产业，从而在最大程度上扬长避短，实现高科技产业带动区域经济发展、区域优势促进科技产业提升的双赢。

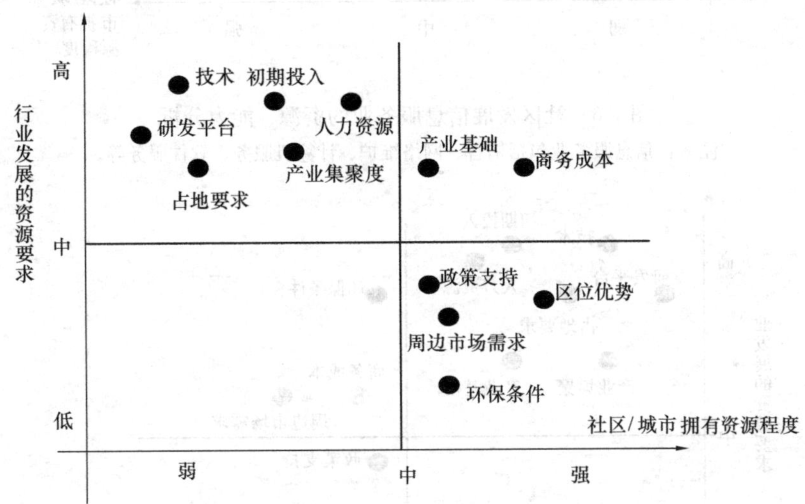

图 7-5 信息产品制造业的资源、能力分析

注*：这里的信息产品制造业，一方面是指区别于南通现有产业的低端产品制造业，由于其对占地条件、产业基础要求较高，而创业社区占地小、相关产业基础弱。另一方面是指集成电路等高端制造业，其对技术、研发平台、高层次人才、初期投入等要求较高，创业社区在这些方面尚待提高。

(3) 关于社区产业筛选的初步判断

1) 信息服务业

从以上五个资源、能力分析图的比较得知，信息服务业（电子信息设备销售和租赁业、信息传输服务业、计算机服务和软件业、内容服务业等其他信息相关服务）在右上和左下区域集中的点较多。根据前面介绍的分析方法，这说明了信息服务业对区位、市场需求、人力资源、商务成本等的要求较高，而社区正好在这些方面具有优势，与产业发展有较多结合点。另一方面，拟建创业社区在技术水平、研发能力、产业基础方面的劣势对产业发展的不利影响相对较弱，不会产生较大的阻碍作用。可见，信息服务业与拟建创业社区的特殊性具有较高的匹配度，使之在最大程度上实现扬长避短，因此可以成为拟建创业社区优先发展的主导产业。

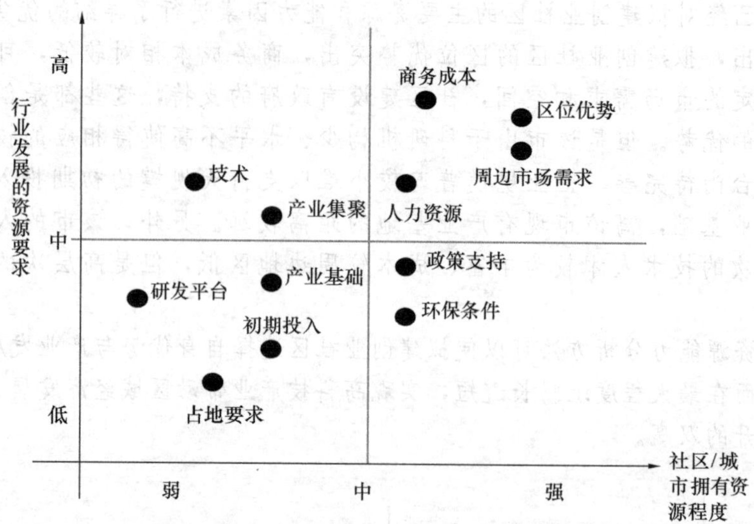

图 7-6　社区发展信息服务业的资源、能力分析

注*：信息服务业包括销售、网络维护、计算机服务、软件服务等。

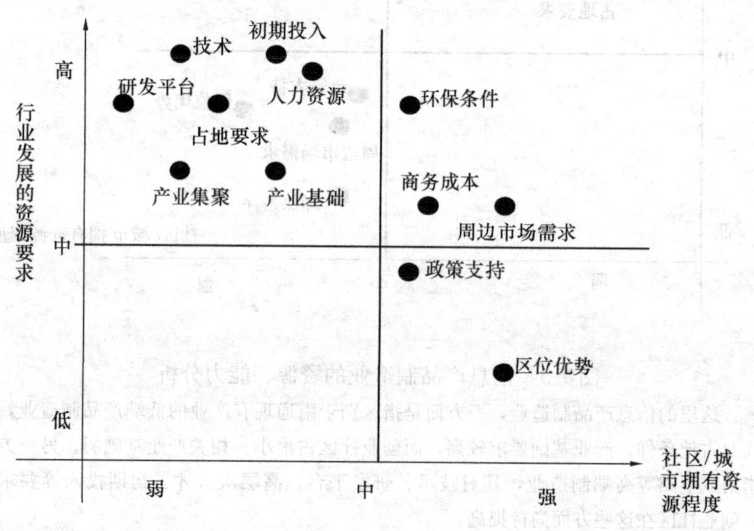

图 7-7　社区发展生物医药产业的资源、能力分析

注*：生物医药产业目前在国内的发展水平普遍不高，其要求很强的研发能力、配套齐全的实验室等基础平台、大规模资金投入等条件，高投入、高风险、长周期的特征特别明显；而拟建创业社区除了在传统医药产业方面有一定基础之外，在其他关键因素上较为薄弱甚至是欠缺的。

2）信息产品制造业

本市信息产业均保持了每年 20%以上的增长速度。富士通、中天、通光、中联等一批优势企业成为全市信息产品制造业乃至整个工业发展的亮点。新的增长点不断涌现，信息产品制造业正进入一个新的快速发展时期。这些是南通创业社区发展信息产业的有利背景条件。

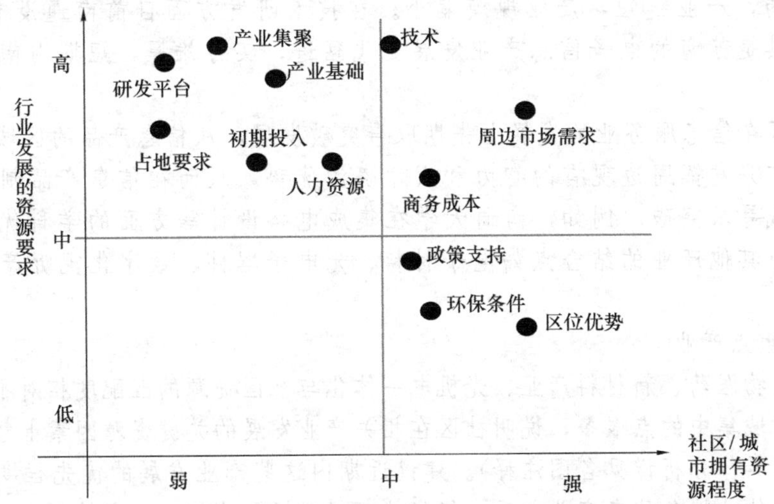

图 7-8 社区发展光机电一体化产业的资源、能力分析

注*：依托本市强大的机械产业基础，在海门、海安、经济开发区的光机电产业基地已形成一定的产业规模，并显示出产业集聚优势。光机电一体化具有规模经济、空间发展集聚效应，因此其发展对产业集聚效应、占地空间和技术的要求尤为突出；相比之下，创业社区内没有相关的产业基础和场地优热，光机电产业化生产有一定难度。

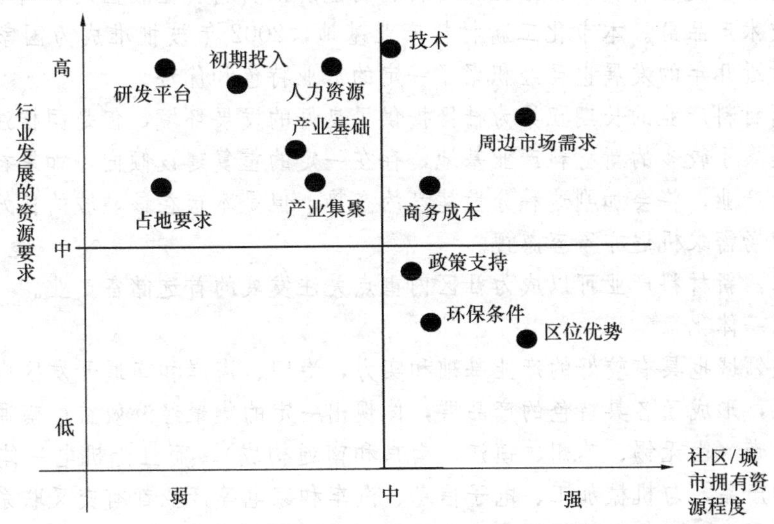

图 7-9 社区发展新材料产业的资源、能力分析

注*：新材料产业在本市已有所发展，国家级海门新材料产业基地、南通化工新材料基地形成了一定的产业基础和特色，在有色金属特种材料、电子信息材料、化工新材料等方面优势突出。新材料产业的发展对技术、与相关产业关联度的要求较高；考虑到创业社区离现有产业基地距离较远，需要考虑如何利用现有产业优势在社区内发展新材料产业，以求能形成良性互动。

但是，本市的信息产品制造业总量不大，品种单一，除光纤、集成电路封装和电子元器件外，缺少拳头产品。全市的电子信息产品制造企业较为零散，集中度不高，产业配套能力弱，产业链短，产业规模偏小。在技术研发方面目前南通没有太多优势，周边地区尤其是苏南的电子信息产业发展突飞猛进，实力雄厚，短期内南通难以与其正面竞争。

如果社区在信息服务业的发展上先期取得突破发展，从信息产品的区域销售与服务入手，可以充分发挥周边现有的智力和人才资源优势，从而在信息产品制造业的某些特色细分领域寻求突破。例如，南通大学在集成电路设计等方面的学科优势，以及针对信息产业与其他产业的结合点如电子材料、光电子器件、数字化视听产品等开展差异化的培育。

3）其他重点产业

而目前生物医药、新材料产业、光机电一体化与社区资源的匹配度相对不高。在图中表现为左上区域集中的点很多，说明社区在相关产业发展的关键资源因素上暂时没有太多的突出优势（具体分析详见各图注释）。建议近期内这些产业发展的优先程度应放在以信息服务业为主体的特色信息产业之后，但仍然可以选择一些相对而言具有一定基础和发展潜力的产业方向，作为社区重点关注发展的储备产业。

①新材料产业

本市新材料产业的发展水平最为突出并具有全国知名度。海门早在1995年就被科技部批准为我国第一个火炬计划国家新材料产业基地，初步形成了有色金属特种材料、电子信息材料、高分子复合材料、精细化工材料、功能纺织材料、生物医用材料等8大新材料领域和高新技术产品群。本市化工新材料产业基地，2002年被批准成为国家级新材料产业基地，通过近几年的发展也已经积聚了一定的产业特色和优势。

本市在新材料产业的长期积累为社区提供了良好的发展环境，但是同样注意到，在社区周边已经集聚了较多的新材料产业基地，存在一定的重复建设倾向，如果社区仍然以新材料作为主导产业，将会加剧这种分散建设的态势；但是本市在该领域的良好产业发展所带来的潜在市场需求机遇亦不容忽视。

综合考虑，新材料产业可以成为社区内重点关注发展的首选储备产业。

②光机电一体化

本市在该领域也具有较好的产业基础和实力，海门、海岸和南通开发区内都集聚了一批光机电企业，形成了各具特色的产品群，体现出一定的集聚经济效益；南通已纳入了江苏光电子产业带（由无锡、苏州、镇江、南京和南通构成）。而且光机电一体化涉及多个领域的技术和产品，与机械加工、电子信息、汽车和家电等产业都有交叉联系，对改造提升传统产业、促进电子信息等新兴产业的发展都可以发挥重要作用。

社区发展光机电一体化具有良好的外部环境和发展前景，可以将光机电一体化作为重点关注发展的产业之一。

③广义的生物医药产业

本市生物医药产业整体偏弱，但是在中药产业方面有一定的历史知名度，南通大学医学院等相关科研院所在医药细分领域具有国内领先优势。可以考虑在创业社区内，重点依托南通大学医学院、附属医院等进行技术创新和开发，加快用现代高新技术改造传统中药产业的步伐，促进医药工业的结构升级和快速发展。同时积极与上海接轨，寻求与上海互补的产业方向。

针对一个园区的子园区或子项目，在进行产业策划时要考虑到产业的互补性，如服务产业等。根据调查，在工业和科技区域商业配套设施和服务的 20 余个问题中，交通、餐饮、居住、安全四项高居榜首。发达国家统计了几十年的行业发展数据后感叹，最长久、最赚钱、也是最具有创造性的产业竟然是传统的衣、食、住、行和休息、休闲产业。因此，在进行产业策划时，还应考虑这些配套性产业。

【案例 7-3】 净慧寺及其周边地区的产业定位策划

案例背景见【案例 2-2】。以下介绍该项目的产业定位策划。

太科园现规划有科技、生态、适居、商业及休闲等方面，满足综合性城市副中心的总体需要。然而城市发展的阶层在满足基本需求层面、个人需求层面及社会成就层面，所伴随着在‘精神层面’的追求及‘健康养生层面’的追求。而太科园在拥有大片绿色（保护林地、公园）及蓝色（太湖、河道水系）的优良条件及净慧寺的开发潜力驱使下，应发展太科园独有的文化及人文价值，有别于其他开发区、城市；形成太科园一道美丽的风景线。

根据分析论证，净慧寺及其周边地区的开发定位是：以太科园为依托，以周边开发区为辐射，以禅文化为主体，发展文化、心灵、健康的休闲产业，以满足诉求：高科技的稀缺元素：禅文化；探讨文化精神与高科技融合的契机，提炼净慧寺的潜力并发展。目标是实现：带动本区宗教、文化、艺术氛围，创造青年白领、高科精英心灵滋养的园地，最终形成太科园特色文化片区。净慧寺及其周边地区发展禅文化的 SWOT 分析如表 7-5 所示。

净慧寺及其周边地区发展禅文化的 SWOT 分析 **表 7-5**

W劣势	净慧寺规模小，不利于未来发展	O机会	现代人对心灵层次的需要已是一种趋势
	● 净慧寺缺乏周边配套； ● 净慧寺内珍稀古物，缺乏利用； ● 净慧寺建筑风格不一，年代不一，缺乏特色； ● 净慧寺功能辐射半径小，知名度低； ● 净慧寺规模小，不利于发展； ● 现有参与寺庙活动多为中老年人，年轻族群投入较少		● 无锡市全面提升城市综合竞争力，佛教文化遗产资源的利用成为热点； ● 无锡佛教文化博览园发展机遇；净慧寺迎来巨大发展机遇； ● 繁忙快节奏的工作压力下，现代人心灵放松需求日益重要； ● 大觉寺开发建设使得两岸佛脉相承，无锡成为两岸佛教文化交流窗口，迎来合作开发机遇
S优势	现在净慧寺规模及周边条件可与太科园有融合的机会	T威胁	临近寺庙所带来的内容较为丰富。（规模大，花样多，知名度高）
	● 外部交通极为便利； ● 土地五通一平的开发水平，用地条件较好； ● 净慧寺历史 1400 余年，历史悠久； ● 特色观音道场，观音诞辰节庆时间持续长达一周，每年香客多达 10 万余人次； ● 临太湖，地属江南水乡，自然水系优渥，气候宜人		● 无锡市境内其他寺庙发展的竞争；（灵山、大觉寺、南禅寺、崇恩寺、澄光寺、朝阳寺、开元寺、惠山寺、悟空寺、龙寺）

(1) 禅乐活的概念

1998 年保罗·瑞恩在一次社会学会议上提出了一个新颖的词汇——“LoHaS 乐活”，

是 Lifestyles of 意即一种“关注健康以及可持续发展的生活方式”，更代表了呵护心灵、身体、地球的生活态度，在2001年后开始迅速在全球传播。

Zen+Lohas=ZOHAS（Zenlifestyles of health and sustainability）

禅乐活，将禅的智慧融和在太科园区内的生活、工作与休闲，从禅意中寻找让心情尽情放假的乐活智慧，如图7-10所示。

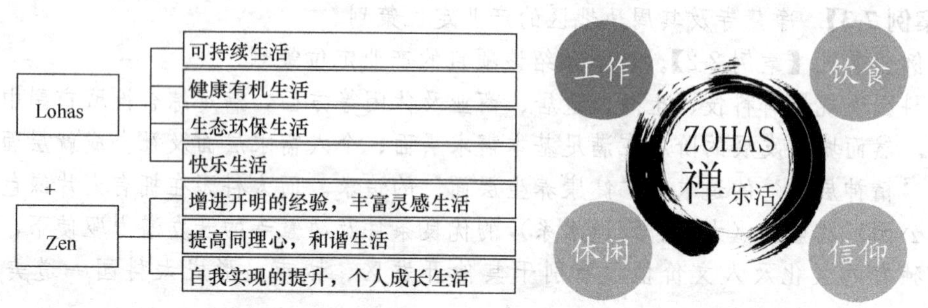

图7-10　禅乐活的概念体现

（2）禅乐活的精神塑造

秉承观音福泽大地的理念，以生活禅修吸引高端人群；构筑一个感化、善缘、放松的区域，创造洗涤心灵的文化环境生活在这里，与净慧寺在一起。

（3）禅乐活的服务功能打造

以净化心灵和健康疗养功能打造禅乐活生活的服务功能：观音的净瓶内盛净水，象征净化身心——净化心灵；观音手中的柳枝“可医病，显示可解除苦难”——健康疗养；净化心灵——透过宗教信仰、传统文化、禅修提升心灵；健康疗养——提供健康养生食物餐饮及创造健康疗养的园艺空间。

（4）禅乐活的操作方式策划（见图7-11）

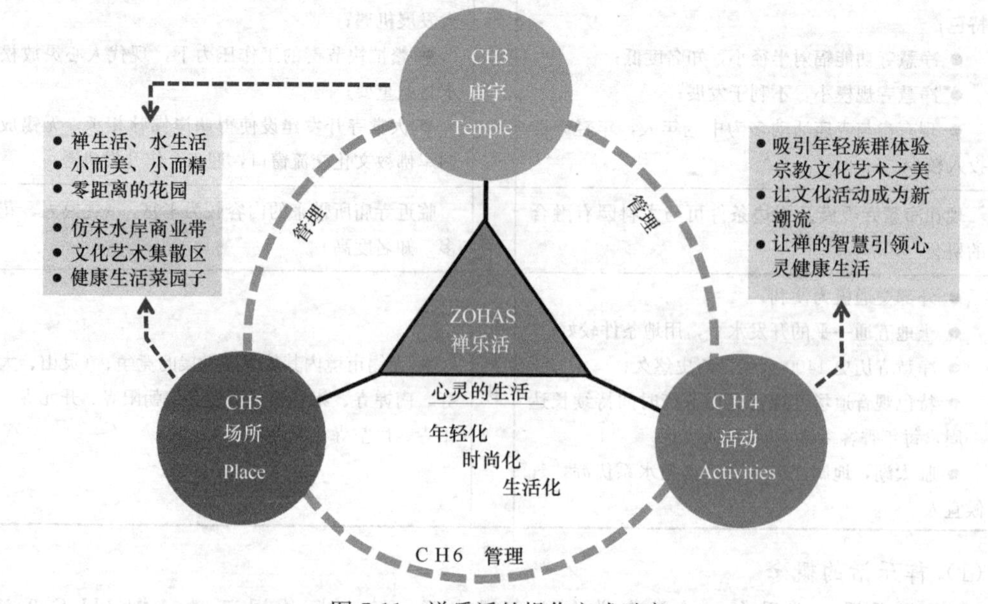

图7-11　禅乐活的操作方式示意

7.4　产业策划的工作成果

通过以上对产业策划过程和内容的梳理，其主要工作和基本框架已基本完成。但实际上，产业策划的最终工作成果根据具体项目的情况而有所不同，如对旧工业园区进行产业策划，重点应放在原产业的升级、换代和创新方面；而对新兴开发区而言，其策划“视野”可以更为广泛，包括更多的可能性和未来的发展规划和配套措施等。一般而言，大型项目的产业策划报告应包括以下几个方面的内容：

（1）产业背景。包括分析项目所在环境的产业结构、产业布局及产业发展所需资源，也需要客观地从不同的角度认识产业发展中存在的各项问题。

（2）产业选择。包括项目产业发展的总体思路和总体产业定位。

（3）产业分析。对产业定位的选择和定位进行具体分析，阐述其内在关系，说明该发展的可行性。

（4）相关产业。在对项目自身的产业进行选择和分析之后，还需考虑现实环境和其他相关功能，提出配套产业的策划。

下面结合上海某总部园区项目的产业策划报告，阐述具体内容。由于总部园区与城市功能区的位置不同，可以借用城市的功能就有所不同，总部园区中所需提供的服务也就不尽相同，此例提供的产业策划报告框架仅供参考。

【案例 7-4】　上海某总部园区项目产业策划报告

（1）产业定位条件分析

1）产业现状

● 产业结构：嘉定第二产业优势明显，以汽车零配件业为嘉定工业的“一业特强”产业，并以电子电器业、金属制品业、纺织服装业为三优产业，形成“一强三优”产业为嘉定产业的支柱。嘉定目前已经形成以电气机械及器材业、交通运输设备业、金属制品业为嘉定区三大主导产业。

● 产业布局：嘉定区政府在《嘉定区发展战略规划》中，将城市整体产业布局上分割为中部板块——嘉定新城，西部板块——上海国际汽车城板块，南部板块——现代物流商贸住宅区，北部板块——先进制造业基地等四大板块，作为嘉定区今后注重发展的空间结构，如图 7-12。

2）产业发展资源

● 众多嘉定科技园区：嘉定民营科技密集区、上海留学人员嘉定创业园区和上海光电子科技产业园；嘉定高科技园区以引进海外留学生，建立留学生创业基地为主；上海复华高新技术园区以引进国内外高新技术项目为主；中科高科技工业园以开发、转化本系统科技成果为主。重点吸纳以信息技术、新材料、微电子、光机电一体、新能源，生物医药为主的高新技术产业。

● 众多科研单位：中国科学院系统的原子核研究所、光学精密机械研究所、硅酸盐研究所、华东计算所、激光等离子体研究所以及上海大学、上海科技管理干部学院、上海科技学院等 10 多家科研院所，20 余名院士。同时，新引入的实验室有：同济大学实施风洞实验室、燃料电池研发、磁悬浮国产化研究等项目。

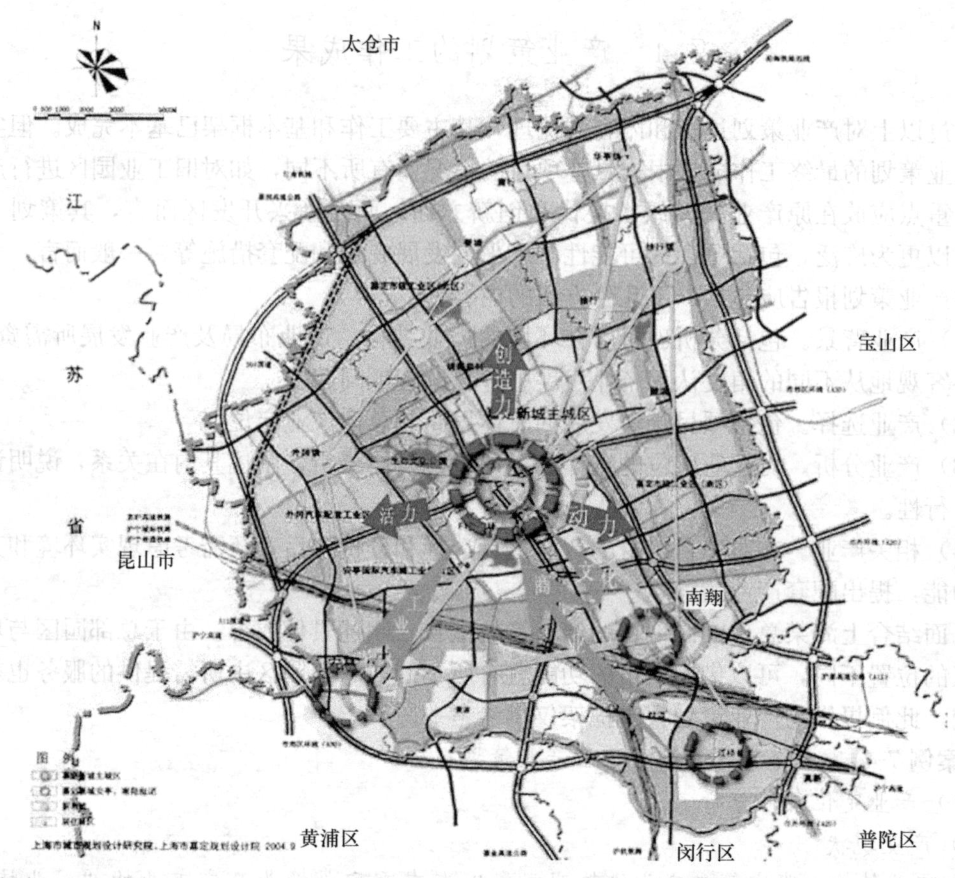

图 7-12 四大板块区位图

● 大专院校：上海大学嘉定校区、同济大学嘉定校区、上海科学技术职业学院（简称上海科技学院）、上海科技管理干部学院、复旦大学软件学院、上海师范大学天华学院等 10 所大专院校。

3）存在问题

通过对嘉定科研院所以及高科技企业的分析，嘉定总部园区产业发展主要面对以下问题：

● 从产业层面来看：从总体上看，嘉定区高新技术产业的发展还处于初级阶段，高科技产业比重低、发展水平不高，尚未成为嘉定的支柱产业，缺乏集聚效应，带动产业结构升级的作用不明显。

● 从企业层面来看：嘉定缺少具有国际竞争力的龙头高新技术企业，产业聚集度和产业辐射力较低，大量的中小科技企业难以实现协同发展。同时，嘉定各个园区发展面广，产业门类过多，高科技产业非常分散，导致嘉定难以形成相对完整的产业链和产业集群。嘉定高新技术产业中研发型科技企业较少，产业附加值不高。高科技产业缺乏持续发展的动力。嘉定现有的产学研结合机制有待进一步完善。

● 从发展平台层面来看：嘉定区现有的高新技术转化配套服务体系不足。目前服务业以传统服务业为主，以知识为特征的科技服务业层次比较低。

(2) 产业选择

1) 产业选择总体思路

根据上面对嘉定产业现状的分析，嘉定产业发展的总体思路是提高嘉定高科技产业的比重和发展水平，带动产业结构升级；需要引进一批大型高科技企业，并以大企业为核心，形成强大的产业链条和产业辐射能力，以点带面，点、线、面联动发展，带动嘉定大量的中小科技企业协同发展；需要大力发展科技研发型企业，走知识密集型道路，使其成为嘉定高科技产业发展的持续动力；需要大力发展现代服务业，尤其要大力发展以知识为特征的科技服务业，健全高新技术转化配套服务体系，提高价定高科技产业发展的能级。

2) 总部园区产业定位

基于上述对嘉定产业高科技产业现状、市场需求、发展趋势的科学判断，相应得出了对嘉定总部园区产业定位的一些启示：

总部园区的占地面积较小，位于嘉定新城核心区，不适合发展成为占地面积要求高的生产基地性基地，因此嘉定总部园区在高科技产业的选择定位为：信息服务业作为嘉定总部园区优先发展的主导产业；在短时间内嘉定要全面引入大型高科技企业比较困难，可以利用嘉定总部园区独特的区位和环境，引入大型的高科技企业的总部，发展总部经济，这是完成嘉定高科技企业集聚的一个最可行、最有效的方法；同时，吸引科技研发型企业，使这些研发型企业在大型科技企业的带动下，真正拥有自有知识产权、产品品牌以及核心技术。

嘉定要实现产业结构的升级就必须大力发展以信息服务业为主导的高科技产业，搭建提升产业能级的新平台，同时发展总部经济，吸引大型科技企业总部，快速形成集聚效应，并为研发型的科技企业提供发展空间。

嘉定总部园区总体定位为“非生产性高科技园”，是一个服务于整个长江三角洲乃至全世界企业，构建成为长江三角洲地区商务互为辐射的平台，国际产业转移的对接平台以及未来新兴产业的培育平台，并以嘉定科技企业总部基地为核心，使嘉定总部园区逐步形成一个对长三角、中国乃至世界都具有强大吸引力的区域经济中心。

嘉定总部园区建设应当瞄准三大产业功能定位，建设成为具有资源凝聚力、自主研发创新能力、科技产业推动力和区域辐射力的“两个基地，一个乐园”，即嘉定科技企业总部基地、嘉定信息服务业基地和创业者乐园，如图 7-13 嘉定总部园区产业板块图所示。嘉定总部园区产业定位是通过科技企业总部集聚带动科技产业发展，实现科技企业的迅速集聚；通过大力发展信息服务业来发展现代服务业；培育科技创业企业实现是嘉定高科技产业可持续发展。

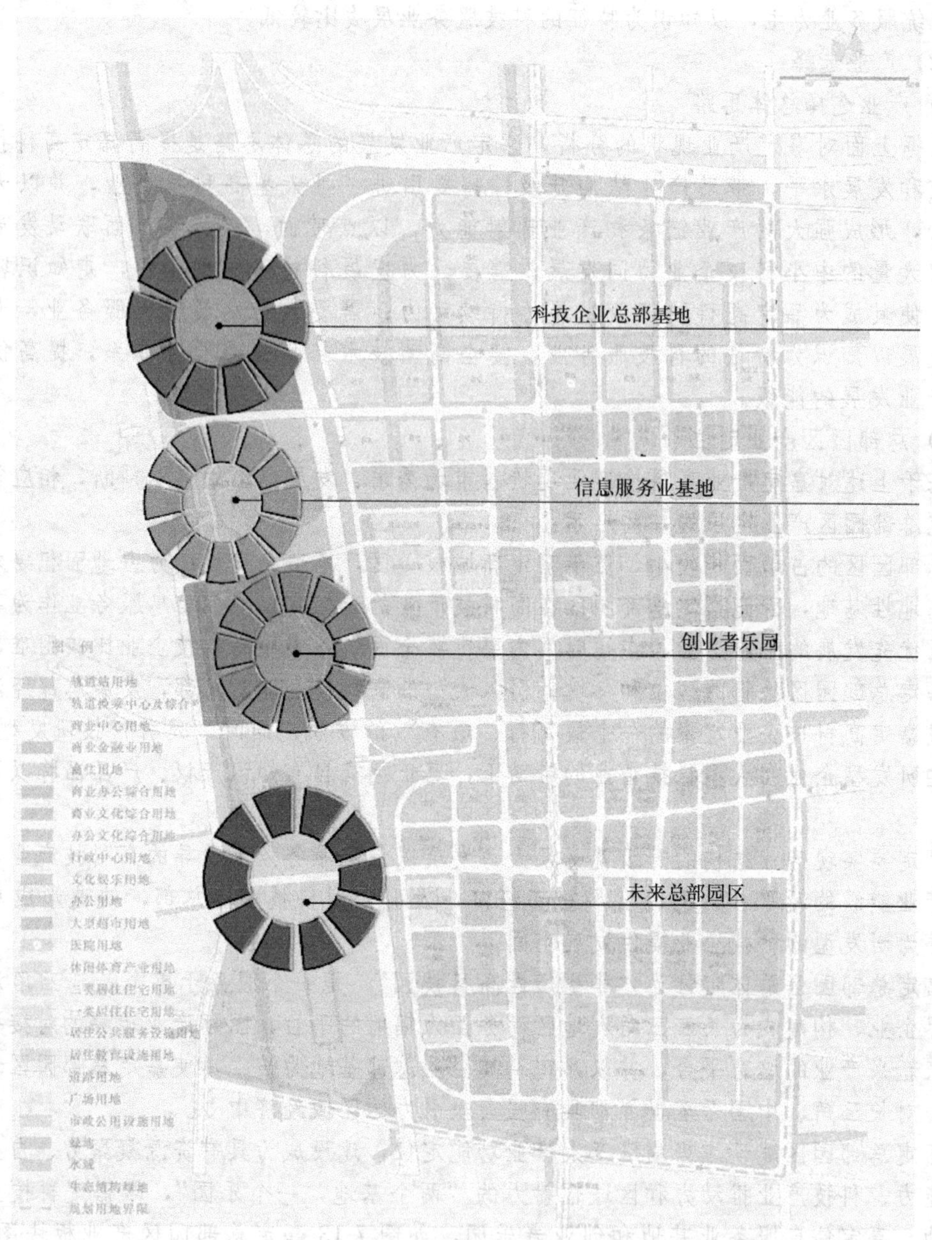

图 7-13　嘉定总部园区产业功能板块图

复 习 思 考 题

1. 什么是产业策划？其任务是什么？

2. 对应产业策划的不同阶段，简述各个阶段的主要工作任务及内容。

3. 项目产业策划的最终成果应包括哪几个方面？

4.【案例分析】以教材中提到的无锡太科园为例，如该园区拟发展金融后台服务产业，请收集相关资料，讨论以下内容：①金融后台服务产业发展现状与趋势；②金融后台服务产业载体竞争分析；③金融后台服务企业发展状况；④金融后台服务产业战略；⑤金融后台服务产业环境。（注：金融后台服务是指与前台业务相对分离，并为其提供服务和支撑的功能模块和业务服务，如数据中心、清算中心、银行卡中心、研发中心、呼叫中心和灾备中心，金融前台业务是指银行等金融机构面向个人、企业和机构等类型客户的直接经营活动）

5.【案例分析】以教材提到的无锡太科园为例，如该园区拟发展微纳米产业，请收集相关资料，讨论以下内容：①微纳米产业发展现状与趋势；②微纳米产业定位于战略；③微纳米产业的关键产业环境建设。（注：微纳米技术是诸多高新技术产业持续发展的重要基础，具体分为 MEMS 技术和纳米科学技术。）

第三篇　工程项目实施策划

项目管理大师詹姆斯·刘易斯在总结波音777的成功案例时，引用了波音公司副总裁艾伦·穆拉利的一项统计，显示投入新型飞机有将近30%用在了返工上，即相当于让3名全职工程师重新去做先前2名工程师做错的工作，在一个50亿美元的项目中，这可是一笔数目可观的浪费。而且，高返工率是由计划欠妥造成的❶。同时他认为这和文化也有一定关系，并引用了一项研究说明美国人不擅长做计划。研究的对象是来自日本、德国和美国的孩子。研究人员发给每个孩子一套拼装玩具，让他们把玩具拼起来，所有装玩具的盒子在发给孩子的时候都是封好的。

日本孩子打开盒子，拿出玩具说明，认真阅读，然后开始拼装玩具。德国孩子则首先拿出所有的零件，把他们按照颜色和形状进行分类，然后阅读玩具说明，再开始拼装，而美国孩子却一把撕开盒子，把玩具说明扔在一边，然后按照盒子上的图片开始拼装，结果，他们在拼装结束时，竟然剩下一些零件，日本孩子和德国孩子却没有剩下任何东西，而且把玩具拼装得和预期的一模一样。这项调查显示，美国人在很小的时候就学会了使用紧急灭火器的方法来解决问题了，他们更喜欢采取行动，而不是做计划。当然，有时候立即行动是最好的选择，但是在大多数情况下，无谋而动不是明智之举，对项目来说更是如此。

图8-1　波音777样图

在建设工程领域，由于缺乏计划或系统的项目实施策划而导致项目投资和进度失控的现象也时有发生。著名的大型工程管理专家Bent Flyvbjerg调研后认为，有90%的大型工程都超投资，项目越大，问题越突出，政策的稳定性、策划（计划）和控制的精确性是其中的关键因素之一。以悉尼歌剧院为例，由于新南威尔士（New South Wales）议会决定

❶ （美）詹姆斯刘易斯著，刘祥亚译. 波音的携手合作——成功管理项目、团队和组织的12个法则。北京：机械工业出版社，2003.

预算超过10%时必须经过他们的批准，导致预算的批准成为了一个政治皮球，每次的预算超出都在议会内外进行激烈的争吵，最后致使预算超过了1400%，并且最终建成了一个并不适合歌剧的歌剧院❶。

在我国，类似项目失控的案例也较多。如某期货大厦，由两栋53层、242.6m高的双塔楼，塔楼相邻的3层裙楼以及东西两侧的4栋配公共建筑构成，建筑面积达30多万m^2。业主选择了优秀的承包商、监理和设计单位，但由于缺乏系统的项目实施组织和管理策划，项目推动前期一直处于无序状态，进度大大拖延，给业主带来了很大损失。后经过重新调整实施组织架构以及实施策划，项目逐渐走向正轨。

"没有战争是根据规划而获胜的，但也没有战争能不靠规划就获胜"(DwightD. Eisenhower)❷。项目实施的过程实际上就是一场"战役"，可以想象，没有系统、细致的实施策划，很难获得项目实施的"胜利"，即实现既定目标。和项目决策策划不同的是，项目实施策划需要回答"如何做"的问题，而不是"做什么"和"为什么做"的问题。为此，本篇的五章分别回答以下关键问题：

(1) 如何进行项目目标的再论证？

(2) 如何进行项目实施的组织策划？

(3) 如何从不同维度进行项目实施的合同策划？

(4) 项目信息管理策划的重点是什么？如何进行项目管理信息系统策划？

(5) 项目目标控制策略有哪些？如何进行目标控制的策略策划？

❶ 引自Bent Flyvbjerg《MegaProject Policy and Planning：Problems，Causes，Cures》，Aalborg University，October，2006.

❷ 引自《项目管理艺术》，Scott Berkun著，O'Reilly Taiwan公司编译。

第八章　项目实施目标分析和再论证

项目目标的分析和再论证是项目实施策划的第一步，其根本目的是明确实施目标、为项目实施指明方向。这里需要注意的是，项目实施策划所要明确的项目管理的目标是针对整个项目、针对项目实施全过程的，而不是单纯对设计方、施工方或供货方的项目管理目标，不是项目周期中某个阶段的目标或是某个单位的项目目标。因此，在项目实施目标控制策划中，只有从项目业主方的角度，才能统筹全局，才能把握整个项目管理的目标和方向。

与项目决策策划类似，项目实施策划也应该首先是进行环境调查，包括业主现有组织情况、建筑市场情况、当地材料设备供应情况、政策情况等。同时结合实际情况对建设项目的建设性质和建设目标进行调整和修订，分析该建设性质和目标与建设项目原来的项目定义相比较有哪些差别，为实现该建设目标的具体建设内容有哪些差别，哪些已经具备，哪些还没具备，哪些应该增加，哪些应该删减。在原来项目定义的基础上进行进一步细化，把项目定义的内容具体落实到投资目标、进度目标、质量目标和安全目标上，直至项目的项目定义完全符合项目建设的内外部条件的要求、满足项目自身的经济效益定位和社会效益定位，并具有可操作性为止。

项目目标的分析和再论证主要包括四大目标规划和编制：

（1）项目投资目标规划，在项目决策策划中的总投资估算基础上编制；

（2）项目进度目标规划，在项目决策策划中的总进度纲要基础上编制；

（3）项目质量目标规划，在项目决策策划中的项目定义、功能分析与面积分配等基础上编制；

（4）项目安全目标规划，在上述目标规划基础上编制。

8.1　项目投资目标规划[1]

投资目标规划不仅是项目策划阶段的重要工作，也是项目管理三大任务中投资控制的一项重要工作。编制好投资规划文件，就使投资控制有了明确的目标，对项目实施全过程中的投资控制工作具有重要影响。

8.1.1　投资规划的概念和作用

项目投资规划是在建设项目实施前期对项目投资费用的用途做出的计划和安排，它是依据建设项目的性质、特点和要求等，对可行性研究阶段所提出的投资目标进行再论证和必要的调整，将建设项目投资总费用根据拟定的项目组织和项目组成内容或项目实施过程进行合理的分配，进行投资目标的分解。

---

[1] 丁士昭. 工程项目管理. 北京：中国建筑工业出版社，2006。

一般情况下，投资规划的依据主要是工程项目建设意图、项目性质、建设标准、基本功能和要求等项目构思和描述分析，根据项目定义，确定项目的基本投资构成框架，从而确定建设项目每一组成部分投资的控制目标；或是在建设项目的主要内容基本确定的基础上，确定建设项目的投资费用和项目各个组成部分的投资费用控制目标。

建设项目实施过程中，随着建设的不断深入，对建设项目的了解会越来越深入，对项目应有的构成及内容、相应的功能和使用要求等会越来越清晰。此外，项目建设的外界条件等或许有变化，从而导致项目投资的情况发生变化，投资规划应与这些可能的变化相适应。项目投资规划应随着建设项目的进展进行调整。

投资规划的基本意义在于进行投资目标的分析和分解，明确总投资的构成，避免造成漏项，并对项目各组成部分明确投资控制的目标，指导建设项目的实施工作。项目投资规划在工程项目的建设和投资控制中起着以下重要作用。

(1) 在建设项目实施前期，通过投资规划对项目投资目标作进一步的分析和论证，可以确认投资目标的可行性。投资规划是可行性研究报告的进一步细化和项目建设方案的决策依据。在投资规划的基础上，通过进一步完善和优化建设方案，依据有关规定和指标合理确定投资目标，保证投资目标的合理性。

(2) 通过投资规划，将投资目标进行合理的分解，给出和确定建设项目各个组成内容和各个专业工程的投资目标。只有对投资目标进行合理分解、明确投资组成框架、把投资组成细化，才能更准确地估算投资，才能真正起到有效控制投资的作用。

(3) 投资规划文件可以用于控制实施阶段的工作，尤其是控制和指导方案设计、初步设计和施工图设计等工作。正确确定建设项目实施阶段的投资总量，对各设计阶段的投资控制以及限额设计具有重要意义。

8.1.2　投资规划编制依据

投资规划编制依据是形成项目投资规划文件所必需的基础资料，主要包括项目前期决策策划资料、市场价格信息、建设环境条件、建设实施的组织和技术策划方案、相关的法规和政策等。

(1) 项目决策策划文件

由于投资规划编制是在工程设计之前，所以投资规划编制主要依照拟建项目的功能要求、使用要求和拟定的标准等来进行，这是进行项目投资规划最为重要的依据。项目决策阶段（包括项目意向、项目建议书和可行性研究等阶段）所形成的策划文件和资料，是项目投资规划文件编制的主要依据。此外，已建同类建设项目的资料和数据也是投资规划的重要参考依据。项目投资规划的准确性取决于工程前期决策策划文件和资料的深度、完整性和可靠性。

(2) 市场价格信息

工程建设所需资源和要素的价格是影响建设项目投资的关键因素。投资规划时，选用的要素和资源价格来自市场，因此必须随时掌握市场价格信息，了解市场价格行情，熟悉市场上各类资源的供求变化及价格动态。影响价格形成的因素是多方面的，除了商品价值之外，还有货币价值、供求关系以及国家政策等，有历史的、自然的甚至是心理等方面因素的影响，也有社会经济条件的影响。进行项目投资规划时，一般是按现行资源价格估计，但由于工程建设周期较长，实际投资费用会受市场价格的影响而发生变化。因此，进行投资规划时，要预测工程项目建设实施期间价格的可能变化情况和趋势。不同时期物价的相对变化趋势和程度是投资动态控制和管理的重要依据。这样，得出的投资规划费用才是能反映市场和反映工程建设所需的真实投资费用。

（3）建设环境和条件

工程项目建设所处的环境和条件，也是影响投资规划的重要因素。环境和条件的差异或变化，会导致项目投资费用变化。对于建设环境和条件，主要是要分析其对项目实施的影响，包括工程地质条件、气象条件、现场环境与周边条件，也包括工程建设的实施方案、建设组织方案、建设技术方案等。如建设项目所在地的政治情况、经济情况、法律情况，交通、运输和通信情况，生产要素市场情况，历史、文化和宗教情况，气象资料、水文资料和地质资料等自然条件，工程现场地形地貌、周围道路、邻近建筑物和市政设施等施工条件，建设项目可能参与各方的情况，包括建设单位、设计单位、咨询单位、供货单位和施工单位的情况等。只有在充分掌握了建设项目的环境和条件以后，才能合理和准确地确定工程项目建设所需要的投资费用和进行投资目标的合理分解。

（4）国家的有关取费标准

在编制投资规划时，还应考虑国家的有关取费规定。对有明确取费标准规定的项目/子项，应参照规定编制。如有关工程咨询（招标代理、监理和设计咨询等）费率的规定、有关建安费用组成中规费的规定、项目前期手续费用和有关税费等。

8.1.3 投资规划主要内容

一般而言，项目投资规划文件主要包括以下主要内容：

（1）投资目标的分析与论证

投资目标是工程项目建设预计的最高投资限额，是项目实施全过程中进行投资控制最基本的依据。投资目标确定的合理与科学，直接关系到投资控制工作的有效进行，关系到投资控制目标的实现。因此，进行项目投资规划，首先需要对投资目标进行分析和论证，既要防止高估冒算产生投资冗余和浪费的现象，又要避免出现投资费用发生缺口的情况，使项目投资控制目标科学、合理与切实可行。

（2）投资目标的分解

为了在建设项目的实施过程中能够真正有效地对项目投资进行控制，单有一个项目总投资目标是不够的，还需要进一步将总投资目标进行分解。另一方面，也只有对投资总目标进行分解细化，才能更准确地进行投资目标的规划，找出总投资目标确定过程中的问题，调整和最终确定投资控制总目标。对建设项目的投资目标进行切块分解是投资规划最基本也是最主要的任务和工作。

投资目标分解是为了将建设项目投资分解成可以有效控制和管理的单元，能够更为准确地确定这些单元的投资目标。通过这样的分解，可以清楚地认识到项目实施各阶段或各单元之间的费用关系，明确项目范围，从而对项目实施的所有工作能够进行有效的控制。建设项目投资的总体目标必须落实在建设的每一个阶段和每一项工程单元中才能顺利实现，各个阶段或各工程单元的投资目标基本实现，是整个建设项目投资目标实现的基础。

投资目标分解的另一个作用是给建设项目实施全过程的投资计划编制制定一个费用组成的标准，为全过程投资控制服务。对一个建设项目来说，在实施的不同阶段往往存在多种投资目标分解的方式。不同的阶段，不同的单位对同一项目所做出的投资计划中，其投资构成会有不同，这就给投资控制中不同阶段计划之间的比较带来困难。通过投资规划，可以统一投资分解框架，为今后各阶段投资计划的编制，以及投资控制打下了基础。

(3) 投资目标的风险分析和风险控制策略

投资规划是在设计前进行，因此有许多假设条件，应该在规划报告中进行说明，条件一变，则投资目标也会变。

在建设项目的实施过程中，存在影响项目投资目标实现的不确定因素，即实现投资目标存在风险。因此，编制投资规划时，需要对投资目标进行风险分析，分析实现投资目标的影响因素、影响程度和风险度等，制定投资目标风险管理措施和方案，采取主动控制的措施，保证投资目标的实现。

项目投资目标控制及其实现的风险来自各个方面，例如：设计的风险、施工的风险、材料或设备供应的风险、组织风险、工程资金供应风险、合同风险、工程环境风险和技术风险等。投资规划过程中需要分析影响投资目标的各种不确定因素，事先分析存在哪些风险，衡量各种投资目标风险的风险量，通过制定风险管理工作流程，风险控制和管理方案，采取措施降低风险量。

8.1.4　投资规划编制方法

(1) 投资规划的编制程序

编制投资规划需要根据建设项目的基本特点确定相应程序，一般的主要编制程序如下。

1) 进行项目总体构思和功能策划

包括项目的定义，编制建设项目的总体构思和功能描述报告等。这是编制投资规划的基础。

2) 投资目标的分解，进行投资切块

根据项目决策策划所做的项目定位，分析总投资的构成，进行项目总投资目标的分解，分配项目各组成部分的投资费用，进行投资切块，完成对投资目标的分解。

项目总投资分解，既要考虑到项目的构成，即子项目的组成，又要考虑到基本建设费用的组成，要综合进行考虑。另外，项目总投资切块和分解方案还要考虑到今后设计过程中编制概算、预算的方便，招标时标段的划分、标底的编制的方便以及承包合同的签订、合同价的计算以及实际付款的方便，直至项目结算以及竣工决算的方便。投资规划中所做的总投资目标分解和切块方案，是以后各阶段投资控制的投资组成标准，是控制的依据。

3) 计算和分配投资费用

根据项目总投资目标的分解和投资切块，计算和分配项目各组成部分的投资费用。

例如，对于办公楼房屋建筑，可以依据功能描述文件中的建筑方案构思、机电设备构思、建筑面积分配计划和分部分项工程等的描述，列出建筑工程（土建）的分项工程表，并根据工程的建筑面积，套用相似工程的分项工程量平方米估算指标，计算各分项工程量，再套用与之相适应的综合单价，计算出各分部分项工程的投资费用（图 8-2）。同理，可以根据功能描述报告中对设备购置及安装工程的构思和描述，列出设备购置清单，参照或套用设备安装工程估算指标，计算设备及其安装费用（图 8-3）；根据项目建设期中涉及的其他部分的费用支出安排、前期工作设想和国家或地方的有关法律和规定，计算确定各项其他投资费用及需考虑的相关费用等（图 8-4）。

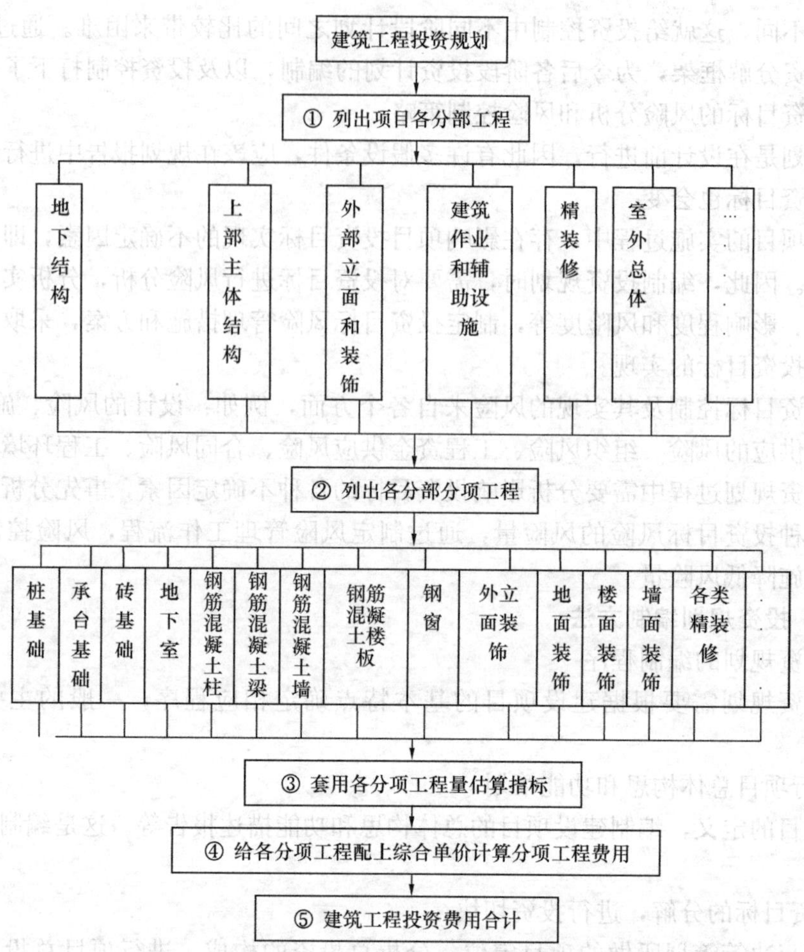

图 8-2 建筑工程（土建）投资规划编制工作流程

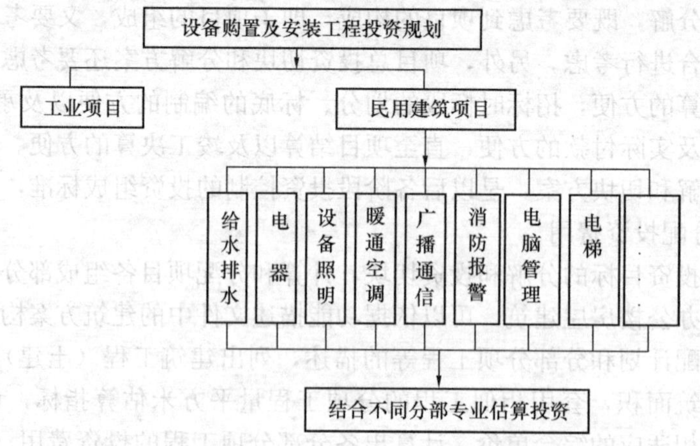

图 8-3 设备购置及安装工程投资规划编制工作流程

4）编制投资规划说明

在对项目各组成部分的投资费用、项目总体投资费用进行分析基础上，结合投资规划计算所依据的条件和假设条件，编制说明文件，明确计算方法和理由，并对拟定的投资目

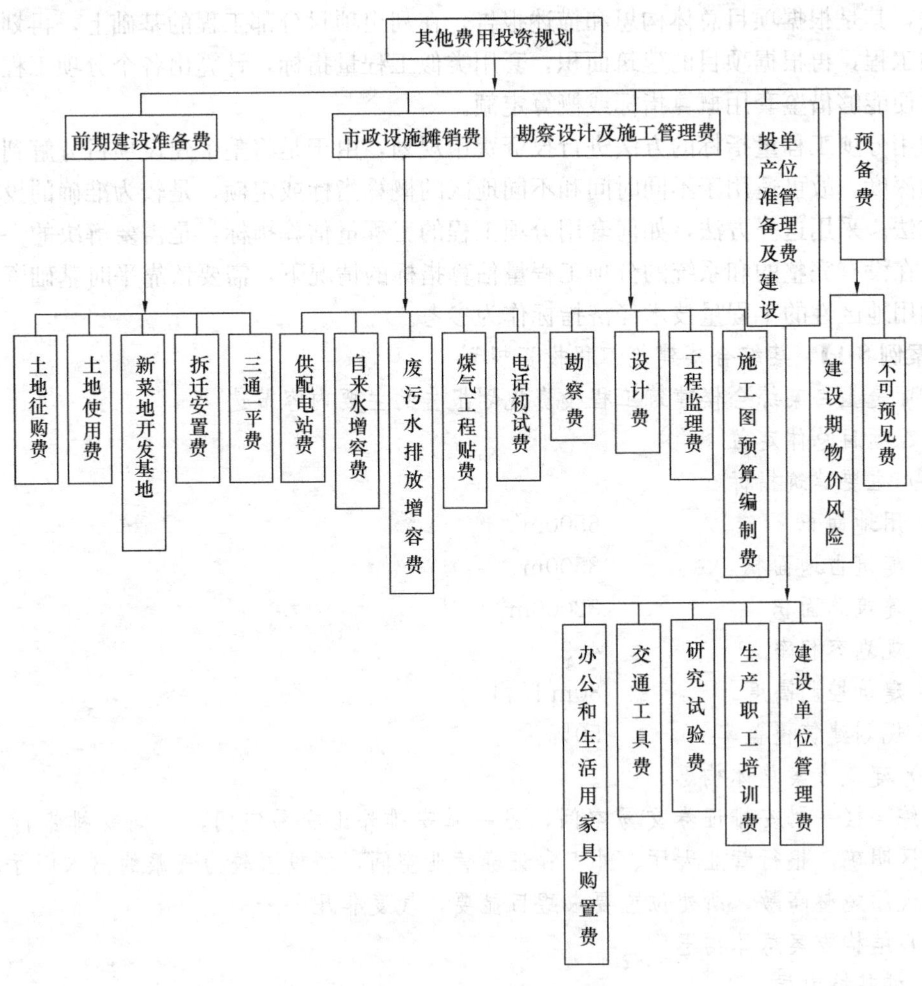

图 8-4 其他投资规划编制工作流程

标进行分析和论证。

5）投资规划方案的调整

根据投资规划计算结果，对项目总体构思方案和项目功能要求等作合理的修正，或根据项目实际进展及目标的变化，对项目投资目标作适当的调整。

（2）项目各组成部分投资费用规划的编制方法

投资规划的一个重要目的是分解项目投资目标，确定项目各个组成部分的投资费用。在项目建设前期工作阶段，由于条件限制、未预见因素多和设计条件不具体等原因，投资规划编制工作难度较高，需要认真收集整理和积累各类建设项目的投资数据资料，尤其是需要掌握大量过去已经建成的同类项目的相关历史数据和资料。

项目各组成部分投资费用规划编制方法较多，应依据项目的性质、拥有的技术资料和数据，根据投资规划的要求、精度和用途等的不同，有针对性地选用适宜的方法进行编制，可以采用综合指标估算方法、比例投资估算方法、单位工程指标估算方法、模拟概算方法或其他编制方法。

应用模拟概算方法进行建筑工程投资费用规划的编制，主要采用分项工程量指标估算的方法，其是根据项目总体构思和描述报告，在列出项目分部工程的基础上，再划分出各个分项工程，再根据项目的建筑面积，套用类似工程量指标，计算出各个分项工程的工程量，以便能够借鉴套用概算指标或概算定额。

采用分项工程量指标的方法进行投资费用规划，由于是将整个建设项目分解到分项工程量的深度，故可适用于不同时间和不同地区的概算指标或定额，是较为准确的投资费用估算方法。采用这一方法，如何套用分项工程的工程量估算指标，是需要解决的一个关键问题。在没有完整的和系统的分项工程量估算指标的情况下，需要依靠平时基础资料的积累，利用地区性的工程量技术经济指标作为参考。

【案例 8-1】 某综合楼建筑工程投资规划

下面是上海某综合楼建筑工程投资规划报告的主要内容节选。

一、项目总体定位

（1）主要建筑指标

1）用地面积　　　　6500m²

2）建筑占地面积　　3500m²

3）建筑总面积　　　32000m²

4）规划容积率　　　4.9

5）建筑控制高度　　80m 以内

6）规划建筑覆盖率　50％

（2）建筑方案总体构思

本综合楼一翼安排证券交易空间，另一翼安排外汇交易空间，中间安排银行营业大厅，分区明确。银行营业大厅、外汇和证券营业空间，须设置较为气派的出入门厅。营业和交易大厅规整高敞，所处位置要求醒目显要，气度非凡。

（3）结构方案总体构思

1）桩基持力层

本区域内可作为桩基持力层的地层主要为第⑥层的粉质黏土、第⑦-1 层砂质粉土层以及第⑦-2 层粉细砂，其中第⑥层比较适合于作为 20 层左右建筑物桩基的持力层。桩基持力层埋置深度在－35m 左右。本综合楼桩基拟采用钻孔灌注桩或钢筋混凝土预制方桩，承台和地下室为整体箱形基础。

2）层高和结构形式

主楼 18 层，其中裙房 7 层，地下室 2 层，其中一层为地下车库。主要屋面高度 75m。大楼采用框架结构局部剪力墙体系，主楼部分基底压力每平方米约 35t，裙房基底压力约为 16t/m²。大楼抗震烈度按 7 度设防。

（4）机电设备系统总体构思

1）暖通空调：空调总面积约为 20000m²，采用热泵主机系统（250 万 Cal）。

①空调方案：办公、接待和会议室等房间采用风机盘管加新风系统，营业大厅、多功能厅、交易大厅、外汇大厅和餐厅等大空间房间采用低速全空气系统，计算机房活动地板采用下送上回系统，金库内设置去湿和通风措施。

②空调冷热水系统：空调冷热水采用双管制，夏季送冷风，冬季送暖水。

③排风系统：浴室、汽车库、地下室、设备用房和卫生间等设排风系统，在消防前室

设置防排烟系统，消防安全楼梯设正压风系统。

2）给水排水系统构思

①给水系统：最大日用量 $210m^3$，整个大楼分成低、中、高三个垂直给水分区。消防给水设消火栓系统、湿式喷淋系统。设热水系统和开水供应系统。设循环冷却水系统和 1301 液体灭火系统。

②排水系统：采用双立管制，厨房污水经隔油处理后接入排水系统。

③卫生洁具：采用进口卫生洁具。

3）电气系统总体构思

①用电负荷预计：大楼电容量估算为 3500kVA，采用二路 10kV 独立电源供电，另备应急备用发电机组（二台）。

②配电系统：照明系统采用双电源树干式供电，重要负荷设自切设备。消防设备采用双电源自切供电。电力一般设备采用双电源到底自切供电。

③消防报警系统：消防报警系统采用二线制智能型感烟探测器产品。

④防盗保安系统：一般机要场所设复合探头，摄像系统采用专用录像机系统。

⑤电脑管理系统：电脑管理系统采用 DDC，系统包含供电系统运行显示和各模拟量的记录，空调适时控制、湿度控制，温度控制和焓值控制；给水温度控制、压力控制、压差控制、显示和记录；电梯运行显示；空调给水自控，风机盘管采用湿控和变速手控。

⑥照明系统：照明标准参照国外标准（lx）。光源及灯具一般应采用节能型、高效率和显色好的光源，拟用日光型。多功能厅采用舞厅灯光和独立音响。

⑦防雷系统：考虑直接雷和侧向雷的雷击问题，不包括球形雷的防击。可采用脉冲式避雷针（进口）。

4）弱电系统总体构思

①电话通信系统：内部电话通信系统设数字程控交换总机，总容量暂为 1000 门。在大楼各单位及部门均安装有市内直线电话、电传、传真及电脑联网线路。在重要办公室等安装专线电话机，初步统计约 20 对。

②公用天线电视系统：接收国际通讯卫星电视节目，按国际标准接收 36 个频道的电视节目。

③闭路电视监控系统：监控系统的系统配置和摄像机安装数量、位置均按照国内有关安保规定设计。

④办公自动化及信息处理系统：大楼各层办公室均预留电脑系统信号线的管道（槽），以满足不同使用功能的系统联网要求。大楼预留足够的通信管线。

⑤多功能厅：用于文艺娱乐，设独立音响、舞厅灯光、大屏幕投影电视和电影系统。

5）电梯：设载重 1000kg 全进口电梯 8 台，速度 1.75m/s。

（5）土建分部总体构思

1）地下结构：采用钢筋混凝土钻孔灌注桩，桩基持力层按－40m 计算，地下金库埋置深度 7m，钢筋混凝土箱形基础。基础施工措施拟采用水泥深层搅拌桩方案。

2）上部主体结构：采用钢筋混凝土框架结构部分剪力墙体系，楼、屋面板均为钢筑混凝土现浇结构。裙房层高 4.5m，每层面积 $3000m^2$ 左右；主楼标准层层高 3.5m，标准层面积 $1500m^2$ 左右，建筑总高度约 80m。

3）外部立面及装饰：采用进口高标准铝合金窗配高级蓝片玻璃，进口花岗石，配以大理石搭配，局部采用不锈钢装饰面板。

4）建筑作业和辅助设施：标准层办公室采用双面夹板硬木框木门，685清漆饰面，配选进口高级锁具。内隔断采用轻钢龙骨双面石膏板，墙面多彩纹喷涂，轻钢龙骨石膏板吊平顶。进口卫生洁具。裙房屋面设屋顶花园。

5）精装修及特殊装饰：贵宾厅、门厅采用二级精装修标准，营业厅、多功能厅和电梯厅采用三级精装修标准，餐厅、理发厅、文体活动和健身房采用四级精装修标准，会议室采用五级精装修标准。

6）室外设停车场地及自行车棚1000m²，设音乐喷泉，设绿化、下水道及场地道路2000m²。

二、项目总投资规划

(1) 项目组织结构与建筑面积分配计划

项目组织结构与建筑面积分配计划见表8-1。

某综合楼建筑面积分配计划表　　表8-1

序号	部　位	用房名称	层　次	建筑面积（m²）	使用面积（m²）$K=0.6588$
1	银行部分	计算机房	14	906	549
2		门卫及传达	1	52	34
3		营业厅及办公室	2	1967	1296
4		接待室	夹	179	118
5		钱币陈列室	11	1172	772
6		一般办公室	7～10，13	9306	5707
7		三总办公室	12	689	454
8		会议室	6	909	599
9		贵宾室	12	244	161
10		档案室	15	911	600
11		小餐厅及厨房	12	128	84
12		金库及保管库	地下	2263	1490
13		观赏厅	16	369	243
	小　计			18033	11800
14	公用部分	文体活动	4	340	244
15		多功能厅及贵宾厅	4	912	601
16		厨房及更衣	2	745	491
17		餐厅及库房	3	691	455
18		理发	6	82	54
19		医务	6	52	34
	小　计			2822	1859

续表

序号	部位	用房名称	层次	建筑面积 (m^2)	使用面积 (m^2) $K=0.6588$
20	票据交换部分	大厅	2，3	1421	936
21		办公室	2，3	63	42
22		库房	3	23	15
	小　　计			1507	993
23	外汇交易部分	营业大厅	4	642	423
24		特殊交换厅	4	285	188
25		经纪人办公室	6	489	322
26		工作人员办公室	4，5，6	903	595
27		阅览室	5	197	130
28		监控室	5	148	98
29		接待室	5	361	238
30		计算机	4	80	53
	小　　计			3107	2047
31	短期融资部分	营业厅	7	179	118
32		办公室	7	319	210
	小　　计			498	322
33	辅助用房	汽车库及管理	1	2939	1936
34		自行车房	1	366	240
35		设备及其他用房	夹，地下，1	2737	1803
	小　　计			6042	3979
总　　计				32000	21082

(2) 地下结构分部投资规划（部分）

根据项目总体构思中结构工程的构思描述和建筑面积分配计划，初步确定地下室面积为 3200m^2，桩基持力层在−38.2m，地下室埋深约 6.5m，据此可确定设置钻孔灌注桩、钢筋混凝土箱形基础和基础施工措施费用三个分项子目。

① 钻孔灌注桩分项

采用载荷法可以推算出钻孔灌注桩的数量和体积。本综合楼每平方米平均荷重 1.6t，大楼总荷重约 5.02 万 t。桩基持力层按−40m 计算，采用直径为 65cm 的钻孔灌注桩，经计算单桩承载力 175t。

桩总根数＝50200t÷175t/根＝287 根；

$$桩总体积=\left(\frac{0.65}{2}\right)^2\times 3.14\times 40m\times 287=3925\ (m^3)；$$

钻孔灌注桩综合单价为 680/m^3；

钻孔灌注桩总费用＝680 元×3925＝267（万元）。

② 钢筋混凝土箱形基础分项

钢筋混凝土承台根据总荷重计算为1.90m厚，地下室顶板共二层厚度为0.4m；

$$承台和顶板体积=3200m^2\times(1.90+0.4)m=7360(m^3)；$$

地下室墙板外周围长和内隔墙估算长度为574m，高度按7m计算，厚度0.25m。

$$墙板体积=574m\times7m\times0.25m=1004(m^3)；$$

箱形基础总体积8364m^3；

箱形基础综合单价为631元/m^3；

$$箱形基础总费用=631元/m^3\times836m^3=528(万元)。$$

③ 基础施工措施费分项

本工程基础施工尤其要考虑对周围环境的影响和邻近建筑物的保护。通过经济分析和各个方案的对比，采用水泥深层搅拌桩施工方案较为可靠，且费用和钢板桩不相上下，并略低于钻孔桩加树根桩方案。

水泥深层搅拌桩费用的测算：

基坑围护总长250m，搅拌桩打入深度14m，总体积为1.30万m^3（按搅拌桩标准宽度计算）；

搅拌桩综合单价102元/m^3；

水泥深层搅拌桩总费用$=102元/m^3\times13000m^3=133$（万元）。

将地下结构三个分项子目费用相加，得地下结构分部投资费用合计为928万元。

(3) 上部主体结构分部投资规划（部分）

根据项目总体构思中结构方案的描述，本大楼采用框架结构局部剪力墙的结构体系方案，主体结构可划分为钢筋混凝土框架柱、框架梁、钢筋混凝土剪力墙、钢筋混凝土楼板、楼梯和高层施工措施费6个分项子目。

1) 上部主体结构分项工程

上部主体结构分项工程估算工程量见表8-2。

上部主体结构分项工程量表　　**表8-2**

分项工程名称	计量单位	工程平方米含量指标	建筑面积（m^2）	分项工程量合计
钢筋混凝土柱	m^3	0.0604	32000	1896
钢筋混凝土梁	m^3	0.0551	32000	1729
钢筋混凝土楼板	m^3	0.0873	32000	2740
钢筋混凝土剪力墙	m^3	0.988	32000	3132
钢筋混凝土楼梯	m^3	0.0358	32000	1124

2) 确定各分项综合单价，计算分项工程费用

① 分项单价套用本综合楼所在地区××年的建筑工程概算价目表；

② 经测算综合费率为92.1%；

③ 计算每立方米钢筋混凝土中钢材、木材和水泥的市场差价：

钢筋：平均含钢量按每立方米250kg计，市场差价每吨1300元，

水泥：平均含量按每立方米380kg计，市场差价每吨130元，

木材：平均耗用量按每立方米0.063m^{3}计，市场差价每立方米300元；

④ 上部主体结构施工措施分部工程费用主要为高层建筑超高增加费和外脚手架费用，

根据计算规则，超高增加费按建筑面积计算，外脚手按外墙延长米乘以高度计算；

⑤ 上部主体结构费用计算见表 8-3。

上部主体结构分项费用计算表 **表 8-3**

分项工程名称	单位	工程量	单价（元）	直接费（万元）	综合费用		三材差价		合价
					费率	费用（万元）	单价	费用（万元）	
钢筋混凝土柱	m^3	1896	271	51.38	92.1%	47.32	393	74.51	173.21
钢筋混凝土梁	m^3	1729	248	42.88	92.1%	39.49	393	67.95	150.32
钢筋混凝土楼板	m^3	2740	217	59.46	92.1%	54.76	393	107.68	221.90
钢筋混凝土剪力墙	m^3	3132	209	65.46	92.1%	60.29	393	123.09	248.84
钢筋混凝土楼梯	m^3	1124	75.40	8.47	92.1%	7.81	39.3	6.05	22.93
超高费	m^3	32000	65.55	205.61	92.1%	189.48			395.09
外墙脚手	m^3	19977	37.80	75.51	92.1%	69.55			145.06
其他金属结构	t	32	1350	4.32	92.1%	3.98			2.30
商品混凝土差价	m^3	13200	18.5	24.43	92.1%	22.5			46.93
费用合计	万元								1406.58

(4) 精装修和特殊装修分部投资规划（部分）

精装修投资的估算，因装饰标准和等级等的不同，费用出入很大，根据本综合楼投资规划时有关资料的统计分析，试对精装修等级进行划分（表 8-4）。

精装修等级表 **表 8-4**

装饰等级	装饰要求	费用控制
		美元/m^2 建筑面积
特级装饰	全部高标准进口材料，国外装饰公司承包	800 以内
一级装饰	部分进口高标准材料，主要国外装饰公司承包	500 以内
二级装饰	以国产材料为主，国内装饰公司承包	300 以内
三级装饰	全部国产材料，国内装饰公司承包	200 以内
四级装饰	国产材料，部分粗装饰，国内装饰公司承包	100 以内

1) 确定精装修的装饰等级

本综合楼精装修总装饰面积在 1 万 m^2 左右，其中以门厅、大厅和贵宾厅的装饰要求为最高；营业厅、电梯厅和多功能厅次之；餐厅、理发室和接待室为一般装饰；文体活动和会议室精装修等级在四级以下（表 8-5）。银行金库作为特殊装修项目，金库门需进口，费用昂贵。

精装修及特殊装修等级费用控制表 **表 8-5**

项目名称	装饰等级	费用控制
		美元/m^2 建筑面积
大厅、门厅、贵宾厅	一级	400 以内
营业厅、电梯厅、贵宾厅	二级	250 以内
餐厅、理发、接待室	三级	200 以内
文体活动室	四级	100 以内
会议室、厅	五级	50 以内

2）根据不同等级的装饰面积估算投资

各个精装修部位的建筑面积根据项目总体构思中建筑面积分配计划表确定，费用等级按精装修及特殊装修等级费用划分表确定，得到所需的相应投资费用（表 8-6）。

3）精装修标准的控制

精装修由于其装饰等级标准差异较大，所以在投资规划阶段把精装修装饰等级及标准确定下来之后，在精装修的设计和施工阶段就必须严格加以控制，按既定的等级标准设计和施工。

精装修及特殊装修分项工程投资表　　**表 8-6**

分项工程名称	建筑面积（m^2）	装饰等级	单　价（美元）	合　价（万美元）
门厅、大厅	402	一级	400	16.08
贵宾厅	376	一级	400	15.04
银行营业厅	1200	二级	250	30.00
融资营业厅	118	二级	250	2.95
多功能厅	557	二级	250	14.37
外汇及特殊厅	611	二级	250	15.28
票据营业厅	936	二级	250	23.40
电梯厅	800	二级	250	20
金库	1376	特殊	200	27.52
餐厅	503	三级	200	10.06
理发厅	54	三级	200	1.08
文体活动室	224	四级	100	2.24
会议室、厅	1240	五级	50	6.20
合计	万美元			184.22

8.2　项目进度目标规划❶

8.2.1　进度规划的概念

项目进度目标规划是对拟建项目实施在进度和时间上的安排，因此是项目实施策划的一项非常重要的内容。甚至有很多人理解项目实施策划就是项目进度规划。它是在工程建设中，为了控制工程项目进度，合理安排各项工作，在项目实施前对项目所有建设工作所做的安排，涉及建设单位（业主）、设计单位、施工单位、材料和设备供应单位、项目管理咨询单位等各项目参与单位的工作内容。

8.2.2　进度计划系统

由于项目进度控制不同的需要和不同的用途，业主方和项目各参与方可以编制多个不同的建设工程项目进度计划系统，如：

❶　丁士昭．工程项目管理．北京：中国建筑工业出版社，2006．第 7.3 节。

(1) 由多个相互关联的不同计划深度的进度计划组成的计划系统;
(2) 由多个相互关联的不同计划功能的进度计划组成的计划系统;
(3) 由多个相互关联的不同项目参与方的进度计划组成的计划系统;
(4) 由多个相互关联的不同计划周期的进度计划组成的计划系统。
由不同深度的计划构成的进度计划系统包括:
(1) 总进度规划(计划);
(2) 项目子系统进度规划(计划);
(3) 项目子系统中的单项工程进度计划等。
由不同功能的计划构成的进度计划系统包括:
(1) 控制性进度规划(计划);
(2) 指导性进度规划(计划);
(3) 实施性(操作性)进度计划等。
由不同项目参与方的计划构成的进度计划系统包括:
(1) 业主方编制的整个项目实施的进度计划;
(2) 设计进度计划;
(3) 施工和设备安装进度计划;
(4) 采购和供货进度计划等。
由不同周期的计划构成的进度计划系统包括:
(1) 5年建设进度计划;
(2) 年度、季度、月度和旬计划等。

在建设工程项目进度计划系统中各进度计划或各子系统进度计划编制和调整时必须注意其相互间的联系和协调,如:

(1) 总进度规划(计划)、项目子系统进度规划(计划)与项目子系统中的单项工程进度计划之间的联系和协调;

(2) 控制性进度规划(计划)、指导性进度规划(计划)与实施性(操作性)进度计划之间的联系和协调;

(3) 业主方编制的整个项目实施的进度计划、设计方编制的进度计划、施工和设备安装方编制的进度计划与采购和供货方编制的进度计划之间的联系和协调等。

对于大型复杂群体工程,往往采用多级多层的计划体系,以统领不同管理层面的各项工作。

【案例 8-2】 长春市基础设施项目群计划体系

背景见本书【案例 2-3】。从项目管理的层次看,长春市基础设施项目群计划管理覆盖项目管理(Project Management)、项目群管理(Program Management)和项目组合管理(Portfolio Management)的计划管理内容,计划体系的建立要考虑以下要点:

(1) 覆盖项目的前期、融资、勘察设计、造价编制、招标、拆迁、施工和交付的全过程;

(2) 覆盖组织的高位统筹、部门协调和实施监控的全方位管理职能分工;

(3) 覆盖前期与计划部、技术部、工程部、招标与采购部、造价与结算部、征地与拆迁部等各职能部门;

(4) 区分不同项目、不同阶段、不同情况下的计划刚性与柔性。

因此，采用分级分类的项目群计划体系。所谓分级计划，即根据计划功能和管理目的，将计划分为三级计划（如表8-7）和三类计划（如表8-8）。

长春市基础设施项目群三级计划界定 **表8-7**

分级模型	计划级别	计划名称	功能和目的	负责部门
	一级计划	统筹计划	高位统筹，全过程、各部门协同推进	建管中心计划管理部门
	二级计划	投资和资金使用计划 形象进度计划 勘察设计计划 融资计划 招标计划 拆迁计划	部门控制计划	建管中心各部门
	三级计划	实施计划（总进度计划和月度计划）	分指挥部控制计划 项目部指导计划	分指挥部 项目部

长春市基础设施项目群三类计划界定 **表8-8**

分类模型	计划级别	计划名称	功能和目的	负责部门
	第一类计划	统筹计划	高位统筹，全过程、各部门协同推进	建管中心计划管理部门
	第二类计划	形象进度计划	反映工程形象进度节点（包括拆排迁进度节点）	建管中心工程部 拆迁部
	第三类计划	投资完成计划 资金用款计划 融资需求计划	进度和投资（资金）的匹配	建委计财处 财务处 融资部

从功能上讲，统筹计划是控制性计划，是所有计划的“龙头”，是编制各种计划的依据。对基础设施项目群而言，统筹计划应由建管中心计划管理部门（暂定）或领导组织编制，其具有以下目的：

(1) 从纵向上覆盖项目建设全过程，包括前期手续、融资、勘察设计、造价、招标、拆迁和施工，统领项目实施和推进；

(2) 从横向上覆盖相关职能部门，包括前期部、融资部、总工办、造价结算部、招标与合同管理部、拆迁部和工程部等，统领职能部门协调工作；

(3) 从深度上覆盖关键节点，即影响项目推进的关键环节，抓重点和难点，抓主要矛盾，因此节点不宜过多；

(4) 从方案上预判重大风险，提前暴露问题，为下游环节创造良好的项目条件；

(5) 从全局上把握项目节奏，了解项目整体推进时序，为各个部门的协调配合和计划的柔性实施提供依据和基础。

基础设施项目不仅被工程建设者和管理者所关注，也被政府部门和城市市民关注，其直接影响到市民的日常出行，广受关注，这给建设者和管理者带来了巨大压力。作为工程推进，形象进度是基础设施的直接外在表现，因此应作为工程进度计划编制的重要内容之一。其具有以下目的：

(1) 统筹现场进度的"里程碑"，包括拆迁、开工、施工、竣工/通车等，完成一个节点应是项目推进的一个"大事件"。

(2) 确保年度进度。由于长春施工季节的特殊性，应确保能年内完成的就年内完成，不留"小尾巴"；能完成阶段性工作的就完成阶段性工作，不留"半拉子工程"。

(3) 指导施工进度。形象进度计划的完成主要靠施工单位，但在施工单位进场前应明确进度节点，作为合同工期和考核工期。

(4) 作为投资计划和资金使用计划的编制依据。由于基础设施融资的特殊性，合理的资金使用计划至关重要。但资金使用计划编制最重要的前提是形象进度计划，因此形象进度计划尤其是开竣工日期必须合理论证。

计划的粗细程度是相对的，对一个单体建设项目而言，也可以根据管理的细度编制计划系统。如某国际会议展览中心，建立了四层计划系统，第一层为总进度纲要（节点计划），第二层按参与单位建立了设计进度计划、物资采购及供应计划、施工招标进度计划、施工总进度计划和项目动用准备工作计划，第三层和第四层按照不同深度编制了更为详细的计划，如施工总进度计划分为主体施工进度计划和总体工程施工进度计划，主体施工进度计划又细分为主体工程一般土建施工进度计划、钢结构工程施工进度计划、玻璃幕墙工程施工进度计划、设备安装工程施工进度计划、弱电工程施工进度计划和精装修工程施工进度计划等。

8.2.3　进度目标的论证

(1) 进度目标论证的工作内容

项目进度目标论证是在对整个项目的总体部署与安排基础上，对决策策划已提出的项目总体进度目标能否实现的进一步论证，它是项目实施策划阶段的重要工作。项目总进度目标的控制是业主方项目管理的任务，应涵盖项目实施全过程各项工作。在进行项目总进度目标控制前，首先应分析和论证目标实现的可能性，若项目总进度目标不可能实现，则项目管理者应提出调整项目总进度目标的建议，提请项目决策者审议。

在项目实施阶段，项目总进度应包括：

- 设计前准备阶段的工作进度；
- 设计工作进度；
- 招标工作进度；
- 施工前准备工作进度；
- 工程施工和设备安装进度；
- 工程物资采购工作进度；
- 项目动用前的准备工作进度等。

在项目总进度目标论证时，往往设计还没有开始，还不掌握比较详细的设计资料，要求策划人员有丰富的项目实施经验，通过决策策划报告中对项目的详细定位来分析各项工作的工作量以及估计所需要的时间，并对其先后顺序进行合理安排，找出其相互影响的关系，编制总进度规划。在进行总进度规划时，要分析可能采用的工程发包的组织、施工组织和施工技术分析，其他有关项目实施条件的资料。因此，总进度目标论证并不是单纯的总进度规划的编制工作，它涉及许多项目实施的条件分析和项目实施策划方面的问题。

大型项目总进度目标论证的核心工作是通过编制总进度纲要论证总进度目标实现的可能性，并对分析具体的进度计划的编制以及控制提供依据。总进度纲要的主要内容包括：

- 项目实施的总体部署；
- 总进度规划；
- 对各子系统进度规划的控制原则；
- 确定里程碑事件的计划进度目标；
- 总进度目标实现的条件和应采取的措施等。

(2) 总进度目标论证的工作步骤

- 调查研究和收集资料；
- 项目结构分析；
- 进度计划系统的结构分析；
- 项目的工作编码；
- 编制各层进度计划；
- 协调各层进度计划的关系，编制总进度计划；
- 若所编制的总进度计划不符合项目的进度目标，则设法调整；
- 若经过多次调整，进度目标无法实现，则报告项目决策者。

1) 调查研究和收集资料包括如下工作：

- 了解和收集项目决策阶段有关项目进度目标确定的情况和资料；
- 收集和分析与进度有关的该项目组织、管理、经济和技术资料；
- 收集类似项目的进度资料；
- 了解和分析该项目的总体部署；
- 了解和调查该项目实施的主客观条件等。

2) 大型工程项目的结构分析是根据编制总进度纲要的需要，将整个项目进行逐层分解，并确立相应的工作目录，如：

- 一级子系统目录，将整个项目划分成若干个子系统；
- 二级子系统目录，将每一个子系统分解为若干个子项目；
- 三级子系统目录，将每一个子项目分解为若干个工作项。

整个项目划分成多少结构层，应根据项目的规模和特点而定。

3) 分解和构成项目的多层计划系统如：

- 第一层进度计划，将整个项目划分成若干个进度计划子系统；
- 第二层进度计划，将每一个进度计划子系统分解为若干个子项目进度计划；
- 第三层进度计划，将每一个子项目进度计划分解为若干个工作项。

整个项目划分成多少计划层，应根据项目的规模和特点而定。

4）对工作进行分解，并对工作进行编码，图 8-5 是工作分解编码示例。

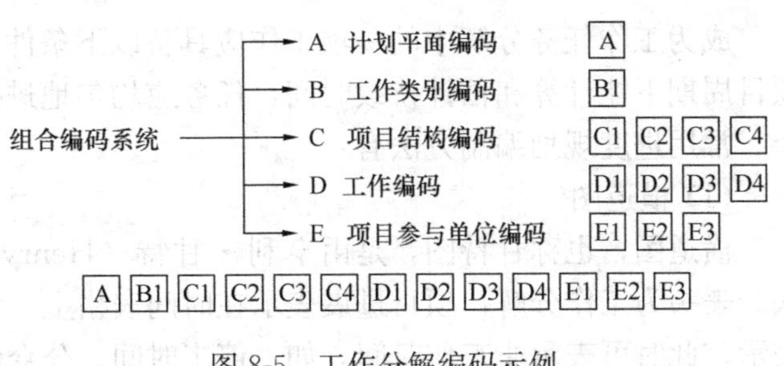

图 8-5 工作分解编码示例

8.2.4 进度规划编制方法

在各类进度计划中，总进度规划是最宏观层面，应体现整体性、全面性和系统性，各节点时间应对子计划有指导性和约束性，在形式上可以采用多种方式，如横道图、垂直图表法（或称线条图）、流水作业图、网络计划技术等。

（1）项目组成分解

在编制进度规划之前，有必要进行项目组成分解，从进度规划的角度绘制项目结构图，它反映项目进展过程中的全部必要的工作，以使项目参与各方对项目有个完整的把握。

项目可分解为若干个第一层面的子项目，如图 8-6 所示。分解的深度，在进度规划时，取决于进度规划者的判断与估计。

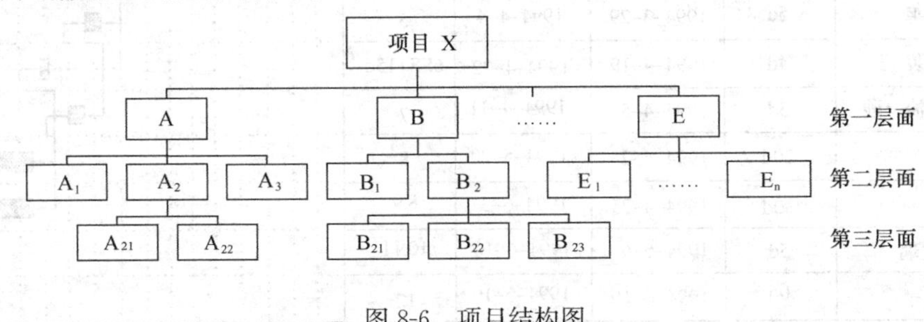

图 8-6 项目结构图

“项目结构表”是另一种项目组成分解方式，在项目分解表中必须对各层子项目进行编号和编码。项目对象分解应考虑：类似的技术特点、子项目间的协调工作量最小、与管理组织相一致、与业主构成相一致、与经验数据的应用相一致。

（2）工作任务分解

工作是反映项目顺利进行的一系列的步骤，它是定义了开始和完成的需要花费时间的事。工作分解可列表，如表 8-9 所示。工作分解涉及项目结构图、管理流程（规划、执行、控制等）、影响因素（管理组织、明了程度或风险、成本、持续时间和日期、资源等）等。

工作表示例 **表 8-9**

工作编号	工作说明	工作范围（数量）	资源（机具、人）	责任部门	持续时间	备注（其他工作说明，如：成本）
1	2	3	4	5	6	7

成为工作任务分解中的一项工作应具备以下条件：任务定义明确，责任唯一，在考虑项目周期下能计算和估计持续时间，任务应均匀地进行。

常用进度规划编制方法有：

(1) 横道图

横道图，也称甘特图，是由亨利·甘特（Henry Gatt）发明的，上世纪初从美国引入。表头为工作分解，项目进展表示在时间表格上，如图 8-7 所示。经常时间单位用日历表示，此时可表示非工作时间，如：停工时间、公众假日、假期等。

	工作名称	持续时间	开始时间	完成时间	紧前工作
1	基础完	0d	1993-12-28	1993-12-28	
2	预制柱	35d	1993-12-28	1994-2-14	1
3	预制屋架	20d	1993-12-28	1994-1-24	1
4	预制楼梯	15d	1993-12-28	1994-1-17	1
5	吊装	30d	1994-2-15	1994-3-28	2,3,4
6	砌砖墙	20d	1994-3-29	1994-4-25	5
7	屋面找平	5d	1994-3-29	1994-4-4	5
8	钢窗安装	4d	1994-4-19	1994-4-22	6SS+15d
9	二毡三油一砂	5d	1994-4-5	1994-4-11	7
10	外粉刷	20d	1994-4-25	1994-5-20	8
11	内粉刷	30d	1994-4-25	1994-6-3	8,9
12	油漆、玻璃	5d	1994-6-6	1994-6-10	10,11
13	竣工	0d	1994-6-10	1994-6-10	12

图 8-7　某项目进度横道图示例

(2) 垂直图表法

垂直图表法是空间—时间图表的一种形式，有时间—任务量图、时间—路程图、时间—数量图等。工作的进程是以一个速度（每个时间单位的长度）来表达。垂直图标可适用水平线性工程和高耸型工程。第一种为横坐标表示按比例的建筑工程线段，纵坐标是时间，并已去除了非工作时间，该方法主要运用在道路、铁路、隧道、管道等呈线形的工程，图 8-8 为某地铁的垂直图进度计划；第二种为横坐标表示时间，纵坐标表示垂直区段（如楼层）等，图 8-9 为上海环球金融中心的施工总进度计划示例。

(3) 流水作业图

流水作业图是空间—时间图表的另一种形式，较多使用在结构工程施工计划上，因为在结构工程施工中只有较少的、总是重复的工作，如：支模、扎筋、浇混凝土，如图8-10所示例。

(4) 网络计划技术

网络计划技术有诸多形式，重点是能够反映工作与工作之间的逻辑关系。

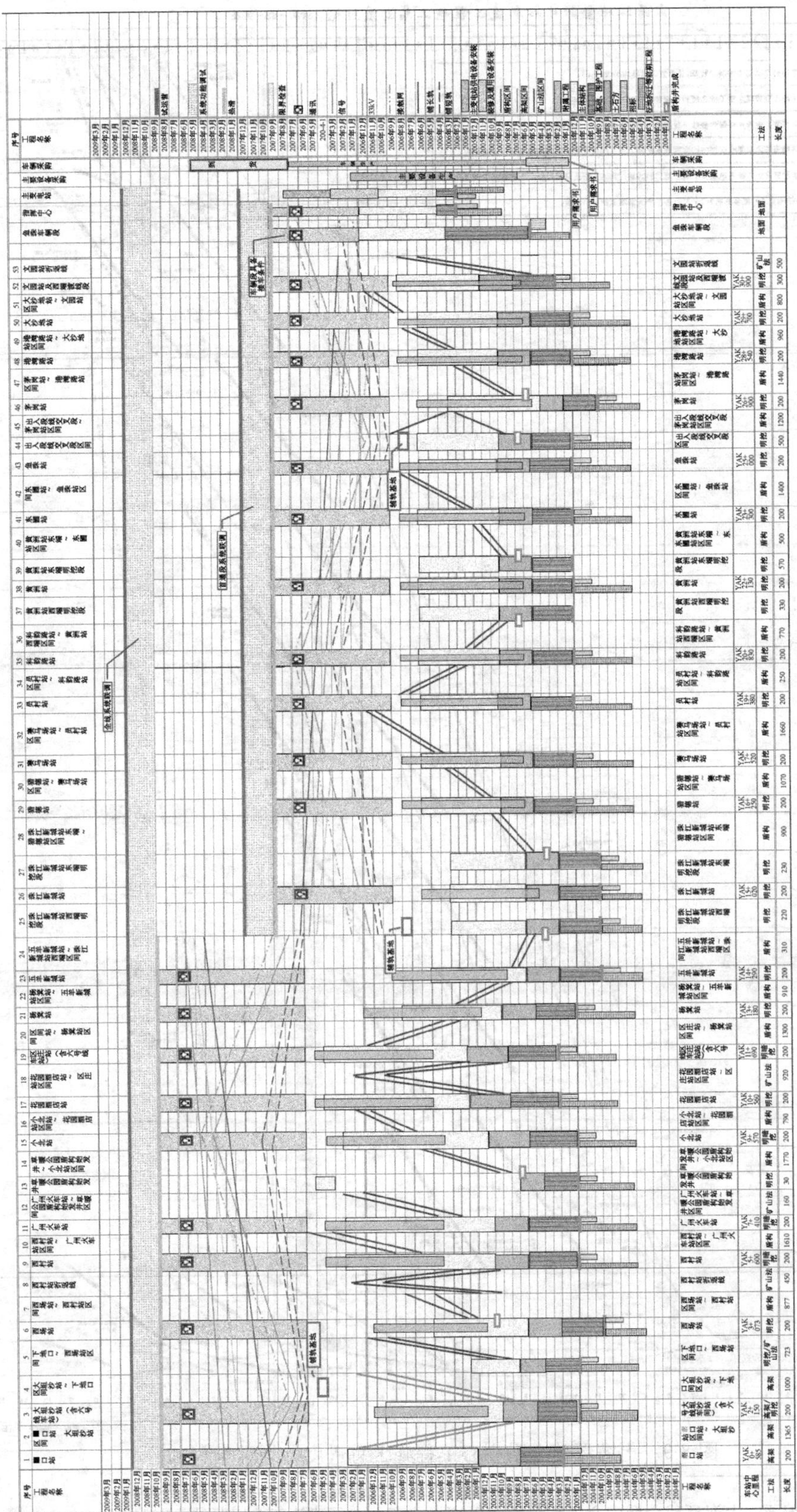

图 8-8　某地铁的垂直图进度计划

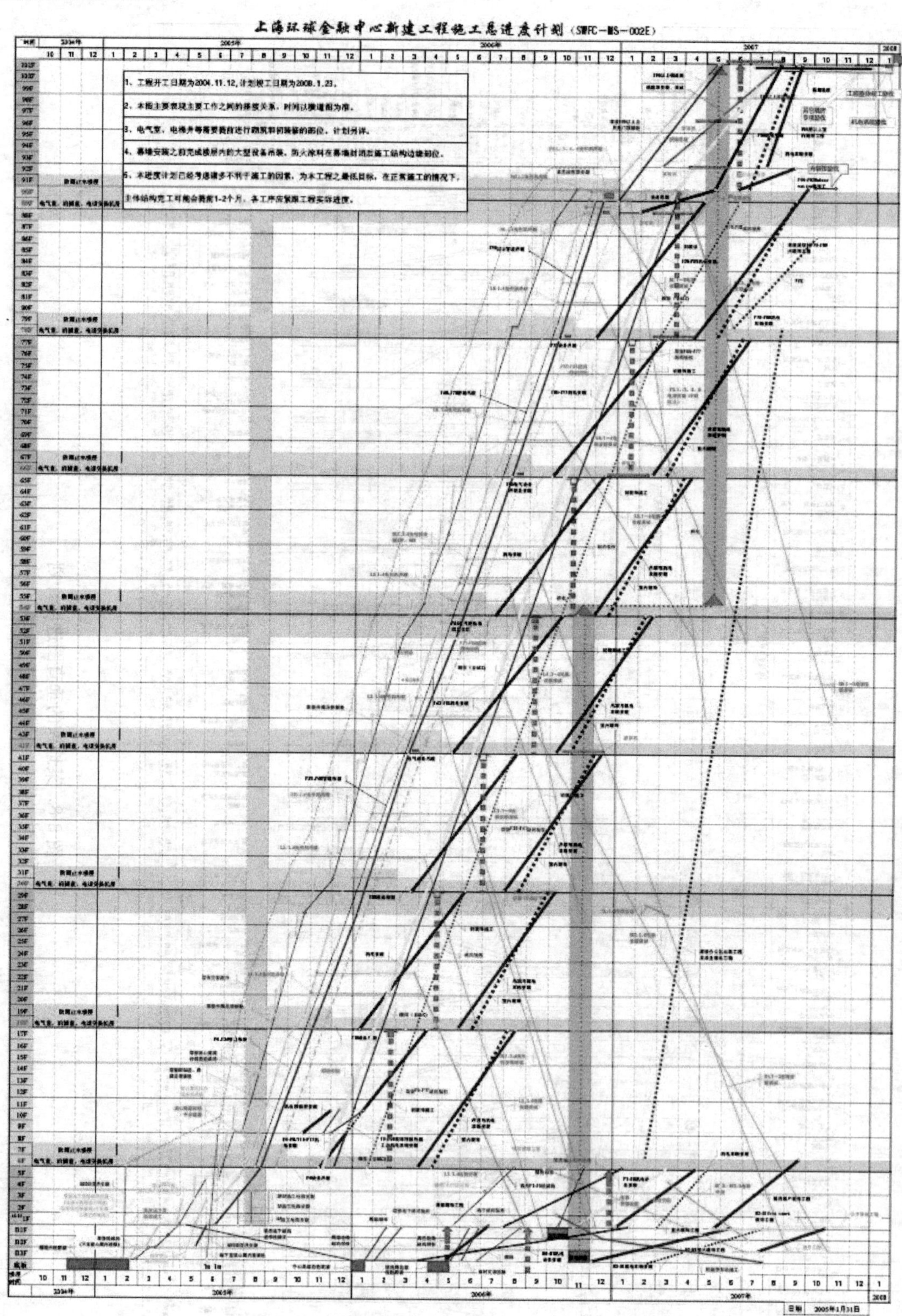

图 8-9　上海环球金融中心工程施工总进度计划示意[1]

[1] 王伍仁，罗能钧编著．上海环球金融中心工程总承包管理．北京：中国建筑工业出版社，2010.

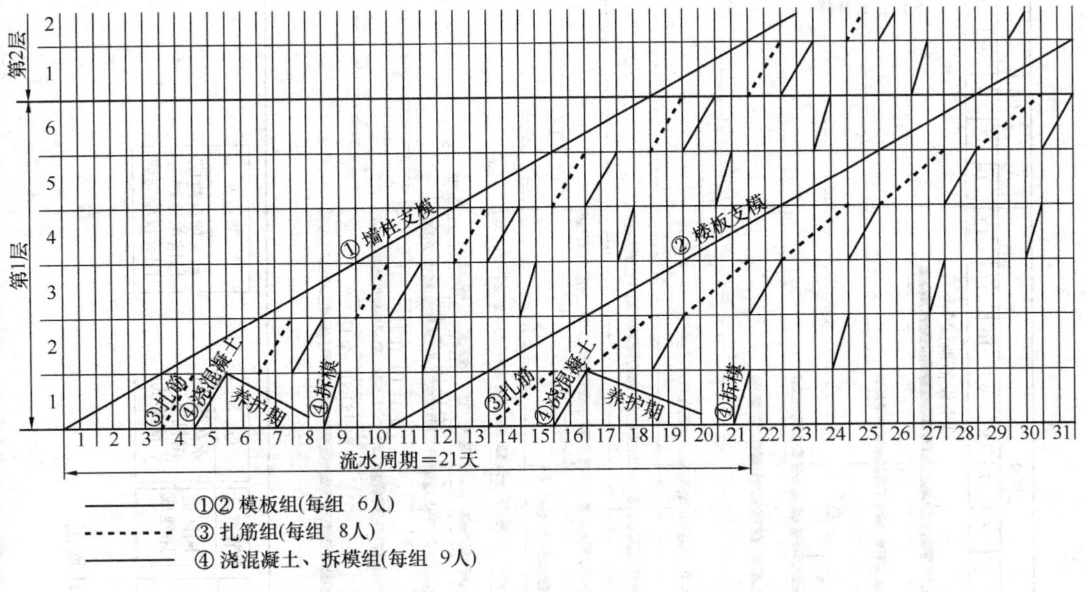

图 8-10 多层办公楼结构工程施工的流水图

【案例 8-3】 2010 年上海世博会总进度规划纲要

中国 2010 年上海世博会园区规划控制范围 6.68km^2，规划红线范围总面积 5.28km^2。围栏区面积 3.28km^2。园区规划总建筑面积约 200 万 m^2。

为确保中国 2010 年上海世博会项目建设目标的实现，专门编制了世博会工程建设总进度规划纲要，对项目建设过程中的进度相关因素进行系统地分析、计划和安排，使整体建设工作有正确的方向和明确的目的，确保项目建设按既定计划实现。

(1) 进度计划体系

指挥部办公室的计划管理分三个层次，即总体计划、部门控制性计划和项目部实施计划。具体如下：

1) 总体计划：主要由“上海世博会工程重大节点计划”和“上海世博会工程建设总进度计划”组成，用于从总体上规定上海世博会工程建设全方位的进展情况。

2) 部门控制性计划：各职能部门根据指挥部办公室的总体工作安排，结合自身的管理要求编制的计划，用于各部门自身涉及的工作。

3) 项目部实施性计划：各项目部针对具体实施工作编制的计划，如项目部季度、月度、周工作计划，用于对具体工作进行计划管理。

(2) 世博会工程建设总进度纲要

世博会工程建设总进度纲要如图 8-11 所示。

世博会工程建设九项重大节点如下：

1) 2007 年 12 月底前永久性场馆工程一轴四馆（世博轴、世博中心、主题馆、中国馆、演艺中心）实现全面开工；

2) 2008 年 5 月浦西 E 区城市最佳实践区开工；

3) 2008 年 6 月浦东园区临时场馆开工；

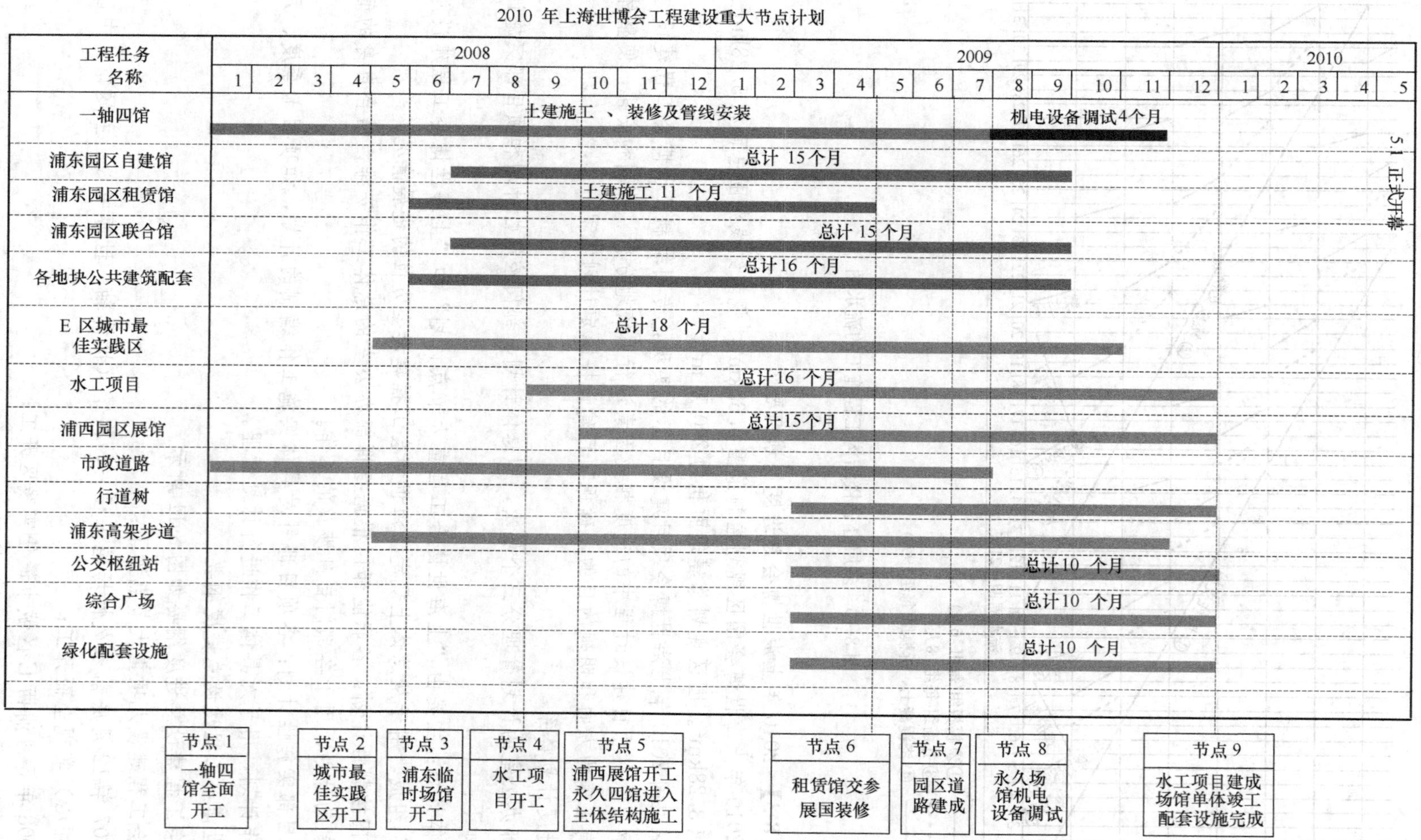

2010 年上海世博会工程建设重大节点计划

工程任务名称 | 2008 年 1–12 月 | 2009 年 1–12 月 | 2010 年 1–5 月

- 一轴四馆：土建施工、装修及管线安装；机电设备调试4个月
- 浦东园区自建馆：总计 15个月
- 浦东园区租赁馆：土建施工 11 个月
- 浦东园区联合馆：总计 15个月
- 各地块公共建筑配套：总计16 个月
- E 区城市最佳实践区：总计18 个月
- 水工项目：总计16 个月
- 浦西园区展馆：总计15个月
- 市政道路
- 行道树
- 浦东高架步道
- 公交枢纽站：总计10 个月
- 综合广场：总计10 个月
- 绿化配套设施：总计10 个月

5.1 正式开幕

- 节点 1：一轴四馆全面开工
- 节点 2：城市最佳实践区开工
- 节点 3：浦东临时场馆开工
- 节点 4：水工项目开工
- 节点 5：浦西展馆开工永久四馆进入主体结构施工
- 节点 6：租赁馆交参展国装修
- 节点 7：园区道路建成
- 节点 8：永久场馆机电设备调试
- 节点 9：水工项目建成场馆单体竣工配套设施完成

图 8-11　2010 年上海世博会工程建设重大节点计划图

4）2008年9月浦东水工项目开工；

5）2008年10月浦西园区展馆开工，永久四馆全面进入主体结构施工；

6）2009年5月浦东园区租赁馆交相关参展国进行装修；

7）2009年7月园区道路建成；

8）2009年8月永久场馆机电设备开始调试；

9）2009年12月水工项目建成，所有场馆单体竣工，公交枢纽站、综合广场、绿化等配套设施建成。

(3) 总进度纲要编制说明

1）一轴四馆中，世博轴于2006年12月28日开工；世博中心于2007年6月7日开工，2008年6月进入主体结构施工；主题馆2007年11月10日开工，2008年10月进入主体结构施工；中国馆2007年12月18日开工，2008年8月进入主体结构施工；演艺中心于2007年12月30日开工，2008年10月进入主体结构施工。

2）浦东临时场馆项目中，A片区租赁馆及联合馆于2008年7月开工，2009年4月土建及设备安装完成，租赁馆于2009年5月交付参展国装修。B片区租赁馆于2008年6月开工，2009年3月土建及设备安装完成，2009年5月交付参展国装修；联合馆2008年8月开工，2009年8月土建及设备安装完成。C片区租赁馆于2008年6月开工，2009年4月土建及设备安装完成，2009年5月交付参展国装修；联合馆于2008年7月开工，2009年9月土建及设备安装完成。所有自建馆于2008年7月开工，2009年9月完工。

3）浦西园区中，改建项目及新建项目于2008年第四季度开工，企业馆2008年10月开工，配套设施于2009年1月开工。浦西高架步道2008年第三季度末开工。E片区城市最佳实践区于2008年5月开工，2009年10月完工。

4）水工项目于2008年9月开工，2009年5月防汛墙完成，2009年8月水工建筑完成，2009年10月趸船、栈桥安装完成，2009年12月完工。

5）市政项目中，高架步道于2008年5月开工，2009年11月完工；世博公园于2006年10月开工，2008年6月完工；后滩公园于2008年3月开工，2009年10月完工；特钢大舞台于2008年5月开工，2008年12月土建完成。

【案例8-4】 2010年上海世博会世博国际村项目进度目标规划编制

(1) 项目概况

世博村是上海2010年世博会的重要配套工程，其主要功能是在上海世博会期间为参展国工作人员和参展旅客提供住宿和其他生活娱乐配套服务。世博村位于浦东区G地块，净地块总面积约29.44万m^2，总建筑面积约54.7万m^2，其中地上总建筑面积约44.3万m^2。根据工程建设需要，共分为10个地块。其中生活区包括A、B、D、J四个地块，A地块为五星级宾馆，B地块为提供物业管理、不入室服务的普通公寓酒店、D地块为提供酒店式管理、入室服务的公寓式酒店。J地块为经济型酒店。商业服务配套区包括C、E、F、H、I、K地块。各地块位置如图8-12所示。

(2) 进度目标规划

世博村于2007年2月8日正式开工，2009年下半年投入试运营，整个建设工期非常紧张，在质量、进度和投资三大目标中，进度目标能否实现将成为影响本项目成败的关键。

表 8-10 为世博村项目里程碑事件进度目标，表 8-11 为 A 地块项目建设过程的关键节点进度目标，在世博村工程各地块在公开招标施工总承包单位时，它作为招标文件中的进度标的，同时制订完成进度目标的奖惩措施，此项措施在工程建设中起到了积极的效果。图 8-13 为世博村 A 地块总体计划进度图。

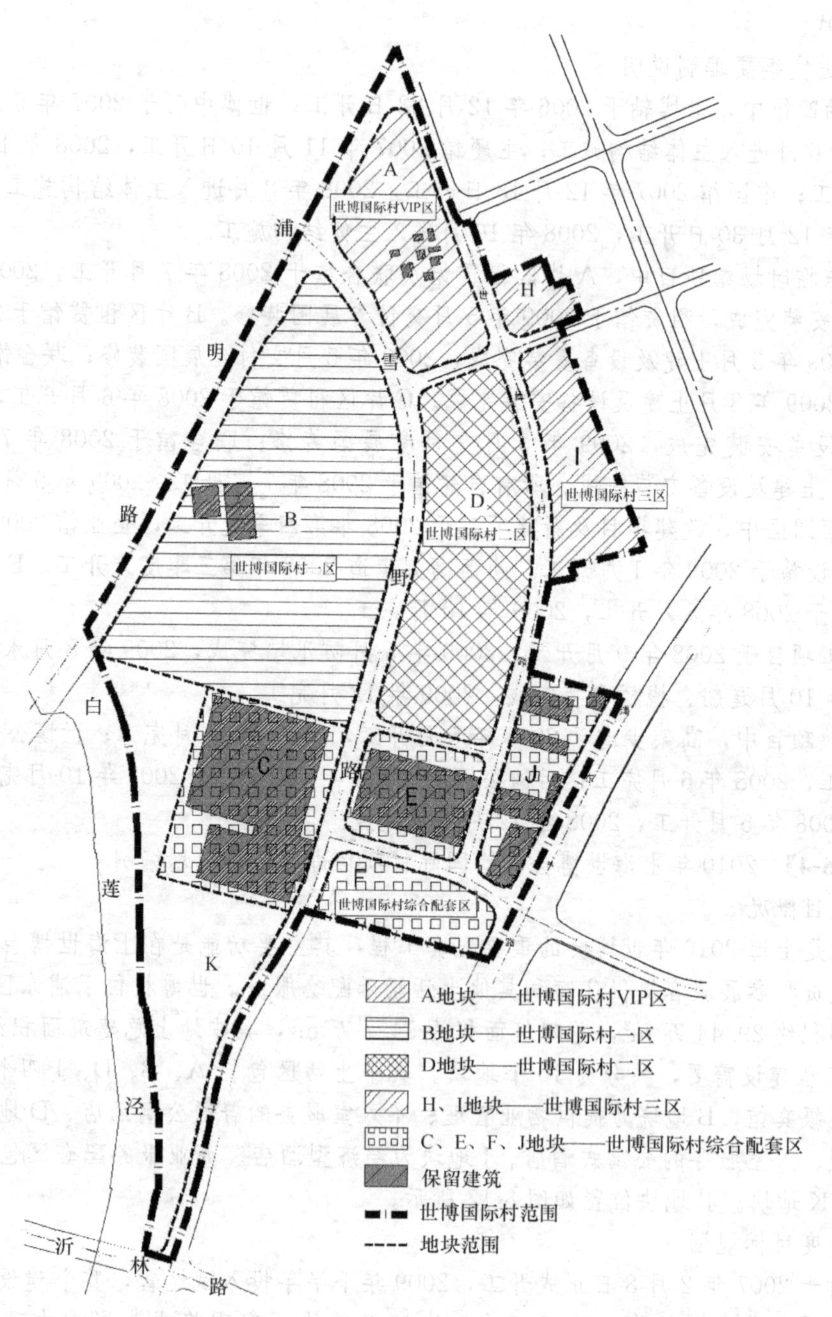

图 8-12 世博村各地块示意图

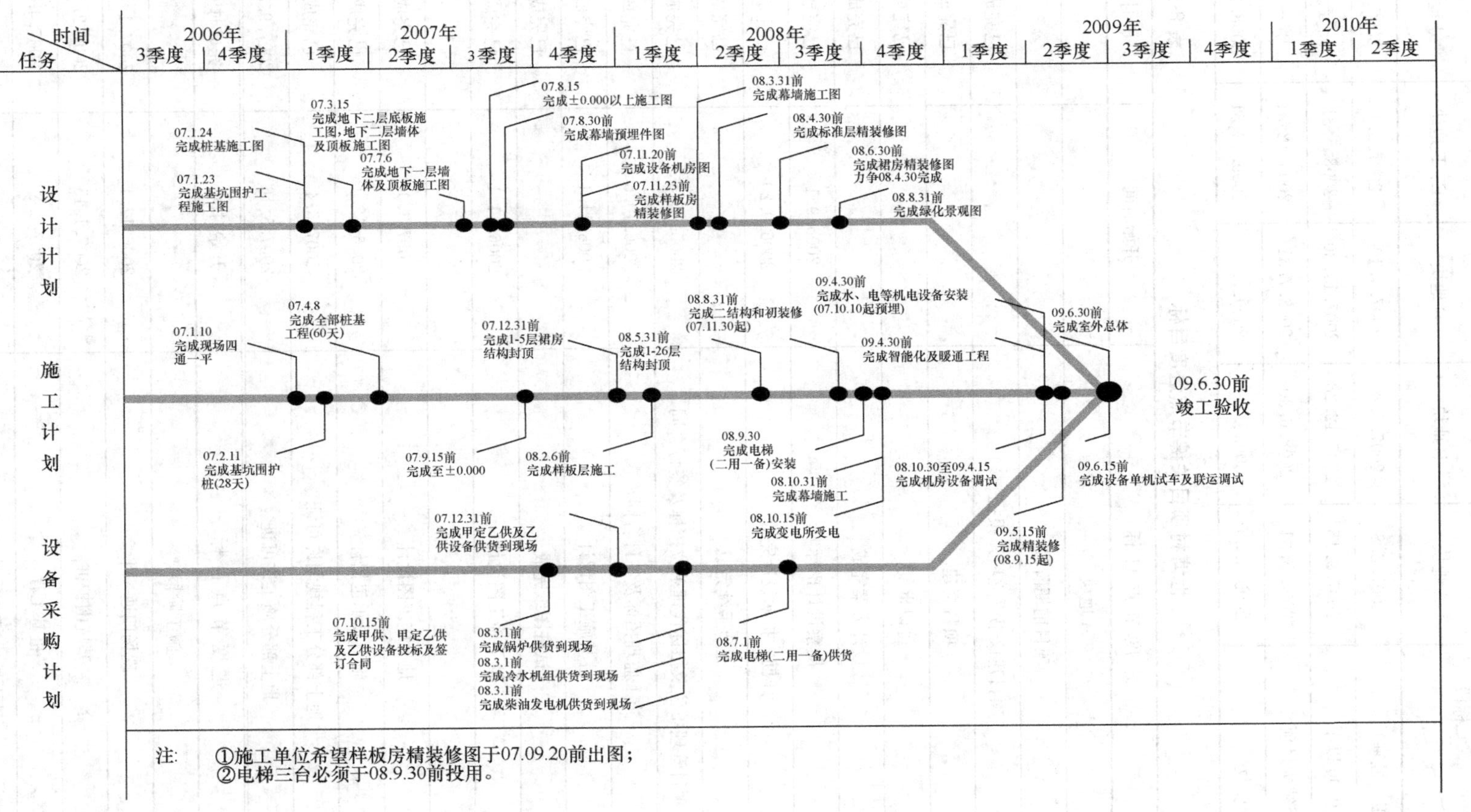

图 8-13　A 地块总体计划进度

世博村项目里程碑事件进度目标 表 8-10

里程碑＼标段	A 地块	B 地块	D 地块	E、F 地块	J 地块
工程开工（桩基）	2007.2.8	2007.5.8	2007.4.10	2007.9.1	2007.6.8
地下室±0.00 以下	2007.9.15	2007.12.28	2007.11.30	2008.5.31	—
地上工程结构封顶	2008.5.31	2008.6.30	2008.7.31	2008.12.31	—
竣工验收	2009.6.30	2009.5.1—	2009.6.30	2009.12.31	2008.2.28

世博村项目关键节点进度目标 表 8-11

序号	进 度 节 点 目 标	开始时间	完成时间
	A 地块		
一、	项目前期阶段		
1	项目建议书（立项）报批		已完成
2	项目报建		已完成
3	可研批复		已完成
4	设计方案完成		已完成
5	勘察设计招标	2006.9.1	已完成
6	详勘、扩初设计完成	2006.9.29	已完成
7	土地手续完成		已完成
8	项目管理单位及招标代理单位招标及签订合同	2006.10.5	已完成
9	施工监理招标及签订合同	2006.10.5	已完成
10	桩基施工图设计	2006.11.1	已完成
11	试桩图纸完成		已完成
12	地下施工图设计	2006.11.1	已完成
	…		
17	地上施工图设计	2007.1.1	已完成
18	施工总承包招标	2006.12.1	已完成
19	地上部分工程规划许可证	2007.5.4	已完成
20	地上部分施工许可证	2007.5.16	2007.9.30

序号	进 度 节 点 目 标	开始时间	完成时间
二、	施工阶段		
1	现场四通一平	2006.12.1	2007.1.10
2	基坑围护桩	2007.1.15	2007.2.11
3	桩基工程	2007.2.8	2007.4.8
4	地下结构完成至±0.000	2007.8.27	2007.9.15

续表

序号	进度节点目标	开始时间	完成时间
	…		
15	电梯供货	2007.9.1	2008.7.1
16	变电所受电	2008.1.10	2008.10.15
17	设备与管线安装	2007.10.10	2009.4.30
18	设备单机试车及联动调试	2009.5.1	2009.6.15
19	室外总体	2008.10.1	2009.6.30
20	竣工验收	2009.5.16	2009.6.30

8.3　项目质量与安全目标规划[❶]

质量和安全是项目的头等大事，也是判断一个项目是否成功的重要依据。因此，在项目决策阶段就应对其质量和安全进行严格的目标规划，以保证项目的最终质量及其实施过程中的现场安全。

8.3.1　项目质量控制概念和原则

(1) 项目质量的概念

项目质量是国家现行的有关法律、法规、技术标准和设计文件及建设项目合同中对建设项目的安全、适用、经济、美观等特性的综合要求，它通常体现在适用性、可靠性、经济性、外观质量与环境协调等方面。

建设项目质量是按照建设项目建设程序，经过建设项目可行性研究、项目决策、工程设计、工程施工、工程验收等各个阶段而逐步形成的，而不仅仅决定于施工阶段。建设项目质量同时包括工程实物质量和工作质量两部分。其中，工作质量是指项目建设参与各方为了保证建设项目质量所从事技术、组织工作的水平和完善程度。

(2) 项目质量控制的概念

建设项目质量控制是指为保证提高建设项目质量而进行的一系列管理工作，它的目的是以尽可能低的成本，按既定的工期完成一定数量的达到质量标准的建设项目。

(3) 项目质量控制的原则

项目质量管理的原则主要有以下四个方面内容：①"质量第一"是根本出发点；②以预防为主的思想；③为用户服务的思想；④一切用数据

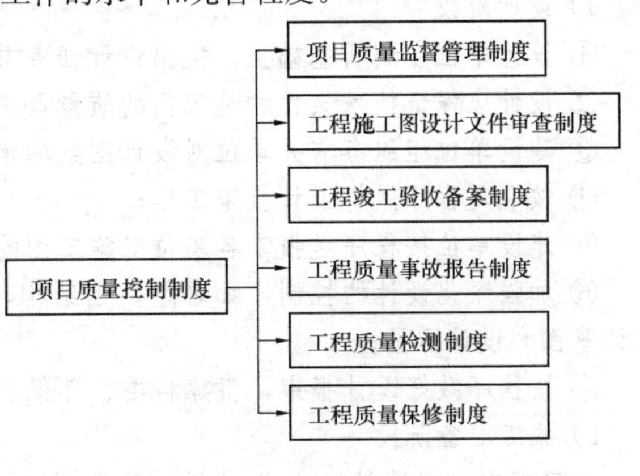

图 8-14　项目质量控制主要制度

❶ 参考丁士昭．工程项目管理．北京：中国建筑工业出版社，2006．第 8 章，建设项目质量和安全管理。

说话。

8.3.2 项目质量控制制度

项目质量控制制度是项目与安全目标规划的主要内容之一，其主要内容包括如下图8-13所示的六项主要制度。

【案例8-5】 2010年上海世博会质量管理目标规划

为把世博会工程的质量控制在有序管理的状态下，运用制度对工程质量进行控制，从而使各项工程达到设计文件要求，符合国家和上海市规范及建筑工程施工质量验收统一标准。

(1) 质量管理目标

树立预防为主的思想，以“质量第一”为根本出发点，控制工程质量。所有工程均达到一次验收合格率100%，主要工程获得“白玉兰奖”，争创“鲁班奖”。

(2) 健全质量管理机构

各单位（建设单位，项目部（项目管理单位)，招标代理单位，投资监理，设计单位，工程监理单位，工程承包单位）切实落实人员，健全组织体系。落实质量管理工作，完成质量管理目标。

(3) 健全质量管理制度

1) 贯彻执行国家及上海市有关建筑工程质量的法规制度，项目部（项目管理单位）应充分行使质量管理过程中的职权，对各参建单位的质量控制进行指导和考核；

2) 参建单位都要有自检和互检的制度，都应建立质保体系，并实行质量考核管理；

3) 质量管理实现逐级负责制，项目部（项目管理单位）向建设单位负责；工程监理单位向项目部（项目管理单位）负责；施工总承包向监理单位负责；各分包向总承包单位和工程监理单位负责；

4) 质量控制要分阶段，实行定期会议，定期检查，定量考核，做出评价，实施奖罚。

(4) 工程过程质量控制

在工程建设过程中，分设计、施工、安装调试、预验收及验收等全过程质量控制。

1) 设计阶段

① 设计单位在调研基础上，提出设计任务书，做到设计方案合理性；

② 设计应保证技术文件和施工图的质量及完整性，配套设计概算要正确，合理；

③ 建设单位组织各有关单位对设计图纸的审查；

④ 按规定程序做好设计报审工作；

⑤ 建设单位按程序送报审各单位对施工图的设计意见；

⑥ 加强深化设计的控制，如幕墙，钢结构，弱电等。必须经有关部门会签，符合各设计意图和设计质量；

⑦ 按程序做好设计报审，报建科委、环保、人防、消防、卫生、绿化及审图机构。

2) 施工准备阶段

项目部应组织设计，设备材料，采购供应，投资监理和施工单位来抓好以下质量控制：

① 施工领域测量控制点的正确设立和妥善管理；

② 抓好施工组织设计和方案中的质量措施的审定工作；

③ 抓设计交底，设计交底应交清楚工程要求，结构特点，设备性能和规范及验收标准；

④ 抓图纸审查和会审；

⑤ 认真执行世博会工程对专业分包和设备、材料的质量管理和验收制度；

⑥ 抓好施工技术交底；

⑦ 抓好对重要工程和关键部位的质量监督；

⑧ 抓好施工组织设计的审查。

3）施工阶段

① 施工单位对所承担的施工项目的质量负全责。认真执行“三检一评”制度，即自检、互检、上下工序交接检和专职检查相结合以及质量评定制度；

② 项目部（项目管理单位）应组织好施工过程中的分层监督；

③ 项目部（项目管理单位）应会同监理单位每年定期组织工程质量大检查及重要部位的专业化检查并做出评价，现场由工程监理负责检查。对重大质量事故要实行责任追究制；

④ 深入现场及时掌握施工质量动态，及时采取措施，使工程质量始终处在受控状态。

4）竣工验收阶段

竣工验收标准及有关规定，隐蔽工程检验，一般由工程监理牵头组织，竣工预验收，必须由项目部（项目管理单位）牵头组织，监理协助，竣工验收由建设单位牵头组织项目部（项目管理单位）协助办理。

5）工程质量事故

施工中发生质量事故，要做到“四不放过”，即事故原因分析不清不放过，事故责任者和群众没有受到教育不放过，没有采取切实可行的防范措施不放过，事故责任者没有受到严肃处理不放过的原则。

（5）工程质量的评定

（6）质量奖罚

对质量实行奖罚制度（详见质量安全管理手册）。

（7）组织工程质量评比

对指挥部办公室所属项目部的质量进行管理，并组织评比。

8.3.3　项目安全管理概念和原则

（1）安全与安全管理

安全生产是指为了预防生产过程中发生人身伤害、设备损毁等事故，保证职工在生产中的安全和健康而采取的各种措施和活动。

安全管理是项目管理的重要组成部分，是为保证生产顺利进行，防止伤亡事故发生，确保安全生产而采取的各种对策、方针和行动的总称。安全管理是一门综合性的系统科学，包括安全法规、安全技术、工业卫生等三个相互联系又相互独立的内容。

（2）安全管理的基本原则

1）必须贯彻预防为主的方针

安全生产的方针是“安全第一，预防为主”。进行安全管理不仅是处理事故，而更重要的是在生产活动中，针对生产的特点，对生产因素采取管理措施，有效地控制不安全因素的发展与扩大，把可能发生的事故消灭在萌芽状态。

2）管生产同时管安全

安全管理是生产管理的重要组成部分，安全与生产在实施过程中，两者存在着密切的联系，存在着进行共同管理的基础。各级领导人员在管理生产的同时，必须负责管理安全工作。

企业中一切与生产有关的机构、人员，都必须参与安全管理并在管理中承担责任。

3）坚持安全管理的目的性

安全管理的内容是对生产中的人、物、环境因素状态的管理，有效地控制人的不安全行为和物的不安全状态，消除或避免事故，达到保护劳动者的安全与健康的目的。

4）坚持"四全"动态管理

安全管理涉及生产活动的方方面面，包括从开工到竣工交付的全部生产过程、全部的生产时间和一切变化着的生产因素。因此，生产活动中必须坚持全员、全过程、全方位、全天候的动态安全管理。

5）安全管理重在控制

安全管理的各项主要内容中，对生产因素状态的控制与安全管理的目的关系更直接、更突出。

因此，对生产中人的不安全行为和物的不安全状态的控制，必须看作是动态的安全管理的重点。

6）在管理中发展提高

安全管理是一种动态管理，需要不断发展、不断变化，以适应变化的生产活动，消除新的危险因素，摸索新的规律，总结管理的办法与经验，从而使安全管理上升到新的高度。

【案例 8-6】 2010 年上海世博会安全管理目标规划

世博会建设工程是一个庞大的系统工程，为了确保整个建设工程过程的安全，使工程安全工作始终处于安全保证体系的指导和监督下，依据"安全第一，预防为主"的方针，必须建立健全安全生产责任制和群防群治制度，确保施工过程中的人身和财产安全，确保建设工程顺利进行。

(1) 安全文明施工管理目标

1) 安全目标

不发生重特大安全事故。

2) 文明施工目标

文明工地创建率 100%。

(2) 安全管理的要求

1) 建立安全生产保证体系的要求

为了提高施工现场安全生产的管理水平，达到上海市文明施工安全标准化现场的目的，要求各单位建立安全生产和文明施工管理体系。

2) 建立"双标化"各项制度的要求

- 安全责任制度

建立各级安全生产责任制，责任落实到人，在整个工地形成职责分明的安全工作网络。

● 安全教育制度

安全教育分为安全教育和安全交底两部分。严格执行三级安全教育制度，凡进场人员，必须进行40h的三级安全生产教育，合格后方能上岗作业。

● 安全设施验收制度

塔吊、施工电梯、井架、外架在安装搭设完成后，必须经专业单位安检部门验收合格，挂牌后才能投入使用。

● 安全检查制度

定期和不定期进行安全检查，检查要抓住重点部位。

(3) 安全文明施工的措施

1) 建立安全文明施工管理组织体系

承包单位的安全文明施工管理组织体系。建立安全文明施工管理责任制，与建设单位项目部签订安全文明责任书、与分包单位签订安全文明责任协议书，并建立分包单位安全文明责任制。

2) 重视施工人员健康，维护农民工利益。创建和谐工地。

对劳务施工人员检查二证，即身份证和务工人员信息卡。加强安全保护，强化务工人员劳动合同管理，劳动关系登记，劳动用品发放，健康体检等工作。规范工资支付，严格工资卡按月足额支付等管理制度。要求做好外来务工人员的综合保险缴付。切实维护农民工权益。增设“建筑业农民工维全告示牌”的通知。创建和谐工地。

3) 施工材料、机具管理

严格按施工现场平面图堆放材料、机具。

4) 场容场貌环境保护管理

承包单位施工区域实行封闭管理，并设置门卫管理。

5) 施工临时用电、消防安全管理

承包单位编制施工用电方案，配备足够灭火器材，建立动火证制度。

6) 建立产品保护、安全防卫管理（详见手册）

7) 建立季节性施工措施

对雨季、夏季、冬季要采取必要的措施（详见手册）。

8) 建立特殊气候应急保障措施

(4) 组织开展文明工地创建

(5) 协助调查重大安全事故的处理

复习思考题

1. 项目实施策划主要包括哪几个方面内容？

2. 项目目标分析和再论证包括几个方面？它和前面章节中的项目目标定义有什么异同？

3. 编制项目投资规划的依据是什么？应主要考虑哪些方面内容？

4. 什么是项目进度计划系统？它可以按照哪些角度进行建立？

5. 简述项目总进度目标论证工作的步骤。

6. 编制项目进度计划方法有很多，说出其中主要的几种方式及其优缺点。

7. 项目质量控制制度主要包括哪几个方面？

8.【案例讨论】某多层宿舍楼，位于上海市奉贤区，计划开工日期2010年9月，竣工日期2011年8月，建筑面积5000m²，结构类型砖混，地上5层，建安造价预计900万元，主要工程特征包括：①建筑工程（土方工程、桩基与基础工程、砌筑工程、钢筋混凝土工程、屋面工程等）；②装饰装修工程（楼地面工程、墙柱面工程、天棚工程、门窗工程、油漆等工程、其他零星工程等）；③安装工程（给排水工程、电气工程、智能化系统工程、消防工程等）。请分析：（1）试根据有关造价指标和投资构成，进行总投资估算并进行总投资论证；（2）编制总进度节点（8—10个节点）；（3）编制总进度计划和总进度控制策略；（4）进行质量和安全策划。

第九章　项目实施组织策划

项目实施的特点之一是多方参与，一个项目要由许多参与单位承担不同的工作和任务，而不是由一家单位独立完成。建设工程项目的参与单位包括业主、业主委托的项目管理单位、造价审计单位、招标代理单位、勘察设计单位、工程监理单位、施工单位、材料设备供应单位等。单位与单位之间存在各种复杂关系，但归纳起来，工程项目各参与方相互之间主要存在三大关系：合同关系、指令关系和协调关系，如图9-1所示。

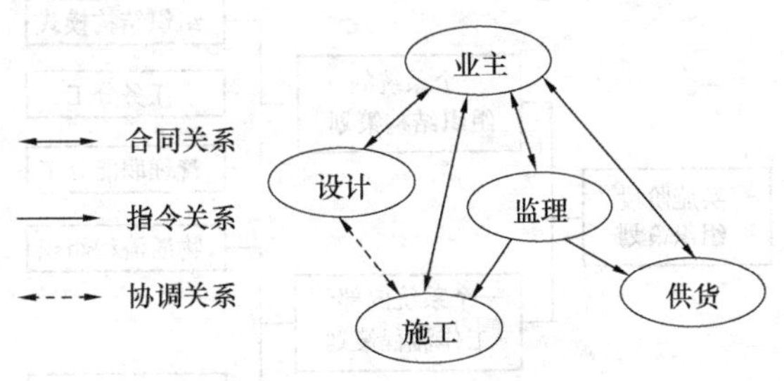

图 9-1　项目参与各方关系图

（1）合同关系

业主与设计单位、监理单位、施工单位、供货单位之间的工作关系一般属于合同关系，即业主分别与这些单位签订合同，合同双方按照合同约定承担各自的义务。在项目管理理论中，合同关系一般用合同结构图表示，在图中一般用双向实线箭头表示合同关系。

（2）指令关系

监理单位与施工单位、供货单位之间没有合同关系，但也存在着密切的工作关系。按照我国《建设工程监理规范》规定，在项目实施过程中，监理单位受业主委托，代表业主的利益，对施工过程实施监理；当项目施工出现质量问题时，监理单位有权对施工单位下达整改令甚至停工令。因此，监理单位虽然与施工单位、供货单位之间没有合同关系，但却存在着指令关系。在项目管理理论中，指令关系一般用组织结构图表示，在图中一般用单向实线箭头表示指令关系。

（3）协调关系

设计单位与施工单位之间没有合同关系，没有指令关系，但也存在密切的工作关系。双方虽然没有签订合同，但是设计必须要考虑到施工环境和施工技术等情况，才能具有可施工性；施工必须依据设计文件进行施工，要接受设计的指导和规定。在施工前，设计单位必须向施工单位进行设计交底；在施工过程中，设计单位要答复施工单位提出的技术问题，双方要协商设计变更事宜等，设计和施工双方必须保持充分协调和密切沟通。因此，设计单位与施工单位之间虽然没有合同关系，也不存在指令关系，却存在协调关系。在项目管理理论中，协调关系一般用信息流程图表示，在图中一般用双向虚线箭头表示协调关系。

本章主要内容包括组织策划的概念、项目分解和编码系统、组织结构策划、任务分工策划、管理职能分工策划、工作流程策划以及管理制度策划几个方面。

9.1 组织策划概念

(1) 组织策划概念

项目实施的组织策划是指为确保项目目标的实现，在项目开始实施之前以及项目实施前期，针对项目的实施阶段，逐步建立一整套项目实施期的科学化、规范化的管理模式和方法，即对项目参与各方在整个建设项目实施过程中的组织结构、指令关系、任务分工和管理职能分工、工作流程等进行严格定义，在此基础上使项目管理工作制度化、规范化，为项目的实施服务，使之顺利实现项目目标。组织策划的内容可以归纳为两大方面，如图9-2所示。

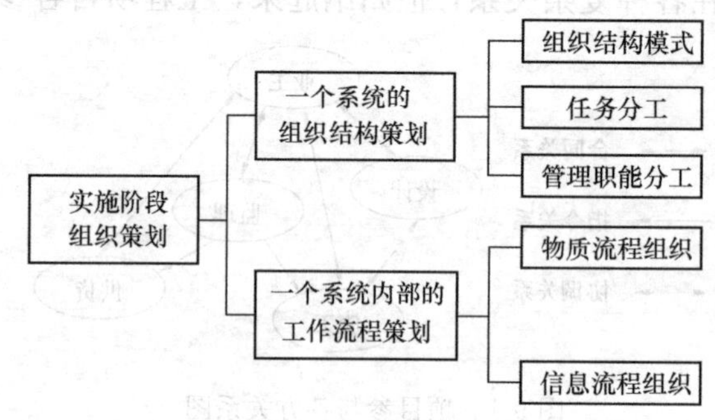

图 9-2 组织策划主要内容

组织策划的重点之一是明确指令关系，指令关系指的是组织中不同单位、不同工作部门之间的上下级关系。指令关系中的上级工作部门或上级管理人员可以对下级工作部门或下级工作人员下达工作指令。指令关系可以通过组织结构图体现出来，组织结构图反映的是一个组织系统中各子系统之间或各元素之间（各工作部门或各管理人员）的指令关系。

组织策划的重点之二是明确任务分工，根据项目目标体系和项目分解结构，把项目实施过程逐层分解形成该项目的所有工作任务，只有组织分工反映了一个组织系统中各子系统或各元素的工作任务分工和管理职能分工，才能落实各自责任，才有可能实现项目目标。组织结构图和组织分工都是一种相对静态的组织关系。

组织策划的重点之三是工作流程组织，它反映的是一个组织系统中各项工作之间的先后开展顺序关系，是一种相对动态的关系。对于建设工程项目而言，指的是一系列项目实施任务的工作流程组织，如投资控制工作流程、质量控制工作流程、合同管理工作流程等。

(2) 组织策划原则

进行组织策划时需要遵循以下几个原则：

- 目标决定组织原则；
- 有效管理幅度原则；
- 指令清晰原则；
- 任务分工和职能分工清晰原则；
- 信息反馈原则；
- 动态调整原则。

一般情况下，组织策划的内容包括项目整个实施阶段，包含项目参与各方之间关系组织结构策划和项目管理班子内部的组织结构策划两个方面。

(3) 组织策划工具

组织策划工具是组织论的应用手段，包括一系列图或表等形式，用于表示各种组织和管理关系。归纳起来，常用的项目管理组织策划工具主要有以下几种，本教材将对其中的重点工具予以详细阐述。

①项目分解结构图
②项目管理组织结构图
③合同结构图
④信息流程图
⑤任务分工表
⑥管理职能分工表
⑦工作流程图
⑧工作逻辑关系图
⑨投资分解结构图
⑩质量分解结构图
⑪ 合同分解结构图
⑫ 信息分解结构图
⑬ 项目信息编码
⑭ 项目组织方案
⑮ 项目组织规划
⑯ 项目组织手册

在以上这些项目管理的组织工具中，①项目分解结构图、②组织结构图、③合同结构图和④信息流程图是组织论中四个重要的组织工具，其中①项目分解结构图是组织策划的基础工作——项目对象分解的工具。②组织结构图、③合同结构图和④信息流程图分别反映了项目参与各方之间的指令关系、合同关系和信息交流关系，是项目实施策划中应重点明确的三大关系。四种组织工具的比较如表 9-1 所示。

项目分解结构图、组织结构图、合同结构图和信息流程图比较　　表 9-1

	表达的含义	图中矩形框含义	矩形框连接的表达	示意图
项目分解结构图	对一个项目的结构进行逐层分解，以反映组成该项目的所有组成部分	一个项目的组成部分	直线	项目 1级子项目　1级子项目　1级子项目 2级子项目　2级子项目
组织结构图	反映一个组织系统中各组成部门（组成元素）之间指令关系	一个组织系统中的组成部分	单向箭线	1级工作部门 2级工作部门　2级工作部门 3级工作部门　3级工作部门　3级工作部门
合同结构图	反映一个建设项目参与单位之间的合同关系	一个建设项目的参与单位	双向箭线	业主 施工总承包单位 分包1　分包2　分包*n*

续表

	表达的含义	图中矩形框含义	矩形框连接的表达	示意图
信息流程图	反映一个建设项目参与单位之间的信息流转关系	一个建设项目的参与单位或系统中的组成部分	双向虚线箭线	设计；业主；施工；信息平台；咨询；供货商

9.2 项目分解和编码系统

在进行组织结构策划之前，必须先进行项目对象的分解以及项目编码。项目分解是项目管理的第一步，项目分解结构图是项目分解的工具。项目分解以后，要对项目分解进行编码。项目的分解与编码贯穿项目实施的全过程。

9.2.1 项目分解结构体系的概念

长期以来，项目管理几乎都是从工作任务分解（Work Breakdown Structure，简称WBS）开始的。美国项目管理协会（Project Management Institute，简称PMI）在其出版的《项目管理知识体系指南（PMBOK）》中将WBS置于项目范围管理中，作为项目管理的首要工作。

WBS概念最初由20世纪60年代由美国国防部和航天局提出，从此以后被广泛应用于项目管理的计划评审技术（PERT）中。在PMBOK中，WBS被定义为一种面向可交付成果的项目元素分组，是以可交付成果为导向的工作层级分解，其分解的对象是项目团队为实现项目目标、提交所需可交付成果而实施的工作，WBS分解的最底层是工作包(Work Package)。

在长期实践应用中，WBS往往不仅包含工作任务分解，还包含项目实体对象的分解，不仅由动词构成，还由项目构成部位（元素）的名词构成，例如在建设工程项目中，WBS往往被分解成上层是工程实体对象分解、下层为工作包。这种方式在简单的建设工程项目中是可行的，但是在大型复杂群体建设工程项目中，项目对象分解本身就很复杂，将“可交付成果”和“工作任务”混在同一个分解结构中，使项目管理者思想上造成困惑。正确的方法是，先对项目实体对象进行分解，建立项目分解结构体系（Project Breakdown Structure，简称PBS)，再进行工作任务分解，建立WBS，将PBS和WBS在群体项目中区别开来是很有必要的。

根据对项目群管理的系统论和管理哲学的拓展认识，有必要重新对WBS的定义进行准确认识：WBS是以可交付成果为导向的工作层级分解，是“以可交付成果为导向”，而不是可交付成果本身。项目群管理的第一步不应该是工作任务分解，而是项目实体对象分解，建立项目分解结构PBS。PBS与WBS不同，PBS分解的结果不是以可交付成果为目标的工作包，而是构成项目最终实体目标的项目单元。

在大型复杂群体项目中，项目分解结构PBS应该是不同于工作任务分解结构WBS的独立分解结构，并且是项目管理其他一切工作的基础。PBS的形成早于WBS，PBS是WBS的前提条件，WBS是PBS的具体实现。PBS是复杂项目管理的第一步。

9.2.2 项目分解结构图

项目分解结构表明了项目由哪些子项目组成，子项目又由哪些分项目组成。项目分解结构是项目管理工作的第一步，是有效进行项目管理的基础和前提。反映项目分解结构的工具是项目分解结构图，项目分解结构图是一个重要的组织工具，它通过树状图的方式对一个项目的结构进行逐层分解，如表9-1所示。

同一个建设项目可有不同的项目分解结构方法，而不同的项目分解结构将直接影响项目投资、进度、质量目标的实现，因此项目结构的分解应和整个工程实施的部署相结合，并和将采用的合同结构相结合。下面针对不同的项目，分析不同的项目分解结构。

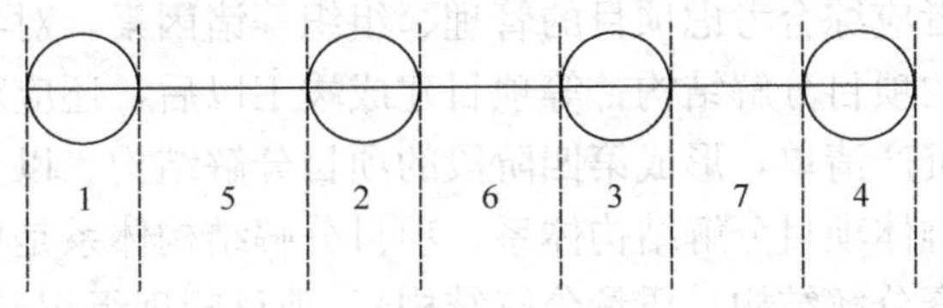

图9-3 地铁项目标段示意

如地铁工程主要有两种不同的合同分解方式，其对应的项目分解结构也不同：

地铁车站和区间隧道分别发包，如图9-3所示，这时的项目结构如图9-4所示。

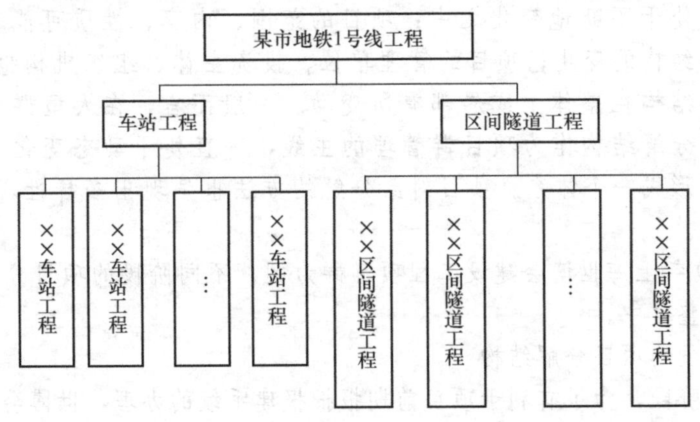

图9-4 地铁车站和区间隧道分别发包的项目结构

这种项目分解比较直观，容易理解，但是在实施项目管理时却遇到了困难：车站项目中也有轨道工程，这些车站项目中的轨道工程划分给谁？如果也给车站总包单位，则不一定合理，因此考虑重新划分项目标段，将一个车站连同一段区间隧道一起作为一个标段划分，如图9-5所示。

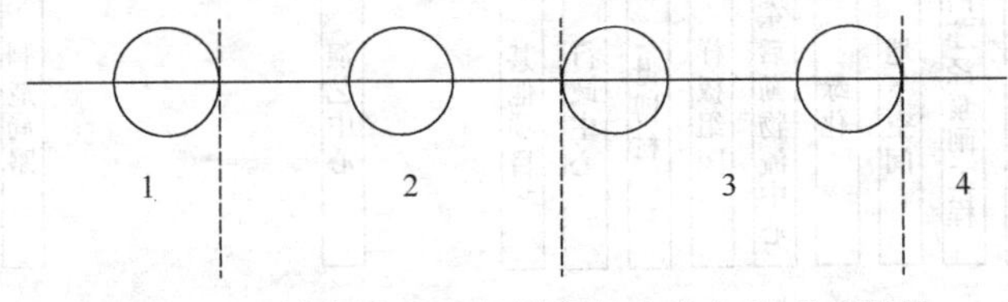

图9-5 地铁车站和区间隧道组合发包的项目结构

从上面的例子可以看出，项目分解结构没有统一的模式，但与项目实施管理密切相关。应结合项目的特点并参考以下原则进行：

（1）考虑项目进展的总体部署；

（2）考虑项目管理的组织结构；

（3）考虑项目的合同结构和发包、承包模式；

（4）有利于项目目标的控制；

（5）同时结合项目技术上的项目组成等。

9.2.3 项目分解结构体系

在项目从立项到最终交付使用的全过程中，项目分解结构的形成是一个需要考虑诸多因素而动态变化的过程。项目分解结构不是一成不变的，在项目立项阶段就要对项目对象进行分解，形成第一阶段的项目分解结构；在项目设计阶段，设计文件又对项目对象进行进一步深化分解，形成第二阶段的项目分解结构；在项目建设开始实施的阶段，项目管理者应综合考虑项目的管理、组织等诸因素，对项目群进行重新梳理、分解，形成第三阶段的项目分解结构；等项目建成竣工以后，还应对已形成的固定资产进行最终的梳理，建立资产清单，形成第四阶段的项目分解结构。以上四个阶段不同的项目分解结构共同形成了群体项目分解结构体系。项目分解结构体系是项目目标分解体系（工作任务分解结构、投资分解结构、质量分解结构）、项目管理组织分解体系（项目组织分解结构、项目合同分解结构、项目信息分解结构）的基础和前提。

【案例 9-1】 2010 年上海世博会工程建设项目分解

根据中国 2010 年上海世博会建设工程项目管理的实践，项目群组成内容的属性在项目进展过程中处于不断地变化之中：项目的范围、内容、性质可能会有变化，由此会带来项目分解结构的变化；项目的管理单位、投资主体、组织机构也可能发生变更，会导致项目分解结构在整体上或局部有所变动。一般而言，在大型群体复杂项目全寿命周期中，项目分解结构作为项目群管理的主线，一直处于动态变化与调整之中，应不断进行梳理，形成一个体系。项目对象分解的方法也呈现出多样性，而不是固定的、唯一的、不变的。

以中国 2010 年上海世博会建设工程项目群为例，不同阶段的项目分解结构不同，一直处于变化和调整之中。

（1）立项阶段的项目分解结构

在项目立项阶段，为了有利于项目前期报批报建手续的办理，世博会项目采取了基于投资主体的项目对象分解方法，按投资主体对项目对象进行分解，形成了如图 9-6 所示的项目分解结构（局部），这种分解方法便于理清项目各投资主体的关系，也是当时对项目

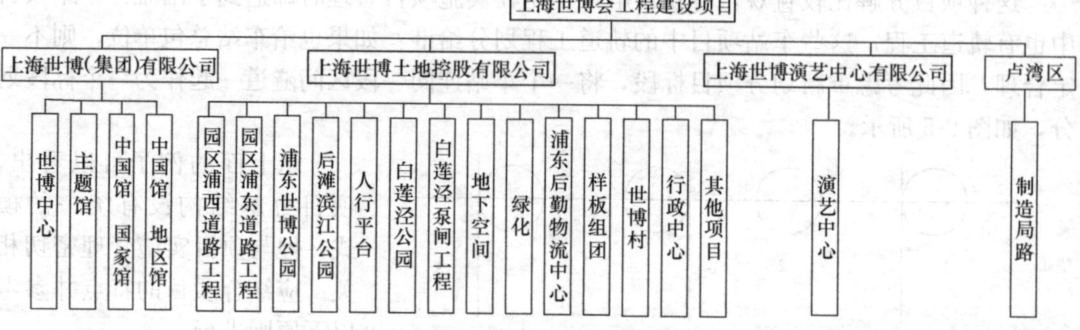

图 9-6 上海世博会建设工程项目分解结构（立项阶段）

分解打包编制项目建议书和可行性研究报告的真实情况的反映。在这种分解结构下，世博会共产生了127份前期批文和报告。

(2) 设计阶段的项目分解结构

在上海世博会建设工程项目的设计阶段，设计单位按照项目性质对所有项目重新进行了分解，形成了大量的设计文件，这种分解主要是从技术角度考虑的，将上海世博会工程建设项目从专业上分为场馆类建筑、配套服务设施、交通服务设施和市政设施等四类，形成如图9-7所示的项目对象分解结构。

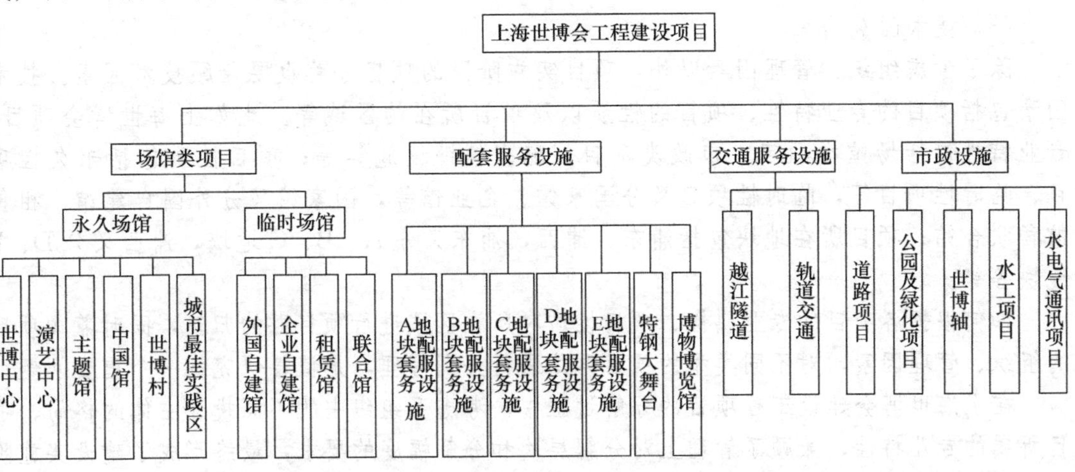

图9-7　上海世博会建设工程项目分解结构（设计阶段）

以上两种项目分解结构决然不同，立项阶段的项目分解结构主要考虑项目投资主体的划分、项目建议书和可研报告的批复；设计阶段的项目分解结构主要考虑项目的专业性质。立项阶段和设计阶段的项目分解结构考虑的因素具有明显的阶段性特征，但当项目真正开始实施建设时，这两种项目分解结构都不能满足项目管理的需要，需要重新进行分解。

9.2.4　实施阶段的项目分解结构

在项目建设实施阶段，对大型复杂群体项目进行分解需要综合考虑技术、组织、管理等因素，要遵循现有条件下的组织、管理现状。实施阶段项目分解的目的是推进项目、实现项目目标、进行项目实施的组织与管理。而反过来项目管理的组织建立也在一定程度上受项目分解结构的影响，项目分解结构与组织、管理模式是相互影响和作用的。

【案例9-2】　2010年上海世博会工程建设

实施阶段项目分解结构应考虑的因素包括：

(1) 组织因素

就如在9.2.3所述，每个项目都有相应的投资主体，投资主体有变化，项目分解结构也要跟着变。不仅如此，在建设实施阶段还有相应的实施管理组织，管理组织有变化，项目分解结构也要跟着变。组织和管理因素是建设实施阶段的项目分解所需要考虑的，本阶段的项目分解结构必须与这些组织因素相对应。

例如，外国国家自建馆如果单独成立一个“外国自建馆管理协调部”进行管理，则在项目分解时应将“外国国家自建馆”单独列为一类项目群；如果不设专门部门，将外国自建馆分到各片区项目部进行管理和协调，则应该在项目分解时将不同的外国自建馆分别分解到各片区项目群中去。

(2) 管理因素

本阶段的项目分解结构需要考虑分解的层次和幅度是否与现行的管理模式相匹配，要有利于进行具体管理工作的落实，有利于对项目的整体控制。例如世博村项目群，单纯从技术角度应划分为“永久性建筑”一类，但考虑到管理的角度，世博村是由土控公司进行投资和管理的项目群，宜划到“其他投资主体建设项目”一类中去。

(3) 技术因素

除了考虑组织、管理因素以外，项目实施阶段的项目分解也要兼顾技术因素。技术因素包括项目的专业特性、项目的性质以及项目所在的区域等。比如上海世博会项目，专业特性包括场馆类项目、市政类项目、配套辅助设施等等；项目性质包括永久性项目、临时性项目等，临时性项目又分国家馆、企业馆等，国家馆又分外国自建馆、租赁馆和联合馆；项目所在地块包括浦东、浦西，浦东又分A、B、C地块，浦西又分D、E地块等等。

如何根据各项目的专业属性、项目性质和所在区域进行项目群的归集，同时兼顾项目的组织、管理因素，对不同类型的项目群体进行分别管理，是值得研究的一个重要问题。

在上海世博会建设工程项目的分解过程中，考虑了组织中的不同投资主体的格局、项目所属的专业特性，兼顾了管理上对分解层次和分解幅度的要求，最终形成了建设实施阶段的项目分解结构，如图9-8所示。

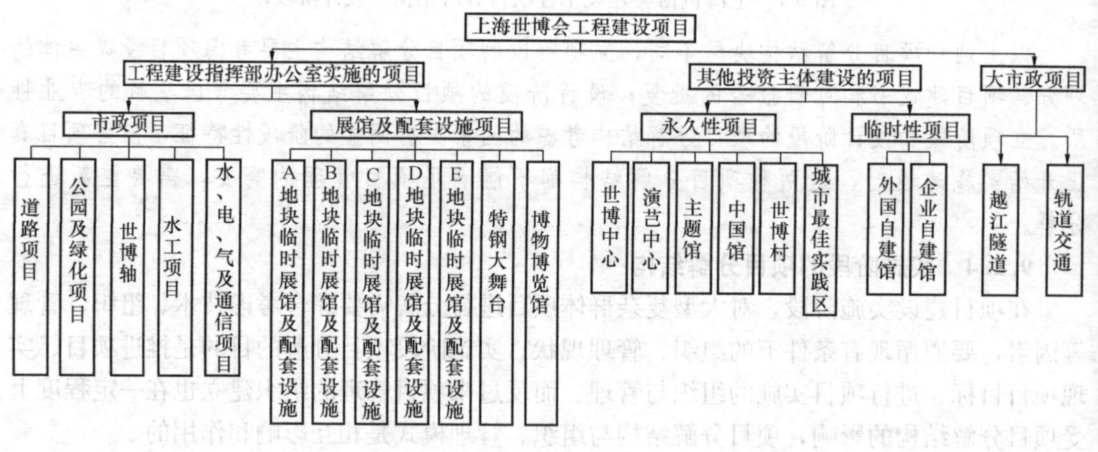

图9-8 上海世博会建设工程项目分解结构（建设实施阶段）

在图9-8中，第一层考虑了各个子项目的投资主体，将项目群分为三类：第一类为由指挥部办公室具体实施和负责的项目；第二类为由其他投资主体负责建设、指挥部办公室管理和控制的项目；第三类为大市政项目。这样能够明确对各子项目负责的相应单位，也便于这个大型复杂群体项目的管理者在对整个项目进行协调管理时确定各投资主体之间的配合关系。

第二层考虑了各子项目的性质。在上一层分解的三类项目中，第一类项目再分为展馆及配套设施项目、市政项目两类；第二类项目分为永久性项目、临时性项目两类；第三类项目分为越江隧道项目、轨道交通项目两类。

第三层根据实际情况和需要对上一层分解的项目再进行细分。市政项目被分为道路项目、公园及绿化项目、世博轴、水工项目等；展馆及配套设施项目被分为A、B、C、D、E等地块的临时展馆及配套设施、特钢大舞台和博物博览馆；永久性项目被分为世博中心、演艺中心、主题馆、中国馆、世博村、城市最佳实践区；临时性项目被分为外国自建馆、企业自建馆两类。其中中国馆和城市最佳实践区在实施过程中调整了投资主体，被划归指挥部办公室，在项目分解结构中非常方便地进行了更改。

市政项目、展馆及配套设施项目等都还可以继续细分到众多的单体子项目中去，由于子项目数量庞大，在图9-8中省去。

9.2.5　PBS、WBS及OBS之间的区别与联系

PBS作为复杂项目管理的首要工作，其重要性体现在对后续项目管理内容的指导性作用中。没有PBS，也就没有对项目群对象的具体认识，也就无法对完成项目对象的所有工作形成层次清晰、内容明确的认识，也无法开始对项目实施机构的组织与建立。

实际上，在确定项目对象目标以后，接下来是为实现对象目标所进行的工作任务梳理，建立工作分解结构，WBS可看作项目群管理的第二步。在此还有一项工作至关重要，即遵循对项目对象和工作任务的分解，建立项目实施与管理的组织机构，形成管理组织分解结构（Organisation Breakdown Structure，简称OBS）。如果说WBS解决了“要做哪些工作”，OBS就是为了解决“由谁来做”的问题。据此，PBS、WBS和OBS成为项目群管理的三大分解体系，共同形成了项目群管理的工作基础。

PBS、WBS和OBS是项目群管理的三大基础，在世博会项目上，管理者提出了“项目管理的三维视角”即项目对象维、工作目标维和管理组织维，如图9-9所示。项目对象维主要指项目对象分解所形成的项目分解结构，是对大型复杂群体项目的分解认识。工作目标维主要是指工作分解所形成的工作分解结构，它明确了完成或交付项目对象所必须执行的工作。管理组织维主要是指组织分解所形成的组织分解结构，它明确了执行工作任务的组织安排。

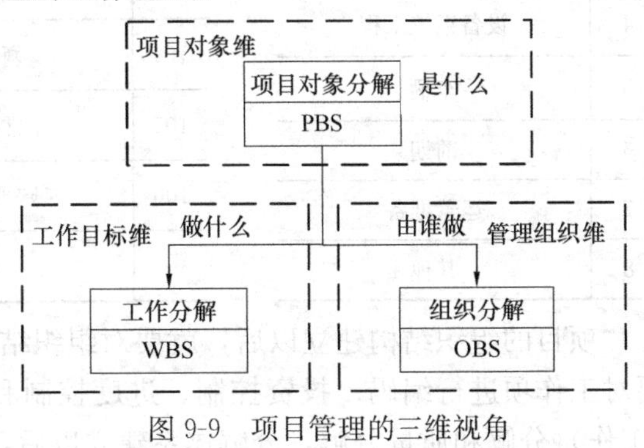

图9-9　项目管理的三维视角

项目分解结构是工作分解结构和组织分解结构的基础。一般而言，先有PBS，再有WBS和OBS；一个体系合理的PBS才可能产生恰当的WBS和OBS，合理的WBS和OBS的前提就是适宜的PBS；反过来OBS对PBS、WBS均有影响，OBS的变化将引起PBS、WBS的变化。

9.2.6　项目编码体系

对一个项目完成分解结构之后，需要对项目分解结构的各层次的每一个组成部分进行编码。它和用于投资控制、进度控制、质量控制、合同管理和信息管理的编码既有区别，也有联系。项目分解结构图及其编码是编制上述其他编码的基础。图9-10所示是某地铁一号线工程项目分解编码系统，其编码系统由五级编码组成，分别为子项目编码、单位工程编码、分部工程编码、分项工程编码、扩展编码。以子项目编码、单位工程编码、分部

工程编码为例，其具体编码内容如表 9-2、表 9-3、表 9-4 所示。

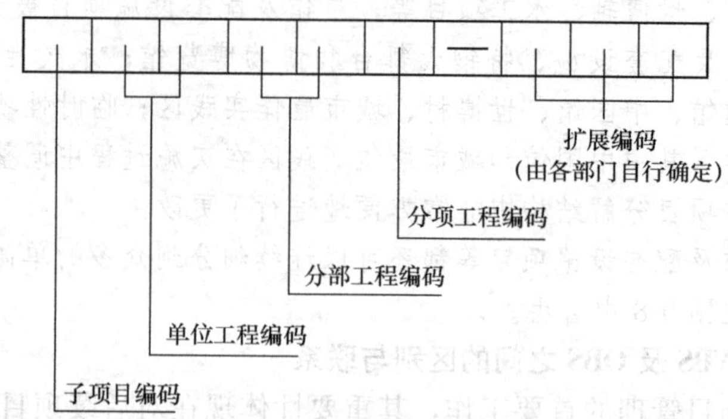

图 9-10　某地铁一号线工程项目分解编码系统

子项目编码表　表 9-2

编码	子项目名称
1	车站工程
2	区间工程
3	车辆段
4	设备系统工程
5	车辆
6	前期
7	运营准备
8	其他

单位工程编码表　表 9-3

编码	单位工程名称
101	漕宝路站
102	上体馆站
103	徐家汇站及折返线
104	衡山路站
105	常熟路站
106	陕西南路站
……	……

分部工程编码　表 9-4

编码	单位工程名称
10401	地下连续墙
10402	基坑开挖
10403	端头井
10404	内部结构
10405	出入口通道
10406	通风井
10407	建筑装修
10408	地面办公用房
10409	其他
……	……

项目的组织结构建立以后，就要对组织结构进行编码；项目的工作任务分解以后，就要对工作项进行编码；投资控制、进度控制和质量控制的第一步是进行投资分解、进度（工作）分解和质量分解，分解体系建立以后，就要分别进行投资分解编码、进度（工作）分解编码和质量分解编码；合同管理的第一步是进行合同分解与编码；信息管理的第一步是进行报告、函件和档案的编码。因此，项目管理工作中将涉及一系列的分解与编码，如：

- 项目的结构编码；
- 项目管理组织结构编码；
- 项目的政府主管部门和各参与单位编码（组织编码）；
- 项目实施的工作项编码（项目实施的工作过程的编码）；
- 项目的投资项编码（业主方）/成本项编码（施工方）；
- 项目的进度项（进度计划的工作项）编码；
- 项目进展报告和各类报表编码；
- 合同编码；
- 函件编码；

- 工程档案编码。

以上这些编码是根据不同的用途而编制，如投资项编码（业主方）/成本项编码（施工方）服务于投资控制工作/成本控制工作，进度项编码服务于进度控制工作。应该注意的是，项目分解结构图不同于项目管理组织结构图，前者用于项目分解，后者用于部门分工和指令关系；合同结构图不同于合同分解结构图，前者用于分析合同关系，后者用于合同分类；信息流程图不同于信息分解结构图，前者用于分析信息交流关系，后者用于信息分类；工作流程图不同于工作逻辑关系图，前者用于工作开展顺序，后者用于网络计划技术。

9.3　组织结构策划

9.3.1　基本组织结构模式

组织结构是组织运行的基础，合适的组织结构是组织高效运营的先决条件。组织结构设计的内容包括设置职能部门、明确工作岗位分工以及工作部门之间的指令关系。建立合理的组织结构，可以确保各个部门能够高效率工作，促使各种资源得到较充分利用，以便有效实现管理系统的目标。

对于一般项目，确定组织结构的方法为：首先确定项目总体目标，然后将目标分解成为实现该目标所需要完成的各项任务，再根据各项不同的任务，选定合适的组织结构形式。对于项目组织策划来说，应根据项目建设的规模和复杂程度等各种因素，在分析已有组织结构形式的基础上，设置与具体项目相适应的组织层次。

为了发挥管理组织的整体效能，促使管理组织的科学运转，增强管理组织的活力，确保管理目标的实现，组织结构模式的建立，必须遵循以下原则：

- 坚持目标决定组织的原则；
- 必须根据工作需要设计组织结构；
- 必须保证指令清晰；
- 必须有利于全过程及全局的目标控制。

组织结构可以用组织结构图来描述，组织结构图是组织结构设计的成果，组织结构图是一个重要的组织工具，反映一个组织系统中各组成部门（组成元素）之间的指令关系。如图 9-11 所示为某证券大厦项目的组织结构图。

从图中可以看出，业主代表办公室、项目管理顾问等对下均不能发指令，他们听取业主代表的指令。业主代表可以通过业主副代表向外方设计单位发指令，他不能越过业主副代表直接向外方设计单位发指令。中方设计单位的唯一直接上级是设计项目管理组，指令源是唯一的。桩基施工单位接受指令的来源有两个：业主副代表 2 发出有关质量指令，业主代表直接发出有关投资、进度和合同的指令。

从组织结构图可以看出，组织结构图清晰反映的是系统各单位相互之间的指令关系。如果认为指令关系不合理，则应该调整组织结构，组织结构图在任何时候都应能够清晰反映指令关系。从指令关系出发，一个系统最基本的组织结构模式有以下三种：线性组织结构、职能型组织结构、矩阵型组织结构。以三种基本模式为基础，根据项目实际环境情况分析，应用其中一种基本组织形式或多种基本组织形式组合设计而成。这三种组织结构模式既可以在企业管理策划中运用，也可在工程项目策划中运用。以下分别

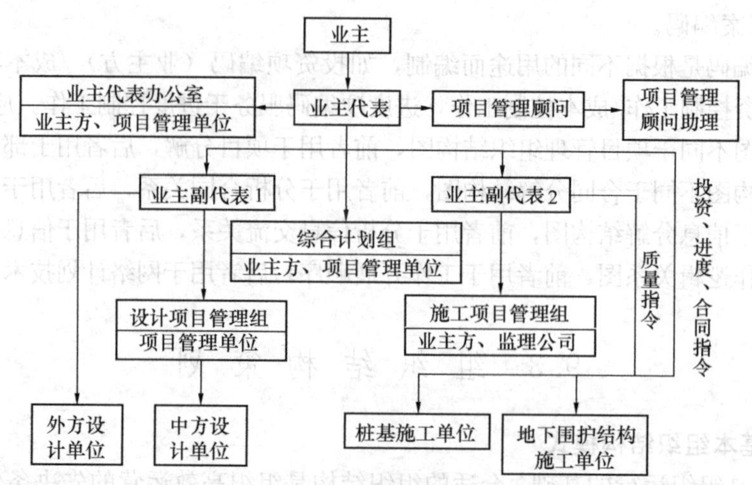

图 9-11　某证券大厦项目组织结构图

依次简要介绍。

(1) 线性组织结构

线性组织结构常用于如军事组织系统等指令关系较为严谨的组织系统中。在线性组织结构中，每一个工作部门只能对其直接的下属部门下达工作指令，不能越级指挥，每一个工作部门也只有一个直接的上级部门，因此线性组织结构的特点是每一个工作部门只有一个指令源，避免了由于矛盾的指令而影响组织系统的运行。

线性组织结构图如图 9-12 所示。线性组织结构模式是建设工程项目管理组织系统的一种常用模式，因为一个建设工程项目的参与单位很多，在项目实施过程中矛盾的指令会给工程项目目标的实现造成很大的影响，而线性组织结构模式可确保工作指令的唯一性。但在许多工程项目中，往往名义上是线性组织结构，但却存在大量的越级指挥，存在许多的多头指令，这不是真正的线性组织结构，这一点应引起注意。线性组织结构在应用于大型组织系统中，常出现指令效率低和指令信息扭曲等问题。

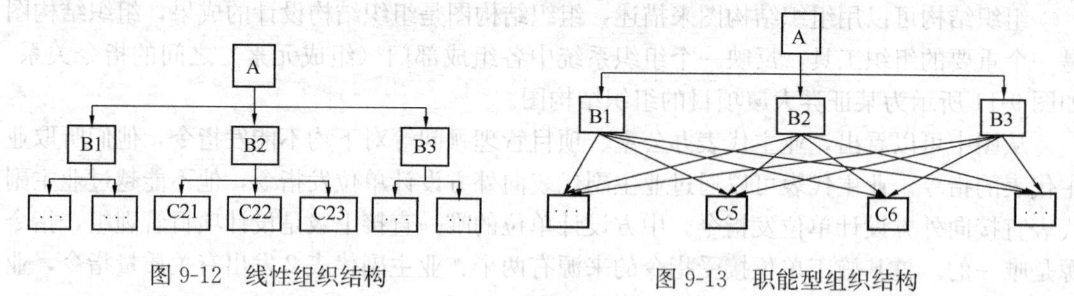

图 9-12　线性组织结构　　　　图 9-13　职能型组织结构

(2) 职能型组织结构

职能型组织结构是一种传统的组织结构模式。职能型组织结构图如图 9-13 所示。职能型组织结构即按管理职能划分部门，在职能型组织结构中，每一个职能部门可根据它的管理职能对其下属工作部门下达工作指令。每一个工作部门可能因不同管理职能得到的上级工作部门下达的多个工作指令，它可能会有多个矛盾的指令源。例如，针对设备采购，工程部可能对项目人员下达加快安装进度的指令，而采购部可能下达为保障采购质量和控制成本而延缓进度的指令。因此职能型组织结构的特点是每一个工作部门有多个指令源，从而可能存在彼此矛盾的指令。

（3）矩阵组织结构

在矩阵组织结构中，最高指挥者（部门）下设纵向和横向两种不同类型的工作部门。如纵向按管理职能划分部门，横向是划分项目部。从下图 9-14（*a*）中可以看出，纵向 X1、X2、X3 和横向 Y1、Y2、Y3 是平级的。矩阵组织结构适宜用于大的组织系统。

在矩阵组织结构中，每一项纵向和横向交汇的工作，指令来自于纵向和横向两个工作部门，因此矩阵组织结构的特点是每一个工作部门有两个指令源，在实施之前要进行约定是以纵向为主还是以横向为主。在矩阵组织结构中为避免纵向和横向工作部门指令矛盾对工作的影响，可以采用以纵向工作部门指令为主（图 9-14*b*）或以横向工作部门指令为主（图 9-14*c*）的矩阵组织结构模式，前者可以称为弱矩阵组织结构，后者可以称为强矩阵组织结构，这样可减轻该组织系统的最高指挥者（部门），即图 9-14（*b*）和 9-14（*c*）中 A 的协调工作量。

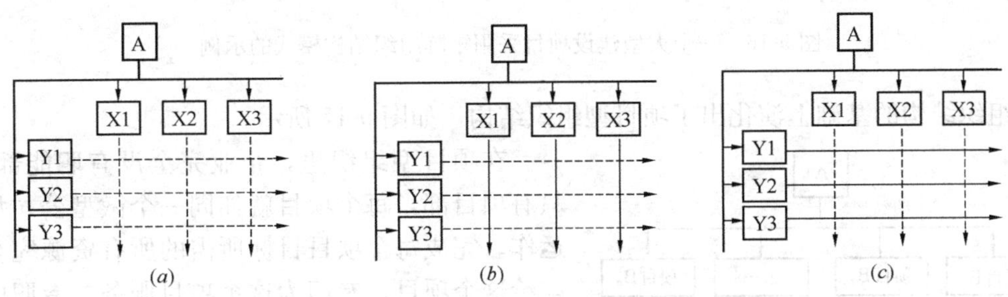

图 9-14　不同的矩阵组织结构

（*a*）矩阵组织结构；（*b*）以纵向工作部门指令为主的矩阵组织结构；（*c*）以横向工作部门指令为主的矩阵组织结构

施工企业常用矩阵组织结构模式，如图 9-15 所示。

一个大型建设项目如采用矩阵组织结构模式，其纵向工作部门可以是投资控制、进度控制、质量控制、合同管理、信息管理、人事管理、财务管理和物资管理等部门，横向工作部门可以是各子项目的项目管理部，如图 9-16 所示。

（4）其他类型组织结构

在实际工作当中，在这三种基本组织结构的基础上演化出其他类型组织结构。例如，由于传统的职能型组织结构不能适应项目运作的特点，因此在某些项目实际操作过程中，在职

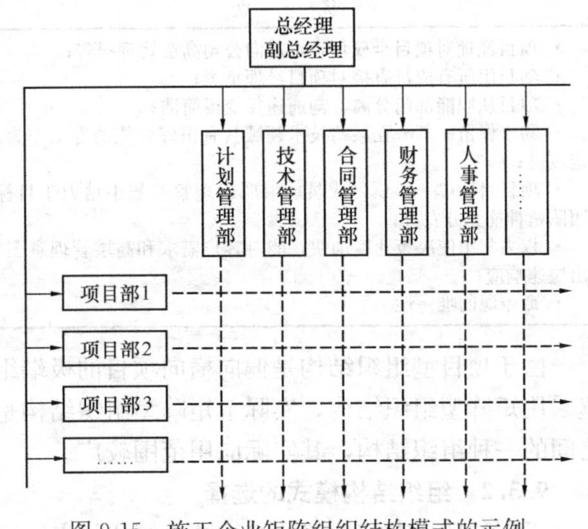

图 9-15　施工企业矩阵组织结构模式的示例

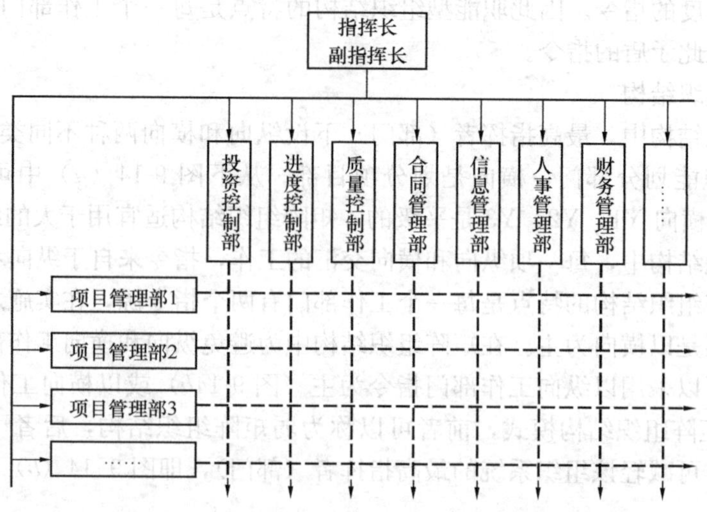

图 9-16　一个大型建设项目采用矩阵组织结构模式的示例

能型组织结构的基础上演化出了项目型组织结构，如图 9-17 所示。

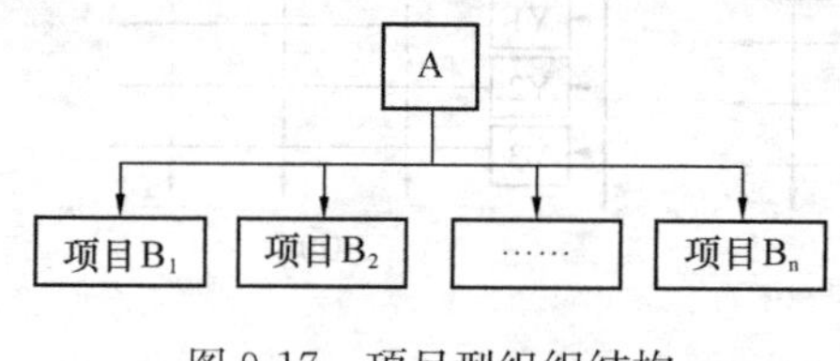

图 9-17　项目型组织结构

在项目型组织里，企业完全没有职能部门，只有项目部，每个项目就如同一个微型公司那样运作。完成每个项目目标所需的所有资源完全分配给这个项目，专门为这个项目服务。专职的项目经理对项目团队拥有完全的项目权力和行政权力。由于每个项目团队严格致力于一个项目，所以，项目型组织的设置是为了迅速、有效地对项目目标和客户需要做出反应。但项目型组织结构也有缺点，项目型组织结构的优缺点如下表 9-5 所示。

项目型组织结构的优缺点对比　　**表 9-5**

优　　点	缺　　点
· 项目经理对项目全权负责，需向公司高层管理报告； · 项目组所有成员直接对项目经理负责； · 项目从职能部门分离，沟通途径变得简洁； · 易于保留一部分在某些技术领域具有很好才能的专家作为固定成员； · 项目目标单一，项目成员能够明确理解并集中精力于目标，团队精神能充分发挥； · 权力集中使决策速度加快，能对客户需求和高层管理意图做出快速响应； · 命令源的唯一性	· 当有多个项目时，会造成人员、设施、技术及设备等的重复配置； · 项目经理往往会将关键资源预先储备，造成浪费； · 易造成在公司规章制度上的不一致性； · 不利于项目与外界的沟通； · 对项目成员来说，缺乏一种事业的连续性和保障

由于项目型组织结构是偏向横向项目的极端组织结构，更多项目在实际实施过程中普遍采用矩阵型组织结构，实际上矩阵型组织结构是介于职能型组织结构和项目型组织结构之间的一种组织结构，其实际应用范围较广。

9.3.2　组织结构模式的选择

不同的项目有其独特的组织结构模式特点，不同项目组织结构模式对项目实施的影响不同，表 9-6 列出了主要的组织结构模式及其对项目实施的影响。

项目组织结构模式及其对项目的影响　　表 9-6

组织类型/项目特点	职能型组织	矩阵型组织			项目型组织
		弱矩阵型	平衡矩阵	强矩阵型	
项目经理的权威	很少或没有	有限	小到中等	中等到大	大到几乎全权
项目全时人员	几乎没有	0%～25%	15%～60%	50%～95%	85%～100%
项目经理	部分时间	部分时间	全时	全时	全时
项目经理的头衔	PM 协调员/项目主管	PM 协调员/项目主管	项目经理/项目主任	项目经理/计划经理	项目经理/计划经理
项目管理行政人员	部分时间	部分时间	部分时间	全时	全时

对于具体项目而言，项目实施组织结构模式的选择需要根据主客观条件来综合考虑。通常，需要考虑以下几个因素：

- 项目规模；
- 项目历时长短；
- 项目管理组织的经验；
- 上层管理者的经营理念和洞察力；
- 项目定位；
- 有效资源；
- 项目的独特性。

9.3.3 项目组织结构模式策划

为了顺利实施一个项目，项目的业主方起到非常关键的作用。而业主方的首要任务，便是确定项目实施的组织结构，项目实施的组织结构有两层含义：其一是反映业主方与项目参与各个单位之间的指令关系，其二是要反映业主方为实现本项目所建立的内部组织结构，两者缺一不可，前者决定了该项目的管理模式，而业主方的内部组织结构也与业主方选择的项目管理模式有关，应当根据项目的实际特征正确选择项目管理模式。

（1）业主方项目管理模式

如果项目开发单位管理能力强，人员构成合理，可能以开发单位自身的项目管理为主，将少量的工作交由社会性专业项目管理公司完成，或完全由自身完成。此时，建设单位组织结构较为庞大。反之，若建设单位自身管理能力较弱，则可将大量工作交由专业项目管理公司去完成，形成“小业主大社会”的格局，此时，建设单位组织结构较简单。

对一般工程项目管理而言，业主方项目管理的模式看上去千变万化，实际上归纳起来主要有三种，如图 9-18 所示。

1）业主方依靠自己组建的管理班子自行管理（简称 A 模式）

2）业主方将所有管理工作委托一个或多个工程管理咨询（顾问）公司进行全过程全方位的项目管理（简称 B 模式）

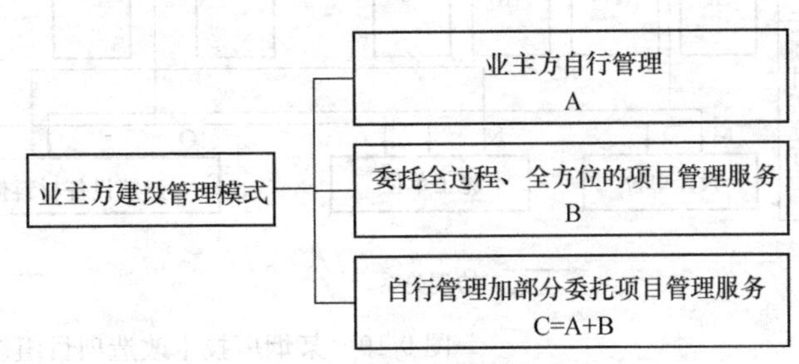

图 9-18　业主方建设管理模式

3）业主方将部分管理工作委

托一个或多个工程管理咨询（顾问）公司进行项目管理，但自己也有管理班子参与部分管理工作（简称C模式）

因此，组织结构模式策划的第一步，就是要根据项目特点，确定是采用A模式，还是B模式，还是C模式。在过去，我国大部分项目采用A模式，即自行管理，大项目成立指挥部，小项目组建基建处，给业主方项目管理带来很多弊病。

在多数发达国家中，凡政府投资的项目都由政府主管部门直接进行工程项目管理，其目的是保护纳税人的利益。如果政府主管部门管理工程项目的能力非常强，采用的基本上是A模式。有些发达国家，由于政府投资的项目的数量太大，政府也委托半官方的事业单位（如日本的高速公路集团）或非盈利性的组织进行政府投资项目的管理。但是，大量非政府投资的项目则较多采用B模式或C模式，即委托项目管理。因为业主方的项目管理也是一项专业性很强的工作，应委托专业人士承担。在我国，近年来，越来越多的业主方认识到委托专业公司承担项目管理的重要性，而开始尝试采用B模式或C模式。

(2) 整个项目管理的组织结构

工程项目的实施除了业主之外，还有许多单位参加，如设计单位、施工单位、供货单位和工程管理咨询单位以及有关的政府行政管理部门等，整个项目管理的组织结构图反映了业主方以及项目的各参与单位之间的组织关系。

【案例 9-3】 某卷烟厂项目组织结构图

图9-19所示为某卷烟厂项目组织结构图的一个示例，业主方内部是线性组织结构，

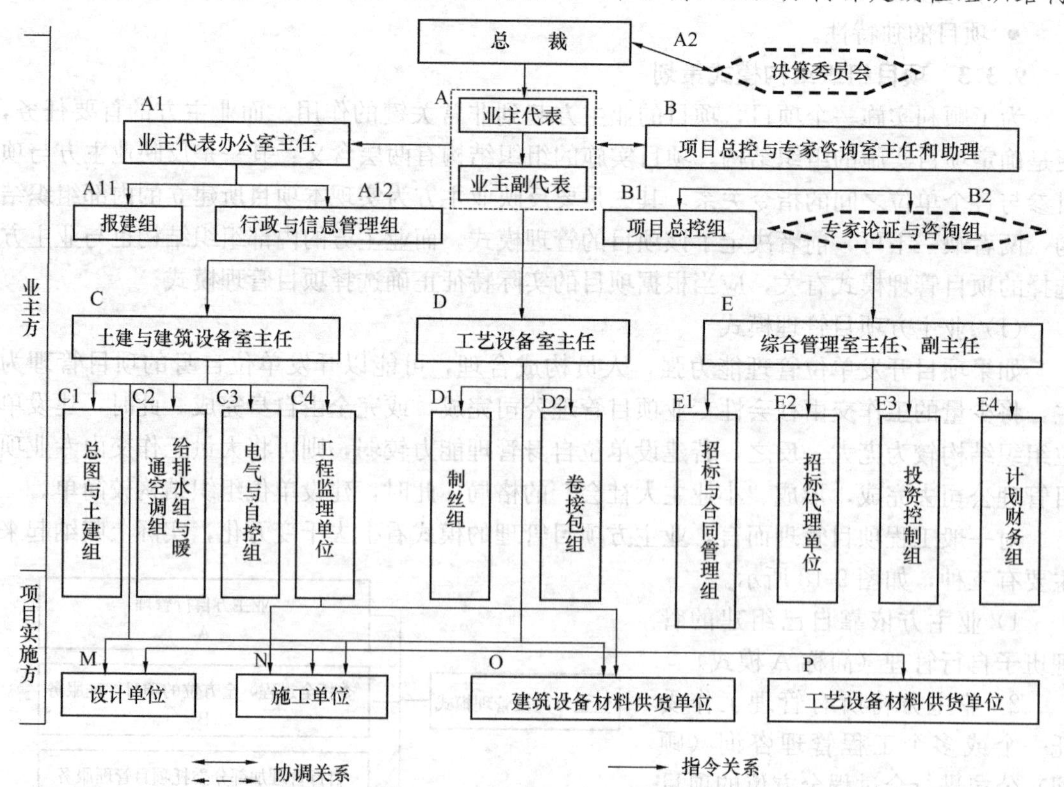

图9-19 某烟厂技术改造项目组织结构图示例

备注：图中字母表示该项目组织结构编码

而对于项目实施方而言，则是职能型组织结构，该组织结构的运行规则如下：

1）在业主代表和业主副代表下设三个直接下属管理部门，即土建和建筑设备工程管理（C）、工艺设备工程管理（D）和综合管理部门（E）。这三个管理部门只接受业主代表和业主副代表下达的指令。

2）在C下设C1、C2、C3和C4四个工作部门，C1、C2、C3和C4只接受C的指令，对下没有任何指令权。在D下设D1和D2两个工作部门，D1和D2只接受D的指令，对下也没有任何指令权。E下的情况与C和D相同。

3）施工单位将接受土建和建筑设备工程管理部门、工艺设备工程管理部门和工程监理单位的工作指令，设计单位将接受土建和建筑设备工程管理部门和工艺设备工程管理部门的指令。

在上图中，决策委员会和专家咨询组采用了虚线六边形表示，是为了与其他实体部门区别开来，它是一个常设的机构，但人员是兼职的。虚设的常设机构对任何其他部门都没有直接指令权。

（3）业主内部班子组织结构

图9-20所示的项目管理组织结构是某项目业主内部班子组织结构示例。由于几位副总经理和总工程师都允许对计划财务部和综合管理部等下指令，因此有可能出现矛盾的指令。图9-21所示的项目管理组织结构是经调整后的该项目业主内部班子组织结构，两位副总经理有明确的直接下属工作部门，可避免出现矛盾的指令。而且将属于企业管理的综合管理部和属于项目管理的计划财务部、工程管理部和物资部分开，在项目管理组织机构中采用矩阵组织结构，使指令关系进一步明确。

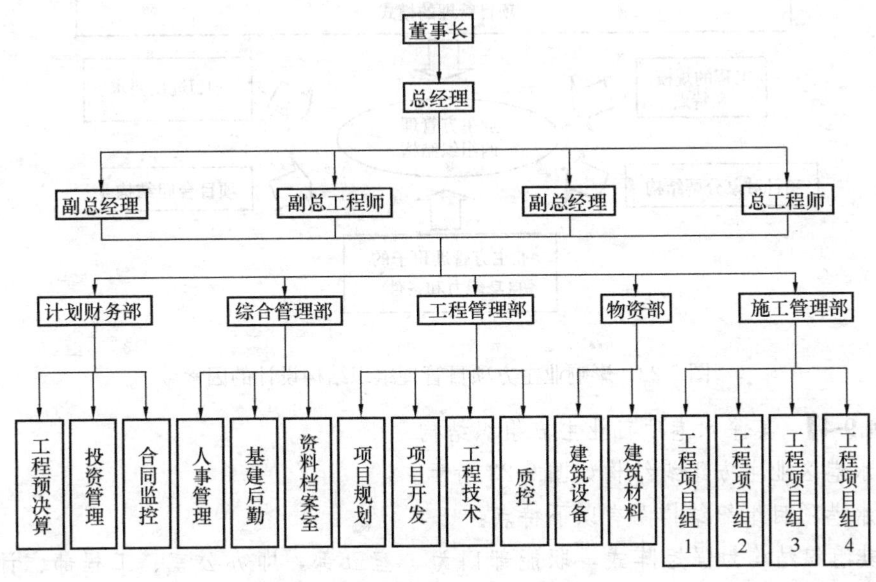

图9-20 某项目业主内部班子组织结构

国内外大量案例证明，业主方项目管理最核心的问题往往是其组织结构的问题，组织是目标能否实现的决定性因素。在进行项目管理组织结构图设计时，需要考虑多方面的因素，如图9-22所示。

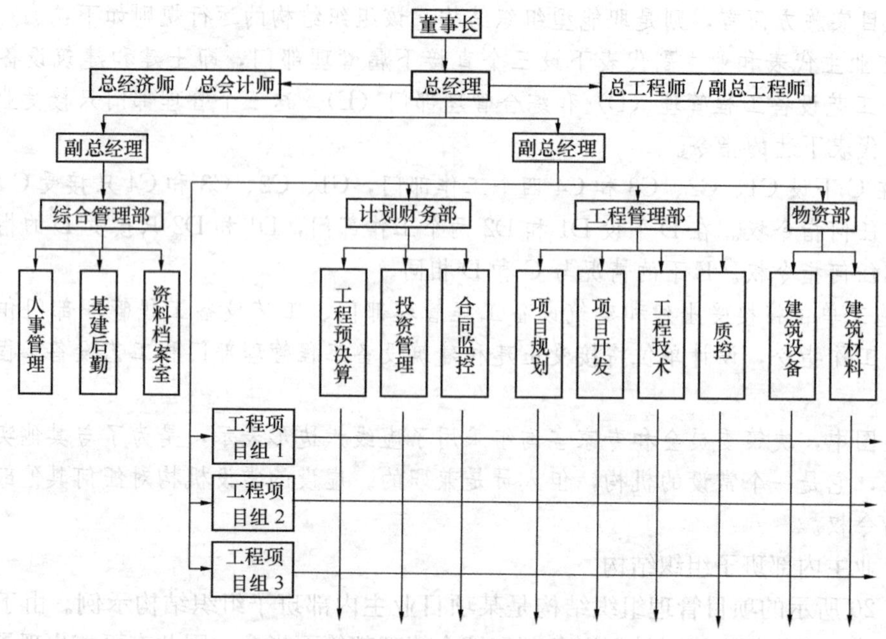

图 9-21 调整后的业主内部班子组织结构

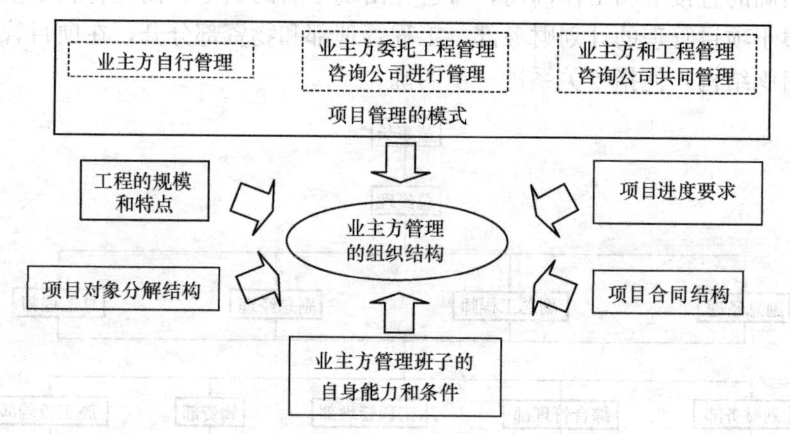

图 9-22 影响业主方项目管理组织结构设计的因素

【案例 9-4】 某深水港项目业主方组织结构

某深水港区业主方组织结构如图 9-23 所示。

该深水港项目组织结构图有以下特点：

(1) 其组织结构为强矩阵式，职能部门为一室五部，即办公室、工程部、计划财务部、机电设备部、物资部、生产准备部；并根据项目特点划分十个项目部，项目经理对自身项目目标负责，职能部门提供技术和管理支撑；

(2) 对合同和招投标实行综合管理和归口管理相结合的工作原则。合同管理指定计财部为综合管理部门，负责合同项目的计划和资金筹措，参与合同谈判，进行合同的综合管理和全过程管理；其他部室作为合同管理的归口管理部门，负责相关合同的签订、实施、

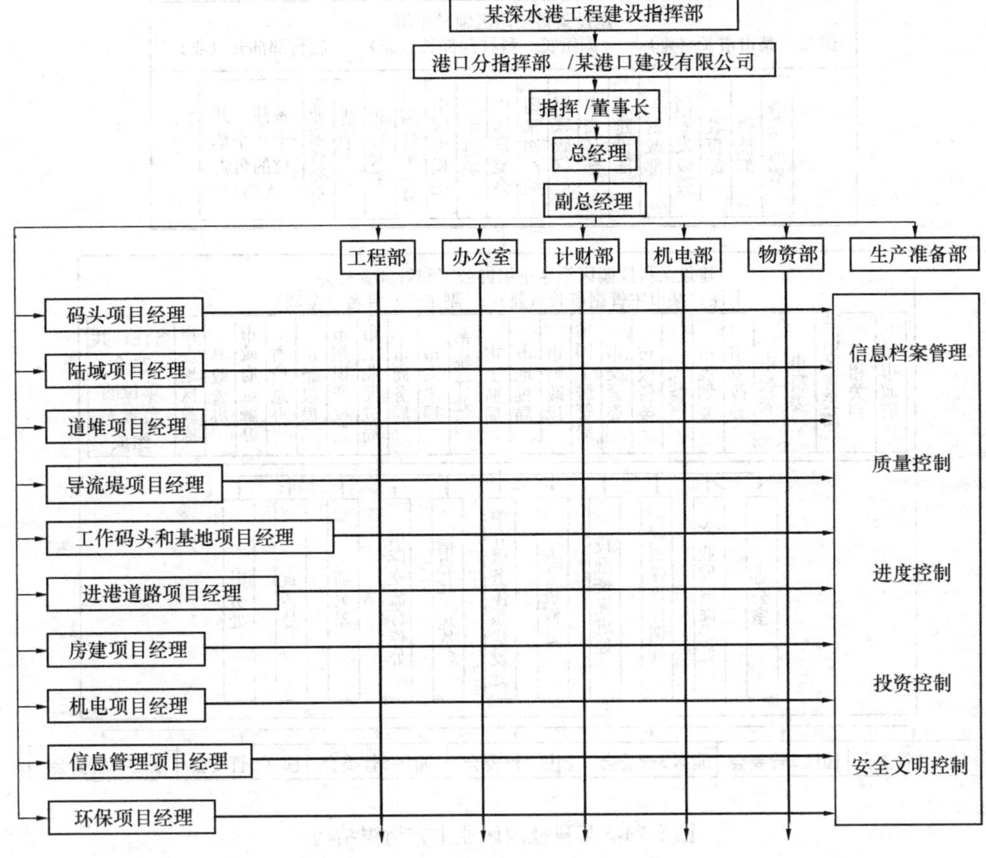

图 9-23　某深水港项目业主方组织结构

变更。而招投标管理指定计财部为主管部门，其他部室的职责按照合同归口管理的职责分工实施；

(3) 分指挥部实行项目经理负责制，即项目经理对工程质量、投资、进度控制和合同履行、信息档案管理等全面负责，并进行全过程动态管理，如果项目经理的指令与职能经理的指令有矛盾，以项目经理的指令为准。

【案例 9-5】 某科技园区业主方组织结构

某国家级大型科技园区的总体管理机构是以该市政府牵头，国家科技部、教育部参与共同组建科技园区领导小组，在领导小组下设领导小组办公室和管理委员会，在其下面又分别设若干分区管委会，由领导小组办公室和管委会指导各分区管委会的工作，因此是一个由领导小组—领导小组办公室和管委会—分区管委会组成的三级组织管理机构。其组织结构图如图 9-24 所示。

该科技园区管委会组织结构的主要特点归纳起来有：

(1) 第一级组织结构领导小组由十六个部级单位的负责人组成，负责整个园区的重大决策和领导，其中有教育部参加，并且有中国科学院、中国工程院、国家自然科学基金委员会、北京大学、清华大学参与，其目的是通过科研机构、大专院校的参与，加强科技研发的力量，突出科技开发区的高科技研发功能。

(2) 第二级组织结构将领导小组办公室和管理委员会合二为一，由二十三个局级单位

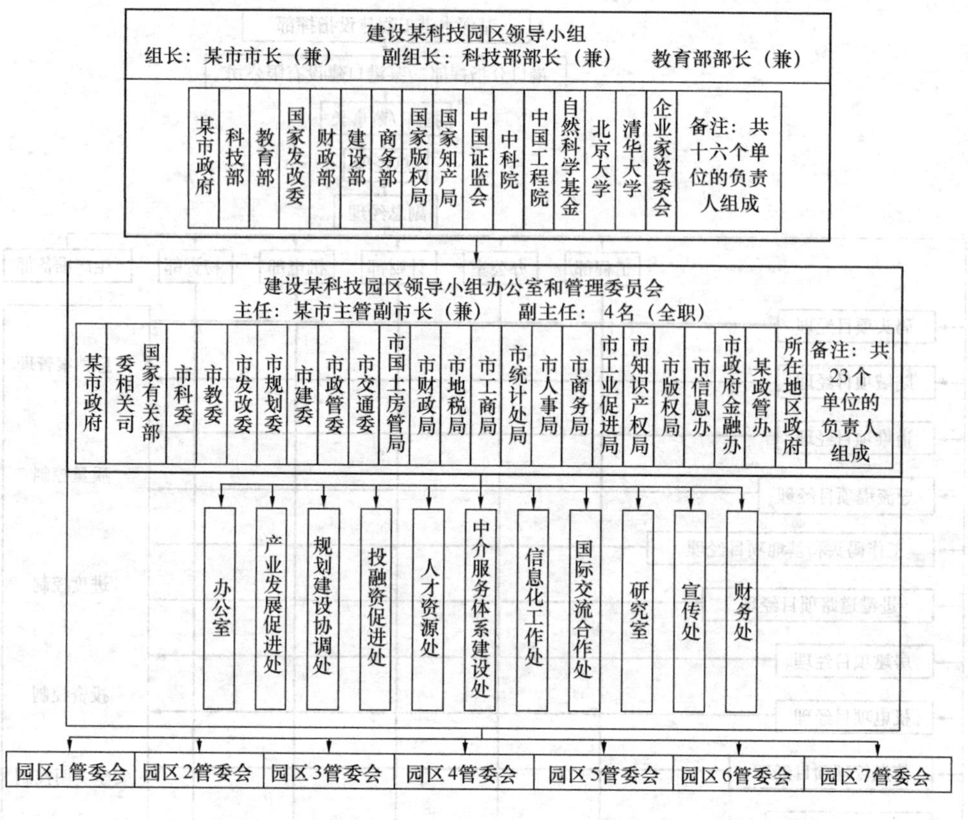

图 9-24 某科技园区业主方组织结构

的负责人组成，负责园区实施全过程中的组织和协调。是领导小组下面的一个实施层面，具体实施工作又由下设的 11 个职能处室，包括：产业发展促进处、规划建设协调处、投融资促进处、人才资源处、中介服务体系建设处、信息化工作处、国际交流合作处、宣传处、财务处、研究室、办公室承担具体的实施工作。其中各职能处室都有明确的任务分工。

(3) 第三级组织结构分区管委会下设七个园区管委会，将整个科技园区的建设任务分为七个园区，由各分园区进行统筹安排，有利于统一规划和部署。

(4) 组织结构的动态调整

项目管理的一个重要哲学思想是：在项目实施的过程中，变是绝对的，不变是相对的，平衡是暂时的，不平衡是永恒的。项目实施的不同阶段，即设计准备阶段、设计阶段、施工阶段和动用前准备阶段，其工程管理的任务特点、管理的任务量、管理人员参与的数量和专业不尽相同，因此业主方项目管理组织结构在项目实施的不同阶段应做必要的动态调整。

【案例 9-6】 某市轨道交通项目组织结构动态调整

某市在筹建轨道交通指挥部时，第一件事情是组织结构建立，在项目刚开始时，确定的组织结构图如图 9-25 所示，主要明确了以下机构设置和关系：

(1) 该市轨道交通工程领导小组、该市轨道交通有限公司和该市轨道交通工程建设指挥部的关系，该市轨道交通有限公司和该市轨道交通工程建设指挥部联合办公；

(2) 设置技术审查咨询委员会和专家顾问组，作为联合办公室的咨询顾问，对外不发指令；

(3) 设置总工程师室和办公室，总工程师对七个工作部门不直接下达指令；

(4) 设置七个工作部门，包括综合部、财务部，计划部、工程部、设备处、运营部和物业开发部等。

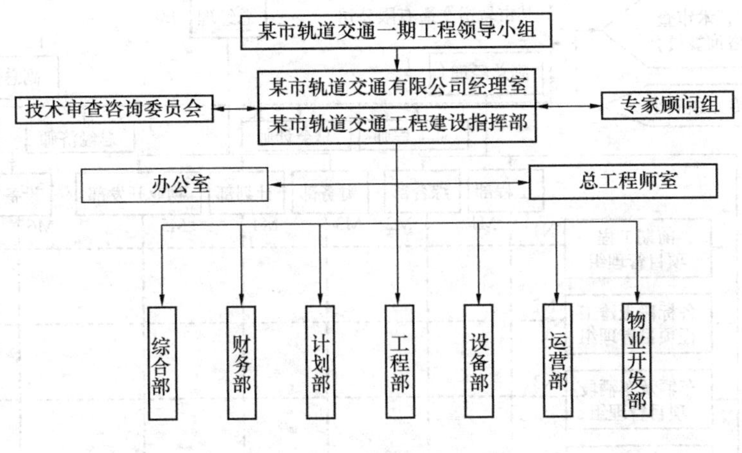

图 9-25　某市轨道交通工程组织结构图（第一阶段）

当工程进行到一定的阶段（以下简称第二阶段），组织结构根据项目管理的需要作了重要调整，在保留七个职能部门的基础上，从横向上设立了四个分指挥部，形成矩阵组织结构，领导层也进行了更加明确的分工。调整后的组织结构图如图 9-26 所示。

第二阶段组织结构图的特点如下：

(1) 经过按第一阶段组织结构图运行后，发现该市轨道交通有限公司和该市轨道交通工程建设指挥部作为一个管理层次联合办公不妥，为强化工程指挥部的领导，该市轨道交通工程领导小组、该市轨道交通工程建设指挥部和该市轨道交通有限公司作为三个管理层次；

(2) 采用矩阵组织结构，纵向为七个工作部门，横向为四个分指挥部；

(3) 总经理和副总经理分别直接管理下属的工作部门，以避免矛盾的指令；

(4) 设置总工程师、总会计师和总经济师；

(5) 在该市轨道交通工程建设指挥部下设四个地域性的分指挥部，以协调轨道交通工程与所在地区的关系。

又过了一个阶段，项目组织结构又根据实施的需要而进行了必要的调整，如图 9-27 所示。

第三阶段组织结构图的特点如下：

(1) 根据工作的需要，将项目实施期间的项目管理和建成后的管理分开，该市轨道交通有限公司增设一位副总经理，他主要分管运营部和物业开发部；

(2) 由于工作量的增加，设置总会计师和总经济师办公室；

(3) 纵向由七个工作部门增加为十一个，横向由四个工作部门增加为六个（部分部门名称略）。

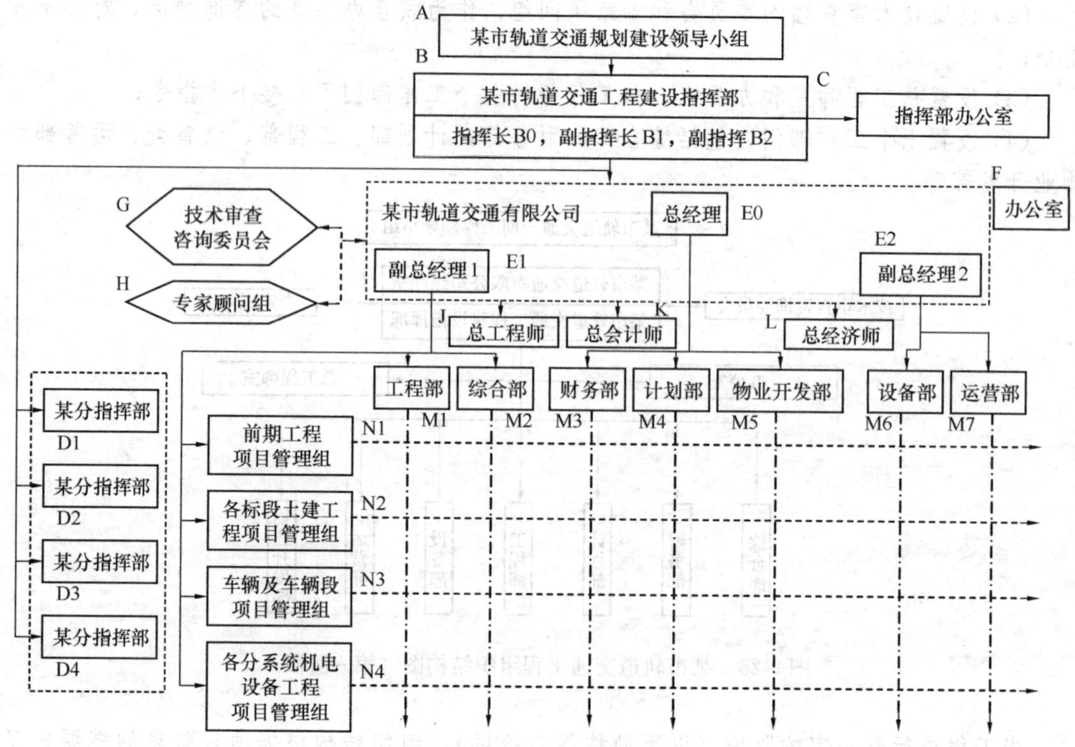

图 9-26　某市轨道交通工程组织结构图（第二阶段）

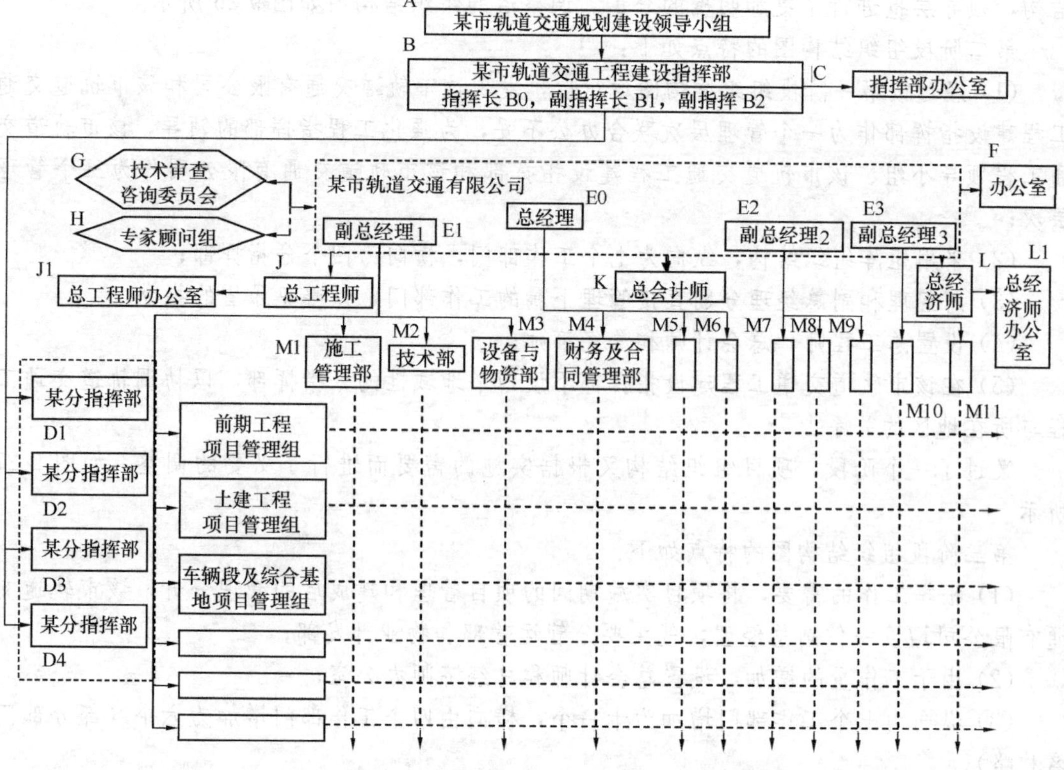

图 9-27　某市轨道交通工程组织结构图（第三阶段）

由以上分析可知，项目管理的组织结构是动态的，应当根据工程进展的需要及时地进行必要的调整。

(4) 大型复杂项目组织策划技术——以2010年上海世博会工程建设为例

在项目管理的三维视角中，项目对象维和目标维是刚性的，比如不能改变拟建场馆的数量和规模，不能改变2010年5月1日必须开幕的进度目标；而管理模式和组织结构是可以改变的，它可以通过主观努力进行优化。因此，组织维是柔性的，在三维视角中是非常重要的因素，应引起足够的重视，应进行详细的策划。在大型复杂群体工程项目中，传统的组织工具无论是线性组织结构、职能型组织结构还是矩阵组织结构，都很难准确表达巨系统的复杂组织结构。为了统筹世博会建设工程管理，工程建设指挥部办公室下设10个职能处室、10个项目部，如图9-28所示，是矩阵式组织结构。

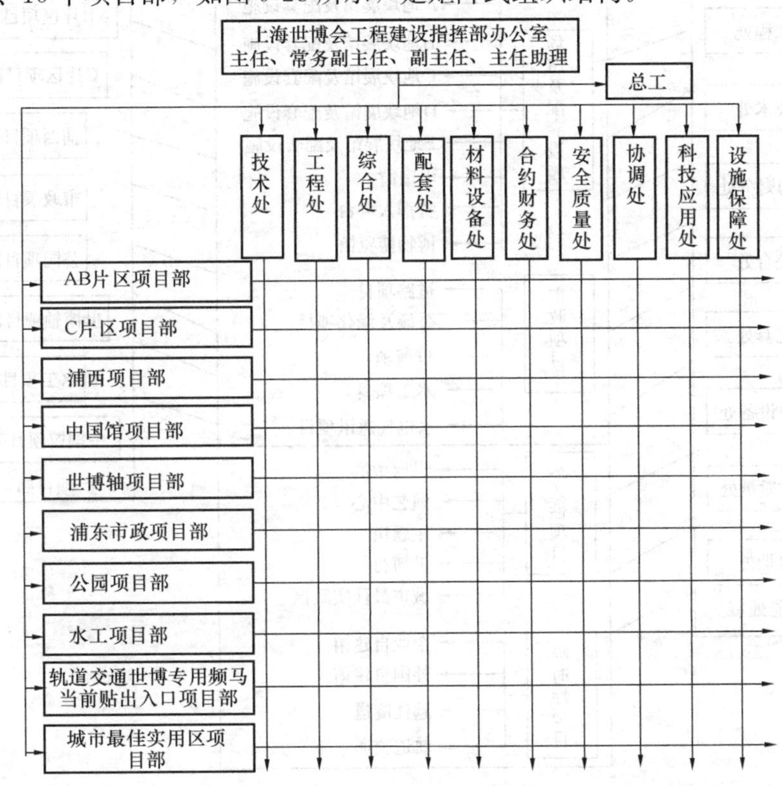

图9-28 上海世博会工程建设指挥部办公室组织结构

但是，图9-28并不能准确反映指挥部对整个园区项目管理的真实情况。按照指挥部办公室的基本定位，必须统领世博工程建设的各项工作，实现对世博工程建设管理的全覆盖。横向的职能部门应负责对由指挥部办公室直接投资兴建的项目进行管理，除此之外还要负责对其他投资主体所负责项目的督促和检查工作，如世博集团投资兴建的世博中心、主题馆，文广集团投资兴建的演艺中心、土控公司投资兴建的世博村等。此外，还要负责对大市政越江隧道和轨道交通项目进行协调（这些项目另有指挥部，但如果不统筹协调，将影响世博园区建设进度与正式开幕目标的实现）。

与横向职能部门不同，纵向项目部只涵盖了由指挥部办公室直接投资兴建的项目，不包括其他投资主体和大市政项目，这一点在图9-28中没有反应出来，应如图9-29所示。

在图 9-29 中，左边是职能处室，右边是项目部，当中是项目实体。项目部的管辖范围只能涵盖指挥部直接投资兴建的部分，而职能部门应实现对世博工程建设管理的全覆盖。在全覆盖的项目范围中，对三大不同类型项目的管理内容、深度和管理办法都不同，应区别对待，事先作出严格规定。如技术处分管设计，但对于指挥部办公室直接投资兴建的项目和其他投资主体建设项目的设计管理内容、深度和管理办法等当然不同。

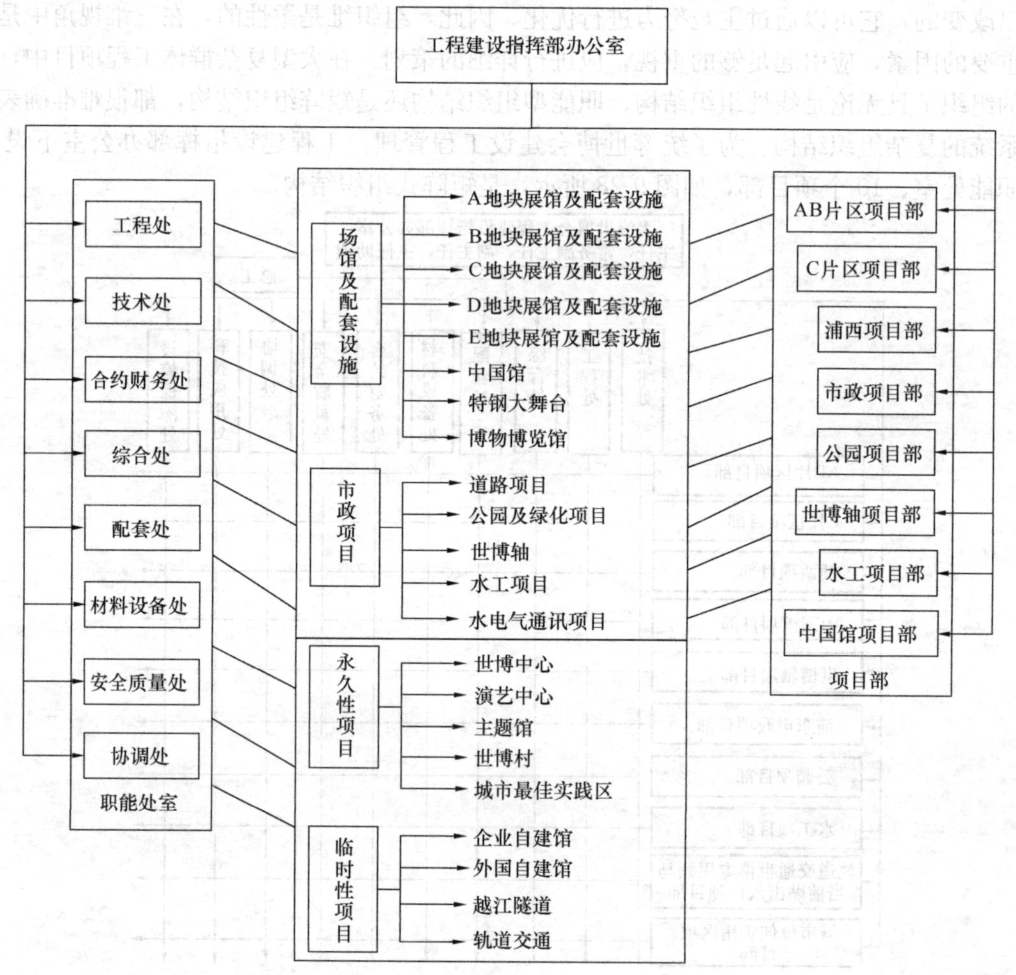

图 9-29　反映指挥部办公室全局管控职能的组织结构

9.4　任务分工策划

在组织结构策划完成后，应对各单位部门或个体的主要职责进行分工。任务分工策划是对项目组织结构的说明和补充，将组织结构中各单位部门或个体的职责进行细化扩展，它也是项目组织策划的重要内容。

项目工作任务分工是建立在工作分解结构（WBS）的基础上的，工作分解结构是以可交付成果为导向对项目要素进行的分组，它归纳和定义了项目的整个工作范围，每下降一层代表对项目工作的更详细定义。项目管理任务分工体现组织结构中各单位部门或个体的职责任务范围，从而为各单位部门或个体指出工作的方向，将多方向的参与力量整合到同一个有利于项目开展的合力方向。

每一个项目都应编制项目工作任务分工表，这是一个项目的组织设计文件的一部分。在编制项目工作任务分工表前，应结合项目的特点，对项目实施的各阶段的投资控制、进度控制、质量控制、合同管理、信息管理和组织与协调等工作任务进行详细分解。

工作任务的分解可以按多种维度进行，如按照不同部门进行分解，按照不同的项目管理职能分解，或按照项目不同阶段分解等等。例如以项目管理方的工作阶段为视角，项目全过程中项目管理工作任务分解表目录如表 9-7 所示，表 9-8 为其中设计阶段项目管理的工作任务分解。

全过程项目管理工作任务分解表目录　　表 9-7

序号	各阶段项目管理的任务	序号	各阶段项目管理的任务
1	决策阶段项目管理的任务	4	施工阶段项目管理的任务
2	设计准备阶段项目管理的任务	5	动用前准备阶段项目管理的任务
3	设计阶段项目管理的任务	6	保修阶段项目管理的任务

设计阶段项目管理工作任务分解表　　表 9-8

编号	任务
3.1	设计阶段的投资控制
3101	在可行性研究的基础上，进一步进行项目总投资目标的分析、论证
3102	根据方案设计，审核项目总投资估算，供委托方确定投资目标参考，并基于优化方案协助委托方对估算作出调整
3103	进一步编制项目总投资切块、分解规划，并在设计过程中控制其执行；在设计过程中若有必要，及时提出调整总投资切块、分解规划的建议
3104	审核项目总投资概算，在设计深化过程中严格控制在总概算所确定的投资计划值中，对设计概算作出评价报告和建议
3105	根据工程概算和工程进度表，编制设计阶段资金使用计划，并控制其执行，必要时，对上述计划提出调整建议
3106	从设计、施工、材料和设备等多方面作必要的市场调查分析和技术经济比较论证，并提出咨询报告，如发现设计可能突破投资目标，则协助设计人员提出解决办法，供委托方参考
3107	审核施工图预算，调整总投资计划
3108	采用价值工程方法，在充分满足项目功能的条件下考虑进一步挖掘节约投资的潜力
3109	进行投资计划值和实际值的动态跟踪比较，并提交各种投资控制报表和报告
3110	控制设计变更，注意检查变更设计的结构性、经济性、建筑造型和使用功能是否满足委托方的要求
3.2	设计阶段的进度控制
3201	参与编制项目总进度计划，有关施工进度与施工监理单位协商讨论
3202	审核设计方提出的详细的设计进度计划和出图计划，并控制其执行，避免发生因设计单位推迟进度而造成施工单位要求索赔
3203	协助起草主要甲供材料和设备的采购计划，审核甲供进口材料设备清单
3204	协助委托方确定施工分包合同结构及招投标方式

续表

3205	督促委托方对设计文件尽快作出决策和审定
3206	在项目实施过程中进行进度计划值和实际值的比较，并提交各种进度控制报表和报告（月报、季报、年报）
3207	协调室内外装修设计、专业设备设计与主设计的关系，使专业设计进度能满足施工进度的要求
3.3 设计阶段的质量控制	
3301	协助委托方进一步确定项目质量的要求和标准，满足市设计质监部门质量评定标准要求，并作为质量控制目标值，参与分析和评估建筑物使用功能、面积分配、建筑设计标准等，根据委托方的要求，编制详细的设计要求文件，作为方案设计优化任务书的一部分
3302	研究图纸、技术说明和计算书等设计文件，发现问题，及时向设计单位提出；对设计变更进行技术经济合理性分析，并按照规定的程序办理设计变更手续，凡对投资及进度带来影响的变更，需会同委托方核签
3303	审核各设计阶段的图纸、技术说明和计算书等设计文件是否符合国家有关设计规范、有关设计质量要求和标准，并根据需要提出修改意见，争取设计质量获得市有关部门审查通过
3304	在设计进展过程中，协助审核设计是否符合委托方对设计质量的特殊要求，并根据需要提出修改意见
3305	若有必要，组织有关专家对结构方案进行分析、论证，以确定施工的可行性、结构的可靠性，进一步降低建造成本
3306	协助智能化设计和供货单位进行大楼智能化总体设计方案的技术经济分析
3307	对常规设备系统的技术经济进行分析，并提出改进意见
3308	审核有关水、电、气等系统设计与有关市政工程规范、地块市政条件是否相符合，争取获得市有关部门审查通过
3309	审核施工图设计是否有足够的深度，是否满足可施工性的要求，以确保施工进度计划的顺利进行
3310	对项目所采用的主要设备、材料充分了解其用途，并作出市场调查分析；对设备、材料的选用提出咨询报告，在满足功能要求的条件下，尽可能降低工程成本
3311	会同有关部门对设计文件进行审核，必要时组织会议或专家论证
3.4 设计阶段的合同管理	
3401	协助委托方确定设计合同结构
3402	协助委托方选择标准合同文本，起草设计合同及特殊条款
3403	从投资控制、进度控制和质量控制的角度分析设计合同条款，分析合同执行过程中可能出现的风险及如何进行风险转移
3404	参与设计合同谈判
3405	进行设计合同执行期间的跟踪管理，包括合同执行情况检查，以及合同的修改、签订补充协议等事宜
3406	分析可能发生索赔的原因，制定防范性对策，减少委托方索赔事件的发生，协助委托方处理有关设计合同的索赔事宜，并处理合同纠纷事宜
3407	向委托方递交有关合同管理的报表和报告
3.5 设计阶段的信息管理	
3501	对设计阶段的信息进行分解，建立设计阶段工程信息编码体系

续表

	3502	建立设计阶段信息管理制度，并控制其执行
	3503	进行设计阶段各类工程信息的收集、分类存档和整理
	3504	运用计算机进行项目的信息管理，随时向委托方提供项目管理各种报表和报告
	3505	协助委托方建立有关会议制度，整理会议记录
	3506	督促设计单位整理工程技术经济资料、档案
	3507	协助委托方进行图纸和设计文件的分发、管理
	3508	填写项目管理工作记录，每月向委托方递交设计阶段项目管理工作月报
	3509	将所有设计文档（包括图纸、技术说明、来往函件、会议纪要、政府批件等）装订成册，在项目结束后递交委托方
3.6 设计阶段组织与协调的任务		
	3601	协助委托方协调与设计单位之间的关系，及时处理有关问题，使设计工作顺利进行
	3602	协助委托方处理设计与各市政部门和主管部门的联系，摸清有关设计参数和要求
	3603	协助委托方做好方案及初步审批的准备工作，协助处理和解决方案和初步审批的有关问题
	3604	协助委托方协调设计与招投标之间的关系
	3605	协助委托方协调设计与施工之间的关系
	3606	协助设计方进行主体设计与专业细部设计、中外合作设计以及设计各专业工种之间的协调

【案例 9-7】 某卷烟厂项目工作任务分工表

在某卷烟厂建设项目中，采用了图 9-19 所示的组织结构，规定工作任务分工表如表 9-9 所示。

某卷烟厂项目工作任务分工表 **表 9-9**

编号	工作部门名称	主要任务	备注
A	业主代表	接受厂长的指令	
		对 A1，B，C，D，E，L，M，N，O 下达指令	
		主持和负责整个项目建设的实施，对项目建设的投资目标、进度目标度目标	
		度目标、质量目标以及建设的安全负总的责任	
A	业主副代表	接受业主副代表的指令	
		在业主代表授权范围内对 A1，B，C，D，E，L，M，N，O 下达指令	
		协助业主代表主持和负责整个项目建设的实施	
		在业主代表授权范围内主持和负责有关的工作	
		在业主代表确定的范围内负相应的责任	如建设安全
		主持项目建设实施的日常运行	
A1	业主代表办公室主任	接受业主代表和副代表的指令	

续表

编号	工作部门名称	主 要 任 务	备 注
		对A11，A12，A13下达指令	
		协助业主代表和副代表处理日常行政事务	
		负责项目报建	
		协助业主代表和副代表执行与政府建设主管部门的联系任务	
		对财务组、行政组和信息组的工作任务承担总的责任	
A11	财务组	接受业主代表和业主副代表以及业主代表办公室主任的指令	
		负责项目资金筹措与资金运用	
		参与项目投资控制与资金控制	
		日常财务和会计工作	
A12	行政组	接受业主代表办公室主任的指令	
		负责处理有关的行政和文秘事务	
		负责办理项目建设的业主方各工作部门的后勤事务	
A13	信息组	接受业主代表办公室主任的指令	
		负责收集、保管和整理项目建设的工程文档	
		按业主代表和副代表的要求收集和整理项目建设的有关信息	
A2	决策委员会	接受厂长的指令	
		不对任何部门下达指令	
		对项目建设过程中的重大问题作决策咨询	
B	项目建设总控与专家咨询部主任	接受A的指令	
		作为工程管理服务班子的对外发言人	
		全面领导项目建设总控组开展工作	
		负责与业主代表和业主副代表的沟通和协调	
		协助业主策划和组织必要的专家咨询会议	
B1	项目建设总控组	接受B的指令	
		项目实施组织策划	
		设计组织策划于控制	
		工程发包、设备材料采购组织策划于控制	
		投资、进度和质量目标规划和控制	
		项目管理信息系统（PMIS）应用策划	
		合同管理策划与控制	

9.5 管理职能分工策划

正如项目管理理论所述，管理是由多个环节组成的有限的循环过程，对于一般的管理过程，其管理工作即管理职能都可分为计划(Planning)、决策(Decision)、执行(Implement)、检查(Check)这四种基本职能。管理职能分工表就是明确对于每一项工作任务，组织中由谁来分别承担这四种职能，即谁负责计划、谁负责决策、谁负责执行、谁负责检查。

管理职能分工表是用表的形式反映项目管理班子内部项目经理、各工作部门和各工作岗位对各项工作任务的项目管理职能分工，用拉丁字母表示管理职能，其中P代表计划职能，D代表决策职能，I代表执行职能，C代表检查职能，具体可根据项目管理特征进行细化。

【案例 9-8】 某卷烟厂管理职能分工表

在上述案例曾提及的某卷烟厂项目上，建设阶段大致分为决策阶段、施工前准备阶段和施工阶段三个部分，在每个阶段都会有些重点任务，而这一任务在不同的部门中有不同的管理职能分配。如在施工前准备阶段中编号为20的一项任务——组织土建招标，就需要由建筑组策划，并作为主要实施者召集设计单位、工艺组和综合组配合实施，再上报给业主代表，由业主代表作出决策；而总控组作为专家受业主委托对该工作进行相应的检查，如表9-10所示。

某烟厂管理职能分工表（部分） **表 9-10**

工作任务分类			任务承担者的管理职能分工							
主项	项次	子项名称	……	A业主代表	D工艺组	E建筑组	I综合组	B1总控组	M设计单位	……
决策阶段		项目立项书编制		D，C			P，I			
		编制项目组织策划		D，C			P			
		……						I		
施工前准备阶段		……								
	20	组织土建招标		D	I	P，I	I	C	I	
	21	组织土建工程合同谈判		D，C		I	P，I	I		
	22	工程报批手续办理		D，C			I			
		……								
施工阶段		组织协调土建施工		D		P，I		C		
		组织工艺设备安装		D，C	P，I	I				
		……								

备注：P——计划　D——决策　I——执行　C——检查

【案例 9-9】 某市轨道交通项目管理职能分工表

在前文提及的某市轨道交通项目案例中，为了明确建设领导小组及部门人员的相关管理职能，制定了如表9-11所示的管理职能分工表。

为了区分业主方和代表业主利益的项目管理方、工程建设监理方等的管理职能，也可以用管理职能分工表表示，如下表9-12所示某项目的管理职能分工表，其中P代表计划职能，D代表决策职能，I代表执行职能，C代表检查职能。

某市轨道交通第一阶段职能分工表方案 a（FA-P1（PS/b/A）/a/A） **表 9-11a**

序号	工作任务	建设领导小组	指挥长、副指挥长	各区分指挥	指挥部办公室	总经理	副总经理1	副总经理2	办公室	技术审查咨询委员会	专家顾问组	总工程师	总经济师	总会计师	工程部	综合部	财务部	计划部	物业开发部	设备部	运营部	前期工程项目管理组	各标段土建工程项目管理组	车辆及车辆段项目管理组	各分系统机电设备工程项目管理组
1	建立组织机构	DC	I		PI																				
2	人事安排	F	DC			DI			P																
3	人事管理					DC			PI																
4	行政管理					DC			PI																
5	党务工作					DC			PI																
6	外事工作					DC			PI																
7	资金保障	CF	D			P							H					PI							
8	财务管理					DC								PI			I								
9	审计					DC								I			PI								
10	物业开发					DC													PI						
11	科研管理						DC1	DC2				P						PI							
12	档案管理					DC									H	PI									
13	重大技术审查决策	F	F			DC				P	P	I			H			H		H					

表 9-11b

某市轨道交通第一阶段职能分工表方案 b（FA-P1（PS/b/A）/b/A）

序号	工作任务	建设领导小组	指挥长、副指挥长	各区分指挥	指挥部办公室	总经理	副总经理1	副总经理2	副总经理3	办公室	技术审查咨询委员会	专家顾问组	总工程师	总经济师	总会计师	三师办公室	工程部	设备与物资部	财务部	计划部	综合部	运营部	物业开发部	前期工程项目管理组	各标段土建工程项目管理组	车辆及车辆段项目管理组	机电设备工程项目管理组	车辆项目管理组	控制中心项目管理组
1	建立组织机构	D	I		PI																								
2	人事安排	F	D			DI				P																			
3	人事管理							D		PI																			
4	行政管理							D		PI																			
5	党务工作					D				PI																			
6	外事工作							D		PI																			
7	资金保障	CF	D			P								H		H				PI									
8	财务管理					D									PI	H			I										
9	审计					D									I	H			PI										
10	物业开发								D														PI						
11	科研管理					D							P							PI									
12	档案管理							D									H				PI								
13	重大技术审查决策	F	F			D					P	P	I				H	H		H									
14	技术标准管理						D				P	P	F							I		H							

某项目的管理职能分工表　　表 9-12

序号	任务		业主方	项目管理方	工程监理方
	设计阶段				
1	审批	获得政府有关部门的各项审批	I		
2		确定投资、进度、质量目标	DC	PC	PI
3	发包与合同管理	确定设计发包模式	DC	PI	
4		选择总包设计单位	DI	P	
5		选择分包设计单位	DC	PIC	PC
6		确定施工发包模式	D	PI	PI
7	进度	设计进度目标规划	DC	PI	
8		设计进度目标控制	DC	PIC	
9	投资	投资目标分解	DC	PI	
10		设计阶段投资控制	DC	PI	
11	质量	设计质量控制	DC	PI	
12		设计认可与批准	DI	PC	
	招标阶段				
13	发包	招标、评标	DC	PI	PI
14		选择施工总包单位	DI	PI	PI
15		选择施工分包单位	D	PI	PIC
16		合同签订	DI	P	P
17	进度	施工进度目标规划	DC	PC	PI
18		项目采购进度规划	DC	PC	PI
19		项目采购进度控制	DC	PIC	PIC
20	投资	招标阶段投资控制	DC	PIC	
21	质量	制定材料设备质量标准	D	PC	PIC

9.6 工作流程策划

9.6.1 工作流程策划的概念

对众多工作任务进行分解后，接下来就应该明确这些工作任务之间的先后开展顺序，即确定工作流程。工作流程策划即是对这些工作流程进行计划和规定，用图表的方式来表达这些工作在时间上和空间上的先后开展顺序，以规范人员的操作行为。其中，流程图是工作流程策划的主要工具，它通过箭头、方框等形象的表示，表现工作在部门人员间的流转，从而利于工作的贯彻执行。

根据项目管理工作的需要，一个项目往往会产生众多的工作流程，例如：

● 管理工作流程，如投资控制工作流程、进度控制工作流程、合同管理工作流程、付款和设计变更等流程；

● 信息处理工作流程，如与生成月度进度报告有关的数据处理工作流程、季度报告工作流程、年度报告工作流程等；

● 专项工作流程，如钢结构深化设计工作流程、弱电工程物资采购工作流程、外立面 施工工作流程等。

从项目进展的阶段进行划分，主要工作流程策划包括以下内容：

- 设计准备工作的流程；
- 设计工作的流程；
- 施工招标工作的流程；
- 物资采购工作的流程；
- 施工作业的流程；
- 各项管理工作（投资控制、进度控制、质量控制、合同管理和信息管理等）的流程；
- 与工程管理有关的信息处理的流程。

工作流程可视需要逐层细化，如投资控制工作流程可细化为初步设计阶段投资控制工作流程、施工图阶段投资控制工作流程和施工阶段投资控制工作流程等。

不同的项目参与方，工作流程组织的任务不同。业主方和项目各参与方，如工程管理咨询单位、设计单位、施工单位和供货单位等都有各自的工作流程组织的任务。

【案例 9-10】 某市轨道交通建设项目工作流程组织

某市轨道交通建设项目设计了如下的多个工作流程：

(1) 投资控制工作流程清单

- 投资控制整体流程
- 投资计划、分析、控制流程
- 工程合同进度款付款流程
- 变更投资控制流程
- 建筑安装工程结算流程

(2) 进度控制工作流程清单

- 里程碑节点、总进度规划编制与审批流程
- 项目实施计划编制与审批流程
- 月度计划编制与审批流程
- 周计划编制与审批流程
- 项目计划的实施、检查与分析控制流程
- 月度计划的实施、检查与分析控制流程
- 周计划的实施、检查与分析控制流程

(3) 质量控制工作流程清单

- 施工质量控制流程
- 变更处理流程
- 施工工艺流程
- 竣工验收流程

(4) 合同与招投标管理工作流程清单

- 标段划分和审定流程
- 招标公告的拟定、审批和发布流程
- 资格审查、考察及入围确定流程
- 招标书编制审定流程

- 招标答疑流程
- 评标流程
- 特殊条款谈判流程
- 合同签订流程

(5) 信息管理工作流程

- 文档信息管理总流程
- 外单位往来文件处理流程
- 设计文件提交、分发流程
- 变更文件提交处理流程
- 工程投资信息收集及处理流程

9.6.2 工作流程图

工作流程图是用图的形式反映一个组织系统中各项工作之间的先后开展顺序。工作流程图是一个重要的组织工具，如图 9-30 所示。工作流程图用矩形框表示工作见图 9-30 (*a*)，箭线表示工作之间的先后开展顺序，菱形框表示判别条件。也可将矩形框分为上下两层，分别表示工作和工作的执行者，见图 9-30 (*b*)。

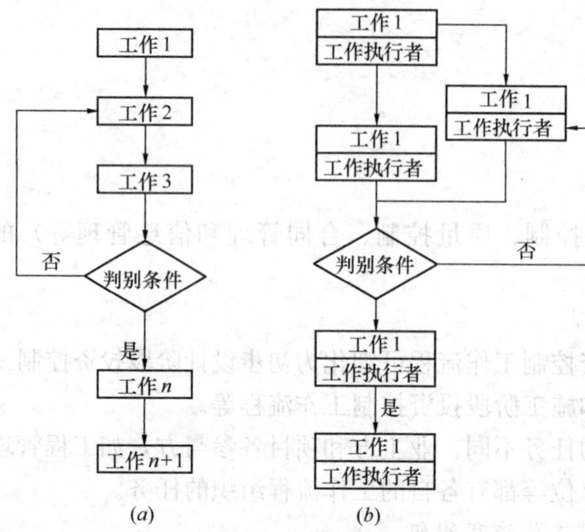

图 9-30 工作流程图示例

下面以中国 2010 年上海世博会工程建设为例，进一步解释工作流程策划的含义及工作流程图的表达方式。

【案例 9-11】 上海世博会项目工作流程组织策划

为了确保中国 2010 年上海世博会项目建设目标的实现，对项目建设过程中的组织、管理、经济和技术等方面因素和问题进行了系统地分析、计划和安排，对包括 9 个部分在内的共计 43 项不同的工作流程进行了策划，见表 9-13。

上海世博会项目工作流程汇总 **表 9-13**

(1) 投资控制与合同管理工作流程 ① 招标文件编制流程 ② 工程合同审核流程 ③ 工程合同付款审核流程 ④ 材料设备价格审核流程 ⑤ 工程费用签证审核流程 ⑥ 设计变更费用核定流程 ⑦ 变更设计费用核定流程 ⑧ 现场签证及索赔核定流程 ⑨ 竣工结算审价流程	(2) 材料设备管理工作流程 ① VIK 材料设备管理工作流程 ② 甲供材料设备管理工作流程 ③ 甲定乙办材料设备管理工作流程 ④ 甲认乙供材料设备管理工作流程 ⑤租赁材料设备管理工作流程
(3) 工程管理工作流程 ① 项目现场检查流程 ② 工程协调流程 ③ 项目管理综合检查流程	(4) 协调处工作流程 ① 世博竞赛先进集体和个人评选流程 ② 世博竞赛信息交流流程 ③ 党员发展工作流程 ④ 党风廉政建设工作责任制考核流程 ⑤ 信访/接待工作流程 ⑥ 指挥部办公室人员考核流程

续表

（5）技术管理工作流程 ① 技术处设计招标工作流程 ② 第一类项目方案设计管理流程 ③ 前期工作政府审批流程 ④ 项目报审一般流程 ⑤ 项目前期报审质量控制流程 ⑥ 项目前期报审进度控制流程 ⑦ 技术处基本信息流程 ⑧ 技术处外部联系文件处理流程 ⑨ 技术处资料借阅流程	（6）配套处工作流程 ① 临时水、电、气、通信等配套设施协调工作管理流程 ② 市政基础配套设施全过程协调工作流程 ③ 市政基础配套设施实施过程中协调工作流程 ④ 规划配套设施协调流程 ⑤ 水、电、气、通信等后配套工作流程 ⑥ 其他需要配合协调的工作流程
（7）安全质量工作流程 ① 安全生产及文明施工管理流程 ② 质量管理流程	（8）综合管理工作流程 ① 指挥部办公室会议纪要发放流程 ② 指挥部办公室用印流程
（9）工程信息系统工作流程 ① 工程信息系统开通流程	

其中，由于世博会工程建设材料设备管理呈现出管理种类多、采购时间较紧、管理层次不同等特点，为了在先进适用、经济合理的基础上，确保材料设备的质量；确保采购和供货进度，进而确保工程建设总体进度目标；降低材料设备采购成本和工程造价，提高效益和效率，以保证世博会工程建设总体目标顺利实现，对材料设备管理建立了一系列工作流程策划，例如甲供材料设备管理工作流程（图 9-31），甲定乙办材料设备管理工作流程（图 9-32），甲认乙供材料设备管理工作流程（图 9-33），租赁材料设备管理工作流程（图 9-34）等。

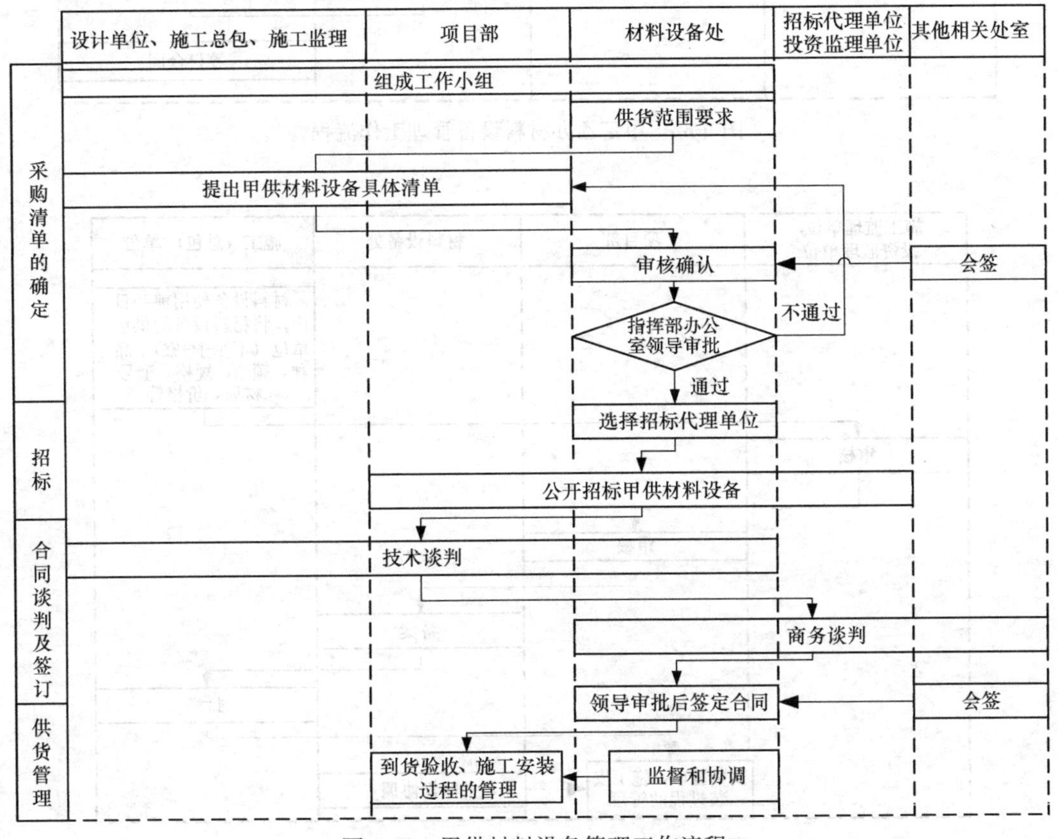

图 9-31　甲供材料设备管理工作流程

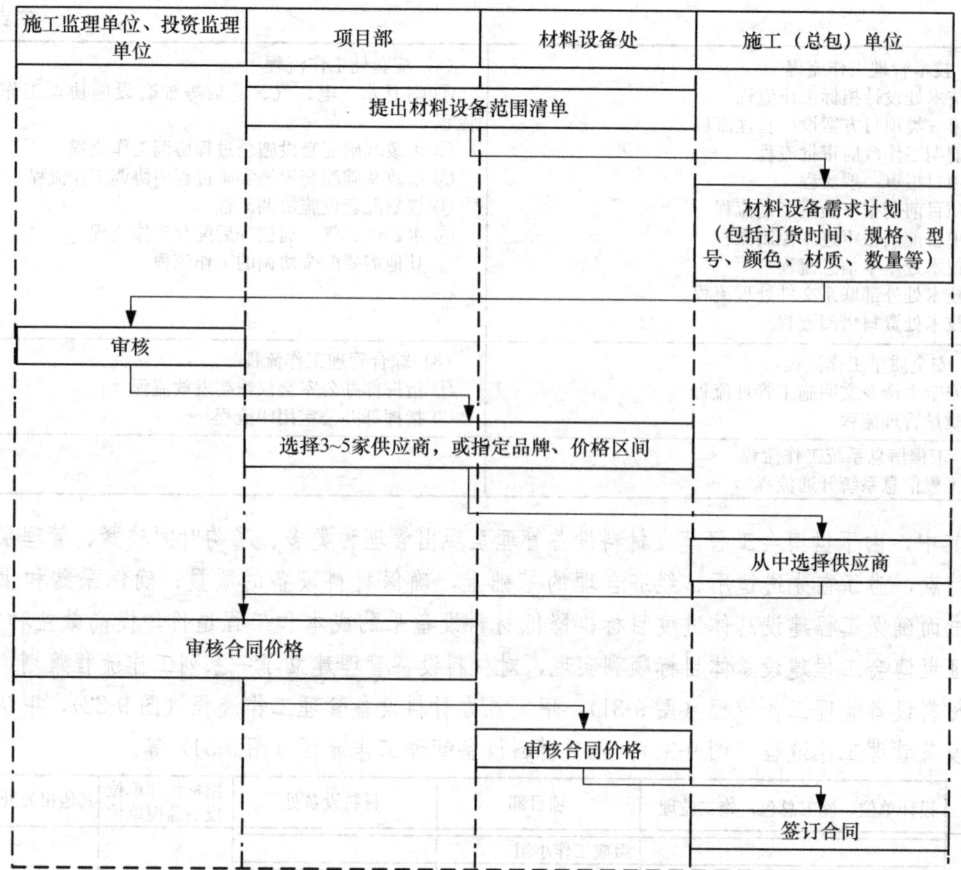

图 9-32 甲定乙办材料设备管理工作流程

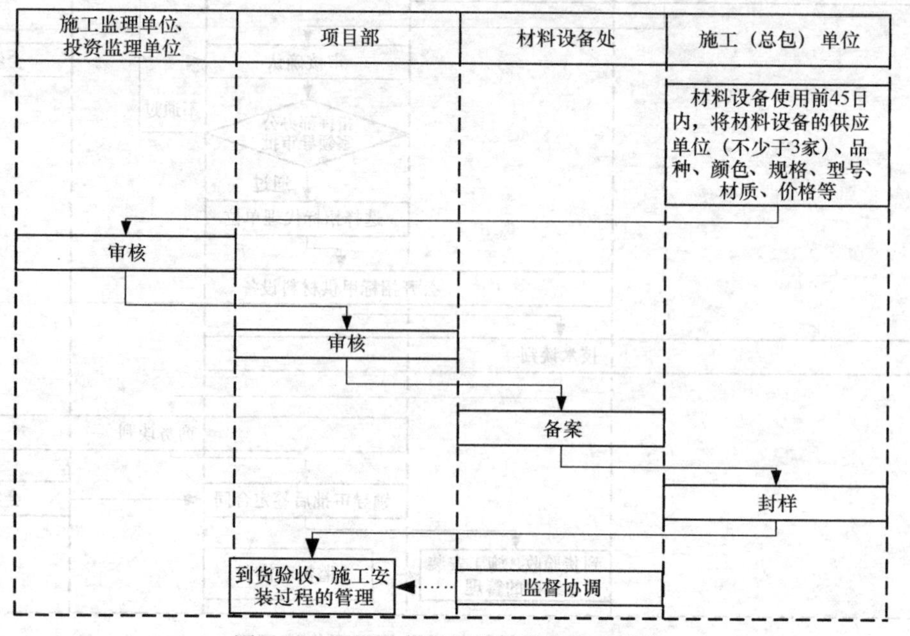

图 9-33 甲认乙供材料设备管理工作流程

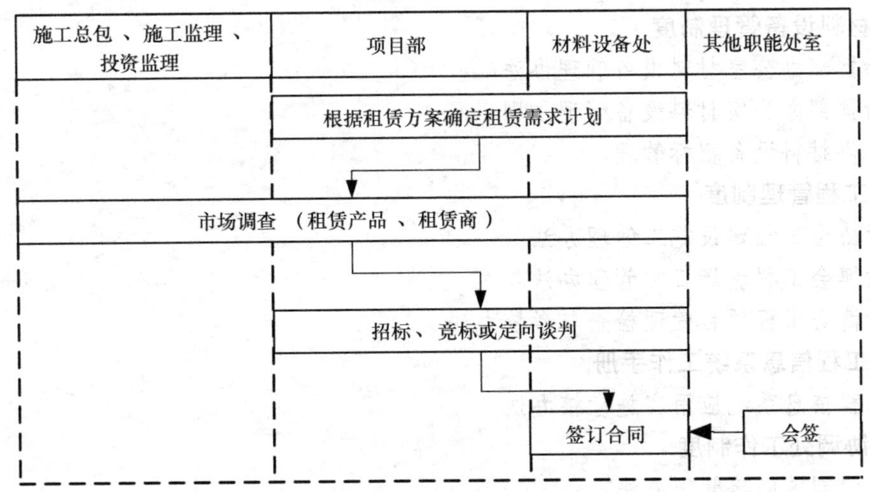

图 9-34　租赁材料设施设备管理工作流程

9.7　管理制度策划

管理制度策划是指在明确了项目管理的组织的前提下，根据项目实施的不同阶段和项目管理的不同任务，明确项目主持方的项目管理工作内容以及项目各参与方共同遵守的项目管理制度。根据管理制度实施范围的不同层面，目前越来越多的项目中管理制度借助于项目建设大纲和管理工作手册两种形式来表达。其中，项目建设大纲层次较高，偏向于宏观总体的管理，具有指导性、综合性、纲领性的特点；而项目管理手册相对更偏向于业务层面，具有操作性、专业性、规范性的特点，如图 9-35 所示。

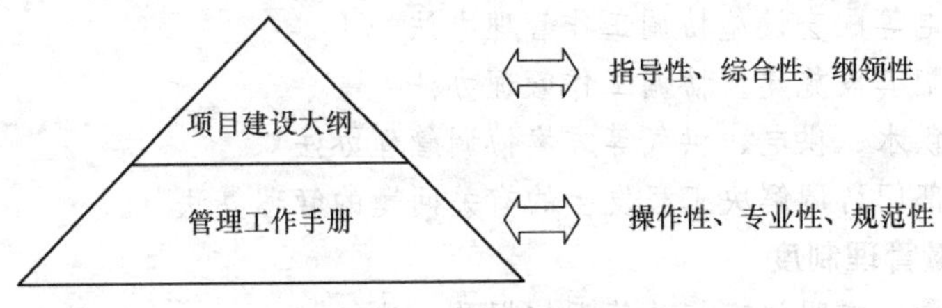

图 9-35　管理制度的形式

【案例 9-12】 2010 年上海世博会工程项目管理制度

2010 年上海世博总体项目管理中共制定了 42 项项目管理制度，通过这些制度实现项目管理的标准化、规范化和科学化。42 项制度所下所示。

一、投资控制与合同管理制度

1. 上海世博会工程建设指挥部办公室招标管理办法
2. 上海世博会工程建设指挥部办公室工程合同管理办法
3. 上海世博会工程建设指挥部办公室资金拨付管理试行办法
4. 上海世博会工程建设指挥部办公室签证费用管理试行办法
5. 上海世博会工程建设指挥部办公室工程变更及索赔管理试行办法
6. 上海世博会工程建设指挥部办公室竣工结算工作管理试行办法

二、材料设备管理制度

1. 指挥部办公室材料设备管理办法
2. 指挥部办公室材料设备管理细则
3. 甲供材料设备招标管理

三、工程管理制度

1. 世博会工程建设施工管理办法
2. 世博会工程现场日常管理办法
3. 世博会工程项目管理检查与考核办法

四、工程信息系统工作手册

1. 工程信息系统应用实施考核办法

五、协调处工作制度

1. 文明园区创建管理办法
2. 劳动竞赛管理办法
3. 党总支工作办法
4. 党建联建制度
5. 信访/接待工作制度
6. 人事管理办法

六、技术管理制度

1. 指挥部办公室技术处前期工作管理大纲
2. 指挥部办公室技术处文档综合管理办法

七、配套处工作制度

1. 指挥部办公室配套处工作的范围及内容
2. 临时水、电等配套设施协调工作管理办法
3. 市政基础配套设施建设协调工作管理办法
4. 会展期间供水、供电、供气等方案协调管理办法
5. 配合其他部门协调解决工程发生的有关问题的管理办法

八、安全质量管理制度

1. 安全、质量、文明施工相关管理依据及办法
2. 工程项目监理工作管理考核办法
3. 奖罚制度
4. 事故处理办法
5. 安全质量处廉政建设实施办法

九、综合管理制度

1. 上海世博会工程建设指挥部办公室会议制度
2. 上海世博会工程建设指挥部办公室文秘制度
3. 上海世博会工程建设指挥部办公室办公用品管理制度
4. 上海世博会工程建设指挥部办公室印章管理制度
5. 上海世博会工程建设指挥部办公室档案管理制度
6. 上海世博会工程建设指挥部办公室工作作风、行为规范及纪律

某市政府投资建设项目管理中心各项制度关联表　　　　表 9-14

关联制度 / 主制度	职能部门制度														考核制度						
	计划管理	勘察设计管理	征地拆排迁管理	招投标管理	投资控制与合同管理				工程管理			综合管理			综合管理考核办法	计划与进度考核实施细则	施工管理检查与考核实施细则	部门绩效考核实施细则	项目部绩效考核实施细则	工程监理考核实施细则	信用评价管理办法
	计划与进度管理办法	勘察设计质量管理办法	征地、拆迁、排迁管理办法	工程招投标管理办法	工程造价与结算管理办法	工程变更管理办法	合同管理办法	资金拨付管理办法	施工管理办法	安全事故应急处理预案	市政工程竣工验收管理办法	综合管控平台实施办法	会议制度	档案管理办法							
计划与进度管理办法		勘察设计进度管理	进度管理	进度管理	进度管理		进度管理		施工进度管理						进度考核	计划与进度考核细则		各部门进度与计划考核	进度考核	进度考核	
勘察设计质量管理办法						变更管理		资金支付						勘察设计档案内容				勘察设计质量考核			
征地、拆迁、排迁管理办法								资金支付						资料档案内容				征地拆排迁考核			
工程招投标管理办法																		招投标考核			招标公司信用评价
工程造价与结算管理办法				中介公司的选择										结算档案内容				造价与结算考核		工程结算卷提交管理	造价公司信用评价
工程变更管理办法		设计变更管理			工程变更的审核				现场变更管理									总工办考核			勘察设计公司信用评价
合同管理办法					竣工结算			合同款支付						档案资料内容				合同管理考核			

续表

关联制度 / 主制度	职能部门制度														考核制度						
	计划管理	勘察设计管理	征地拆排迁管理	招投标管理	投资控制与合同管理				工程管理			综合管理									
	计划与进度管理办法	勘察设计质量管理办法	征地、拆迁、排迁管理办法	工程招投标管理办法	工程造价与结算管理办法	工程变更管理办法	合同管理办法	资金拨付管理办法	施工管理办法	安全事故应急处理预案	市政工程竣工验收管理办法	综合管控平台实施办法	会议制度	档案管理办法	综合管理考核办法	计划与进度考核实施细则	施工管理检查与考核实施细则	部门绩效考核实施细则	项目部绩效考核实施细则	工程监理考核实施细则	信用评价管理办法
资金拨付管理办法			资金支付				合同款支付											财务考核			
施工管理办法	施工进度管理					工程变更控制								施工档案	对施工、监理、设计单位考核依据	进度考核细则	施工管理细则	施工管理考核	项目部考核	监理考核	施工、监理、设计单位信用评价
安全事故应急处理预案																					
市政工程竣工验收管理办法														竣工验收档案							对参建单位信用评价
综合管控平台实施办法																					
会议制度														会议档案							
档案管理办法		勘察设计档案	征地拆排迁档案	招投标档案	造价与结算档案		合同档案		工程档案		竣工验收档案		会议档案					档案管理考核			
综合管理考核办法									施工管理细则								施工考核细则	部门考核细则	项目部考核细则	监理考核细则	

续表

关联制度 / 主制度	职能部门制度														考核制度						
	计划管理	勘察设计管理	征地拆排迁管理	招投标管理	投资控制与合同管理				工程管理			综合管理									
	计划与进度管理办法	勘察设计质量管理办法	征地、拆迁、排迁管理办法	工程招投标管理办法	工程造价与结算管理办法	工程变更管理办法	合同管理办法	资金拨付管理办法	施工管理办法	安全事故应急处理预案	市政工程竣工验收管理办法	综合管控平台实施办法	会议制度	档案管理办法	综合管理考核办法	计划与进度考核实施细则	施工管理检查与考核实施细则	部门绩效考核实施细则	项目部绩效考核实施细则	工程监理考核实施细则	信用评价管理办法
计划与进度考核实施细则															计划与进度考核		计划与进度考核细则	计划与进度考核	计划与进度考核	进度与计划考核	计划与进度信用评价
施工管理检查与考核实施细则															施工管理检查与考核	施工进度考核					
部门绩效考核实施细则	工程部进度考核细则														部门绩效考核						
项目部绩效考核实施细则	项目部工程进度考核细则														项目部绩效考核						
工程监理考核实施细则	监理工程进度管理办法														工程监理考核	监理进度考核					
信用评价管理办法		勘察设计单位信用评价		招标公司信用评价	造价公司信用评价	勘察设计公司信用评价			施工、监理、设计单位信用评价												

7. 上海世博会工程建设指挥部办公室实习生管理办法

8. 上海世博会工程建设指挥部办公室值班制度

9. 上海世博会工程建设指挥部办公室考勤制度

10 上海世博会工程建设指挥部办公室劳动用品发放管理制度

11 上海世博会工程建设指挥部车辆使用与管理制度

需要注意的是，由于部分或全部制度需要根据实际情况不断调整，而同一个项目中各种制度往往具有一定的关联，因此在制度更新时需要保证制度间相关联内容的同步调整。这就要求在进行制度策划时，需要建立相关索引表，表 9-14 为某市政府投资建设项目管理中心各项制度关联表。

复习思考题

1. 简述几种组织策划工具及应用范围。

2. 比较项目分解结构图、组织结构图、合同结构图和信息流程图的不同。

3. 简述项目分解结构和工作分解结构的区别，以及项目分解结构的原则。

4. 简述项目管理的三维视角。

5. 简述项目组织结构模式的基本类型、优缺点和应用范围。

6. 管理职能分工表和工作任务分工表的区别。

7. ［案例分析］某新区经济发展集团拟选择一家公司担任新区科技商务中心（以下简称科技商务中心）（包括科技交流中心、酒店、行政中心、地下部分和室外广场）项目建设的项目管理单位，进行全过程、全方位的项目管理。请进行项目实施组织策划，包括：①整个项目实施的组织结构，并画出组织结构图；②分析新区经济发展集团、项目管理方、监理方、施工总承包方等组织分工（管理职能分工和工作任务分工）；③项目管理内部的组织架构和任务分工；④列出主要的项目管理制度内容。

第十章　项目实施合同策划

合同是项目采购过程的一个重要成果和依据，在项目组织与供应商或承包商签订合同，就产品和服务的买卖达成一致后，就进入到了合同管理阶段。由于项目涉及的参与单位众多，各个单位之间会形成不同的合同关系，因此从某种程度上说，项目管理的核心就是合同管理。一般情况下对建设工程项目的业主而言，在项目实施过程中将签订大量合同，这些合同类型不同，管理特点也不同。归纳起来，业主方签订的合同可以概括为三大类，即工程发包合同、咨询服务采购合同和设备材料采购合同，如图10-1所示。

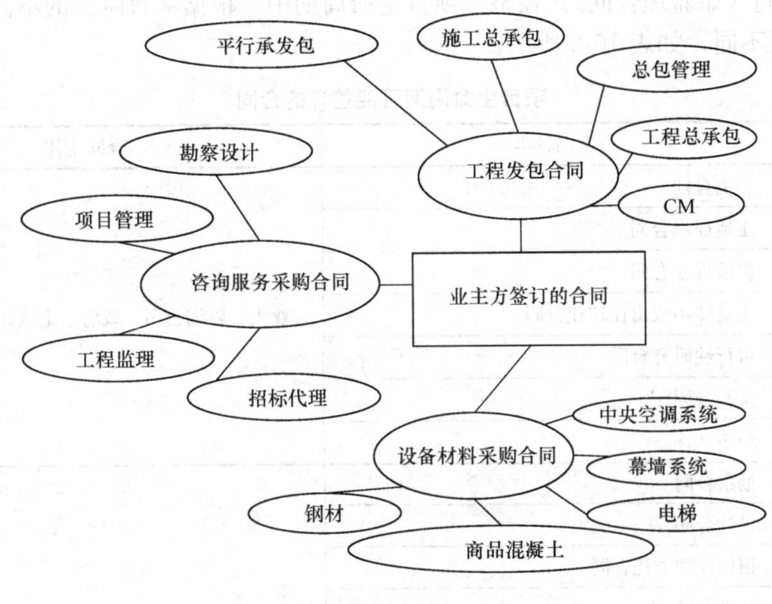

图10-1　建设工程项目合同关系

10.1　合同分类及合同分解结构策划

现代工程项目是一个复杂的系统工程，项目参与方众多，合同的种类和数量较多，有的大型项目甚至涉及上千份合同，只要有一份合同履行出现问题，就会影响和殃及其他合同甚至整个项目的成功。这就需要全面做好项目整个生命周期内的合同策划工作，确保整个项目在不同阶段、不同合同主体之间顺利开展，实现项目的总体目标和效益。合同策划的第一步工作是将合同合理的分类，建立合同分解结构。

10.1.1　合同类型

按照《中华人民共和国合同法》，合同可以分为十五大类，如表10-1所示。

合同法合同分类　　表 10-1

序号	分　类	序号	分　类
1	买卖合同	9	运输合同
2	供用电、水、气、热力合同	10	技术合同
3	赠与合同	11	保管合同
4	借款合同	12	仓储合同
5	租赁合同	13	委托合同
6	融资租赁合同	14	行纪合同
7	承揽合同	15	居间合同
8	建设工程合同		

对于建设项目而言，涉及的合同类型众多，不单单是上表中的第 8 类合同，即建设工程合同（通常包括勘察合同、设计合同、施工合同），还可能包括买卖合同（如采购合同），委托合同（如监理合同）。在整个项目生命周期中，根据项目阶段的不同，可能签订的合同亦有所不同，如表 10-2 所示。

项目生命周期可能签订的合同　　表 10-2

项目阶段	合同种类	合同主体
决策阶段	咨询合同	业主、咨询公司、政府、土地转让方、银行等
	土地征用合同	
	房屋拆迁合同	
	土地使用权出让转让合同	
	可行性研究合同	
	贷款合同	
	……	
实施阶段	勘察合同	业主、勘察单位、设计单位、招标代理机构、供应商、承包商、监理单位等
	设计合同	
	招标代理委托合同	
	监理合同	
	施工承包合同	
	采购合同	
	技术咨询合同	
	……	
使用阶段	保修合同	业主、供电水气单位、物业公司等
	供水电气合同	
	房屋销售合同	
	运营管理合同	
	物业管理合同	
	出租合同	
	……	

10.1.2　合同分解结构

合同是合同管理工作的基本对象，为了有效地对合同进行管理，需要对合同和合同数据进行分类、汇总和统计，在项目实施前，对拟签订的合同进行分类，每一类合同再进行合同分解，称为合同分解结构。在对项目进行合同分解策划，建立合同分解结构时，应注意从整体上考虑项目目标控制与合同管理的关系，确保合同发包的系统。

合同分解结构往往被划分为三层，即合同类型、合同以及合同分项等。合同类型将合同按照一定的要求进行分类，通过对合同法以及多个大型工程项目的合同文件研究和分析，针对工程项目的特点，一般可以将合同分为勘察合同、设计合同、施工合同、科研合同、采购合同、监理合同、咨询合同、借款合同、租赁合同、融资租赁合同、运输合同以及技术转让合同等；第二层合同指的是在某一类型合同的前提下，具体拟签订的每一份项目的合同；合同分项是合同工作内容和范围的再分解，分包合同也可以当作合同分项处理，图 10-2 所示是国内某大型深水航道治理工程项目合同分解结构示意图，该项目总投资为 155 亿元、建设周期为 10 年。

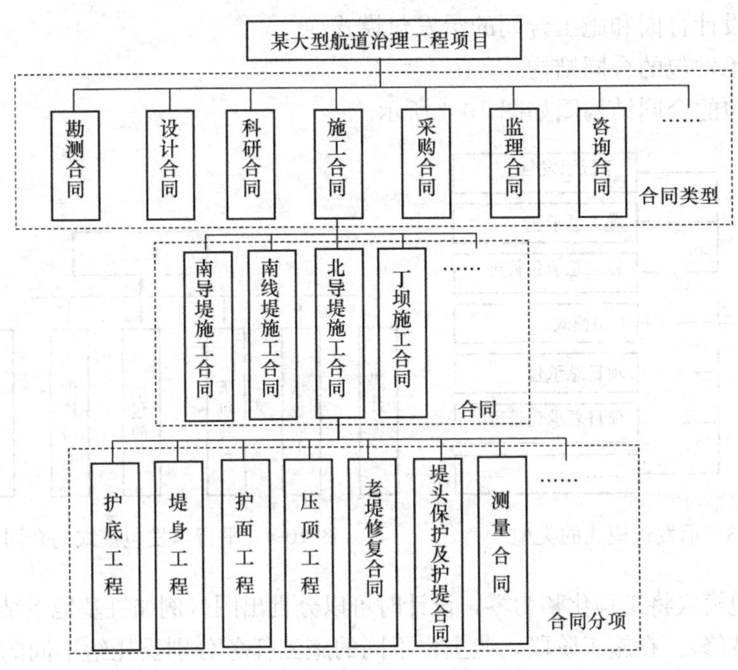

图 10-2　某深水航道治理工程项目合同分解结构

10.2　合同结构模式策划

合同结构模式与上节所述合同分解结构不同，合同分解结构是指某一项目实施过程中合同的种类的分解，而合同结构是指业主与各个项目参与单位，如设计单位、咨询单位、施工单位、物资供应单位等之间的合同关系，以及这些单位相互之间的合同关系（如总包与分包、联合体成员与成员等之间的合同关系）。两个概念之间虽然只相差两个字，但区别很大，合同结构是指合同关系，合同分解结构是指合同分类，这里要特别引起注意。

在建设项目中，不同的合同结构模式反映了不同的承发包模式。工程项目承发包是建筑市场中的商品交换方式，它反映了项目建设业主方和实施方之间、实施方与实施方等相互之间的合同关系。以施工任务的委托为例，目前建筑市场中常见的工程项目承发包模式有很多种，如图 10-3 所示。

许多大型项目的实践经验证明，一个项目建设能否成功，能否进行有效的投资控制、进度控制、质量控制、合同管理及组织协调，很大程度上取决于其承发包模式的选择和策划。下面分别简要对平行承发包、施工总承包、施工总承包管理、CM 模式、项目总承包等各类模式进行论述。

10.2.1 平行承发包

(1) 平行承发包的概念

平行承发包，又称为分别发包，是指发包方根据建设工程项目的特点、项目进展情况和控制目标的要求等因素，将建设工程项目对象按照一定原则分解，将设计任务分别委托给不同的设计单位，施工任务分别发包给不同的施工单位，各个设计单位和施工单位分别与发包方签订设计合同和施工合同的承发包模式。

(2) 平行承发包的合同结构

平行承发包的合同结构图如图 10-4 所示。

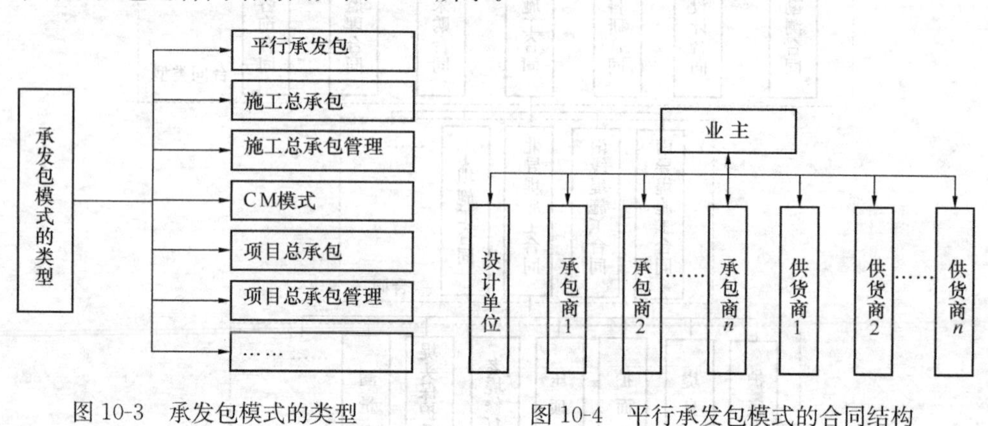

图 10-3 承发包模式的类型　　图 10-4 平行承发包模式的合同结构

平行承发包模式将工程化整为零，设计时可以分批出图（例如桩基地下结构—上部结构—设备安装—装修）。在施工阶段，业主将不同的施工任务分别委托给不同的施工单位，各个施工单位分别与业主签订合同，各个施工单位之间的关系是平行关系。如果组织得好，在通过招标选择施工单位时，该部分工程的施工图已经完成，每个合同都可以采用总价合同。

10.2.2 施工总承包

(1) 施工总承包的概念

施工总承包模式的英文名称是"General Contractor"，简称 GC，是指发包人将全部施工任务发包给一个施工单位或由多个施工单位组成的施工联合体（只签订一份合同）。施工总承包单位主要依靠自己的力量完成施工任务，经发包人同意，施工总承包单位可以根据需要将除主体施工以外的一部分分包给其他符合资质的分包人，但不允许转包。

(2) 施工总承包的合同结构

施工总承包的合同结构图如图 10-5 所示。

对于一般分包商，总承包商须向业主承担全部的工程责任，负责工程的管理、所属各分包商之间工作的协调以及各分包商之间合同责任界限的划分，并向业主承担工程风险，分包单位按照分包合同的约定对总承包单位负责；业主视具体情况可能会对某些分部分项工程的施工责成施工总承包商将其分包给指定分包商；指定分包商的分包合同，由总包分包双方签订实施；总承包商对指定分包商的施工起管理和协调的作用，如果指定分包商的责任影响了工期或造成总包的经济损失，总承包商可以索赔。

从理论上说，施工总承包的工作程序是：先进行项目的设计，待设计结束后再进行施工总承包招投标，然后再施工。施工总承包合同往往采用总价合同，如图 10-6 所示。

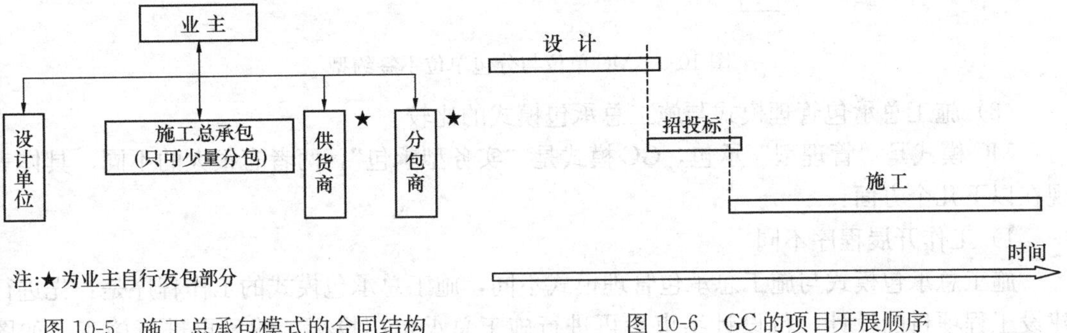

图 10-5 施工总承包模式的合同结构　　图 10-6 GC 的项目开展顺序

10.2.3 施工总承包管理

(1) 施工总承包管理的概念

施工总承包管理模式的英文名称是“Managing Contractor”，简称 MC，意为“管理型承包”，它不同于施工总承包模式。采用该模式时，业主与某个具有丰富施工管理经验的单位或联合体签订施工总承包管理协议，负责整个建设项目的施工组织与管理。一般情况下，施工总承包管理单位不参与具体工程的施工，而是将工程实体再分包。

(2) 施工总承包管理的合同结构

按照 MC 单位是否和分包单位签约，施工总承包管理模式分为两种类型：第一种类型是 MC 单位与分包单位签约型；第二种是 MC 单位与分包单位不签约型。

第一种类型的 MC 合同结构如图 10-7 所示。

第二种类型的 MC 合同结构如图 10-8 所示。

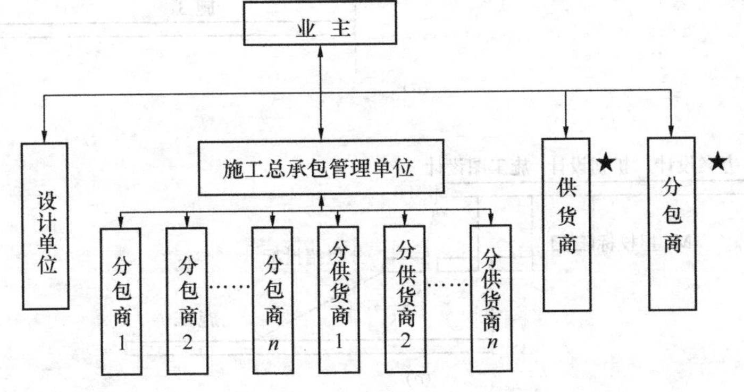

图 10-7 MC 单位与分包单位签约型

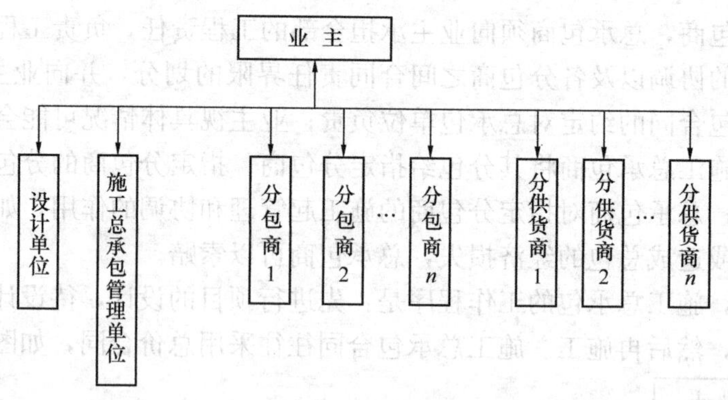

图 10-8　MC 单位与分包单位不签约型

(3) 施工总承包管理模式与施工总承包模式的比较

MC 模式是“管理型”承包，GC 模式是“实务型承包”，两者有很大的不同，具体表现在以下几个方面：

1) 工作开展程序不同

施工总承包模式与施工总承包管理模式不同，施工总承包模式的工作程序是：先进行建设工程项目的设计，待设计结束后再进行施工总承包招投标，然后再进行施工，如图 10-9 (*a*) 所示。如果设计尚未结束即进行施工总承包的招标，则合同总价无法确定，对业主方有风险。而要等设计全部完成后再招标，则建设周期较长，许多业主不愿意。

而如果采用施工总承包管理模式，施工总承包管理单位的招标可以提前到建设工程项目尚处于设计阶段进行，因为施工总承包管理的招标是招“管理标”，报价是报管理费，其招标不依赖完整的施工图。待总包管理单位进场后，工程实体由施工总承包管理单位化整为零，分别进行分包的发包，即每完成一部分施工图就招标一部分，从而使该部分工程的施工提前到整个建设工程项目设计阶段尚未完全结束之前进行，实现有条件的边设计边施工，大大缩短了建设的周期，如图 10-9 (*b*) 所示。

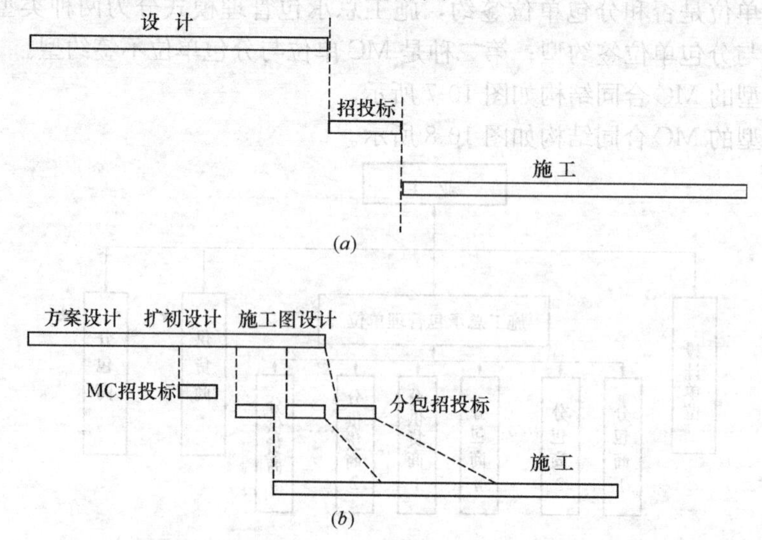

图 10-9　施工总承包与施工总承包管理模式下项目开展顺序的比较

(*a*) 施工总承包模式下的项目开展顺序；(*b*) 施工总承包管理模式下的项目开展顺序

2）合同结构不同

在GC模式中，GC单位只可少量分包，GC单位与分包商或供货商签订合同；而在MC模式中，MC单位必须分包，根据MC模式的不同类型，MC单位可能与分包商签约，也可能直接由业主和分包商签约，前者更有利于MC单位对分包商的管理。

3）分包范围不同

在GC模式中，绝大部分工程实体不允许分包，必须由GC单位自己完成否则就不叫施工总承包；而在MC模式中，MC单位一般不参与具体工程的施工，必须将所有工程实体再分包，我国目前一方面法规体系中只有施工总承包模式，要求主体结构不允许分包；另一方面许多项目实施中又进行分包，而且搞“三边工程”，做的是“名义上的施工总承包，实质上的施工总包管理”，因此有必要在法规上承认多种承发包模式并存，并严格定义。

4）对分包商的付款不同

在GC模式中，GC单位支付分包商的各项款项；而在MC模式中，对各个分包单位的各种款项可以通过施工总承包管理单位支付，也可以由发包单位直接支付。如果由发包单位直接支付，需要经过施工总承包管理单位的认可。

5）合同价格不同

在GC模式中，GC单位根据全部施工图报出建安工程造价，GC合同价是建安工程造价；而在MC模式中，施工总承包管理合同中只确定施工总承包管理费（通常是按成本加酬金方式，或按工程建安造价的一定百分比计取），而不需要确定建安工程造价。

MC模式中的分包合同价，由于是在该部分施工图出齐后再进行分包的招标，因此应该采用实价（即单价或总价合同），并且MC单位不赚总包与分包之间的差价。

施工总承包管理模式是国际上通行的一种承发包模式，并且也很适合我国目前建设项目实践的需要。施工总包管理模式与施工总承包模式相比具有以下优点：

① 业主虽然多付了一笔总包管理费，但业主方不再需要直接管理多家分包商，组织协调工作量大为减少，而工程实体又可分别发包，实现有条件的“三边工程”。

②合同总价不是一次确定，某一部分施工图设计完成以后，再进行该部分施工分包的招标，确定该部分合同价，因此整个建设工程项目的合同总额的确定较有依据。

③所有分包合同和分供货合同的发包，都通过招标进行选择，从而获得有竞争力的投标报价，多次招标，每次都可以在该部分施工图完成的情况下报价，对业主方节约投资有利。

④施工总承包管理单位只收取总包管理费，不赚总包与分包之间的差价。

10.2.4　CM模式

（1）CM模式的概念

CM是英文Construction Management的缩写，意为“施工管理”，它的定义是：CM模式是由业主委托CM单位，以一个承包商的身份，采取有条件的“边设计、边施工”，即“快速路径法”的生产组织方式，来进行施工管理，直接指挥施工活动，在一定程度上影响设计活动，而它与业主的合同通常采用“成本＋利润（Cost Plus Fee）”方式。

（2）CM模式的合同结构

国际上CM模式的合同结构可以分为以下两种基本类型：

1）CM/Non-Agency（非代理型 CM）。它是指 CM 单位不是以“业主代理”的身份，而是以承包商的身份工作，具体说，就是由 CM 单位直接进行分包的发包，由 CM 单位直接与分包商签订分包合同。

2）CM/Agency（代理型 CM）。它指 CM 单位仅以“业主代理”的身份参加工作，CM 单位不负责进行分包的发包，与分包商的合同由业主直接签订。

代理型 CM 与非代理型 CM 的最大区别，在于 CM 单位是否与分包商签约。在 CM/Non-Agency 模式中，CM 单位要承担 GMP（保证最大工程费用），而 CM/Agency 不承担 GMP，CM 模式的最大特点在于非代理型 CM 单位向业主保证最大工程费用（GMP），超过部分由 CM 单位承担，节约部分则归业主。

（3）GMP——保证最大工程费用

GMP 是保证最大工程费用的（Guaranteed Maximum Price）的简称，是指 CM 单位向业主保证将来的建安工程费用的总和不超过某一规定的数额，这个最大数额在合同文件中称为保证最大工程费用（除合同文件规定的设计变更外），超过保证最大工程费用的费用应由 CM 单位支付，业主不予承担。从中我们可以看出以下几方面含义：

1）CM 单位对其施工阶段的工作要承担经济责任，即它必须按 GMP 的限制来计划和组织施工；

2）GMP 表明了 CM 单位向业主保证的最大合同价格，业主实际支付的费用要小于或等于 GMP，如果实际工程费用加 CMfee 超出 GMP，将由 CM 单位承担，反之节余部分将归业主；

3）为鼓励 CM 单位控制工程费用的积极性，通常经双方协商，CM 单位可对节约部分作一定比例的提成；

4）由于 CM/Non-Agency 是以承包商的身份工作，承担工程风险，而 CM/Agency 是以业主代理的身份工作，不直接从事施工活动，所以 GMP 是只适合 CM/Non-Agency 模式使用的一种合同计价方法。

（4）CM 与 MC 的区别

CM 与 MC 的区别主要体现在以下两个方面。

1）MC 签约时只确定施工总承包管理费，工程实体的建筑安装总造价要等每一份分包合同签订后加起来才能确定，给业主的工程投资早期控制带来一定风险；而 CM 模式中，CM 单位向业主保证总投资不超过 GMP，投资风险转由 CM 单位承担，对业主投资控制十分有利。

2）MC 单位必须按图施工；而采用 CM 模式，CM 单位通过早期介入，在设计阶段就采用价值工程方法，对设计的技术、经济方面提供咨询意见、挖掘资金、节约潜力，同时 CM 单位通过从承包商的角度在设计阶段提出合理化建议，可减少施工阶段因修改设计而给工程造成时间上的延误。

10.2.5 项目总承包

（1）项目总承包的概念

项目总承包又称为工程总承包。2003 年，建设部颁发了《关于培育发展工程总承包和工程项目管理企业的指导意见》，该文件指出：“工程总承包和工程项目管理是国际通行的工程建设项目组织实施方式。积极推行工程总承包和工程项目管理，是深化我国工程建设项目组织实施方式改革，提高工程建设管理水平，保证工程质量和投资效益，规范建筑市场秩序的重要措施。”

文件同时对工程总承包的定义做了说明，即工程总承包是指从事工程总承包的企业受业主委托，按照合同约定对工程项目的勘察、设计、采购、施工、试运行（竣工验收）等实行全过程或若干阶段的承包。

项目总承包单位介入项目的时间一般在项目决策后，施工图设计前。根据介入的时间不同，建设项目总承包单位可以从方案设计阶段就开始总承包工作，也可以从初步设计阶段、技术设计阶段或者施工图设计阶段开始总承包工作，如图 10-10 所示。

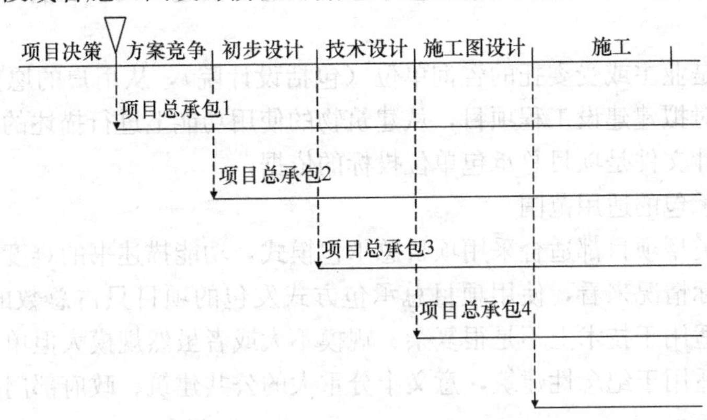

图 10-10 项目总承包单位的介入时间

(2) 项目总承包的合同结构

项目总承包模式的合同结构如图 10-11 所示。

1) 项目总承包单位可以从方案设计阶段就开始项目总承包，也可以从初步设计阶段、技术设计阶段或者施工图设计阶段开始项目总承包，如图 10-10 所示。但是，当施工图设计完成以后再进行总承包，就变成施工总承包模式；

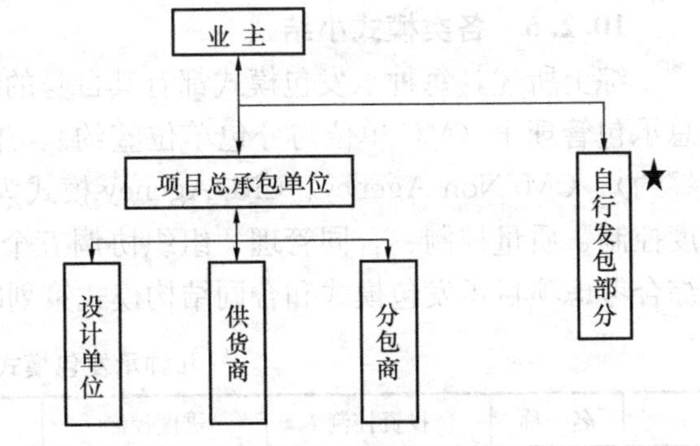

注:★为业主自行发包部分，包括部分设计、施工和供货商

图 10-11 项目总承包模式的合同结构

2) 项目总承包单位自主选择分包单位和供货单位，经业主批准后与之签订合同，业主也可以自己指定一部分分包单位和供货单位，如图 10-11中星号所示为业主自行采购和分包的部分；

3) 实际操作中，往往具有两种模式，一是由施工单位承接建设工程项目总承包的任务，而设计单位受施工单位的委托承担其中的设计任务，即设计作为分包；二是由设计单位承接建设工程项目总承包的任务，而施工单位作为其分包承担其中的施工任务；在国内，既有较高设计能力，又有较强施工能力的项目总承包单位还不多见。

(3) 项目总承包的特点

项目总承包的基本出发点不在于“总价包干”，也不是“交钥匙”，其核心是通过设计与施工的组织集成，促进设计和施工的紧密结合，以达到为建设项目增值的目的。项目总承包的最大特点是将设计与施工有效结合。

(4) 项目总承包的招标

项目总承包模式的最大难点在于业主如何发包，由于项目总承包是从还没有开始设计或者设计只完成一部分的情况下发包的，发包时图纸不够详细或者甚至没有图纸，工程的内容、数量、标准、规格等都很难确定，因此项目总承包区别于施工总承包，不适合使用构造招标，而只适用于功能招标。功能招标与构造招标的最大区别是：对建设任务的描述不是用图纸形式，而是用文字、数字和表格形式来进行描述。其中功能招标的核心是功能描述书。

功能描述书是业主或受委托的咨询单位（包括设计院），从用户的愿望出发和根据业主提出的要求，对拟建建设工程项目，从建筑物的使用功能上进行描述的文本；它作为详细的建设任务设计文件是项目总承包单位投标的依据。

(5) 项目总承包的适用范围

并不是所有类型项目都适合采用项目总承包模式，功能描述书的难度决定了项目总承包的难度，从国际情况来看，使用项目总承包方式发包的项目只占总数的14%左右，项目总承包方式只适用于技术上不是很复杂、规模不大或者虽然规模大但单体的性质比较一致的项目，而不适用于纪念性建筑，意义十分重大的公共建筑、政府部门指令性的重大工程以及新型项目等。

国内政府若是要推广应用项目总承包模式，就必须首先很好的解决项目总承包模式招标的困难，明确功能描述书的定义和编制方法，从项目总承包模式的特点出发判定标注合同文本等。只有解决了这些基本问题，才不至于使推广项目总承包模式成为一句空话。

10.2.6 各类模式小结

综上所述，每种承发包模式都有其自身的特点，现以平行承发包、施工总承包、施工总承包管理Ⅰ（MC单位与分包单位签约）、施工总承包管理Ⅱ（MC单位与分包单位不签约）、CM/Non-Agency、CM/Agency模式为例，从业主方的角度对其在投资控制、进度控制、质量控制、合同管理、组织协调五个方面进行比较，如表10-3所示，供读者在综合考虑项目承发包模式和合同结构模式策划时参考。

几种承发包模式比较一览表 **表10-3**

序号	名 称	投资控制	进度控制	质量控制	合同管理	组织协调
1	平行承发包	每一部分工程发包，都以施工图设计为基础，投标报价较有依据。 要等最后一份合同签订后才知道总造价，对投资早期控制不利。	某一部分施工图完成后，即可开始这部分招标，开工日期提前，可缩短建设周期。 由于要进行多次招标，业主用于招标的时间多	符合质量控制上的“他人控制原则”，对质量控制有利。 应非常重视各分包合同交界面的定义，否则对质量控制不利。	业主要负责所有分包合同的招投标、合同谈判、签约，招投标及合同管理工作量太大，对业主十分不利。 业主要负责对多个合同的跟踪管理，工作量较大。	业主要负责对所有分包商的管理及组织协调，工作量太大，对业主十分不利。这是平行承发包的致命弱点，限制了该种承发包在大型项目上的应用。 因此，在目前国内许多项目上不可能采用。

续表

序号	名 称	投资控制	进度控制	质量控制	合同管理	组织协调
2	施工总承包	以施工图设计为投标报价基础，投标报价较有依据。 在开工前就有较明确的合同价，有利于业主对总造价的早期控制。 但若在施工过程中发生设计变更，则可能发生索赔。	施工图设计全部结束后，才能进行施工总承包的招标，开工日期较迟，建设周期势必较长。 这是施工总承包模式的最大缺点，限制了其在建设周期紧迫项目上的应用。	项目质量好坏很大程度上取决于施工总承包单位选择，取决于施工总承包单位的管理水平和技术水平。对施工总承包单位的依赖较大。	业主只需要进行一次招标，与一家承包商签约，招投标及合同管理工作量大大减小，对业主十分有利。 在很多工程实践中，采用的并不是真正的施工总承包，而用所谓的“费率招标”，实质上是开口合同，对业主方的合同管理十分不利。	业主只负责对施工总承包单位的管理及组织协调，工作量大大减小，对业主十分有利。
3	施工总承包管理Ⅰ（MC单位与分包单位签约）	某部分施工图完成后，由施工总承包管理单位进行该部分工程招标，分包合同投标报价较有依据。 在进行施工总承包管理招标时，只确定总包管理费，没有合同总造价，是业主承担的风险。	施工总承包管理的招标不依赖于施工图设计，可以提前。分包合同的招标（由施工总承包管理单位进行）也得到提前，从而提前开工，可缩短建设周期。	对分包商的质量控制由施工总承包管理单位进行。 对分包商来说，符合质量控制上的“他人控制”原则，对质量控制有利。 各分包合同交界面的定义由施工总承包管理单位负责，减轻了业主方的工作量。	所有分包合同的招投标、合同谈判、签约工作由施工总承包管理单位负责，由业主批准，业主方的招投标及合同管理工作量减少，对业主有利。 与分包商的合同由施工总承包管理单位签订，加大了其对分包商管理的力度。 对分包商工程款支付又可分为总包管理单位支付和业主直接支付，前者对加大其对分包商管理的力度更有利。	由施工总承包管理单位负责对所有分包商的管理及组织协调，大大减轻了业主的工作。 这是施工总承包管理模式的基本出发点。
4	施工总承包管理Ⅱ（MC单位与分包单位不签约）	同3 但由于业主方与分包商签约，加大了业主方的风险（任何签约方都会承担风险）。	同3	同3	尽管所有分包合同的招投标、合同谈判等工作都由施工总承包管理单位负责，但由于是业主签约，势必加大业主方的合同管理工作。	与分包商的合同由业主签订，一定程度上削弱了施工总承包管理单位对分包商管理的力度。

续表

序号	名 称	投资控制	进度控制	质量控制	合同管理	组织协调
5	CM/Non-Agency	类似施工总承包管理，施工合同总价不是一次确定，而是有一部分完整图纸确定一部分，合同价的确定较有依据。 CM单位与分包商的合同价向业主公开，不赚总包与分包之间的差价。 在设计阶段采用价值工程方法，向设计提合理化建议，挖掘节约潜力。 采用GMP模式，大大减轻了业主在投资控制方面的风险。	采用“Fast Track”快速路径法，设计与施工充分搭接，有利于缩短工期。 通过在设计阶段提合理化建议，减少了在施工阶段因修改设计给工程造成的延误。 CM招标的时间不依赖于设计图纸的完成，可以提前。	实现了在设计阶段设计与施工的结合与协调，有利于提高工程质量。 对分包商的质量控制由CM单位负责。 对分包商来说，符合质量控制上的“他人控制”原则，对质量控制有利。 各分包合同交界面的定义由CM单位负责，减轻了业主方的工作量。	所有分包合同的招投标、合同谈判、签约工作由CM单位负责，类似第一种类型的施工总承包管理。 与分包商的合同由施工总承包管理单位签订，加大了其对分包商管理的力度。 类似第一种类型的施工总承包管理，对分包商工程款支付又可分为总包管理单位支付和业主直接支付两种，前者对加大其对分包商管理的力度更加有利。	与3类似
6	CM/Agency	与CM/Non-Agency模式相比，由于没有GMP的保证，业主在项目投资控制方面的风险较大。	同5	同5	分包合同的招投标、合同谈判等由CM单位负责，但是业主签约，加大业主方的合同管理工作。	与分包商的合同由业主直接签订，一定程度上削弱了CM单位对分包商管理的力度。

【案例10-1】 国内某国际会展中心项目合同结构图

国内某国际会展中心项目建设采用施工总承包模式，其合同结构图如下图10-12所

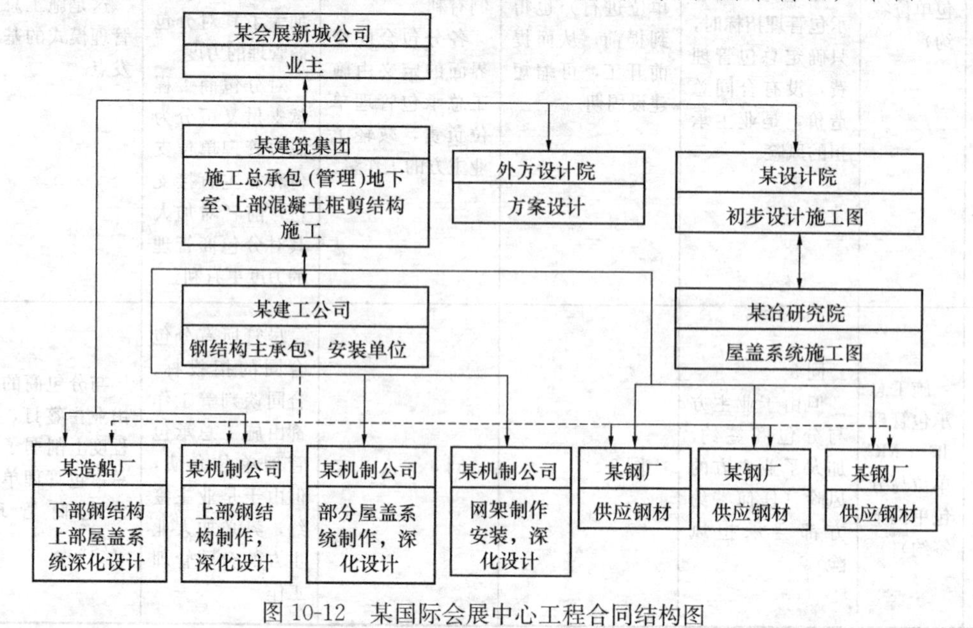

图10-12 某国际会展中心工程合同结构图

示。其特点是业主委托混凝土框剪结构施工单位担任施工总承包，且自行分包某造船厂和某机制公司承担钢结构深化设计；施工总承包单位将其中的钢结构部分分包给钢结构主承包单位，将钢材供应分包给三家钢厂。钢结构主承包单位负责钢结构安装，将钢结构制作和防火喷涂再分包给三家机制公司；待造船厂和机制公司钢结构深化设计以及制作完成后交给钢结构主承包单位接管。

10.3　合同文本策划

10.3.1　国际标准合同文本

为了维护合同当事人双方的利益，确保合同订立的严密、完整和合理，在签订工程项目合同时，一般都趋向于采用具有标准、统一格式和内容的合同条件范本。这不仅节省了重新编制一套合同条件所需要的时间和费用，而且标准合同条件总结了多年经验，经历了各种特殊情况的考验，因而更有利于保护合同双方的合法权益。在对合同文本进行策划时，应充分了解这些标准体系。

目前国际上应用最为广泛、具有较大声誉的建设工程标准合同文本有：

1）国际咨询工程师联合会制定的FIDIC标准合同文本；

2）英国土木工程师学会、咨询工程师协会等制定的ICE标准合同文本；

3）英国"联合合同法庭"颁布的JCT标准合同文本；

4）英国土木工程师学会制定的NEC标准合同文本；

5）美国建筑师学会制定的AIA标准合同文本；

6）世界银行、亚洲银行颁布的标准合同文本。

（1）FIDIC标准合同文本

由各国咨询组织所组成的国际团体的领导机构"国际咨询工程师（简称FIDIC）"制定的FIDIC合同条件，适用于国际工程承包项目，目前作为惯例已成为国际工程界公认的标准化合同格式的有：

1）《业主-咨询工程师标准服务协议书》及《业主/咨询工程师设计与施工监督工作标准服务协议书》（白皮书）；

2）《土木工程施工合同条件》（红皮书）；

3）《电气与机械工程合同条件》（黄皮书）；

4）《设计-建造与交钥匙合同条件》（橘皮书）；

5）《土木工程分包合同》。

1999年9月，FIDIC又出版了新的《施工合同条件》（新红皮书）、《生产设备设计—施工合同条件》（新黄皮书）、《EPC交钥匙合同条件》（银皮书）及《合同简短格式》（绿皮书），这是迄今为止FIDIC的最新版本。

（2）ICE标准合同文本

由英国土木工程师学会、咨询工程师协会以及土木工程承包商联合会共同编制的ICE合同条件在土木工程界有着广泛的应用，适用于英国和英联邦及历史上与英国关系密切的国家。

1991年1月第六版《ICE合同条件（土木工程施工）》共计71条109款，主要内容包括：工程师及工程师代表；转让与分包；合同文件；承包商的一般义务；保险；工艺与材料质量的检查；开工，延期与暂停；变更、增加与删除；材料及承包商设备的所有权；计量；证书与支付；争端的解决；特殊用途条款；投标书格式。此外 IEC 合同条件的最后也附有投标书格式、投标书格式附件、协议书格式、履约保证等文件。1993 年 ICE 出版了《新工程合同》（New Engineering Contract，NEC），1995 年出版了第二版，并更名为《工程设计与施工合同 ECC》。

（3）JCT 标准合同文本

JCT 合同条件由英国"联合合同法庭（简称 JCT）"颁布，主要用于道路、桥梁、水利等大型土木工程及构筑物的建设。

JCT 系列的标准合同门类齐全，具体分成以下九个类别：

1）标准建筑合同。按照地方政府或私人投资、带工程量清单、不带工程量清单、带近似的工程量清单分为六种标准合同文本；

2）承包商带设计的合同；

3）固定总价合同；

4）总包标准合同；

5）Intermediate Form of Building Contract（IFC84）；

6）小型工程合同；

7）管理承包合同；

8）单价合同；

9）分包合同标准文本。

（4）NEC 标准合同文本

NEC 合同条件是英国土木工程师学会新工程合同条件的简称（The Institution of Civil Engineers，New Engineering Contract）。NEC 系列合同包括以下四个类别：

1）工程施工合同。用于发包人和总承包商之间的主合同，也被用于总包管理的一揽子合同；

2）工程施工分包合同。用于总承包商与分包商之间的合同；

3）专业服务合同。用于发包人与项目管理人、监理人、设计人、测量师、律师、社区关系咨询师等之间的合同；

4）裁判者合同。用于指定裁判者解决任何 NEC 合同项下的争议的合同。

与其他标准合同文本相比，NEC 合同条件有它的独特性。它是一组可相互交替灵活使用的多功能合同文本。该文本尽管是为英国的工程与施工而设计制作的，但它的内容非常容易适应其他国家的不同情况，包括总包、分包、设计与建造合同的各类情况。NEC 包含了土木、机械、电气、化学工程的建造和流水线工厂的建造的所有要求。

（5）AIA 标准合同文本

AIA 标准合同文本由美国建筑师学会（AIA）制定颁布。AIA 出版的系列合同文件在美洲地区具有较高的权威性，应用广泛。

AIA 系列合同文件分为 A、B、C、D、G 等系列：

1）A 系列是用于发包人与承包商的标准合同文件，不仅包括合同条件，还包括承包商资格申报表，保证标准格式；

2）B系列主要用于发包人与建筑师之间的标准合同文件，其中包括专门用于建筑设计、室内装修工程等特定情况的标准合同文件；

3）C系列主要用于建筑师与专业咨询机构之间的标准合同文件；

4）D系列是建筑师行业内部使用的文件；

5）G系列是建筑师企业及项目管理中使用的文件。

AIA系列合同文件的核心是“一般条件”（A201）。采用不同的工程项目管理模式及不同的计价方式时，只需选用不同的“协议书格式”与“一般条件”即可。1987年版的AIA文件A201《施工合同通用条件》共计14条68款，主要内容包括：发包人、承包商的权利与义务；建筑师与建筑师的合同管理；索赔与争议的解决；工程变更；工期；工程款的支付；保险与保函；工程检查与更正条款等。

（6）世界银行颁布的标准合同文本

世界银行于1995年出版了《在IBRD贷款和IDA信用项下的采购指南》第5版，1996年编写出版了《世界银行贷款项目招标文件范本》，具体包括以下十三个文本：

1）土建工程国际竞争性招标资格预审文本；

2）土建工程国际竞争性招标文本；

3）货物采购国际竞争性招标文本；

4）大型成套设备供货和监督安装招标文本；

5）生产工艺技术转让招标文本；

6）总包合同招标文本；

7）咨询服务合同文本；

8）土建工程国内竞争性招标文本；

9）货物采购国内竞争性招标文本；

10）大宗商品国际竞争性招标文件；

11）计算机系统国际竞争性招标文件；

12）单个咨询专家咨询合同；

13）标准评标报告格式。

《采购指南》和《标准招标文件》覆盖了建设工程合同的各个方面，详细规定了履约担保、预付款、进度款、价格调整公式、反贪污贿赂等条款的具体要求。

10.3.2 我国标准合同文本

目前我国建设工程标准合同文本主要有以下四种：

(1)《建设工程设计合同》(GF-2000-0201)；

(2)《建设工程施工合同（示范文本）》(GF-1999-0201)；

(3)《建设工程施工专业分包合同（示范文本）》(GF-2003-0213)；

(4)《建设工程施工劳务分包合同（示范文本）》(GF-2003-0214)。

这四种合同文本分别针对设计、施工总承包和分包（专业分包和劳务分包）。《建设工程施工合同（示范文本）》（GF-1999-0201）由原国家建设部和国家工商行政管理局根据最新颁布和实施的工程建设有关法律、法规，总结了近几年施工合同示范文本推行的经验，结合我国建设工程施工的实际情况编制而成，适用各类公用建筑、工业厂房、交通设施及线路管线的施工和设备安装。

《建设工程施工合同（示范文本）》由《协议书》、《通用条款》和《专用条款》三部分组成，并附有《承包人承揽工程项目一览表》、《发包人供应材料一览表》、《工程质量保修书》三个附件。

10.3.3 合同文本策划

合同文本的策划和项目采用的承发包模式及合同结构模式密不可分，针对承发包模式的不同特点，与之匹配的标准合同文本也不尽相同。我国目前最大的问题是，没有在法规上明确区分多种承发包模式，更没有颁布适用于不同承发包模式的多种标准合同文本，因此建议参照国际惯例来选用。常见的承发包模式及其相应适用的标准合同文本如表 10-4 所示。最终确定项目合同文本时，需根据项目实际情况予以综合考虑。

不同承发包模式的标准合同文本一览表 **表 10-4**

承发包模式	平行承发包	施工总承包	施工总承包管理	项目总承包管理	CM 模式
建议采用的标准合同文本	根据需要采用任何一种标准合同文本	根据需要采用任何一种标准合同文本	建议采用英国联合合同法庭颁布的 JCT 标准合同文本	建议采用德国承包商协会颁布的 VOB 标准招标文件及合同文本	建议采用美国建筑师学会颁布的 AIA 合同文本

【案例 10-2】 某路桥项目合同策划❶

某路桥建设项目，工程内容包括新建 30km 长的公路、新建 8 座桥梁、修复 250km 长的旧公路、修复 32 座老桥梁等；另外，还需要安排专门机构在完工后的若干年内负责公路的维护保养工作；为了维护保养，还需要添置维护设备，引进一些预防性维护的专门技术；另外，项目实施期间还需要进行项目管理和采购管理等。

采购规划的制订过程如下。

(a) 首先，对采购的内容按照货物、工程和服务进行分类，如表 10-5 所示。

采购内容分类表 **表 10-5**

采购内容	服务	工程	货物
新建 30km 长的公路		√	
新建 8 座桥梁		√	
修复 250km 长的旧公路		√	
修复 32 座老桥梁		√	
添置维护设备			√
维护保养		√	
预防性维护的技术援助	√		
项目管理和采购管理	√		

(b) 其次，对项目进行分解，确定合同包，如表 10-6 所示。

❶ 摘自丁士昭．工程项目管理．北京：中国建筑工业出版社，2006.

项目分解与合同打包计划 **表 10-6**

采购内容	服务，工程或货物	价值（百万美元）	项目年限	国内能力	国外投标人感兴趣的可能性	可能的标段
新建 30km 长的公路	工程	45	2～4	5km/年	有	一个合同包包含 6 个 5km 的标段
新建 8 座桥梁	工程	15	2～4	无	有	一个合同包一个标段
修复 250km 长的旧公路	工程	15	1～3	50km/年	有	一个合同包 5 个 50km 的标段
修复 32 座老桥梁	工程	15	1	有	有	不需要
添置维护设备	货物	3	2～4	小型	主要	每个大的设备组 每个小的设备组
维护保养	工程	2	4	有	无	年度合同
预防性维护的技术援助	服务	2	3～4	无	有	一个合同包
项目管理和采购管理	服务	3	1～4	有限	有	一个合同包

（c）根据以上的划分和对市场的分析，确定采购方式如表 10-7 所示。

项目分解、合同打包与采购方式 **表 10-7**

采购内容	服务，工程或货物	价值（百万美元）	项目年限	国内能力	国外投标人感兴趣的可能性	可能的标段	采购方式
新建 30km 长的公路	工程	45	2-4	5km/年	有	一个合同包包含 6 个 5km 的标段	ICB
新建 8 座桥梁	工程	15	2～4	无	有	一个合同包一个标段	ICB
修复 250km 长的旧公路	工程	15	1～3	50km/年	有	一个合同包 5 个 50km 的标段	ICB
修复 32 座老桥梁	工程	15	1	有	有	不需要	ICB
添置维护设备	货物	3	2～4	小型	主要	每个大的设备组 每个小的设备组	ICB/I. SH NCB/N. SH
维护保养	工程	2	4	有	无	年度合同	NCB
预防性维护的技术援助	服务	2	3～4	无	有	一个合同包	短名单
项目管理和采购管理	服务	3	1～4	有限	有	一个合同包	短名单

10.4　合同价计取方式策划

在确定工程项目的合同结构模式和合同文本之后，接下来应该对工程项目合同价的计取方式进行策划。工程项目合同按不同计价方式可分为总价合同、单价合同、成本加酬金合同（Cost Plus 合同）三类。不同的合同计费方式对项目的投资控制和合同管理影响不同。在实际项目中，应该根据具体特点和现实情况，对合同计取方式进行统筹策划。下图10-13 所示是按照计价方式划分的承包合同类型。

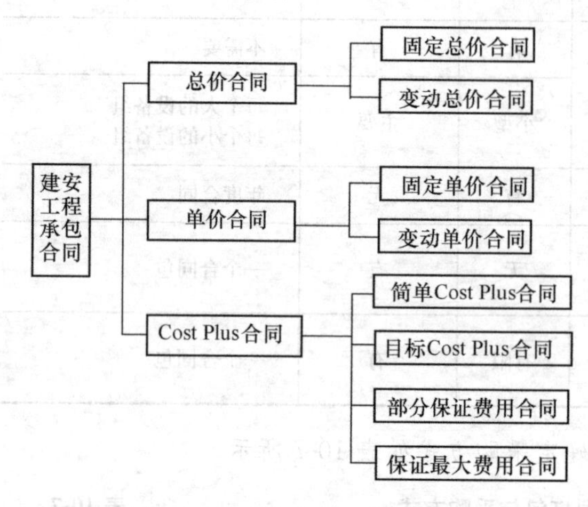

图 10-13　承包合同的三种类型

10.4.1　总价合同

总价合同一般要求投标人按照招标文件要求报一个总价，在这个价格下完成合同规定的全部项目。显然，这种合同要求设计要有足够的深度，对承发包工程的详细内容及其各种经济技术指标都必须一清二楚，否则承发包双方都有蒙受一定经济损失的风险。

总价合同分为固定总价合同和变动总价合同两种。

（1）固定总价合同

固定总价合同的价格计算是以图纸规定、规范为基础，合同总价是固定的。承包商在报价时对一切费用的上升因素已经作了估计，并将其包含在合同价格之中。总价只有当设计和工程范围发生变化时，才作出相应的调整。

（2）变动总价合同

变动总价合同一般以图纸及规定、规范为基础，按时价进行计算。总价不仅随设计和工程范围的改变而变化，当由于通货膨胀而使用的工料成本增加时，它也作相应调整。在此类型合同中，业主承担了通货膨胀等不可预见的费用因素风险。

平行承发包模式和施工总承包模式都适用于总价合同。这两种模式有个共同特点，就是在招标选择承包商时施工图已完成，因而工程范围和相应技术经济指标已明确，承包商的投标报价较有依据，可采用总价合同。

在我国的建设实践中，很多建设周期紧迫的项目，采用的并不是真正的施工总承包，而是所谓的“费率招标”，即在施工图设计尚未结束就开始招标，因而无论是工程量还是单价，都很难在签约时确定，实质上是签了一个开口合同，这对业主方的合同管理不利，要尽量避免。

10.4.2　单价合同

单价合同指签订合同时工作量尚无法完全确定，根据发包人提供的资料，双方在合同中确定每一单项工程单价，结算则按实际完成工程量乘以每项工程单价计算。当准备发包的工程项目内容、技术经济指标一时不能像采用总价合同那样明确、具体的规定时，采用工程单价合同为宜。单价合同分为固定单价合同和变动单价合同。

（1）固定单价合同

固定单价合同条件下，无论发生哪些影响价格的因素都不对单价进行调整，它适用于工期较短、工程变化幅度不会太大的项目。

（2）变动单价合同

采用变动单价合同时，合同双方可以约定一个估计的工程量，事先约定当实际工程量发生较大变化时单价如何调整；也可以约定当通货膨胀达到一定水平或国家政策发生变化时可以对哪些工程内容的单价进行调整以及如何调整。

10.4.3　成本加酬金合同

成本加酬金合同是指成本费按承包人的实际支出由发包人支付，发包人同时另外向承包人支付一定数额或百分比的管理费和商定的利润。

成本加酬金合同分为三种类型：简单成本加酬金合同、目标成本加酬金合同、保证费用加酬金合同。

（1）简单成本加酬金合同

根据这种合同，工程施工的最终合同价格按照工程的实际成本再加上一定的酬金计算。酬金可以是一笔固定费用，也可以是实际成本的一个百分比。在合同签订时，工程实际成本往往不能确定，只能确定酬金的取值比例或者数量。

（2）目标成本加酬金合同

在签订合同时，双方商量一个目标成本，并规定一个百分数作为酬金。如果实际成本低于目标成本（有一个幅度界限），按原定比例支付酬金，并另外给承包商一定比例的奖励；如果实际成本高于目标成本（也有一个幅度界限），则降低酬金的比例。

（3）保证费用加酬金

保证费用加酬金合同，有部分保证费用加酬金和保证最大费用酬金两种。保证最大费用酬金合同是承包商向业主保证一笔最大工程费用，如果实际费用超过了最大工程费用，则由承包商支付，业主不予承担。如果实际费用低于最大工程费用，则节余部分归业主，有时业主也会按照事先约定的百分比将节余的一部分返回承包商以鼓励其积极性。

施工总承包管理模式、CM模式、往往采用成本加酬金合同。

CM模式中的CM/Non-Agent模式采用的是保证最大费用加酬金，它有效地降低了业主的费用控制风险，将业主承担的工程费用风险转由CM单位承担。

复习思考题

1. 简述平行承发包、施工总承包、施工总承包管理的区别和应用。
2. 解释CM中的GMP的含义，以及CM与MC之间的区别。
3. 分析项目总承包单位的介入时间以及适用情况。
4. 简述几种常用的国际标准合同文件。
5. 列举出国际上常用的几种标准合同文本及其适用范围。
6. 针对不同的承发包模式，试比较并找出较为合理的项目合同文本。
7. 合同价有哪些计价方式？它们分别适用于什么样的情况？
8. 【案例分析】某综合体项目工程概况如下表。分析：①若委托一家项目管理咨询公司，一家设计总负责单位（该设计总负责单位负责仓储大楼一二期的设计）和两家设计单位（分别承担商业中心和厂房设计），一家施工总承包单位管理单位，试画出项目合同结构图。②请策划其他的合同结构模式并绘制项目合同结构图。③请比较如采用施工总承包和施工总承包管理，各有何优缺点。④该项目如果采用总价合同，对承包商而言存在哪些风险，如何规避这些风险。

项目名称	规模	工期	业主
仓储大楼（一期）	1.7 万 m^2，三层框架	03.3～03.9	某仓运（上海）有限公司
仓储大楼（二期）	2 万 m^2，六层框架	04.8～05.4	某仓运（上海）有限公司
商业中心	25 万 m^2，1～12 层框架、13～19 层剪力墙结构	04.3～06.3	某房地产发展有限公司
厂房	1.4 万 m^2 单层钢结构	05.7～06.3	某工程机械（上海）有限公司

第十一章 项目信息管理策划

当前，建筑业和其他行业存在巨大的“数字鸿沟”，据统计，每年的建筑业和制造业的总产值大致相当，但信息化的投入方面，建筑业只有制造业的大约 1/7。同时，研究表明，在传统的工程建设中项目建设成本的 3%～5%是由可以避免的错误所引起的，其中 30%则是因为采用了不准确或过期的图纸所直接造成；美国建筑业每年为了传递工程文件和图纸在联邦快递（FedEx）上的花费大约 5 亿美元；项目建设成本的 1%～2%仅仅是与打印、复印和传真等有关的办公费用；在项目竣工时，任何一个项目参与方所能够拥有的项目建设信息不足 65%。据估计全球建筑业的 2.7 万亿美元投入中，有 30%～40% 是被无效地浪费掉；未来设计委员会报告，如果管理得当，效率可以提高 35%～40%❶。

在工程项目实施的过程中，每一个阶段都会产生大量的信息，每一个参与单位会产生大量的信息，每一个专业会产生大量的信息。这些信息突出的表现为报表、函件、图纸等文档资料，以及通知、消息、讲话记录、会议纪要以及邮件等咨询信息，“一个 1 亿英镑的建筑项目能产生 150，000 份独立的文档”❷。近些年来，由于大型工程项目越来越多，所涉及的组织更是复杂，包括政府主管部门、市政部门、设计单位、监理单位、项目管理单位、施工单位、设备及材料供应商等等，甚至包括周边居民、社会大众等等。而项目信息是组织之间联系的纽带，是组织之间交流的桥梁。因此，必须在项目策划阶段对信息管理工作充分准备，使得项目在实施阶段中快速有效地收集、处理、存储、传递和应用各类信息，实现信息共享、增加信息透明度，充分发挥信息的价值。

本章主要内容包括项目信息管理组织策划、项目信息管理流程策划、项目信息管理制度策划、项目会议策划、信息分类与编码和项目信息管理平台的策划等。

11.1 项目信息管理组织策划

组织件是项目信息管理顺利实施的最重要要件。信息管理作为项目管理的核心任务之一，涉及所有环节和所有单位/部门，因此项目信息管理不仅要求有专门的部门和人员，还应将所有的单位/部门架构到项目信息管理组织架构中。组织策划应包括如下内容：

(1) 设置专门的信息管理部门或专职人员，并进行定位和分工；

(2) 建立整个项目信息管理的组织网络，各单位/部门落实专职或兼职信息管理人员，并进行任务分工和管理职能分工。

而信息管理部门是项目信息管理的核心部门，其关键职能包括：

---

❶ 引自 Bricsnet. com 和 Design Intelligence and Counsel House Research.

❷ 引自 The Economist.

(1) 负责编制信息管理手册，在项目实施过程中进行信息管理手册的必要的修改和补充，并检查和督促其执行；

(2) 负责协调和组织项目管理班子中各个工作部门的信息处理工作；

(3) 负责信息处理工作平台的建立和运行维护；

(4) 与其他工作部门协同组织收集信息、处理信息和形成各种反映项目进展和项目目标控制的报表和报告；

(5) 负责工程档案管理等。

【案例 11-1】 某集团项目信息平台应用协调小组

某集团新建项目为大型化工建设项目，项目所在地为浙江宁波，业主为山东某集团，承包商为西安某工程公司，建立分别为成都、安徽和天津三家。由于项目参与单位地域十分分散，异地沟通和协调成为最大困难。因此需要引进先进的信息平台进行项目信息和沟通管理。为此项目引入了德国 PKM 产品，该产品的核心功能是信息交流、文档管理和协同工作。为了使该平台尽快推行并成功引用，建立了信息化应用协调小组，其作用是：

(1) 在 PKM 试运行阶段组织项目参与各方尽快启动 PKM 的使用，协商建立项目信息管理制度；

(2) 在 PKM 正式运行过程中协调项目参与各方确保 PKM 的正常运行，监督项目信息管理制度的执行。

协调小组组织结构为：

(1) 协调小组人员由业主方、总承包方和监理方的有关人员构成，同济大学协助协调小组的工作；

(2) 协调小组设组长和副组长各一名，考虑到总承包方将承担主要的信息管理工作，建议由总承包方的人员任组长，业主方人员任副组长；

(3) 协调小组中设项目系统管理员一名，由业主方人员担任，不同于集团总部的系统管理员，负责 PKM 系统中与本项目有关的重要的设置工作及日常运行维护。

协调小组人员组成建议：

(1) 业主方：2 人（协调小组副组长及项目系统管理员）；

(2) 总承包方：2 人（协调小组组长及信息管理员）；

(3) 监理方：3 人（各监理公司各一人任信息管理员）。

11.2 项目信息管理流程策划

抽象地看建筑产品的生产过程由建筑生产过程和信息处理过程组成，两过程彼此交织互相影响，信息流指导物质流。而传统的信息交流往往采用点对点的沟通方式，此种方式不仅效率较低，还由于信息链较长，容易产生信息错误，从而导致项目活动的错误。例如，一般的图纸发放往往设计院交给业主，业主交给项目管理单位，项目管理单位交给总包，总包交给分包，分包交给作业班组，如此冗长的信息链在图纸变化较多、工期较紧的情况下很容易发生现场工人所采用的图纸是过期图纸的现象，从而导致项目返工等浪费。因此传统的纵向沟通方式（图 11-1）应转变为扁平化的信息共同方式（图 11-2）。

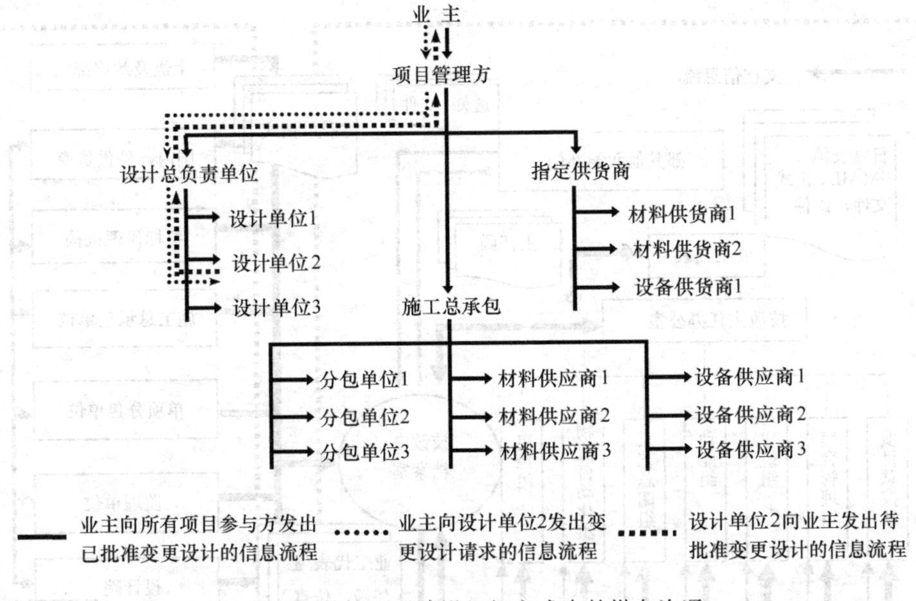

图 11-1 传统项目建设组织方式中的纵向沟通

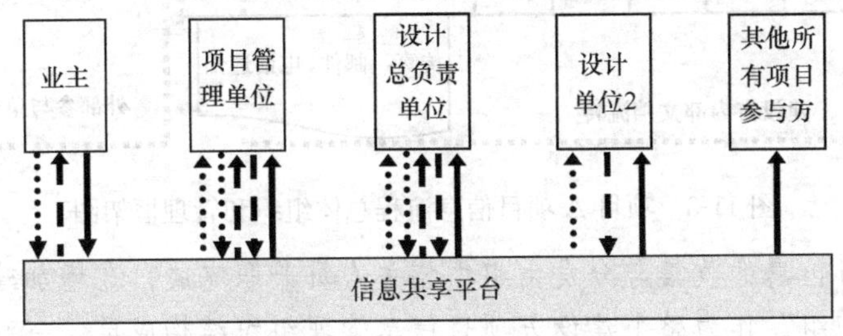

图 11-2 项目参与方之间的信息交流扁平化

信息流的策划除了和项目管理的效率相关，还和项目组织和协调管理相关。信息流的不畅可能影响项目沟通、协调和决策效率。因此，为了保证信息的准确性，必须进行信息流程的策划。

【案例 11-2】 某项目信息沟通总体组织和流程框架

项目 A 是某工厂的技改项目，在原厂方旧址附近新建一联合工房（占地 37528m²）、动力中心（占地 3050m²）以及其他配电、排污等配套设施。总投资达 10.4 亿。建设方的管理人员是从厂部原有职能部门独立出来的全职或半职工程项目管理人员。为此，提出如图 11-3 所示的信息沟通和管理总体框架。

(1) 结合整个项目管理需要，项目管理组织结构不作调整，仅对其进行必要的简化。包括：①“总裁”、“厂务会”、“决策委员会”一般仅对项目总体进展情况或者重大问题进行讨论与决策。在项目信息传递与管理方面，一般以报表和会议形式为主，因此不在项目信息管理组织结构中体现，避免出现不必要的信息流转关节；②“综合管理组”内功能不

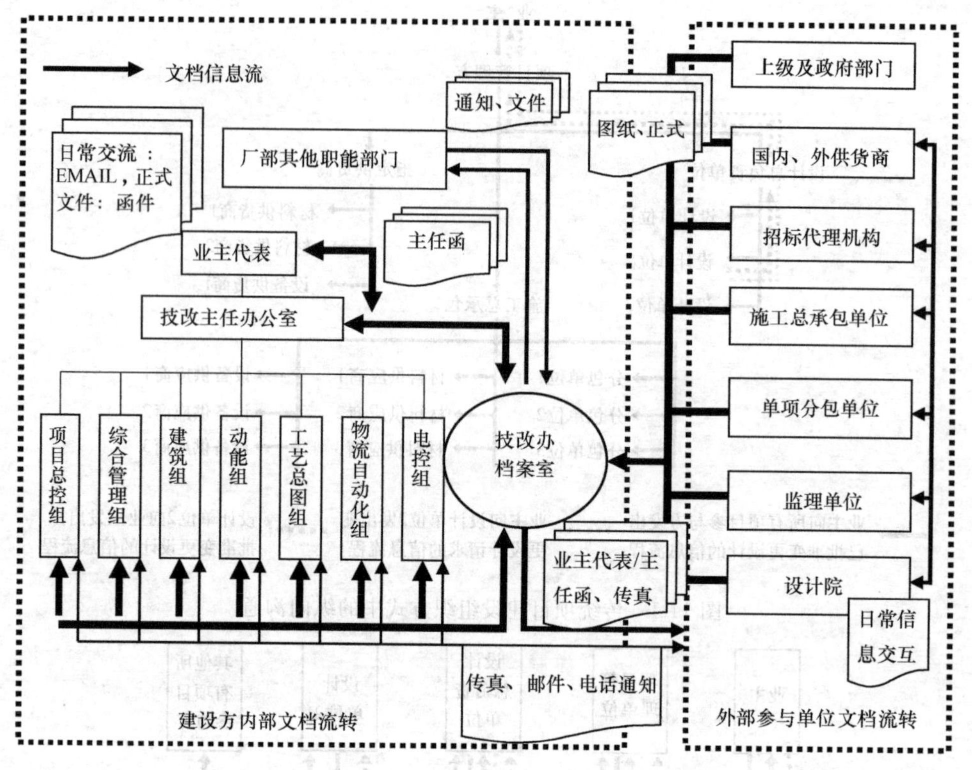

图 11-3　项目 A 项目信息流程总体组织和管理框架图

作细分，对于项目信息的收集与分发由组内相关人员兼职完成；③增加建设方项目管理咨询机构“项目咨询组”作为整个建设方项目信息管理组织结构成员，有利于项目信息有效传递与管理。

（2）强化“综合管理组”行政与信息职能，成立“技改办档案室”这一“项目信息中心”。虽然“技改办档案室”在职能上隶属于“综合管理组”，但由于其在项目信息管理中的重要地位，有必要将这一“项目信息中心”作为一个相对独立的组织单元在项目信息管理组织结构中体现出来，作为建设方内部的信息交流与共享中心，同时也是建设方内外信息交流的唯一出入口。

（3）“厂部其他职能部门”由于其与项目组织之间以厂部文件、通知和函件进行有效信息交流，因此在项目信息管理组织结构中作为一个独立于项目组织体系的信息管理组织单元体现。它与项目组织之间的所有信息通过“项目信息中心”进行流通。

（4）项目其他参与部门与单位如：“上级及政府部门”、“国内、外供货商”、“招标代理机构”、“施工总承包单位”、“单项分包单位”、“监理单位”、“国内、外设计院”、“施工深化设计单位”等，包括将来有可能参与的其他外协单位以相对独立的外部单元体现在项目信息管理组织结构中。他们与建设方项目组之间的信息管理通过“项目信息中心”进行。这样既有利于项目信息的收集与保存，同时又体现了结构上的灵活性。

【案例 11-3】 某房地产项目信息流程图

某房地产项目实施期间，项目管理单位针对项目实际特点，编制了一系列信息流程图，用以规范项目信息的交流，如：

(1) 收文处理信息流程图（图 11-4）

(2) 项目管理主任函处理信息流程图（图 11-5）

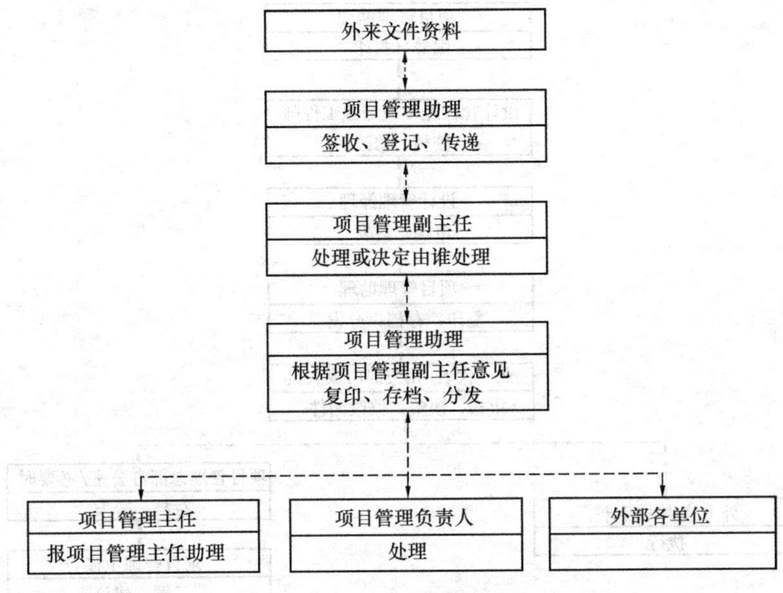

图 11-4 收文处理信息流程图

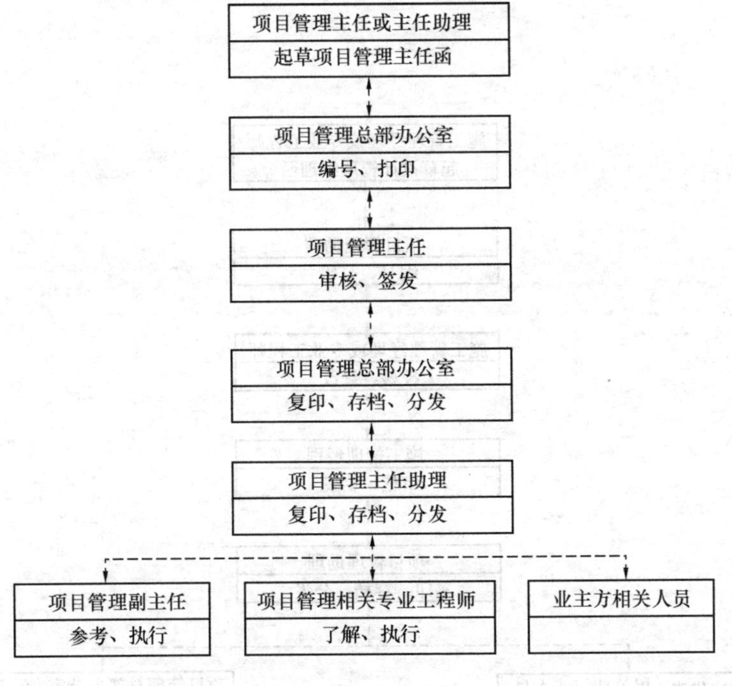

图 11-5 项目管理主任函处理信息流程图

(3) 设计管理经理函处理信息流程图（图 11-6）

(4) 施工管理经理函处理信息流程图（图 11-7）

(5) 项目管理月报处理信息流程图（图 11-8）

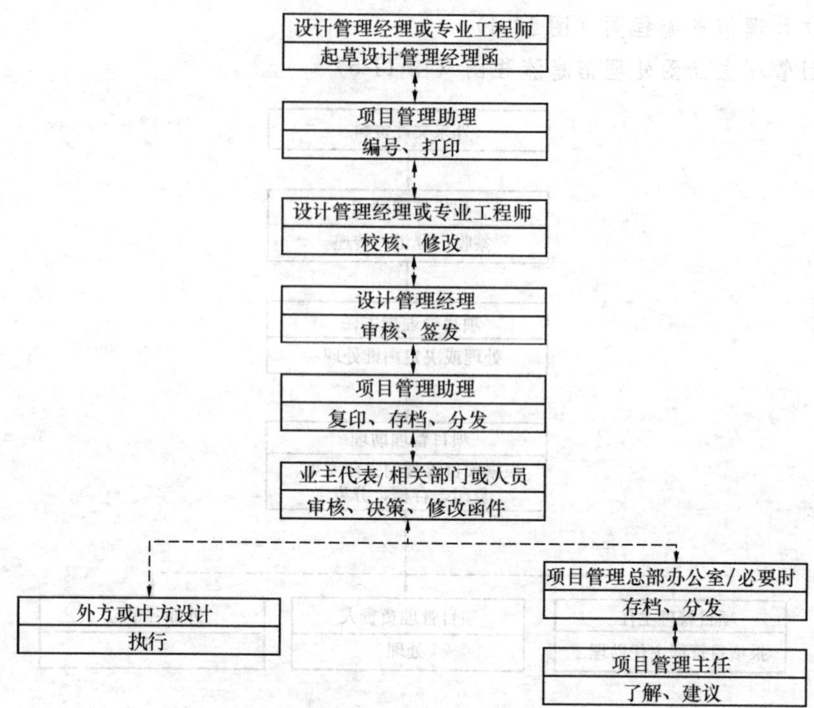

图 11-6　设计管理经理函处理信息流程图

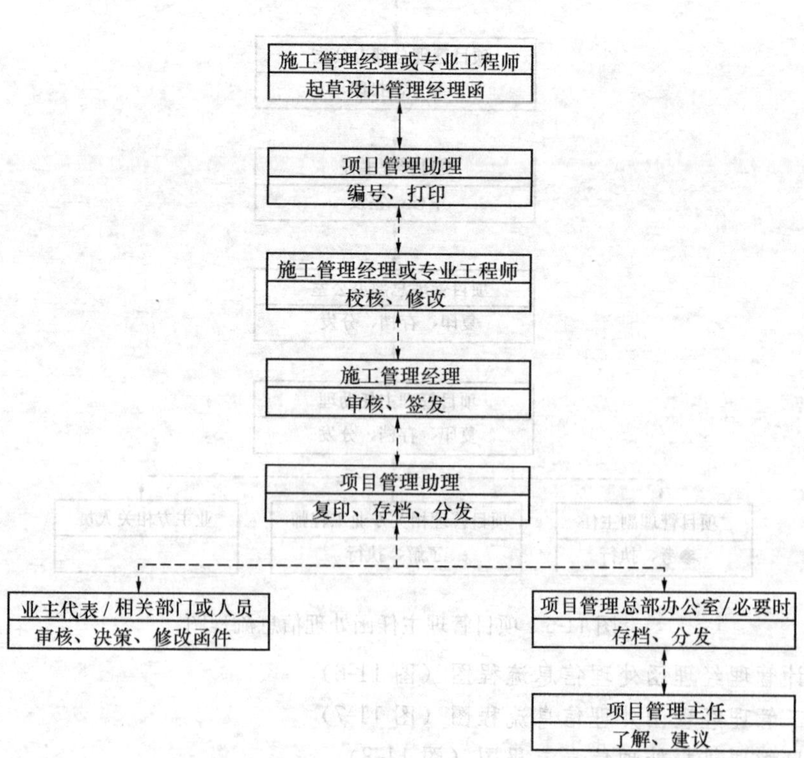

图 11-7　施工管理经理函处理信息流程图

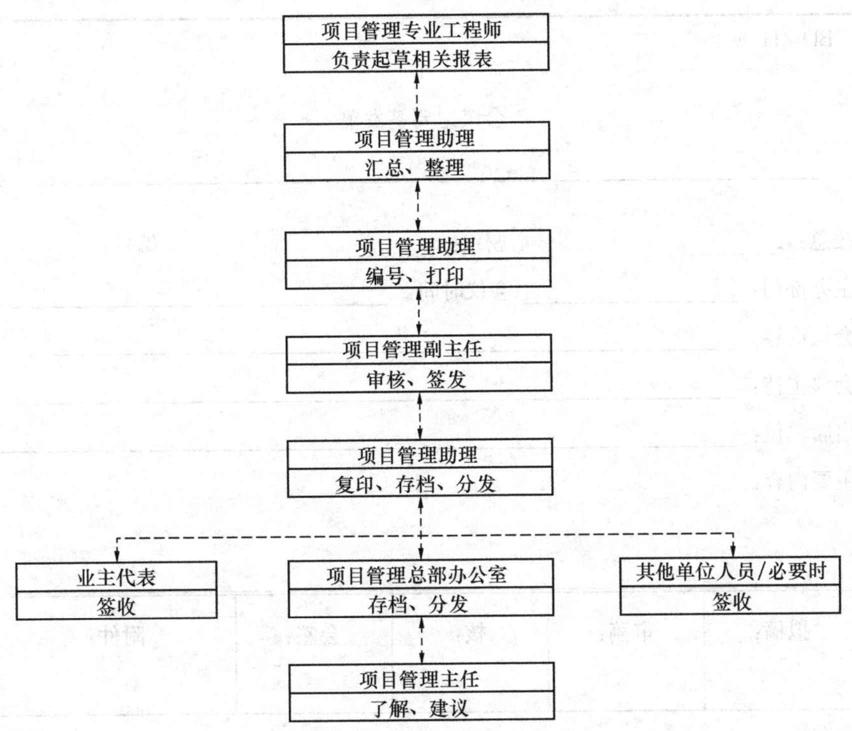

图 11-8　项目管理月报处理信息流程图

11.3　项目信息管理制度策划

在项目实施过程中，将例行的日常项目信息管理方式通过制度的形式确定下来，用以规范工作方式、规定工作流程，使日常信息交流方式趋于标准化、程序化，达到良好交流的目的。一般包括文档格式标准化和文档管理制度等。

11.3.1　文档格式标准化

项目信息的形式一大部分是一系列项目文档，这些文档覆盖了项目管理所要提供的各方面信息；同时项目文档的发送人和接收人各不相同；为了便于查询和管理，对项目文档的要求是采用标准化格式。文档的标准化是项目管理工作和成果规范化的体现。所有函件、会议纪要、日报、周报、月报和季报等都应事先确定标准格式。

【案例 11-4】　某市建管中心部分标准化表单(部分示例)

(1) 会议纪要表单

表单编号：BD-ZH-06

会议纪要签发单

缓急：________ 密级：________ 编号：________

主办部门：________ 会议时间：________

会议内容：________

会议主持：________

出席单位：________

主要内容：

拟稿：	审稿：	核：	会签：	附件：

签发：

缮印：

校对：

年 月 日 印 份

（2）工作联系单（内部）

表单编号：BD-ZH-15-工作联系单（内部）

工作联系单（内部）

编号：　　　　　　　　　　　　　　　　　　　　　　　　第　页　共　页

<table>
<tr><td>主送</td><td colspan="3"></td><td colspan="2" rowspan="2">急缓程度</td><td colspan="2">正常</td></tr>
<tr><td rowspan="2">抄送</td><td colspan="3" rowspan="2">计划与前期部</td><td colspan="2">急</td></tr>
<tr><td colspan="2"></td><td colspan="2">紧急</td></tr>
<tr><td>标题</td><td colspan="7"></td></tr>
<tr><td rowspan="2">主
要
内
容</td><td colspan="7">建议完成时间（　　）天。</td></tr>
<tr><td colspan="7"></td></tr>
<tr><td>经办人</td><td></td><td>发起部
门负责人</td><td></td><td>签发人
（主管领导）</td><td></td><td colspan="2">签发日期</td></tr>
<tr><td colspan="8">接收意见：

经办人：　　　　日期：　　　　签章：</td></tr>
</table>

注：本表格一式三份，发起部门、接收部门、计划与前期部各留存一份。

（3）工作联系单（外部）

编号：BD-ZH-16-工作联系单（外部）

工作联系单（外部）

编号： 第 页 共 页

<table>
<tr><td>主送</td><td colspan="4"></td><td rowspan="2" colspan="2">急缓程度</td><td>正常</td></tr>
<tr><td rowspan="2">抄送</td><td rowspan="2" colspan="4"></td><td>急</td></tr>
<tr><td colspan="2"></td><td>紧急</td></tr>
<tr><td>标题</td><td colspan="7"></td></tr>
<tr><td rowspan="2">主要内容</td><td colspan="7">建议完成时间（ ）天。</td></tr>
<tr><td colspan="7"></td></tr>
<tr><td>对方单位经办人</td><td></td><td>对方单位项目负责人</td><td></td><td>对方单位签发人</td><td colspan="3">签发日期</td></tr>
<tr><td>建管中心经办人</td><td></td><td>建管中心项目负责人</td><td></td><td>建管中心签发人</td><td colspan="3">签发日期</td></tr>
<tr><td colspan="8">回复意见：

经办人： 日期： 签章：</td></tr>
</table>

注：本表格一式三份，发起单位、接收单位、计划与前期部各留存一份。

11.3.2 文档管理制度

文档管理是项目信息管理非常重要的一个环节。对于建设项目而言，文档管理制度主要包括以下几个内容：

（1）组织设置与人员配备

包括设置项目信息中心制度、文档管理员制度、现场施工单位、监理单位设相应机构并配备必要的人员的相关制度等。

当文档管理人员调换工作时，要对所管理的文档资料根据目录进行全面核对移交，确属无误方可调离。施工单位和监理单位介入后，亦应配置文档管理人员形成参与方的信息网络、资料共享。

（2）归档范围及归档方式

不同的项目具有不同的特点，其归档范围及方式也有所区别。包括工程施工竣工档案资料规定、建设工程文件归档整理规范以及归档范围相关规定等。

（3）文档编码规定制度

（4）文档资料管理制度

包括引进技术设备图纸、文件管理规定、外单位往来文件管理规定、设计图纸、文件管理规定、文档资料查询与借阅服务规定、文档移交管理规定、文档保密制度等。

【案例 11-5】 上海世博会项目信息管理制度

（1）上海世博会工程建设指挥部办公室会议制度（要点）

包括会议的类型、会议的组织、会议的管理和标准表单等。

（2）上海世博会工程建设指挥部办公室文秘制度

包括文件的起草签发、来电管理、文档管理、保密规定、文件装订和分发、大事记管理、检查和催办等。

（3）上海世博会工程建设指挥部办公室印章管理制度

包括印章种类、印章使用范围、印章管理、印章存放、用印申请、印章保管、用印流程等。

（4）上海世博会工程建设指挥部办公室档案管理制度

包括档案管理的组织、档案分类、档案编码、档案封面等规定。

（5）上海世博会工程建设指挥部办公室值班制度

包括门卫值班、值日、领导值班、值班要点、值班纪律等。

（6）上海世博会工程建设指挥部办公室考勤制度

包括上班时间、工作时间计算、节假日制度、考勤打卡制度、签到制度、考勤种类、考勤计分、奖罚条款等。

11.4　项目会议策划

会议是沟通、协调和解决问题的重要手段。以上海世博会工程建设为例，据不完全统计，从 2007 年 6 月到 2009 年 6 月，仅世博会工程建设指挥部办公室层面主持召开的重大协调会议就达 2000 多次，内容涵盖前期协调、质量控制、投资控制、进度控制及其他等多方面，如图 11-9 所示。项目会议主要用于解决问题、进度检查、协调各参建单位、协

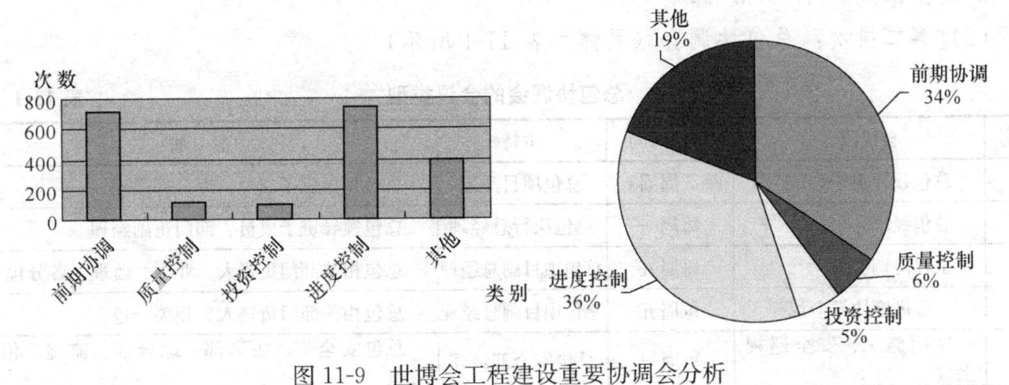

图 11-9　世博会工程建设重要协调会分析

商/管理合同、建设团队、提高团队士气和动力、通知利益相关者等，但应避免会议的无准备、无主题、无目的、无休止和无结论现象。

【案例 11-6】 上海环球金融中心会议策划

上海环球金融中心工程位于上海市浦东新区陆家嘴金融贸易区 Z4-1 街区，于陆家嘴绿地南面，北邻世纪大道，西邻东泰路和金茂大厦。该大楼为综合性超高层智能化建筑，主要用作办公、宾馆、观光、商贸、展览和其他公共设施等。高度 492m，楼层地上 101、地下 3 层，总建筑面积：379，588m²。为了有效推进项目管理，进行了会议策划：

(1) 第一层次：业主、监理主持的例会

□ 业主工程综合月例会

主持：业主

参加：业主、监理、总包

时间：每月第一个周四 9：30

主要内容：政府、行政方面（行政审批、审图情况、质监站要求、周边关系协调）；建筑方面（月进度完成情况及下月计划、深化图设计、材料确认、施工方案审批）；现场施工方面（安全文明施工、施工质量问题、专业施工协调、分包单位间协调）；设备、机电方面（机电施工与总体进度的协调、施工方案与土建的协调、设备选型与采购）；监理方面（安全文明施工要求、施工质量的问题和要求）；其他（一些具体要求和明确事项、下次会议时间等）。

□ 商务周例会

主持：业主工料测量部

参加：业主、威宁谢中国有限公司、总包商务部

时间：每周三 13：30

□ 工程质量安全监理周例会

主持：总监代表

参加：业主、监理、总包、分包

时间：每周一 15：30

(2) 第二层次：总包协调会（具体如表 11-1 所示）

总包协调会的会议类型　　**表 11-1**

序号	会议内容	会议时间	主持	参　加
1	总包领导班子会议	每 2 周周五	总包项目经理	总包领导班子成员、综合部经理
2	总包经理办公会议	每周一	总包执行总经理	总包领导班子成员、部门正副经理
3	工程协调会议	每周五	总包项目副总经理	总包相关部门负责人、业主、监理、各分包
4	工程进度协调会议	每周五	总包项目副总经理	总包相关部门负责人、相关分包
5	文明施工、安全巡视会议	每周一	总包安全部经理	总包安全部、协调部、综合部、监理、相关分包

(3) 第三层次：各专业协调会（具体如表11-2所示）

各专业协调会 **表11-2**

会议名称及类别		主持	参加	周期及时间
结构	结构周例会	总包结构部	业主、设计、监理、总包相关部门、相关分包	每周四
	裙房地下室专题会			每周四
机电	机电工程协调会	总包机电部	业主、总包机电部、设计部、相关部门、相关分包	每周五
	给排水、消防分科会	总包机电部	业主、总包机电部、设计部、相关分包	每周三
	空调、强电、弱电、BMS/BAS等专业分科会	业主		每周
设计	设计协调双周会	总包设计部	业主、监理、总包设计部、机电部及相关部门、相关分包	每2周周三
	设计协调分科会	总包设计部		每周三
装饰	塔楼玻璃幕墙工程协调会	总包装饰部	业主、监理、嘉特纳、装饰部	每周
	外装设计定例会	总包装饰部	业主、嘉特纳、奥的斯、驹井、装饰部、设计部	每2周周四
电梯例会		总包设计部	总包设计部、各电梯分包	每周五

11.5 项目信息分类及编码策划

由于项目所产生的信息量大、种类多，必须进行有效的分类与编码，项目信息分类与编码体系的建立是项目信息管理实施的基础，是信息管理策划的第一步。

11.5.1 信息分类及编码的原则

一般来讲，对项目信息进行分类必须遵循以下基本原则：

(1) 便于信息管理

信息分类应当充分考虑信息管理的方便，选择分类对象最稳定的本质属性或特征作为信息分类的基础和标准。如合同文件是一大类信息、所有会议纪要也是一大类信息等等。

(2) 便于信息类别的扩展

项目信息分类体系应当具备较强的灵活性，可以在使用过程中进行方便的扩展，以保证增加新的信息类型时，不至于打乱已建立的分类体系，如在对前期资料进一步细分时，应设置一些收容类目，以便补充新的调查资料的收录等等。

(3) 便于项目管理

信息分类应从系统工程的角度出发，放在具体的应用环境中，从整个项目管理的角度进行整体考虑。这体现在信息分类的标准与方法的选择上，应当综合考虑项目的实施环境和项目管理流程，为项目管理服务。如在进行大类分解时，既要考虑到项目建设周期，又要考虑到围绕目标控制的各项管理职能。

11.5.2 项目信息分类

建设工程项目信息的分类可以有多种不同的维度，比如从不同的表现形式、信息的内容、管理职能、实施阶段以及项目参与方等来进行分类，如图11-10所示。

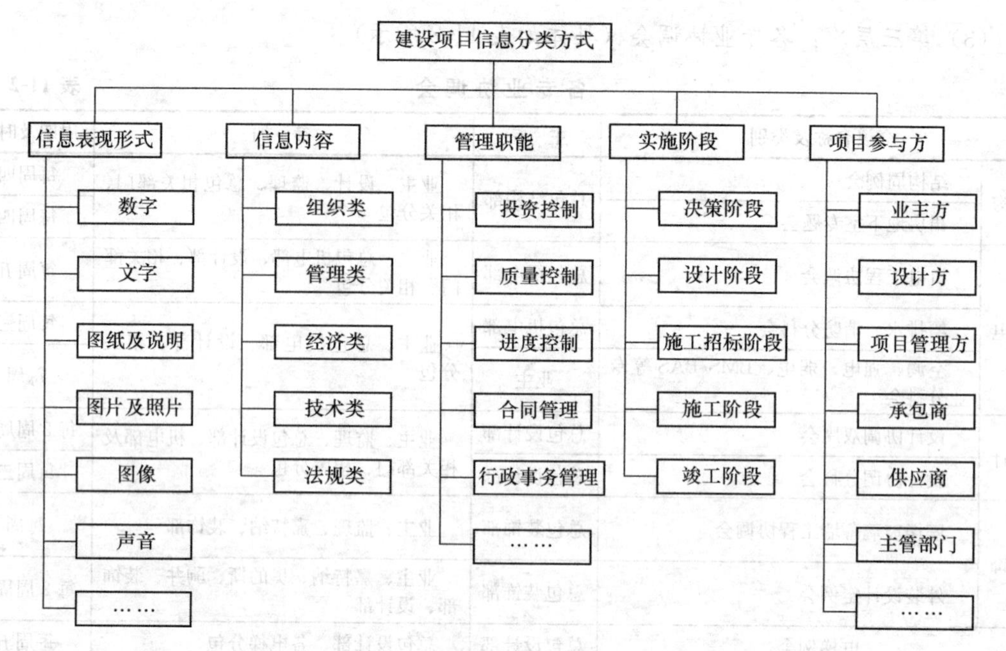

图 11-10　建设项目信息分类方法

（1）按照信息表现形式划分

按照信息的存在方式或表现形式，建设工程项目信息可以分为几种基本的类型，如数字、文字、图纸及说明、图片及照片、图像、声音等。传统情况下，文字、图纸及说明占了建设工程项目信息的很大的一部分，人们主要通过纸张的交流和保存对项目的信息进行管理。随着信息存储形式的多样化和信息交流工具的发展，图片、照片、图像、声音等多媒体信息开始在建设工程项目信息中占有一席之地，并开始发挥一些重要作用。

（2）按照信息内容划分

按照信息的内容，建设工程项目信息可分为组织类信息、管理类信息、经济类信息、技术类信息和法规类信息，每类信息又可进一步细分，如表 11-3 所示。

按照信息内容划分的信息分类方法　　**表 11-3**

类　型	细　分　信　息
组织类信息	组织类信息可以包含所有项目建设参与单位通讯录、项目分解及编码信息、组织结构图、任务分工表、各类管理制度、工作流程等等
管理类信息	管理类信息包括项目进度管理、合同管理、质量管理、风险管理和安全管理等各方面的计划、控制、协调等信息等等
经济类信息	经济类信息包括投资计划与控制、资金使用计划与控制、工程款支付、材料、设备和人工费的支付以及市场价格等信息
技术类信息	技术类信息包括国家或地方的技术规范、标准、项目设计图纸及文件、施工技术方案和材料设备技术指标等信息
法规类信息	法规类信息包括国家或地方的建设程序、法规要求、强制性条文以及上级批文等

（3）按照管理职能划分

按照建设工程项目管理职能的不同，建设工程项目信息可以划分为投资控制信息、质量控制信息、进度控制信息、合同管理信息以及行政事务管理信息等。具体内容如表 11-4 所示。

按照管理职能划分的信息分类方法 表 11-4

类 型	细 分 信 息
投资控制信息	包括建设项目投资估算、设计概预算、合同价、工程进度款支付单、竣工结算与决算以及各类投资控制工作文件等
质量控制信息	包括国家有关的质量政策及质量标准、质量控制工作流程、工作制度、质量控制过程中的管理文件如质量抽样检查结果、各类质量验审单等
进度控制信息	包括项目总进度规划、总进度及各级分计划、进度控制工作流程、工作制度以及各类施工进度记录等
合同管理信息	包括招标文件和投标书、中标通知书、监理合同、勘察设计合同、施工承包合同以及合同执行跟踪的相关管理文件等等
行政事务管理信息	包括项目参与方相互之间的往来函件，会议纪要、通知、联系单及其他行政管理文件等等

(4) 按照实施阶段划分

按照建设全过程划分，建设工程项目信息可以分为如表 11-5 所示的以下几类。

按照实施阶段划分的信息分类方法 表 11-5

类 型	细 分 信 息
决策阶段相关信息	批准的项目建议书、可行性研究报告、设计要求文件及有关资料； 批准的建设选址报告、城市规划部门的批文、土地使用要求、环保要求； 环境调查分析报告； 项目决策策划报告等
设计阶段相关信息	规划设计、方案设计、初步设计以及施工图等设计文件；设计任务书、设计修改意见、设计过程的各方往来函件、设计协调会议纪要以及设计阶段的其他管理文件
招投标、合同阶段有关信息	主要包括招标邀请书、投标文件、投标书及其附件、合同双方签署的合同文件以及合同谈判过程中的有关记录等
施工阶段有关信息	包括：开工报告、施工组织设计、各种计划文件、施工技术方案、材料报验单、月支付申请表、分包申请、工料价格调整申请表、索赔申请表、竣工报验单、复工申请、各种工程项目自检报告、质量问题报告、有关问题的意见等等有关施工阶段产生的管理文件
竣工阶段有关信息	包括竣工验收单、验收会议纪要、结算文件、竣工档案文件等等

(5) 按照项目参与方划分

按照项目参与方的不同，建设项目信息可以分为业主方的信息、设计方的信息、项目管理方的信息、施工方的信息、设备和材料供应方的信息、政府主管部门的信息等，包括各参与方生成的信息以及围绕某个参与方可以系统性地组织起来的信息。

11.5.3 信息编码体系

项目信息分类之后，为了便于检索和查找，需要对分类之后的信息进行编码。项目信息编码应根据有关项目档案的规定、项目的特点和项目实施单位的需求而建立，其形式不完全相同，其中信息类别和信息号是项目编码的必要内容，其余编码可根据实际情况增减。

项目信息编码有如下几种主要方法：

1）在进行项目信息分类和编码时，项目实施的工作项编码应覆盖项目实施全过程的工作任务目录的全部内容；

2）建设工程项目进展报告和各类报表编码应包括建设工程项目管理过程中形成的各种报告和报表的编码；

3）合同编码应参考项目合同结构和合同分类，应反映合同的类型、相应的项目结构和合同签订的时间等特征；

4）函件编码应反映发函者、收函者、函件内容所涉及的分类和时间等，以便函件的查询和整理。

【案例 11-7】 某金融大厦项目信息分类和编码

某金融大厦项目信息分为五大类，如图 11-11 所示：

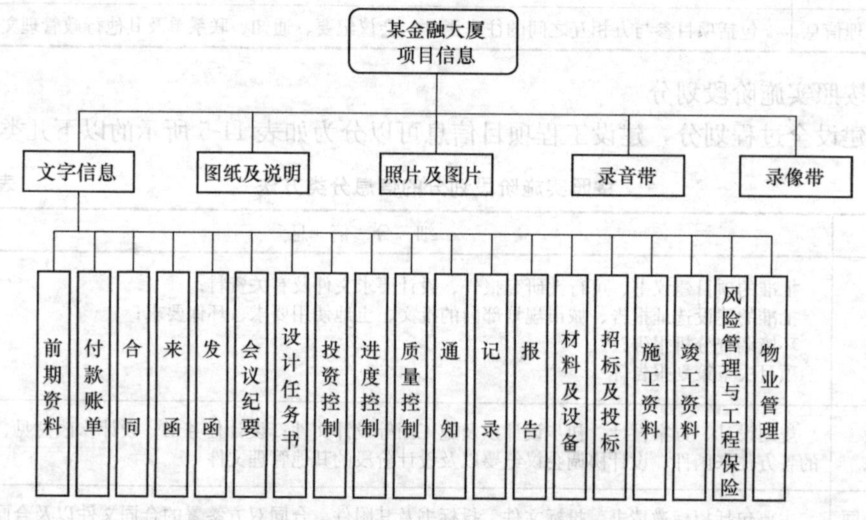

图 11-11 某金融大厦项目信息分类

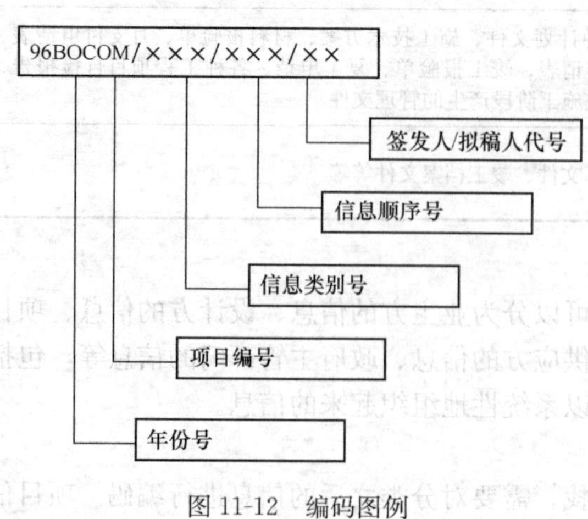

图 11-12 编码图例

该金融大厦项目信息编码形式如图 11-12 所示。

说明：

(1) 年份号每年变换一次，顺序号重新从 001 开始；

(2) 信息类别号由三位数字组成，反映了信息的分类，如表 12-4 所示；

(3) 信息顺序号即流水号，于每年年初从 001，002，... 顺序编号；

(4) 签发人/拟稿人代号根据需要确定。

信息编码如表 11-6 所示。

某金融大厦信息编码　　**表 11-6**

编　号	信　息　类　别
000	前期资料
001	某金融大厦有限公司资料
002	项目前期策划资料
003	政府及上级有关部门批文
004	基地地理及市政资料
005	咨询报告
006	有关政策、制度、规定等文件
007	其他资料
010	付款账单
011	咨询单位付款账单
012	规划、勘察、设计单位付款账单
013	政府有关部门付款账单
…	…
020	合同
021	合作、合资合同
022	咨询合同
023	规划、勘察、设计合同
024	工程承包合同
025	材料、设备供应合同
…	…
030	来函
031	政府及上级有关部门来函
032	咨询单位来函
033	规划、勘察、设计单位来函
034	承包商来函
…	…
040	发函
041	董事长、总经理函
042	业主代表函
043	项目主任、顾问函
044	总工程师函
045	工程部经理函
046	设计项目管理经理函
…	…
050	会议纪要
051	公司董事会会议纪要

续表

编　号	信　息　类　别
052	公司总经理（业主代表）工作会议纪要
053	市政征询会、政府审批会、专家咨询会会议纪要
054	总工程师工作会议纪要
…	…
060	设计要求文件
061	方案征集文件
062	优化方案设计要求文件
063	扩初设计要求文件
064	施工图设计要求文件
065	精装修设计要求文件
070	投资控制
071	资金使用计划
072	投资计划
073	估算、概算、预算资料
074	工程实际投资报告
075	投资计划与实际值比较、分析报告
080	进度控制
081	项目进度计划
082	工作计划
083	物资采购计划
084	工程实际进度报告
085	工程计划进度与实际进度比较报告
090	质量控制
091	标准及规范
092	质量控制大纲及质量目标
093	设计文件审核意见
094	施工质量检查报告
095	分部分项工程验收报告
096	施工质量问题及处理报告
097	工程质量事故报告
100	通知
101	董事会、总经理通知
102	业主代表通知
103	办公室通知
104	工程部通知
105	设计项目管理方通知

续表

编　号	信　息　类　别
106	施工监理方通知
107	其他通知
110	记录
111	公司工作记录
112	总工程师工作记录
113	工程部工作记录
114	设计项目管理工作记录
115	施工监理工作记录
116	其他记录
120	报告
121	咨询报告
122	工作报告
123	申请报告
124	送审报告及审批报告
125	公司内部请示报告
126	其他报告
130	材料及设备资料
131	智能化设备资料
132	电梯设备资料
133	暖通设备资料
134	电气设备资料
135	给排水设备资料
136	动力设备资料
140	招标投标
141	桩基工程招投标
142	施工总承包招投标
143	设备工程招投标
144	装饰工程招投标
150	施工资料
151	设计变更
152	施工变更
153	施工签证
154	施工组织设计（施工方案）
155	材质证明
156	测试报告
160	竣工资料

续表

编　号	信　息　类　别
161	竣工验收报告
170	风险管理与工程保险
171	保险方案
172	保单
173	赔偿
174	索赔
180	物业管理

11.6　项目管理信息平台策划

项目管理信息化属于领域信息化的范畴，它和企业信息化也有联系。项目管理信息化是指项目管理信息资源的开发和利用，以及信息技术在项目管理中的开发和应用。我国建筑业和基本建设领域应用信息技术与工业发达国家相比，尚存在较大的数字鸿沟，它反映在信息技术在项目管理中应用的观念上，也反映在有关的知识管理上，还反映在有关技术应用方面。

项目管理信息化策划是项目实施策划中的一项重要工作，它包括项目管理信息化需求分析、项目管理信息平台的构建策略、项目管理信息平台的应用策划等。

11.6.1　项目管理信息化需求分析和现状调研

由于各个企业项目之间存在巨大的数字鸿沟，信息化发展水平不一致，信息化基础多样，因此应充分利用企业已有信息化基础，建立适合于企业和项目实际情况和实际需求的信息平台。需求分析和现状调研应包括：

（1）项目的特点及项目管理的特点，例如项目的规模、项目的特征、项目分布、项目参与方特征、项目管理模式等。

（2）项目管理的需求，例如项目管理的重点和难点、项目管理信息化覆盖方面和重点等。

（3）项目管理信息化的需求和目的，例如目标控制、文档管理、信息沟通、报告系统等。

（4）项目管理和信息化现状评估，例如项目管理成熟度模型和信息化成熟度模型等进行测度和评估。

（5）现有软硬件评估，例如项目管理软件、办公自动化、数据库、企业管理信息平台、硬件和网络系统等，并调研集成的需求、难度和可行性等。

（6）项目管理信息化的现状总体评估。

11.6.2　项目管理信息平台的构建策略

从总体上看，项目管理信息平台的构建有三种策略：

第一种策略：选用成熟的软件或软件组合（或进行少量二次开发）；

第二种策略：在成熟软件的基础上针对客户需求进行二次开发或集成开发；

第三种策略：根据自身需求重新开发。

第一种策略适用于业务模块中具有完全竞争或成熟的软件市场，例如进度控制软件、合同管理软件、造价计算、文档管理、信息沟通等，也可根据需要进行软件组合或少量的二次开发，这类软件通常价格也不是很高。但通常而言，该模式情况下对软件的二次开发较为困难，大多数软件代理商较难提供二次开发服务。

第三种模式适用于大型项目或复杂项目，往往涉及项目管理、项目群管理、项目组合管理、企业管理等，例如三峡工程、世博会工程建设、大型房地产企业级项目管理等。该类项目较难采用成熟的软件产品或套件，往往需要大量重新开发。

第二种模式介于二者之间，是目前较多采用的模式。

【案例 11-8】 北京奥运工程建设管理信息平台总体构思(部分)

1. 奥运工程建设管理信息平台总体构思

1.1 奥运工程建设管理信息平台总体构思原则

(1) 奥运工程建设管理信息平台应有明确的定义和范围

奥运工程建设管理信息平台的实施可以为北京奥组委、北京市政府各主管部门提供决策和项目控制所必需的信息，有利于加大对奥运工程的控制力度；还可实现奥运工程范围内不同参与方的信息共享，提高信息的透明度，有利于奥运工程组织的扁平化，高效地实现信息的交流和协同工作。

奥运工程建设管理信息平台应在可能的条件下集成项目管理软件，实现对项目管理相关信息的处理；在此基础上，通过项目信息门户实现奥运工程项目相关的信息共享和交流。建立这样一个平台，重视系统的适用性，避免由于系统过于复杂而导致开发与运行失败。宜严格将工程建设管理信息平台与办公自动化系统、电子政务系统等分离，以明确工程建设管理信息平台开发的范围。

(2) 奥运工程建设管理信息平台宜在一个成熟的信息平台基础上进行二次开发

奥运工程是具有广泛的社会影响和政治影响的超大型的建设项目，建立奥运工程建设管理信息平台可以为奥运工程管理提供强有力的技术支持，有利于奥运工程的顺利实施。在开发时间相当紧迫的情况下，从“零”开始开发一个新的信息平台几乎是不可能的。兹建议，选择一个性能稳定、操作使用方便、利于维护并具有国际先进水平的信息平台（应有 3 年以上的运营经验，经过许多用户和大型项目的考验）作为基础，结合奥运工程建设管理的特点进行必要的二次开发，形成奥运工程建设管理信息平台，以满足奥运工程管理的需要。

(3) 建立奥运工程建设管理信息平台可以有多种组织模式，包括平台建立与运行全过程管理（Program Management，以下简称总体管理）、“总承包”和“总承包”管理三种可能的组织模式供奥运工程建设管理信息平台领导小组和实施小组选用。

(4) 奥运工程建设管理信息平台在决策阶段、平台建立阶段和使用阶段需要一个总体管理单位，协助平台实施小组负责对平台建立和运行全过程进行总体控制、总体协调和总体管理。总体管理单位应是一个开放性的团队，能够组织和协调有关国内和国外的专家共同实施参与奥运工程建设管理信息平台的建立与运行。

奥运工程建设管理信息平台的开发是一个大型和复杂的系统工程，为了保证该平台达到国际先进水平，满足奥组委、北京市政府有关部门以及奥运工程不同参与方工程管理的需求，需要一个总体管理单位协助平台开发实施小组对项目进行总体控制、总体管理、总体组织、总体协调。

(5) 为确保奥运工程建设管理信息平台项目在决策阶段、建立平台阶段顺利实施并且平台在使用阶段能正常运行，应十分重视与平台开发和运行相关的教育件和组织件。

能否成功的建立平台取决于教育件、组织件、软件和硬件。软件和硬件是平台开发的最终成果，但开发与运行是否成功的关键取决于人的因素，因此，在建立平台的过程中应首先启动教育件和组织件。

(6) 确保奥运工程建设管理信息平台安全运行

奥运工程建设管理信息平台的安全性是一个核心问题，要保证平台的系统安全、网络安全和数据安全，建议专业化的安全咨询公司或专家介入相关的工作。

1.2　奥运工程建设管理信息平台的功能

奥运工程建设管理信息平台的软件系统包括工具软件、项目管理软件和PIP提供的功能，其中项目管理软件功能提供项目管理的数据处理功能，PIP的功能是实现项目信息共享与交流，PIP的功能是奥运工程建设管理信息平台的核心功能。具体而言，平台主要提供项目信息交流、项目文档管理、项目协同工作以及工作流管理。优秀的信息平台还具有决策支持和预警功能。项目信息交流主要是使项目主持方和项目参与方之间以及项目各参与方之间在项目范围内进行信息交流；项目文档管理包括文档的查询、文档的上下载、文档在线修改以及文档版本控制等功能，如图11-13所示。决策支持与预警则使系统具有了人工智能，为项目的决策和控制提供了强有力的支持。

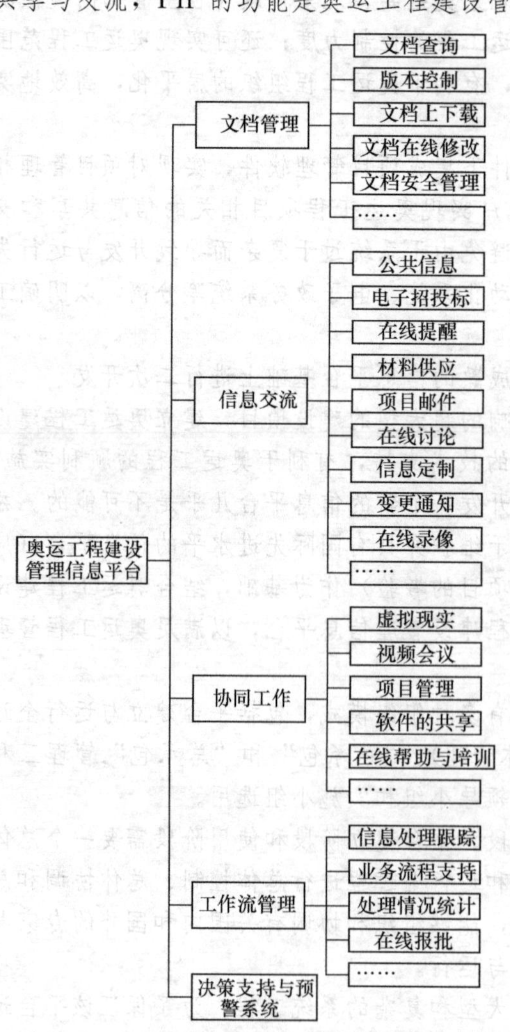

图11-13　奥运工程建设管理信息平台主要功能

1.3　建立平台的技术线路

(1) 选用成熟的平台建立奥运工程建设管理信息平台的必要性

建立奥运工程建设管理信息平台可以采用两种技术线路：从"零"开始开发一个新的信息平台；在已成熟的信息平台的基础上二次开发。从开发的周期、经济性、和开发的技术风险角度看，在成熟平台基础上进行二次开发相对于从"零"开始具有很多优势，主要体现在：

□ 从开发周期角度看，一个新系统从开发到系统稳定使用所需时间周期较长，经验表明，任何一个大型系统开发周期都在一年以上，而且要经过用户试用期。鉴于奥运工程实施的紧迫性，显然不可能再从"零"开始开发一个全新的系统。

□ 从经济角度看，开发新系统需要投入相当多的人力、物力和其他资源，开发周期长，费用成本比在成熟平台基础上进行二次开发要大得多；在成熟平台基础上进行二次开发，其开发成本只包括平台使用和调整功能的费用，所需投入的时间、成本相对较少。

□ 从开发技术风险角度看，一个大型软件系统开发的成功与否往往要经过一个相当长的用户试用期。在成熟平台基础上进行二次开发是在现有平台的基础上进行必要的功能调整。一个成熟的平台拥有大量的用户，表明平台运行的稳定性、系统的安全性和可操作性方面有成功经验；而开发新系统一切从“零”开始，对于奥运工程这么重大的项目而言，承担的技术风险相当大，如果信息平台在稳定性、安全性等方面出现问题，将会对奥运工程建设产生不利的影响。

(2) 工程建设管理信息平台比选原则

工程建设管理信息平台比选原则见表 11-7。

工程建设管理信息平台比选原则　　　　表 11-7

功能	是否能满足奥运工程管理的需要
成熟性	在大型项目上是否有成功运行的经验
先进性与兼容性	是否符合标准化
稳定性	系统持续运行软硬件的可靠性、管理海量数据的可靠性
安全性	系统安全、数据安全
可维护性	是否易于维护
可操作性	用户界面是否友好 操作是否简便
二次开发的可实施性	二次开发的难易程度（费用、周期等）、语言汉化难易程度
经济性	平台使用费和二次开发费用与平台维护费

11.6.3　项目管理信息平台的应用策划

项目管理信息平台应用策划的核心任务之一即应用规划的编制。而信息平台的应用应和项目管理工作结合，避免“两张皮”。目前大多数项目管理软件的应用只是某个阶段的细化，没有全过程规划和管理、没有统一的负责组织，因此出现软件应用基础没有打好、后期维护没有跟上、软件应用和项目管理工作脱离等问题，有的甚至导致应用的最终失败。所以，有必要采用项目化管理，对软件的应用实现全过程控制和管理。其核心思想如表 11-8 所示。

项目管理软件平台应用策划工作步骤　　　　表 11-8

	阶段	阶段细分		阶段成果	说明
1	前期准备	1	项目提出	□得到整个组织的支持	□自上而下获得组织的支持
		2	应用组织的初步建立	□以项目管理专业为主的应用组织	
		3	考察、交流或咨询	□报告	

续表

	阶段		阶段细分	阶段成果	说明
1	前期准备	4	组织/项目环境评测	□组织的项目管理能力评测 □组织的项目管理/信息沟通现状调查 □同类项目的软件应用水平 □软件应用环境评测	□自评或专业咨询 □可参考 OPM3 体系
		5	软件和应用模式选择	□软件引进模式分析报告（引进/开发） □软件比较分析、选择报告 □软件应用模式选择（自己组织/引进咨询单位/引进项目管理单位）	□充分发挥组织现存的信息系统 □注意软件应用和项目管理的结合
		6	应用组织的调整	□项目管理能力和软件应用能力结合的组织	□适当增加软件应用方面的人员
		7	应用组织的培训	□软、硬准备 □进行项目管理和软件应用培训 □建立学习型组织模式	□多次、多种形式培训 □专业咨询和自我学习结合
2	应用规划和相关制度建设	1	编制准备	□资料（经验借鉴、相关数据/信息等） □编制方法和编制人员准备	□考察、咨询或交流
		2	应用规划编制/相关制度建设	□应用规划 □相关制度	□统一规划、分部编制、集中讨论 □和项目管理制度结合 □绩效结合
		3	应用规划/相关制度批准	□应用规划（批准稿） □批准的相关制度	□取得项目高层支持
		4	操作和帮助手册编制	□操作和帮助手册	□简单、实用
3	实施	1	应用组织的完善	□扩大为试运行小组	□含项目管理人员
		2	实施方案的制定	□实施方案	□分步实施、逐步推进
		3	运行前准备	□数据准备 □组织/人员准备	□规划、制度培训 □综合培训
		4	试运行	□应用规划、相关制度、操作手册等更新	□逐步实施
		5	正式运行	□数据、信息处理 □报告、报表 □组织的最终确定	□总结、完善 □软件应用和项目管理最大化结合
4	维护	1	维护和升级方案确定	□软件维护和升级方案	□数据维护
		2	知识管理	□数据模板	□逐步完善
		3	全部运行结束	□数据库、信息库	

【案例 11-9】 某市基础设施项目群综合管控平台策划主要内容

第一部分：已有系统分析（概要）

某市政府投资建设项目管理中心（以下简称建管中心）引入信息化辅助日常管理，已初步应用办公自动化信息系统（某 OA 系统）；并与市城建档案馆合作，拟应用基础设施建设档案管理系统。随着由信息团队开发的基础设施项目群综合管控平台（ICPMIS）（以下简称综合管控平台）的逐步成型应用以及以上两个信息系统的深化使用，在建管中心日常工作信息化辅助管理中将有多个系统平台并存。为了提高工作效率、提升资源的利用率，在满足建管中心管理需求的基础上便捷管理人员的操作，信息咨询团队在深入了解两个信息系统的功能框架、技术框架和应用现状的前提下，对建管中心信息化建设的系统集成和数据共享进行评估分析。包括：

(1) OA 系统介绍（略）

(2) OA 系统特色（略）

(3) OA 系统功能框架（如图 11-14 所示）及应用情况（略）

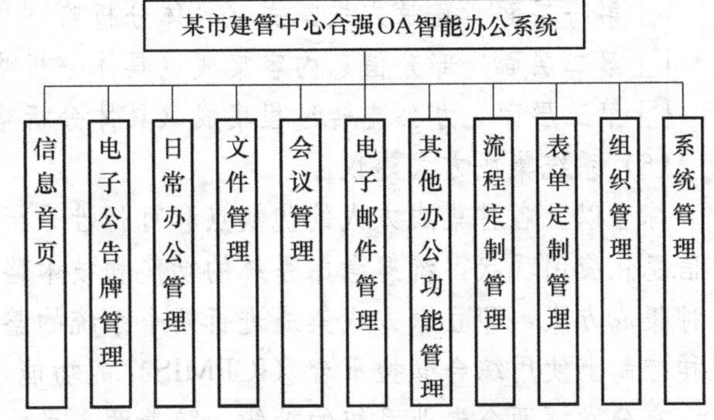

图 11-14 OA 办公系统功能框架

从办公自动化信息系统体现的功能上来说，OA 系统基本覆盖了日常办公、行政管理等方面功能。办公自动化信息系统辅助日常管理的应用是一个系统工程，整体的推进是对建管中心组织和流程的重大重组和变革，也是对办公人员日常工作习惯的手段颠覆。鉴于 OA 系统在建管中心推进应用时期较短，本着逐步应用分步实施的原则，目前建管中心在 OA 的应用中主要体现在使用信息首页、电子公告牌管理、日常办公管理和文件管理模块。其中日常办公管理功能的使用更多地体现在工作请示单，公文的签发等文档的存储和审批。对于其他类型的日常工作（比如合同会签、工程款支付申请、来文处理等）并没有采用 OA 系统进行流转和处理。此外，OA 系统中的会议管理、电子邮件管理、人事管理等诸多功能目前暂时没有使用。

(4) OA 系统与综合管控平台技术路线比较

OA 系统作为一个完全产品化的软件，采用群件系统 Lotus Domino/Notes 平台，全面支持 Java 技术，同时支持 C/S 客户端和 B/S 浏览器结构。适用于党政机关、事业单位、大中小型企业，以及其他组织，主要特点“通用产品，个性应用，专业服务，快速部署”。但是 DOMINO 的非关系型数据库亦显“另类”，对于目前绝大多数关系型数据库的应用系统，难以有效集成、结合也是一个非常突出的问题。但关系型数据库应用系统的开发是目前主流的信息平台开发方式，也是信息化应用系统的发展方向。

综合管控平台（ICPMIS）后台数据库从技术先进性以及数据安全性角度出发，采用 Oracle 公司的关系数据库管理系统 Oracle10g。比较目前市场上主流的关系型数据库管理系统，Oracle 在关系型数据库管理领域一直处于领先地位。Oracle 关系型数据库管理系统是目前世界上主流的关系型数据库管理系统，系统可移植性好、使用方便、功能强，以其稳定优异的性能，灵活方便的操作得到了市场的好评。Oracle10g 更是在可伸缩性、可靠性、完整性以及互联网支持方面有着上佳的表现，它是一种高效率、可靠性好的适应高吞吐量的数据库解决方案。

综合管控平台（ICPMIS）前台开发语言选择采用 Oracle 公司提供的数据库应用系统开发平台 APEX。APEX 是 Oracle 公司为其数据库开发提供的前台工具。该开发工具通过 Application Server 服务将网页与数据库实现了无缝的结合，在数据库服务器端进行大量的数据运算和处理，动态的产生网页显示所需要的 HTML 代码，通过网络将页面呈现给用户端。APEX 的运行机制极大地缩短了代码产生的时间和在网络中传输的时间，同时又提供丰富的报表集成功能，使用户能在最短的时间内访问各类系统信息以及查看丰富的系统报表。

(5) OA 系统与综合管控平台集成方式分析

针对办公自动化管理系统 OA 和综合管控平台（ICPMIS）两个信息系统技术路线特点，结合建管中心目前对 OA 系统使用的实际情况，按照集成的紧密程度，可以有从以下三个层面的对两个系统进行集成：

☐ 第一层面　登录方式集成（具体分析略）

☐ 第二层面　部分信息内容集成（具体分析略）

☐ 第三层面　办公流转过程集成（具体分析略）

(6) 系统集成方式建议

综合以上各种集成方式的优缺点和可行性分析，也结合目前建管中心的实际工作情况及信息化应用现状，统筹考虑系统的功能和技术路线特点，信息咨询团队建议目前采用第一种集成方式，即登录方式集成进行两个系统的整合。在建管中心基础设施建设项目的管理和控制上使用综合管控平台（ICPMIS）的功能，在日常办公和业务流转上采用 OA 系统，充分发挥两个专业系统的功能。随着两个系统的应用推进以及应用功能模块的进一步确定和明确，在后期可以考虑对两个系统采取第二种集成方式的整合，共同打造一个建管中心管理人员个人信息的门户页面。

第二部分　综合管控平台功能方案设计

(1) 设计原则

根据设计指导思想，该市基础设施项目群综合管控平台（ICPMIS）（以下简称综合管控平台）功能设计主要坚持以下原则：

☐ 实用性和可靠性相结合原则

☐ 模块化设计原则

☐ 通用性和集成性原则

☐ 易用性和界面友好性原则

☐ 可扩展性原则

☐ 安全性原则

(2) 建设范围

功能上：满足建管中心对基础设施建设项目群体全过程项目实施管理的需求。从立项入手，对前期进展、资金管理、投资管理、合同管理、招投标管理、动拆迁管理、设计阶段管理，以至竣工移交。将项目实施全过程信息集中收集和存储，构建基础设施建设项目的信息库。同时，提供信息平台沟通功能，提供数据分析、预警功能、提升信息效率，提高管理效能。

组织上：综合管控平台（ICPMIS）用户覆盖建管中心各职能部门、市建委相关职能部门、市政府融资平台相关职能部门。随着平台实施应用，也可进一步延伸至区县政府拆迁办、拆迁单位、施工单位、监理单位等。

业务上：为建管中心对基础设施项目群综合管控提供信息化平台支持。

(3) 建设目标

建管中心通过综合管控平台（ICPMIS）建设，利用信息化手段拓宽管控面、深化管控力度、整合管控力量，为确保基础设施建设项目有序实施、提升项目建设计划执行力、提高项目管理效益，为实现进度控制、投资与资金管理、项目群综合管控目标提供了有力的辅助工具。综合管控平台（ICPMIS）建设目标：

☐ 实现基础设施建设项目总量信息的实时汇总与分析；
☐ 实现基础设施建设项目管理与项目管控的统一；
☐ 实现基础设施建设项目群管理与服务的统一；
☐ 在扩大监管范围的同时提升管控的效能；
☐ 提高了项目数据的准确性和真实性，建立基础设施项目库；
☐ 利用现代信息技术和通讯技术消除时间和空间的制约；
☐ 加强各部门之间的协同工作能力；
☐ 加强信息的共享性和透明性。

(4) 综合管控平台（ICPMIS）总体方案

基础设施项目群综合管控平台（ICPMIS）以强大统一的 Oracle 数据库为依托，结合项目群综合管控信息需求，首先构建一个涵盖所有基础设施建设项目信息的“项目信息库”。并以项目信息库为基础，扩展各项项目管理功能以及部门业务管理功能。通过部门的职责分工划分功能模块，实现业务管理与项目管理的统一。通过对项目实施信息的收集，实现对基础设施项目群建设计划以及执行、实施情况综合查询、汇总、统计、对比分析等应用，同时通过预警机制及时提醒和发现异常情况，实现对计划执行和项目群综合管控的智能监控。总体功能架构如图 11-15 所示（详细功能分析略）。

第三部分　综合管控平台实施策划

(1) 整体规划、循序渐进

为了保证综合管控平台（ICPMIS）实施的成功率，建议建管中心在信息化管理建设过程中，结合信息化咨询单位经验，充分吸取其他政府投资项目信息化构建的经验教训，统筹考虑信息化管理设计方案和实施方案，遵循“整体规划、循序渐进”原则，步步为营，稳扎稳打，逐步开花，最后实现总体目标。

(2) 既与国情接轨又符合建管中心管理特色

信息化建设体现着建管中心项目管理的管理理念、思想以及方法，因此，在综合管控平台（ICPMIS）构建过程中，既要吸收国内政府投资基础设施建设项目管理的先进经验和方法，与国情相接轨，但又要充分考虑到本地基本建设法规、规定、建设程序以及建委、建管中心、融资平台三位一体的管理过程和管理习惯。只有既与国情接轨又符合本市

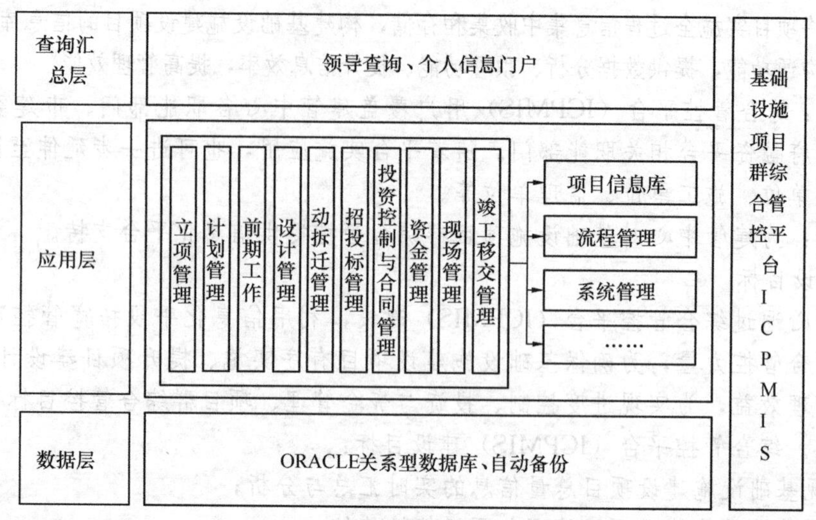

图 11-15 基础设施综合管控总体架构

特色的信息化管理平台才能既具有先进性又具有可操作性，才能从根本意义上提升建管中心对基础设施建设项目的管理效率和管理水平。

(3) 先进性和实用性相结合

在综合管控平台（ICPMIS）构建过程中不能一味地追求理论的先进性，应把握住先进性和实用性的关系。在思想、理论、方法等方面可以借鉴国内其他地区的一些先进做法，但绝不能死搬硬套，在保证一定先进性的基础上，首先关注的应是该系统的实用性，使其真正达到预期效果。实用性才是平台成功的基础和前提。

(4) 加强信息的集成性，促进部门间协作

建设项目管理信息集成一直是困扰工程项目管理界的一个难题，如何集成工程建设过程中所产生的各类信息，将对工程集成、统筹管理具有非常重要的意义，这也是工程项目管理界信息化建设过程中的一个难点。在综合管控平台（ICPMIS）建设过程中，宜遵循“在具有可操作性的基础上，尽量集成一切可以集成的信息”的原则，在集成度上应根据实际情况作适当的松、紧处理。同时，结合各部门的工作流程，在集成的平台上为各部门提供交互的工具，提升协同工作能力。

复习思考题

1. 查阅有关文献，简述“数字鸿沟”的含义和产生背景，并分析建筑业“数字鸿沟”现象。
2. 简述项目信息管理部门的任务。
3. 简述信息流程的作用。评析传统信息流程的弊病，并分析如何改善。
4. 简述文档管理制度一般包含哪些内容。
5. 【案例分析】某大型国际机场迁建工程，总投资200亿，建设期四年。试分析或作答：①项目会议的作用有哪些？②该项目的会议可能有哪些类型？③试为该项目策划项目会议的层次、类型、主持单位和主要内容等；④试编制项目会议制度。
6. 建设项目信息的分类方式有哪些？为何进行项目信息的编码？编码需要考虑哪些因素？
7. 项目管理信息化应用可能碰到的障碍是什么？如何克服？
8. 什么是项目信息门户？什么是项目信息平台？项目信息平台与项目管理信息系统有什么区别？

第十二章　项目目标控制策划

按照项目管理的基本原理，目标控制是项目管理的核心任务，但由于项目是在动态复杂多变的环境下进行的，因此目标控制的难度也非常高，目标控制需要进行策划，需要提前制订控制策略。由此可见，项目实施目标控制策划是项目实施策划的重要内容。

项目目标控制策划是依据已经拟定的项目质量、投资、进度等目标所制订的方案和策略。项目管理领域有一条重要的哲学思想：变是绝对的，不变是相对的；平衡是暂时的，不平衡是永恒的；有干扰是必然的，没有干扰是偶然的。因此，目标的动态控制和风险预控是项目目标控制的基本方法论。

本章主要内容包括目标控制的基本方法论、目标控制措施、风险管理策划和项目文化建设策划等。

12.1　目标控制的基本方法论

12.1.1　动态控制原理

项目目标动态控制遵循控制循环理论，是一个动态循环过程。项目目标动态控制的工作程序如下（图 12-1）。

（1）第一步，项目目标动态控制的准备工作

将项目的目标（如投资/成本、进度和质量目标）进行分解，以确定用于目标控制的计划值（如计划投资/成本、计划进度和质量标准等）。

（2）第二步，在项目实施过程中（如设计过程中、招投标过程中和施工过程中等）对项目目标进行动态跟踪和控制：

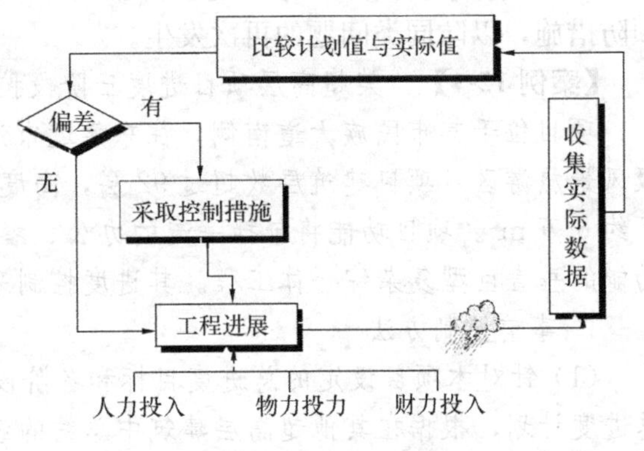

图 12-1　动态控制原理图

□ 收集项目目标的实际值，如实际投资/成本、实际施工进度和施工的质量状况等；

□ 定期（如每两周或每月）进行项目目标的计划值和实际值的比较；

□ 通过项目目标的计划值和实际值的比较，如有偏差，则采取纠偏措施进行纠偏。

（3）第三步，如有必要（即原定的项目目标不合理，或原定的项目目标无法实现），进行项目目标的调整，目标调整后控制过程再回复到上述的第一步。

动态控制中的三大要素是目标计划值、目标实际值和纠偏措施。目标计划值是目标控制的依据和目的，目标实际值是进行目标控制的基础，纠偏措施是实现目标的途径。

12.1.2 PDCA控制原理

美国数理统计学家戴明博士最早提出了PDCA循环的概念，所以又称其为“戴明环”。PDCA循环是能使任何一项活动有效进行的一种合乎逻辑的工作程序，特别是在质量管理中得到了广泛的应用。P、D、C、A四个英文字母所代表的意义如下。

(1) P(Plan)——计划。包括方针和目标的确定以及活动计划的制订；

(2) D(DO)——执行。执行就是具体运作，实现计划中的内容；

(3) C(Check)——检查。就是要总结执行计划的结果，分清哪些对了，哪些错了，明确效果，找出问题；

(4) A(Action)——行动(或处理)。对总结检查的结果进行处理，成功的经验加以肯定，并予以标准化，或制定作业指导书，便于以后工作时遵循；对于失败的教训也要总结，以免重现。对于没有解决的问题，应提给下一个PDCA循环中去解决。

12.1.3 三阶段控制原理

就是通常所说的事前控制、事中控制和事后控制。

(1) 事前控制

事前控制包括明确目标、确定标准、选择方案以及制定相关措施等内容，这一过程主要是实现事前预控的目的，将问题消灭在萌芽状态。事前控制是目标控制的重要思想。

(2) 事中控制

事中控制包括理解计划（方案）、执行计划（方案）以及将实施结果与预定目标进行比较等内容，如果发现问题将进行原因分析。

(3) 事后控制

事后控制就是在分析原因的基础上，采取纠偏措施进行纠偏。在纠偏的同时往往制定预防措施，以防同类问题的再次发生。

【案例12-1】 某超高层项目进度三阶段控制策划

项目位于某市民族大道南侧，往东靠近市汽车站，西面毗邻国际商务区和某国家4A级风景旅游区。项目建筑层数超过92层，高度≥400m，总建筑面积地上约25万m^2，地下约6万m^2。项目功能将包括一流的办公、餐饮酒店、会议和商业设施等，为具有多种功能的垂直巨型复杂综合体工程。其进度控制采用了三阶段控制原理，如下：

1. 事前控制方法

(1) 针对本项目设定的总进度目标和各阶段里程碑节点目标，编制针对本项目特点的总进度计划，根据在其他超高层建筑中总结的经验，分析制定各关键节点的进场和开工计划，特别是本项目钢结构制作和施工、幕墙制作和安装、机电设备分区进场施工等关键节点的进场计划。确保各关键施工工序在整个大厦垂直立面中交叉有序地进展。

(2) 认真审核由本工程总承包施工单位提交的总进度计划和年、季、月进度计划。重点审核总、分包施工单位的进度计划是否相协调；施工顺序的安排是否符合施工工艺要求，例如本工程主体结构阶段主要审核核心筒结构施工、超级巨型柱施工及内、外层幕墙的施工顺序是否符合工艺要求。

(3) 密切关注设计（深化设计）的出图计划与整个施工总进度的衔接情况，保证对施工现场的图纸供应，对于图纸供应可能存在脱节的情况，及时采取调整措施。

(4) 审查施工单位主要原材料、构配件、设备的进场计划是否满足现场施工的进度要求。重点审核钢结构制作厂生产和供货计划，单元幕墙的供货计划，大型设备的到货进场计划要与现场进度计划相适应，避免发生现场停工等构件或构件进场过早现场无法吊装而引起积压造成返场影响进度。

(5) 对于本工程将要使用的新材料、新技术、新工艺等，要求施工单位提前办理报审手续，以便提高制定施工工艺和验收手续，不至于因手续未及时办理影响施工进度，如本工程顶部要安装的阻尼器等，均需提前办理相关报审手续。

(6) 审查由施工总承包单位编制的垂直运输计划，保证各工程的构件和材料按进度计划运输至施工作业面。

2. 事中控制方法

(1) 建立施工进度跟踪检查制度，土建、钢结构、幕墙等各专业总监代表负责检查相应工程的施工进度完成情况。

(2) 定期组织现场进度检查协调会，检查施工进度计划，材料、构件、设备进场计划、垂直运输计划的执行情况。对实际进度与计划进度发生差异时，应安排进度管理专职人员深入现场掌握第一手资料，并组织各方分析产生差异的原因，提出进度调整的措施和方案，同时相应调整原材料、构配件、设备等进场计划。如钢结构吊装发生滞后时，同时要调整制作和供货计划。

(3) 严格执行经建设单位批准的总进度计划，对于进度计划调整影响总进度计划时，及时向建设单位报告并征得建设单位的批准。

(4) 紧抓关键节点。派专人进行专项进度控制，如整个大厦的±0.000节点、塔楼结构封顶节点、正式受电节点等等。

3. 事后控制方法

(1) 针对超高层建筑上几层不断重复下几层施工作业的特点，定期或分阶段做好现场实际施工进度完成分析，提出优化施工进度的措施，为加快施工进度提供真实可靠的依据。

(2) 项目工程师通过工程进度周报、月报、工程进度专题协调会议纪要、专题报告等形式，及时、准确地向建设单位报告工程实际进展情况，使建设单位及时掌握工程进度动态。

(3) 制定工程延期审批及工期索赔工作程序，及时处理施工单位提出的工程延期申请及工期索赔。

12.1.4　风险管理方法

风险管理作为一门独立的学科，产生于20世纪50年代，其在建设项目管理中的应用则开始于20世纪80年代。美国项目管理协会（PMI）制定的项目管理知识体系中，项目风险管理是一个重要的知识领域。风险管理是通过认识影响项目目标实现的风险，对风险进行有效控制，以实现项目的目标。因此，风险管理也是实现项目目标的重要方法。

12.2　项目目标控制措施

项目目标动态控制的纠偏措施主要包括：

(1) 组织措施，分析由于组织的原因而影响项目目标实现的问题，并采取相应的措施，如调整项目组织结构、任务分工、管理职能分工、工作流程组织和项目管理班子人员等。通常认为，组织措施是目标纠偏中最重要的措施，也是最容易被忽略的措施。

（2）管理措施（包括合同措施），分析由于管理的原因而影响项目目标实现的问题，并采取相应的措施，如调整进度管理的方法和手段，改变施工管理和强化合同管理等。

（3）经济措施，分析由于经济的原因而影响项目目标实现的问题，并采取相应的措施，如落实加快工程施工进度所需的资金等。经济措施是最容易被接受和采用的措施。

（4）技术措施，分析由于技术（包括设计和施工的技术）的原因而影响项目目标实现的问题，并采取相应的措施，如调整设计、改进施工方法和改变施工机具等。

以下以纠偏措施在投资目标控制的应用为例进行展开说明。将不同阶段四个方面可以采取的措施提出来，列成表格，如表12-1所示。

项目实施各阶段投资控制的纠偏措施　　**表12-1**

	组织措施（A）	管理（合同）措施（B）	经济措施（C）	技术措施（D）
1 设计准备阶段	A—1	B—1	C—1	D—1
2 设计阶段	A—2	B—2	C—2	D—2
3 工程发包与设备材料采购阶段	A—3	B—3	C—3	D—3
4 施工阶段	A—4	B—4	C—4	D—4

（1）设计准备阶段投资控制纠偏措施

1）组织措施（A-1）

① 选用合适的项目管理组织结构；

② 明确并落实项目管理班子中“投资控制者（部门）”的人员、任务及管理职能分工，检查落实情况；

③ 检查设计方案竞赛、设计招标的组织准备情况等等。

2）管理（合同）措施（B-1）

① 分析比较各种承发包可能模式与投资控制的关系，采取合适的承发包模式；

② 从投资控制角度考虑项目的合同结构，选择合适的合同结构；

③ 采用限额设计等等。

3）经济措施（C-1）

① 对影响投资目标实现的风险进行分析，并采取风险管理措施；

② 收集与控制投资有关的数据（包括类似项目的数据、市场信息等）；

③ 编制设计准备阶段详细的费用支出计划，并控制其执行等等。

4）技术措施（D-1）

① 对可能的主要技术方案进行初步技术经济比较论证；

② 对设计要求文件中的技术问题和技术数据进行技术经济分析或审核等等。

（2）设计阶段投资控制纠偏措施

1）组织措施（A-2）

① 从投资控制角度落实进行设计跟踪的人员、具体任务及管理职能分工，包括：设计挖潜、设计审核；概、预算审核；付款复核（设计费复核）；计划值与实际值比较及投资控制报表数据处理等；

② 聘请专家作技术经济比较、设计挖潜等等。

2）管理（合同）措施（B-2）

① 参与设计合同谈判；

② 向设计单位说明在给定的投资范围内进行设计的要求；

③ 以合同措施鼓励设计单位在广泛调研和科学论证基础上优化设计等等。

3）经济措施（C-2）

① 对设计的进展进行投资跟踪（动态控制）；

② 编制设计阶段详细的费用支出计划，并控制其执行；

③ 定期提供投资控制报表，以反映投资计划值和投资实际值的比较结果、投资计划值和已发生的资金支出值（实际值）的比较结果等等。

4）技术措施（D-2）

① 进行技术经济比较，通过比较寻求设计挖潜（节约投资）的可能；

② 必要时组织专家论证，进行科学试验等等。

（3）工程发包与设备材料采购阶段投资控制纠偏措施

1）组织措施（A-3）

落实从投资控制角度参加招标工作、评标工作、合同谈判工作的人员、具体任务及管理职能分工等等。

2）管理（合同）措施（B-3）

① 在合同谈判时，把握住合同价计算、合同价调整、付款方式等；

② 分析合同条款的内容，着重分析和投资相关的合同条款等等。

3）经济措施（C-3）

审核招标文件中与投资有关的内容，包括工程量清单等等。

4）技术措施（D-3）

对各投标文件中的主要施工技术方案作必要的技术经济比较论证等等。

（4）施工阶段投资控制纠偏措施

1）组织措施（A-4）

在项目管理班子中落实从投资控制角度进行施工跟踪的人员、具体任务（包括工程计量、付款复核、设计挖潜、索赔管理、计划值与实际值比较及投资控制报表数据处理、资金使用计划的编制及执行管理等）及管理职能分工等等。

2）管理（合同）措施（B-4）

① 进行索赔管理；

② 根据需要，及时进行合同修改和补充工作，着重考虑它对投资控制的影响等等。

3）经济措施（C-4）

① 进行工程计量（已完成的实物工程量）复核；

② 复核工程付款账单；

③ 编制施工阶段详细的费用支出计划，并控制其执行等等。

4）技术措施（D-4）

① 对设计变更进行技术经济比较；

② 继续寻求通过设计挖潜节约投资的可能等等。

【案例 12-2】 某机场迁建工程进度控制策划

某机场迁建工程总投资 196 亿元，一期工程机场内占地为 1434hm²。总平面规划为 3 条跑道，一期建设 2 条跑道，能够满足目前世界最大型飞机起降要求。机坪规划包括三部分，即客机坪、货机坪、航空公司停机坪（包括维修机坪）。计划建航站楼 25 万 m²、停机坪 86 万 m²、停车场 16 万 m² 和停车楼 6 万 m²。预计 2010 年旅客吞吐量达 2500 万人次/年、货邮吞吐量 100 万 t/年。一期工程计划于 2003 年投入使用，为实现该目标，项目进行了总进度目标的策划和论证，为了实现既定目标，需要采用相应的控制策略，包括：

（1）组织设计，包括组织结构设计和工作流程设计，即前者包括选择组织结构模式、进行工作任务分工和管理职能分工等，后者包括物质流、信息流和工作流程的组织和设计等。

（2）采用一定的管理措施，包括尽快落实施工总承包管理单位；编制三级网络计划重点控制关键线路，强化进度的动态管理；加强设计管理和协调，控制合理的设计周期和设计深度，减少重大设计变更；加强合同管理；采用现代化信息技术，辅助工程管理等。

（3）经济措施，包括对项目投资目标进行科学论证；对关键项目进行技术经济分析，挖掘节约投资的潜力；落实资金供应，确保建设资金不影响工期。

（4）技术措施。重点研究三个方面：第一，分析项目实施过程中各工作环节之间的关系，如施工图设计、招投标、细部设计、招投标采购供应和加工制作现场施工的关系；第二，航站楼关键线路的技术线路分析，主要包括钢结构工程和玻璃幕墙工程；第三，控制与协调，重点分析过程控制与协调以及交界面控制与协调等。

除此以外，还要重点分析：

（1）雨期对地基基础工程施工的影响。即在 2001 年 4 月雨期来临之前，应组织好并按质、按量、按期完成飞行区土石方工程、场内外排水工程以及航站楼地基基础工程。

（2）地铁对相关工程施工的影响。包括对航站楼及附属工程（包括路侧高架）、南主进场路、106 国道的南进场路、油管等其他管线、三座公路立交桥、机场滑行道、联络道桥、雨水泵房、配电房、消防储水池（2 个）和航管楼等的影响。

（3）航站楼钢结构工程的问题。包括：钢结构细部设计应结合确定的吊装方案，主要钢结构图纸要由原设计单位进行确认；细部设计开始后一个月提出材料清单（要求定尺），以便安装。建议连接楼、指廊采用国内钢材；钢结构大量采用大直径钢管结构，要求制作单位具有大型加工设备及自动化焊接设备，要求对构件进行预拼装；在 2001 年元月底之前完成钢结构吊装单位的招标工作（兼钢结构工程的总包管理）；建议施工分主楼、东连接楼与指廊、西连接楼与指廊三个标段同时进行。

(4) 航站楼玻璃幕墙工程的问题。关键是技术路线的确定。

(5) 设备采购和订货的问题等。关键是航站楼电梯、自动扶梯和人行步道等，数量较多、加工交货时间及安装施工时间较长。

【案例 12-3】　2010 年上海世博会工程进度控制策划

上海世博会在工程建设过程中由于项目规模大、区域广、参与单位多、未知风险多等特点，导致进度控制的难度特别大。上海世博会工程项目自开工之日起，各项建设任务按照预定计划实施开展，但是由于各方面的因素，截至 2008 年上半年，工程形象进度计划并没有达到预期的目标，造成进度计划执行受阻，因此必须进行现状分析并进行有效的控制策划。

1. 影响项目进度计划因素分析

影响上海世博会工程建设进度的因素主要归纳为外部动迁、设计影响因素和内部工程实施影响因素两大方面，具体的影响世博会项目群进度计划执行的因素如图 12-2 所示。

2. 管理工作建议书制度

计划是龙头，是工程建设顺利实施的重要前提；进度控制是确保工程建设按计划实施的重要保障，两者相辅相成，缺一不可。从 2008 年上半年世博会工程建设进展来看，形象进度还没有达到预期的目标，造成下半年以及明年的建设任务的压力。因此进一步加强进度计划与控制管理工作显得尤为重要。

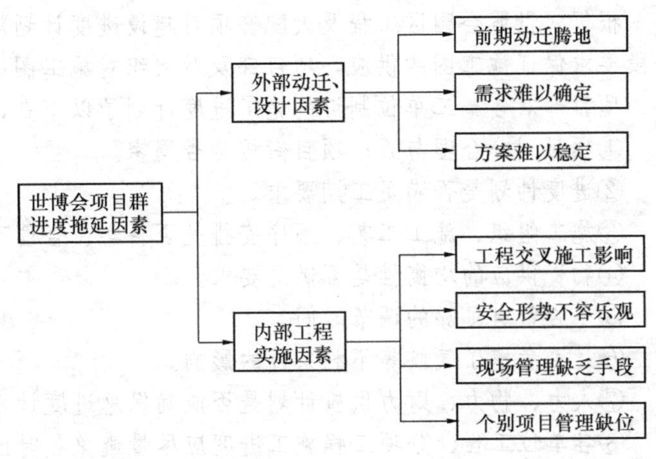

图 12-2　世博会项目群进度拖延因素分析

针对世博会工程进度计划与控制的管理工作，总体项目管理单位编制了“进一步加强进度计划与控制”管理工作建议书以及“项目部上报工程进度节点计划”管理工作建议书。“加强进度计划与控制”管理工作建议书分为三部分内容：进度计划与控制的重要性、目前存在问题以及拟提出建议。“项目部上报工程进度节点计划”管理工作建议书分为四部分内容：上报节点计划的目的、上报节点计划的要求、编制节点计划的原则以及上报节点计划的时间。

3. 进度计划的动态调整

在“加强进度计划与控制”管理工作建议书中提出，指挥部办公室正式颁布的进度计划只有 33 号文件《世博会园区工程及大配套项目建设进度计划》，随着世博会工程建设的逐渐深入，33 号文件并没有随之动态更新，再加上指挥部办公室年中工作会议 7.18 文件对下半年形象进度目标进行了重新部署，部分节点已与 33 号文件不一致，造成原 33 号文件的可操作性、可执行性受到影响。

在总体项目管理单位递交管理工作建议书后，指挥部办公室组织各项目部经理召开进度计划调整专题协调会，指挥部办公室工程处根据项目部重新上报的进度节点计划，在原

33 号文件的基础上对相关节点时间进行了调整，形成了新版的《世博会园区工程及大配套项目建设进度计划》。

4. 上海世博工程建设进度计划的控制措施

(1) 进度计划实施的组织

针对世博会工程进度计划实施的主体单位，指挥部办公室对工程处和各项目部的职能与职责进行详细规定：工程处是指挥部办公室进度计划管理的主管部门；世博会工程各项目部是进度计划执行的责任单位。

(2) 计划的审查与上报统计

为了保证世博会工程项目进度计划的实施，并保证总体进度目标的实现，对进度计划的审查、上报与统计作了如下规定：

1) 进度计划的审查

督促施工单位根据项目部的控制计划和实施计划编制周、月、季工程进度计划，并及时报监理单位和项目部审核。

根据《世博会园区工程及大配套项目建设进度计划》要求，设计单位根据分工序、分阶段要求保证施工图的供应，项目部及时组织对施工图的审查、优化设计方案。

项目部对各施工单位制订的施工进度计划予以审查，重点审查以下几个方面：

①项目划分合理与否；项目衔接是否周密。

②进度计划是否满足工期要求。

③施工组织、施工工艺、顺序安排是否科学、合理可行。

④物资供应的均衡性是否满足要求。

⑤是否留有足够的调节时间。

⑥是否考虑了气候等不利条件的影响。

⑦人力、物力、财力供应计划是否能确保总进度计划的实现。

⑧各单位工程、分项工程施工进度应尽量避免各时段、各专业在同一作业面上的大交叉。

项目部应建立反映工程进度状况的工程日志，及时检查、审核、总结施工单位提交的工程进度报告，重点审核计划进度和实际进度差异及形象进度实物工程量与工作量指标完成情况的一致性，并分析其原因，找出解决问题的办法。

定期组织工程调度会。协调内部各部门、各施工单位的关系；检查、总结工作执行情况；安排下阶段工作任务；对施工中出现的问题进行协调和裁决；贯彻指挥部办公室对工程施工进度的要求。

2) 进度计划的上报与统计

世博会工程进度计划由项目部编制，经审核批准后上报指挥部办公室工程处，工程处负责备案统计，具体规定如下：

①各项目部每月 25 日前上报下月形象进度计划。下月形象进度计划是在项目部二级进度计划的基础上，对下月节点计划任务的分解、细化，同时兼顾考虑当月形象进度计划的完成情况。计划内容必须详细、清晰和量化，便于考核和奖励。

②各项目部每月 25 日前上报本月形象进度完成汇总。完成汇总由项目部实事求是编制，内容必须真实、可靠，杜绝出现晚报、瞒报、弄虚作假的现象。

③各项目部每季度末上报本季度工作总结与下季度工作安排。本季度工作总结是对本季度进度计划执行情况的工作回顾和经验总结，下季度工作安排是对下季度进度计划的重点部署和落实明确。

④月形象进度完成汇总和本月形象进度计划出现偏差时，项目部应及时分析原因，找出问题的症结所在，并提出切实可行的纠偏措施，确保项目进展按照既定计划严格执行。

项目施工过程中，若遇重大突发事件、不可预见性因素等影响而须调整进度计划时，项目部应第一时间出具书面报告，上报指挥部办公室相关处室，相关处室通过现场踏勘、调研核定后，准予调整进度计划，并由项目部将调整后的计划重新上报审批。

(3) 进度计划考核制

根据《世博会园区工程及大配套项目建设进度计划》的各项工程节点要求，指挥部办公室工程处制定了《上海2010年世博会工程形象进度考核办法》。

组织层面上，指挥部办公室成立工程进度计划考核工作小组，工程处负责工程进度计划考核工作的具体实施，指挥部相关处室予以协调配合。

(4) 进度执行报告

通过对进度计划执行情况的检查和考核，进一步完成工程项目群的进度报告，报告应该包括单项目进度报告和项目群的进度报告，内容包括横道图、完成汇总表以及专题报告等。

5. 进度协调管理

(1) 动迁腾地等配套工程联席协调机制

动迁腾地工作顺利与否是世博会工程建设有序推进的重要前提。中船集团（江南造船厂)、卢湾区99号地块相关单位等的动拆迁是动拆腾地工作面临的最主要困难，工程处根据实际情况，向指挥部上报《关于建立动迁腾地等配套工程联席协调机制的建议》，通过组织相关部门召开动拆迁、借地事项协调会，对当前动拆迁、借地事项主要存在的问题、拟要解决的方案、工作任务的部署等提出了一系列行之有效的建议和看法，有力地推进了世博会相关建设项目的顺利实施。

江南造船厂动迁腾地工作影响着浦西道路及市政设施建设、影响南市水厂建设、影响企业馆建设、影响浦西世博轴及高架步道平台建设的拆房腾地工作。工程处组织指挥部办公室、上海建工浦西项目管理部、中船集团、江南造船厂等相关单位建立每月联席协调会议机制，专题讨论江南造船厂月度动迁腾地工作进展，并对存在问题及次月动迁部署作出安排，在此基础上，由上海建工浦西项目管理部每周撰写《江南造船厂动迁腾地进展周报》，报世博局、指挥部等，供决策参考。

卢湾区99号地块是世博会浦西市政道路建设的重要地理区域，其地块内上海电气（集团）总公司、上海纺织控股（集团）有限公司等原有建筑影响着浦西市政的顺利实施，工程处多次与集团公司召开联席协调会议机制，并就《关于加快配合实施卢湾区99地块动迁的函》专题发文，有力地推动了相关集团公司的动拆迁进程。

(2) 相关联制约项目的总体协调管理

世博会工程项目群规模庞大、体系复杂，项目与项目之间的相关联程度以及相互制约影响因素非常突出，导致交叉施工现象比较严重。永久性建筑中包括中国馆和世博轴在内的一些项目进度都受到影响，园区配套项目建设中，浦东市政道路由受到西藏南路隧道、世博轴、13号线和打浦路隧道复线等影响，建设进度很难如期实现。

对相互影响关系项目加强协调世博轴、轨道交通、越江隧道项目与市政道路、场馆建设的节点搭接和场地资源。对工期长、工艺复杂的项目在施工进入高峰时，通过加强总体管理，充分协调并利用好有限的道路、场地等现场资源。

另一方面，继续完善已经建立的各项协调机制，通过包括各类专题例会、协调会，加强现场检查与调研等方式来解决建设过程中的矛盾，推动永久性建筑、道路与市政设施、临时场馆及配套设施和大市政配套项目的建设进度。

(3) 项目群施工现场协调

世博会工程项目群建设规模庞大、参与单位众多、周边设施条件复杂，因此各相关单位利益分配困难，工程与周边设施难免出现纠纷。指挥部办公室工程处加强包括永久场馆、临时场馆、市政项目、水上项目及市政配套设施等各类建设项目的现场管理和现场协调，检查项目施工进展情况，了解项目实施最新动态。一经发现施工过程中存在的问题，立即现场给予协调；若纠纷矛盾比较复杂，工程处则组织各相关职能部门、项目所属项目部、相关责任主体单位召开专题协调会，及时沟通问题、解决问题。

12.3　项目风险管理及应用

风险管理作为一种主动控制的管理技术，其理论和方法在项目管理领域得到了广泛应用。

12.3.1　风险和风险管理的概念

风险指的是损失的不确定性，对于项目管理而言，风险是指可能出现的影响项目目标实现的不确定因素。对建设工程而言，风险的特性具体表现在如下四个方面。

(1) 建设工程风险管理对工程方面的专业知识要求较高

若要识别工程风险，首先需要具备建筑安装方面的专业知识。比如土方工程中经常发生挖方边坡滑坡、塌方、其他扰动、回填土沉陷、冻胀、融陷或出现橡皮土等情况，只有具备了建筑安装工程的基础知识，才能凭借工程专业经验识别出这些风险。建设工程风险的估计和评价更需要工程专业知识，这样才能比较准确地估计风险发生几率的大小以及风险可能给整体工程造成的风险损失。

(2) 建设工程风险发生概率高

在一些工程尤其是大型工程的施工过程中，人为原因和自然原因造成的工程事件频发。施工期内经常出现建筑工人意外伤亡、建筑材料和设备丢失损坏的事件，工程施工设计或现场管理不当也成为导致工程缺陷或事件的人为风险源。此外，地震、洪水和其他自然不可抗力等自然风险源引发的工程风险事件的频率也是比较高的。

(3) 工程风险的承担者具有综合性

由于建设工程的施工过程往往涉及众多责任方参与，比如建筑材料和构件由供应商供给，施工机械由承包商提供，施工图由设计单位提供，工程施工由若干承包商参与施工、业主负责采购，有些项目还涉及提供贷款的银行和担保公司等。因此，一项工程风险事件的责任会涉及业主、承包商、分包商、设计方、材料设备供应商等多方。比如工程工期延误了，可能是业主资金或物资不到位造成的，可能是承包商施工组织不利造成的，也可能是供应商供货延期造成的，或者是这些原因共同造成的。

（4）建设工程风险造成的损失具有关联性

由于建设工程涉及面较广，同步施工和接口协调问题比较复杂，各分部分项工程之间关联度很高，所以各种风险相互关联将形成相关分布的灾害链，使得建设工程产生出特有的风险组合。

风险管理是为了达到一个组织目标，而对组织所承担的各种风险进行管理的系统过程，即一个组织通过风险识别、风险分析和风险评估去认识风险，并在此基础上合理地使用回避、抑制、自留或转移等方法和技术对活动或事件所涉及的风险实行有效的控制，妥善地处理风险事件造成的后果，以合理的成本保证实现预定的目标。风险管理一般包括以下几个步骤。

1）风险识别

对影响建设工程项目的各种因素进行分析，确定项目存在的风险。

2）风险分析与评估

对存在的单个风险进行量化分析，估算风险事件的损失程度和发生的概率，确认风险出现的时间和影响范围，衡量其风险量，在此基础上形成风险清单；综合考虑各种风险对项目目标的影响，确定不同风险的严重程度顺序，确定风险应对措施及各种措施的成本，论证风险成本效益。

3）风险应对决策

制定风险管理方案，采取措施避免风险的发生或减少风险造成的损失，即降低风险量。

4）风险应对的控制

在项目实施过程中，评估风险应对工作的效果，及时发现和评估新的风险，监视残留风险的变化情况，在此基础上对风险管理方案进行调整。

12.3.2 风险因素识别

项目由于具有实施周期较长这一客观特性，将遇到较多的风险因素，加上自身及所处环境的复杂性，使人们很难全面、系统地识别其风险因素。因此，要从以系统的完成建设项目的角度，对可能影响项目的风险因素进行识别。以建设工程项目为例，面临的主要风险包括以下几个方面：

（1）政治风险

政治风险是指由于国家政局和政策变化、罢工、国际局势变化、战争、动乱等因素引起社会动荡而造成财产损失以及人员伤亡的风险。政治风险包括宏观和微观方面。宏观政治风险是指在一个国家内对所有经营者都存在的风险。而微观政治风险则仅是局部受影响，一部分人受益而另一部分人受害，或仅有一部分行业受害而其他行业不受影响的风险。

（2）经济风险

经济风险是指人们在从事经济活动中，由于经营管理不善、市场预测失误、贸易条件变化、价格波动、供求关系转变、通货膨胀、汇率或利率变动等原因所导致的经济损失的风险。经济风险是一个国家在经济实力、经济形势及解决经济问题的能力等方面潜在的不确定因素构成的经济领域的可能后果。

(3) 工程风险

对于建设工程项目而言，工程风险是指工程在设计、施工及移交运营的各个阶段可能遭受的、影响项目系统目标实现的风险。工程项目实施涉及业主、设计单位、施工单位、供货单位、咨询单位等，工程风险中的有些风险对所有参与各方来说是共有的，而有些风险对某一方是风险，对另一方可能就不是风险。

另外，前面所述的政治风险、经济风险以及社会风险均带有普遍性，在任何一个国家，只要发生这类风险，各行各业都会受到影响。而工程风险则不然，它仅涉及工程项目，其风险的主体只限于项目参与各方，其他行业并不受其影响。

工程风险主要由以下原因造成。

1) 自然风险

自然风险是指由于大自然的影响而造成的风险，一般包括三个方面的风险：

① 恶劣的天气情况，如严寒、台风、暴雨等都会对工程建设产生影响；

② 未曾预料到的工程水文地质条件，如洪水、地震、泥石流等；

③ 未曾预料到的一些不利地理条件等。

2) 决策风险

决策风险主要是指在投资决策、总体方案确定、设计或施工单位的选择等方面，若决策出现偏差，将会对工程产生决定性的影响。

3) 组织与管理风险

组织风险是指由于项目有关各方关系不协调以及其他不确定性而引起的风险。由于项目有关各方参与项目的动机和目标不一致将会影响合作者之间的关系、影响项目进展和项目目标的实现。组织风险还包括项目组织内部不同部门对项目的理解、态度和行动不一致而产生的风险，以及项目内部对不同工程目标的组织安排欠妥、缺乏对项目优先目标的排序、不同项目目标之间发生冲突而造成工程损失的风险。

管理风险是指由于项目管理人员管理能力不强、经验不足、合同条款不清楚、不按照合同履约、工人素质低下、劳动积极性低、管理机构不能充分发挥作用等造成的影响。

4) 技术风险

技术风险是指在项目实施过程中遇到各种技术问题（如地基条件复杂，资源供应条件差或发生变化，项目施工技术专业度高、难度高等）所要承担的风险。一般表现在方案选择、工程设计及施工过程中由于技术标准的选择、计算模型的选择、安全系数的确定等方面出现偏差而形成的风险。

5) 责任风险

在建设项目的整个开发过程中，所有项目参与主体的行为是基于合同当事人的责任、权利和义务的法律行为，任何一方都需要向合同对方承担相应的责任；同时，建设项目涉及社会大众的利益，项目各参与方还对社会负有义务。行为责任风险是指由于项目管理人员的过失、疏忽、侥幸、恶意等不当行为造成财产损失人员伤亡的风险。

此外，对于建设工程项目，风险因素还包括计划风险、市场风险、融资风险和安全风险等，如表 12-2 所示。

建设工程项目的风险因素和风险承担主体　　表 12-2

风险类型	风 险 因 素	风险主要承担主体
政治风险	政府政策、民众意见和意识形态的变化、宗教、法规、战争、恐怖活动、暴乱	发展商、承包商、供货商、设计单位、监理单位
经济风险	财政政策、税制、物价上涨、利率、汇率	发展商、承包商
自然风险	不可预见的地质条件、气候、地震、火灾或爆炸、考古发现	发展商、承包商
决策风险	投资决策、方案确定、设计或施工单位选择	发展商
组织与管理风险	组织安排、项目优先排序、项目目标冲突、管理能力不强、经验不足	发展商、承包商、供货商、设计单位、监理单位
技术风险	设计充分、操作效率、安全性	发展商、承包商
责任风险	合同当事人责任、管理人员过失、恶意造成财产损失	发展商、承包商、供货商、设计单位、监理单位
计划风险	许可要求、政策和惯例、土地使用、社会经济影响、民众意见	发展商
市场风险	需求、竞争、经营观念落后、顾客满意程度	发展商、承包商、设计单位、监理单位
融资风险	破产、利润、保险、风险分担	发展商、承包商、供货商
安全风险	规章、危险物质、冲突、倒塌、洪水、火灾或爆炸	发展商、承包商

12.3.3　风险分析和风险控制

风险量反映不确定的损失程度和损失发生的概率。若某个可能发生的事件其可能的损失程度和发生的概率都很大，则其风险量就很大。在《建设工程项目管理规范》（GB/T 50326—2006）的条文说明中所列风险等级评估如表 12-3 所示。

风险等级评估表　　表 12-3

后果 / 风险等级 / 可能性	轻 度 损 失	中 度 损 失	重 大 损 失
很大	3	4	5
中等	2	3	4
极小	1	2	3

通常情况下，对风险的应对，一是采取措施防患于未然，尽可能地消除或减轻风险，将风险的发生控制在一定的程度下；二是通过适当的风险转移安排，减轻风险事件发生后对项目目标的影响。建设项目风险控制的方法主要包括以下四种。

（1）风险回避

通过风险分析与评估，取消风险量很大并且没有有效措施降低风险量的事件，以避免风险的出现。如放弃一些先进但不成熟的、技术难度大、风险高的工艺。风险回避是一种有效的、普遍采用的方法，但是当回避一项风险时，也失去了潜在的获得效益的机会，还会在很多时候阻碍技术的创新和发展。风险管理者必须综合考虑风险成本和效益。

（2）风险抑制

通过采取措施，降低风险事件发生的概率，减少风险事件造成的损失。风险减轻的方法不能完全消除风险，会存在残余的风险。对风险量大、风险无法回避和转移的事件，通常采用风险抑制。风险管理者要考虑所采取措施的成本。

（3）风险自留

自己承担风险造成的全部损失或部分损失。对风险量小以致于不便于采取其他方式的风险，或者自己不得不承担的风险（如残余风险等），采取风险自留。采取风险自留，必须对风险做出比较准确的评估，使自身具有相应的承担能力；同时应制定风险应急计划，包括应急费用和应急措施等。

（4）风险转移

通过某种方式，将某些风险的后果连同应对风险的权力和责任转移给他人，自己不再直接面对风险。风险量大的事件，自己又不具备承担能力，通常采用这种方式。建设工程项目风险转移的方式包括工程保险、担保和合同条件约定等。

【案例 12-4】 某城市基础设施项目群进度控制风险分析

（1）风险源和风险分析

从目前对项目群的分析来看，进度风险源主要来源于以下几类：

□ 方案稳定进度风险，即由于各种原因所致方案的不稳定给后续工作带来的进度影响；

□ 前期手续进度风险，即由于政策的变化和相关前提条件不具备等所导致手续没有办理给后续工作带来的进度影响；

□ 融资进度风险，即由于融资没有办理或没有到位对后续工作所带来的进度影响；

□ 建设模式进度风险，即由于 BT、代建等建设模式稳定对后续工作所带来的进度影响；

□ 勘察设计进度风险，即由于勘察设计或拆排迁图未出对后续工作所带来的进度影响；

□ 拆排迁进度风险，即由于拆排迁工作推进未完成或外部原因所带来的进度影响；

□ 涉铁进度风险，即由于设计铁路问题或铁路部门所带来的进度影响或风险；

□ 涉及土地储备风险，即由于涉及土地储备部门所带来的进度影响或风险；

□ 涉及房地产公司风险，即由于土地、拆迁、代建等涉及房地产公司；

□ 涉及其他外部单位风险，即涉及学校、机关、企业等重要外部单位；

□ 其他单位负责所带来的进度风险，如园林部门、水务集团、电力部门等；

□ 管理风险，如跟踪不及时、问题解决不及时等所带来的进度风险；

□ 其他进度风险，如储备项目的调整、管辖范围的调整等。

以上风险在一个项目上可能同时发生。风险源和风险影响分析如表 12-4 所示。

基础设施项目进度控制风险 表 12-4

风险因素		风险后果	风险大小
前期风险	方案不稳定或调整	对后续工作有重大影响，可能直接导致项目不稳定	大
	前期手续办理不全	可能导致违规操作或无法操作	施工许可对后续影响大 对融资有重要影响
	融资跟不上	影响拆迁进度或工程进度	尤其对拆迁影响大
勘察设计风险	设计图纸未及时提供	对造价和招标产生影响	大
	设计深度不够	对造价产生影响，可能会调整	中
	拆排迁图未及时提供	对拆排迁有重大影响	大
	拆排迁图不准确或调整	对拆排迁有影响	中
建设模式风险	采用BT、代建等模式	如不尽早确定，可能带来失控	大
涉铁风险	铁路代建	协调难度大，项目手续不同，可能进度无法控制	中
	方案协调	方案有不同意见，衔接协调难度大	大
	铁路项目影响	对建管中心项目有直接影响	大
涉及外部单位风险	土地储备部门	土地手续和拆排迁受到影响	大
	区政府	拆迁意见不一致等	大
	房地产公司	拆排迁受到影响	中
	园林部门、水务集团等其他建设单位	全过程受到影响	中
	其他外部单位，如高校、机关、企业等	主要影响拆迁问题	大
管理风险	无科学计划，无预判，无解决方案	被动式管理，风险容易失控	大
	不及时解决，不跟踪	进度拖延或难度变大等	视问题而定
其他进度风险	项目调整等	重新编排或调整计划	大

(2) 风险应对措施建议

针对 (1) 所分析的各种风险源，相关的应对建议如表 12-5 所示。

不同风险应对措施建议 表 12-5

风险因素		风险应对措施建议
前期风险	方案不稳定或调整	• 总工办及时与规划等有关部门沟通，及时获取方案调整信息； • 提供的方案设计依据信息尽可能详细、充分； • 如遇方案调整，尽早通知相关部门，进行预警

续表

风险因素		风险应对措施建议
前期风险	前期手续办理不全	• 编制前期手续工作指南； • 与相关部门建立通畅的工作联系； • 及时了解相关政策变化； • 编制详细的部门手续办理工作计划； • 对共性问题进行梳理，统一解决
	融资跟不上	• 及时了解融资政策变化，并告知相关部门； • 针对不同类型的项目，制订不同的融资方案； • 与建管中心前期部、建委计财处等联合制订融资工作操作指南，明确融资的前期条件； • 制订融资工作计划； • 对融资过程可能出现的问题进行提前预警； • 对一些例外项目建立应急方案； • 建立定期的融资统计汇报制度
勘察设计风险	设计图纸未及时提供	• 制订设计进度计划； • 设计院制订详细的设计出图计划； • 尽量提供准确的项目设计依据，减少变更工作量； • 完善设计合同（进度奖罚条款）； • 与设计院建立顺畅的沟通渠道； • 增加设计院单位数量； • 增加并行工作，勘察工作提前
	设计深度不够	• 尽量提供准确的项目设计依据； • 完善设计合同（设计质量控制）； • 增加设计院单位数量，建立竞争机制； • 与设计院建立顺畅的沟通渠道，及时提供项目信息和反馈深度问题； • 给设计单位预留充分的设计时间
	拆排迁图未及时提供	• 总工办与拆迁部共同制订拆排迁图专项工作计划； • 踏勘和摸排工作时间提前； • 设计院制订详细的拆排迁图出图计划； • 尽量提供准确的方案信息，减少变更风险
	拆排迁图不准确或调整	• 尽量减少因内部原因造成的信息不充分； • 尽量提供准确的方案信息，减少变更风险
建设模式风险	采用BT、代建等模式	• 尽早明确建设管理模式； • 尽早确定有实力的BT或代建单位； • 尽早移交相关项目资料和信息
涉铁风险	铁路代建	• 建立铁路代建项目的沟通模式，及时掌握相关信息； • 建立铁路代建项目的协调模式，及时推进项目，减少被动局面； • 及时与铁路代建部门沟通，提出进度需求，了解进度信息； • 对重大进度风险，应建立预警和沟通协调机制
	方案协调	• 建立高位沟通和协调机制，及时解决方案协调问题； • 提早制订技术解决方案，为协调提供依据，增加效率； • 提早预见问题；
	铁路项目影响	• 及时与铁路代建部门沟通，提出进度需求，了解进度信息

续表

风险因素		风险应对措施建议
涉及外部单位风险	土地储备部门	•建立高位沟通和协调机制，及时解决重大核心问题； •建立日常沟通渠道，提交进度需求并进行跟踪
	区政府	•建立高位沟通和协调机制（区级指挥部），及时解决重大核心问题
	房地产公司	•如遇到拆排迁问题，应及早进行沟通和谈判，了解情况； •如遇到道路建设问题，应及早进行沟通，争取支撑，协商方案； •如遇到景观建设问题，应及早进行沟通，争取支持； •如遇到土地问题，应及早进行沟通和谈判，协商解决方案
	园林部门、水务集团等其他建设单位	•建立铁路代建项目的沟通模式，及时掌握相关信息； •建立铁路代建项目的协调模式，及时推进项目，减少被动局面； •及时与相关代建单位沟通，提出进度需求，了解进度信息
	其他外部单位，如高校、机关、企业等	•建立高位沟通和协调机制，及时解决重大核心问题； •及时进行沟通，了解情况，协商解决方案； •及时进行项目转接或明确委托，尤其对重点建设/代建工程
管理风险	无科学计划，无预判，无解决方案	•增强计划统筹意识； •提早预判、提早预警、提早制定解决方案
	不及时解决，不及时跟踪	•及时解决问题，避免拖延； •及时跟踪，及时发现、解决或汇报问题
其他进度风险	项目调整等	•建管中心会同计财处对年度计划进行详细摸排和论证，减少项目变动根源

12.4 项目文化建设策划

在工程项目建设过程中，各个参与方隶属于不同的组织，由此产生了多种关系，如合同关系、指令关系和协作关系等。不同的组织也具有不同的目标，这些目标往往是不一致的，因此会引发了很多利益冲突，这种冲突导致了诸多工程问题，如进度拖延、工程索赔、质量问题、投资失控等，其结果往往损害了双方甚至多方的利益，并最终陷入了博弈论中的“囚徒困境”。事实上，之所以产生这种现象，主要是因为没有建立有效的项目管理系统，这之中，项目文化是其中的一个重要方面。

项目文化管理是“软”管理和“硬”管理的综合，它无法全部用“硬”的措施来实现，如合同措施、制度措施等，但又依赖于这些措施。因此除了建立必要的项目管理体系（包括进度控制、质量控制、投资控制、信息管理、风险管理、安全管理以及组织与协调等）外，还必须重视项目文化的培育，项目文化在很大程度上是项目管理体系得以运行的保证，正如贝内特·P·利恩兹等所说，“如果你无视文化因素，那么问题的数量和严重性都会上升”。

12.4.1 项目文化的内涵

文化是一个模糊的术语，它表现为知识、信念和行为的综合体，也是一套表现组织特点的共享态度、价值、目标和行为，在不同的群体中，对文化有不同的理解，也有不同的内涵。如在企业文化中，可以把企业文化理解为企业员工经过长期的生产实践培育起来并共同遵守的目标、价值观、行为规范的总称，这是一个抽象的概括，因此在具体到一个企业当中，组织对企业文化的理解也可能有所不同。

项目文化、企业文化都从属于组织文化，组织文化是一个更为广义的概念，戴维·I·克利兰认为，组织文化是一种信仰、风俗习惯、知识、实践和一个特定的社会团体的习惯性的行为环境。但是项目文化又具有特殊性，这根源于项目的特征、项目的生命周期特征以及各参与方的特征等，这就决定了项目文化具有独特的内涵。

(1) 跨组织的文化

由于工程建设项目由多个单位参与，如建设单位、设计单位、施工单位、项目管理单位、政府部门等，因此这些单位都是项目文化的组成和影响要素，他们各自的企业文化也会影响到项目文化的建设，尤其是建设单位/投资单位的企业文化，一般是项目文化的基础和核心。这种跨组织的文化特征决定项目文化是一个复合系统的文化，如图 12-3 所示。

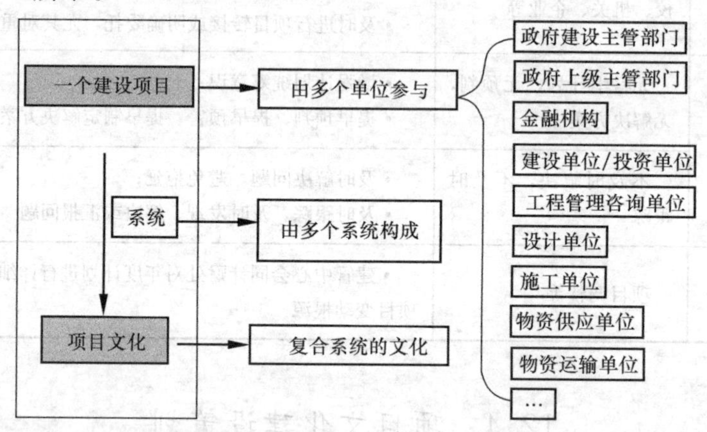

图 12-3　复合系统的项目文化

(2) 开放性文化

一个企业的企业文化，强调组织内成员的接受程度，而这些成员往往又是企业的内部成员，但项目的参与方隶属于不同的组织，因此虽然各方统一于同一个建设项目，也有一致的目标，但其最终利益仍然是各有不同，在这种情况下，项目文化必须是开放的，海纳百川地接受有益的文化元素。

(3) 水平性文化

项目管理不同于企业管理，一些研究者认为，项目管理具有四个重要特征：水平管理（horizontal management）、基于团队的管理（teamwork oriented management）、基于变革的管理（change oriented management）和面向最终交付成果的管理（results-oriented management），其中水平管理是项目管理的一个重要特征。在一个项目当中，项目参与各方之间大量的是合同关系，这决定它们很难进行垂直管理，因此沟通与协作在项目管理中至关重要，这也决定了项目文化主要是水平性的文化，而区别于一般的企业文化。

(4) 短暂性、动态性文化

项目具有既定的进度目标，没有目标的项目不是真正意义上的项目，因此一个项目必定在一定的时间内完成，这就决定了相对于企业文化而言，项目文化的生命周期是短暂的。此外，大量的参与单位在项目建设过程中动态性的参与和退出，这使得项目文化不断受到冲击和调整，因此，整个项目文化是动态性的。

12.4.2　项目文化的构建

(1) 项目文化构建的目的

项目管理的目标是使项目增值，这一方面依赖于项目各个具体目标的实现，另一方面依赖于参与各方主动性的参与以及潜能的激发，如在设计过程中如何进行设计挖潜，在施工过程中如何寻求最合理施工方案，都需要设计单位、施工单位以及咨询单位等积极地寻求最佳方案，这就要求调动各个参与单位的主动性和积极性。此外，在项目实施过程中，会遇到各种各样的利益不一致，如果不恰当地处理这些矛盾，可能会导致各种冲突发生，影响到各方最终利益的实现。因此，如何让参与各方以项目利益为重，协同工作，通过实现项目的整体目标来实现各自的利益，并最终实现多赢，就成了工程项目管理的一个主要问题。这也是构建项目文化的基本出发点。

(2) 项目文化体系的内容

项目文化不仅仅是一个口号，一幅标语，它具有极其丰富的内涵，从广义上讲，项目上所有的物质文化和精神文化都属于项目文化。项目文化的体系架构有多种划分方法，可以依据项目文化的载体划分为：精神层、物质层、行为层和制度层，也可以依据项目文化的内涵分为表层文化、中层文化和深层文化，也可以二者结合。

表层项目文化、中层项目文化和深层项目文化是根据文化的内涵，即对文化的认知来划分的，各层内容和特征如表 12-6 所示，而精神层、物质层、行为层和制度层项目文化是按照项目文化的载体，即项目文化的表现形式来划分的，其特征如表12-7所示。

表层项目文化、中层项目文化和深层项目文化的内容和特征　　表 12-6

	表层项目文化	中层项目文化	深层项目文化
内容和特征	□ 所谓表层的项目文化是指通过直观的形象所表现出来的文化内涵 □ 表层文化是项目的“衣裳”，如：项目名称、项目标志、颜色、项目语言、标语、办公室设施、IT 工具等 □ 表层文化通常表现在现场文明，是项目的“门面” □ 表层文化表现在参与人员的举止和文明	□ 表层和深层之间的企业文化通常表现为企业的制度规范 □ 制度主要体现在：项目管理规划、监理实施规划和实施细则、施工管理规划、合同等 □ 中层文化是有形的 □ 表层文化表现在相关单位的参与积极性等。 □ 中层文化制约着表层文化	□ 渗透在参与单位和人员的一种精神动力 □ 通过共同的价值观、信念、理想、创新精神、组织目标等形式来表现 □ 深层文化是参与单位共同的要得到参与单位的认可，是项目文化的核心和支撑点。 □ 制约着表层文化和中层文化

精神层、物质层、行为层和制度层项目文化的内容特征　　表 12-7

	精神层项目文化	物质层项目文化	行为层项目文化	制度层项目文化
内容和特征	□ 工程项目精神文化鲜明地反映出工程项目经理的事业追求主攻方向以及调动员工积极性的基本指导思想 □ 对先进模范的态度	□ 它由项目全体人员共同创造的产品和各种物质设施等构成，是以物质形态显现出来的表层项目文化 □ 物质设施包括：现场文明、项目文化宣传材料、办公设施、施工机具等	□ 全体员工在经营管理、施工劳动和学习娱乐中产生的活动文化，是项目员工的工作作风、精神面貌和人际关系的动态体现，是团队精神和价值观的折射 □ 包括项目经理的行为、一般管理人员行为和施工工人的行为等	□ 制度是项目文化的载体，也是项目文化的保证 □ 项目制度文化 □ 制度主要体现在：项目管理规划、监理实施规划和实施细则、施工管理规划、合同等 □ 组织系统，包括组织结构、任务分工和工作流程等

项目文化包含一个核心理念，如基于信任的项目文化、项目利益高于一切的项目文化、基于协作的项目文化等等，也可以是这些理念的综合。构建项目文化，要针对项目的具体特征，识别各个组织中核心的文化要素，提炼出项目文化的核心理念，并为各方所接受。在具体实现上，可以根据上述对项目文化的划分方式来操作，也可以根据二者的结合，表 12-8 为项目文化的二维结构，图中的符号表示交叉内容的多少。

项目文化的二维结构　　表 12-8

	精神层项目文化	物质层项目文化	行为层项目文化	制度层项目文化
表层项目文化	◎	◎◎	◎	◎
中层项目文化	◎	◎	◎◎	◎◎
深层项目文化	◎◎	◎	◎	◎◎

此外，项目管理文化还可以从体制、机制和法制的角度来构建。体制方面，主要是建立完善的组织体系，包括组织结构、任务分工、职能分工和工作流程等；机制方面，主要是建立激励机制；法制方面，主要是建立项目工作纪律和处罚条例、不断完善方法与制度以及严密的合同内容等。

【案例 12-5】　长沙卷烟厂十五技改项目文化建设策划

长沙卷烟厂技术改造工程由白沙集团作为业主方组织建设，是该厂“十五”重点工程，为该厂有史以来规模最大的工程建设项目，其中一期工程主要包括新建制丝车间（含配方库、贮丝房等）、动力中心、污水处理站，并配备 1 条 15 000kg/h 的制丝线，及制冷、空调、空压等动能设施的建设，计划总投资 10 亿元。联合工房建筑面积约为 51 000m^2，动力中心建筑面积约为 9000m^2，如图 12-4 所示。

白沙集团以优秀的企业精神和企业文化著称，作为该项目的建设单位（业主），业主方的企业文化将对项目文化产生很大影响，而业主方的企业文化必须和其他参建单位的企业文化在该项目上寻求核心价值观的一致，这是一个动态的过程。

（1）白沙项目文化

作为参与项目的任何一方，都需要认同“白沙项目文化”，遵循“项目利益高于一切”

图 12-4 长沙卷烟厂联合工房一期工程

的原则，参建各方应以保证“项目建设和运营的增值”为工作出发点，在相互理解、相互尊重、相互信任的工作氛围中，以无缝协同的工作方式，求真求美的心境，否定自我、挑战自我和超越自我的心态参与项目建设，使项目实施过程成为优秀团队之间思想、灵感和智慧碰撞、融合的过程，最终圆满完成建设目标，充分体现“以人为本”、“绿色烟草”的建设理念。

1）白沙集团的企业文化

白沙集团企业文化的内容包括：3A、HOT、20：80 原则和快乐原则以及简单管理等，如图 12-5 所示。

2）白沙项目文化的核心价值观

项目文化是白沙集团核心理念在长沙卷烟厂联合工房一期工程项目中的文化表现。项目文化的实施更好地使各参与方按共有的价值理念和行为准则进行项目建设，是各方项目管理的指导思想和原则，白沙的项目文化贯穿整个项目实施和运营的全过程。

① 白沙项目文化的核心理念：项目利益高于一切

项目参与各方的利益是存在矛盾的，但又是统一的，统一于项目利益，即只有实现项目的利益才能实现项目参与各方自身的利益。项目利益包括两个方面，一是有利于实现工程建设目标，二是有利于生产经营。

② 项目利益高于一切的内涵

项目利益高于一切并不是业主的利益高于一切，它的内涵是：

□ 当项目利益与个人利益相矛盾时，以项目利益为重；

□ 当项目利益与小集体利益相矛盾时，以项目利益为重；

□ 当项目利益与项目参与各方利益相矛盾时，以项目利益为重；

□ 在项目实施过程中（设计、施工和采购过程中），对组织、管理、经济和技术问题处理和决策时以有利于实现工程建设目标和有利于物业的运营为第一判别原则。

③ 确立项目利益高于一切指导思想的意义

建设项目的实施具有其特殊性，对于这种特殊性要有正确的认识，主要包括：

□ 项目的一次性，这种一次性导致在项目的实施过程中存在大量的决策问题；

□ 设计、施工和生产经营主体的分离；

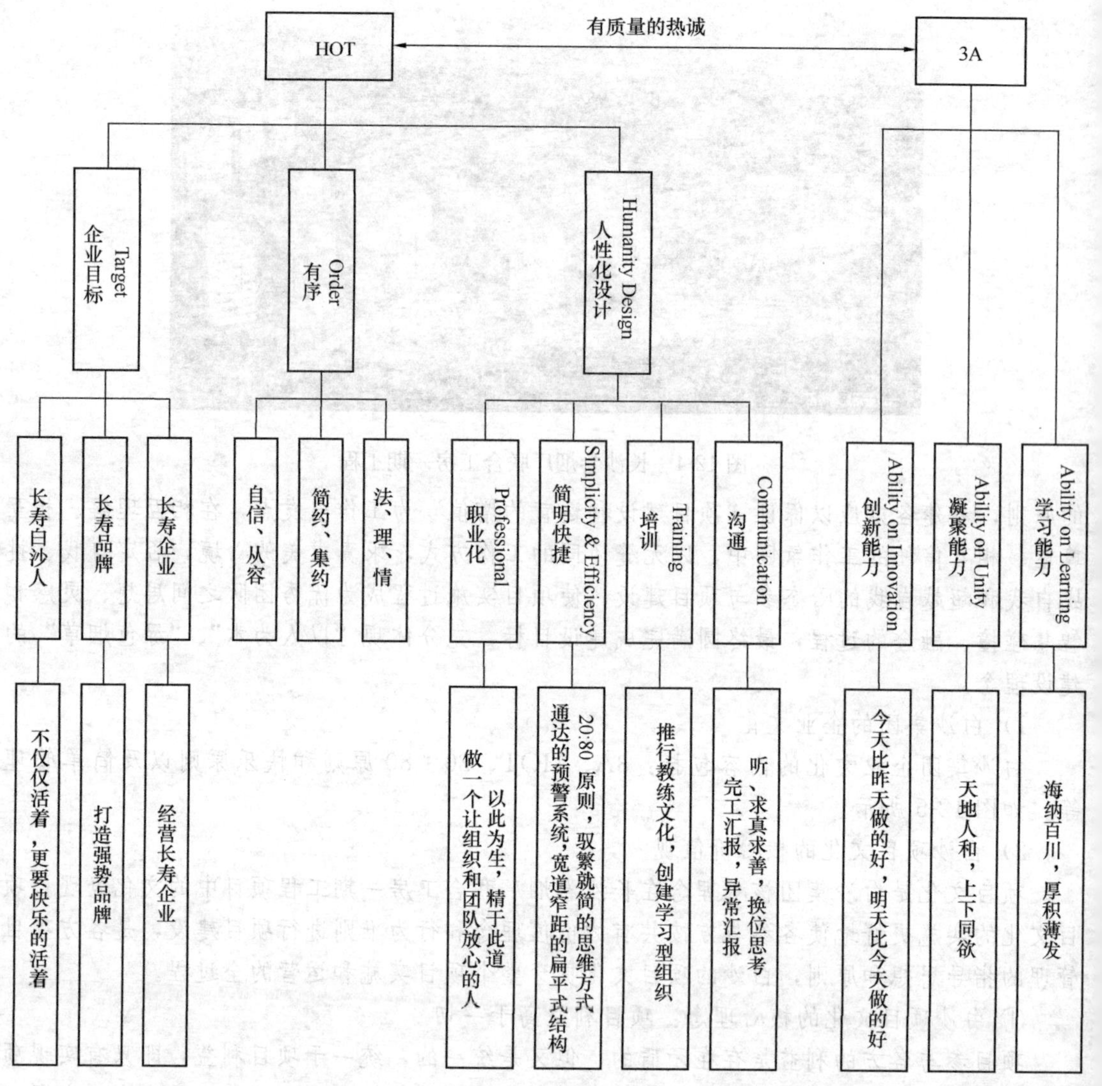

图 12-5　白沙集团的企业文化

□ 政府层面上的多头管理；

□ 参与项目的各方都是第一次合作，有一个协同适应的过程；

□ 参与项目各方的利益冲突；

□ 工程建设目标和物业运营的矛盾，导致建设成本和运营成本的矛盾等等。

3）白沙项目文化的内容

在白沙企业文化和“项目利益高于一切”的核心价值观的指导下，长沙卷烟厂联合工房一期工程成功打造了系统而完整的白沙项目文化，该内容可用“11233”概括，即：一个方针、一个中心、两个原则、三大目标和三种能力。

① 一个方针

即 20 字方针：“系统思考、大胆设计、小心求证、柔性操作、风险防范”。

② 一个中心

即项目利益高于一切，以项目利益高于一切作为项目文化的中心，包括：

□ 自主管理、技术负责；

□ 无边界协同、知识共享；

□ 求真求善、换位思考；

□ 宽道窄距、有效沟通；

□ 对项目终身负责，责任唯一；

□ 对质量终身负责，项目唯一。

③ 20∶80 原则

□ 关键技术和核心流程达到最优：追踪世界先进技术；最先进不一定是最好的；采用可靠、成熟的技术。

□ 追求功能的完善：注重实效性，满足用户需求，集约、简约，不求豪华；注重人性化，满足人性需求，简捷、流畅，追求零缺陷；注重整体性，满足系统设计，技术、管理同步推进。

□ 追求质量的完美：质量承诺未来，百年大计、质量第一，进度服从品质。

□ 追求效益的最大化：存量和增量有机结合，延续、稳定、合法、安全，以最小投入获取最大收入。

④ 快乐原则

□ 与自己奋斗，其乐无穷：充满激情、否定自我、挑战自我、超越自我。

□ 与优秀的团队合作，其乐无穷：聚集优秀的人才组成团队；与项目参与各方建立健康的业务关系和良好的人际关系，共享快乐项目。

⑤ 三大目标

□ 提高白沙核心竞争力：通过改进工艺技术，优化管理流程，提升品牌竞争力，实施绿色烟草，争创世界一流。

□ 培养职业化的人才队伍：技改的过程是学习的机会，是提高员工职业化素养的过程，使白沙培育一批精于此道的职业化人才。

□ 奠定白沙可持续发展的基石：通过企业在高新起点上的二次创业，为白沙拓展更广阔的发展空间，使白沙明天更美好。

⑥ 三种能力

□ 学习能力：勤学肯钻，善于总结，学以致用；厚积薄发，海纳百川。

□ 凝聚能力：心手相牵，上下同欲，同舟共济。

□ 创新能力：今天比昨天做得好，明天比今天做得更好；以批判、否定的眼光看待过去，以空杯的心境审视自我。

(2) 白沙项目文化的塑造

1) 从组织上保证项目文化的推进

由于项目文化是一种跨组织的一次性文化，因此要求项目文化要快速形成并稳步推进，组织的保证是一个关键要素。联合工房一期工程在项目实施前就成立了项目文化推进小组，专门负责项目文化的实质性推进和落实工作。小组由业主代表、副代表分别任组长、副组长，技改办分工会书记任执行副组长，组员包括各专业组主要负责人和项目总控组。

项目文化推进小组实行不定期例会制，主要任务是：完善项目文化内涵，宣传厂长对“十五”技改的指令，推进“白沙项目文化”，告知“十五”技改工作进程，充分调动参与“十五”技改人员的工作积极性，主持“十五”技改宣传的策划。

2）项目文化的体制、机制和法制保证

① 体制上

建立严谨的项目组织系统，包括组织结构、任务分工和工作流程等。

② 机制上

充分运用调整生产关系促进生产力发展的激励机制。

③ 法制上

制定严格的项目工作纪律和处罚条例；建立项目文化不断完善的方法和制度；项目文化尽可能在各项合同中得以体现。项目参与各方在参与建设过程中均有各自的利益，通过在组织和合同管理中建立共同管理成效观念，形成良性的“风险共担、利益共享”的项目实施机制，最后达到业主方和项目参与各方共赢的结果。

3）加强项目管理和项目文化的培训，统一各方的思想和行动

首先对项目参与各方进行了《项目文化在大型建设项目实施中的应用》的培训，强调“项目利益高于一切”的核心价值观，指出业主在推广项目文化上起着关键的作用，应该把企业文化融入到项目中，形成各方都认同的项目文化。

在工程管理的培训方面，还进行了很多个性化的工程管理专题研讨和培训，主要包括：

□ 项目总控管理研讨与培训——分析了大中型建设项目决策和实施中的通病和误区，项目总控模式的应用，根据大型建设项目项目管理发展的需要注重战略性、宏观性、总体性的定量分析，从而强化目标控制，使项目增值；

□ 设计管理研讨与培训——强调了设计阶段在项目建设中的重要性，并且结合实例说明在设计阶段如何控制三大目标；

□ 投资规划与控制研讨与培训——对全寿命周期的投资管理进行了详细的阐述，重点说明在设计阶段的投资应该如何控制；

□ 招投标与合同管理研讨与培训——结合相关案例，在比较分析国内常见发包模式的基础上提出了“十五”技改项目工程发包模式框架；

□ 工程建设监理、总承包管理的培训——分析工程建设监理的地位、职业道德和工作范围，以及施工总承包管理的责任、工作任务、指令关系、人员配备和工程款的支付程序等；

□ P3（P3E/C）系列项目管理软件培训——针对不同层次和不同部门的人员进行多次培训，对本项目的P3（P3E/C）应用模式进行了规划，提出了“十五”技改项目WBS的框架构想，并且制定了P3（P3E/C）在项目中的实施计划，为P3（P3E/C）的应用起到了推动作用；

□ 信息管理研讨与培训，主要讨论了项目信息管理与信息平台PICCS系统的应用，使大家真正认识到工程建设信息沟通中存在的问题，而项目沟通与协作平台PICCS系统可以为项目参与各方提供信息服务，推动项目文化的建设和实施，创造良好的项目沟通和协同工作环境。

项目参与各方通过培训，将项目实施过程中重大问题以研讨的方式来寻求共同的理解并最终提出优化解决方案，真正体现了“项目利益高于一切”的核心价值观。

4）充分调动一切宣传工具和手段，强化项目参与各方对项目文化的认同

好的项目文化只有得到项目参与各方的认同，并形成共同的行为规范，才能在项目实施中形成协作、自由沟通、互相支持和互相配合的良好氛围。

为了强化参与各方对项目文化的认同，项目文化小组举办了项目文化协同动员大会，旨在让项目参与各方共同学习项目文化，以“项目利益高于一切”为宗旨，统一项目参与各方的思想和行动，激发项目参与者的积极性；实施项目文化，协同、快乐打造“十五”技改工作；打造“十五”技改声势，全员动员，关注、关心、协同、支持“十五”技改工作。在会上所有项目参与方都进行了“项目利益高于一切，协同、快乐打造‘十五’技改”的宣誓和签名。

5）塑造项目形象

首先，白沙集团恪守诚信原则，树立良好经营形象，联合工房一期工程秉承这一原则。

其次，白沙集团宣传力度大，塑造良好的项目形象。项目社会形象的塑造对于增强项目成员自身荣誉感，提升项目影响力起着非常重要的作用。

工程项目形象塑造，主要是指项目现场的形象塑造。项目团队积极引导、配合并督促项目现场人员在以下方面做好项目形象的塑造工作：

□ 优化项目现场宣传环境；

□ 优化现场卫生环境，倡导文明意识；

□ 优化现场周边人际环境。

（3）白沙项目文化的效果

长沙卷烟厂联合工房一期工程在项目文化建设方面成果显著，从项目文化的核心价值观到一般理念，从具体模式到最终实施，项目参与各方都进行了一次成功的探索和实践。长沙卷烟厂联合工房一期工程的项目文化基于对项目参与的每个成员的尊重、平等、信任，营造了一种和谐、向上的氛围，将几十个施工团队、几千名施工人员凝聚在一起，使长沙卷烟厂联合工房一期工程得以在阳光下高效、优质和健康地推进和完成。

复习思考题

1. 简述动态控制的基本原理。

2. 简述 PDCA 循环的基本内容。

3. 以建设项目质量控制为例，简述三阶段控制中各阶段的控制要点。

4. 以建设项目进度控制为例，简述目标动态控制的基本措施，并重点分析组织措施。

5. 什么是风险和风险管理？风险的基本特性有哪些？建设工程的风险来源有哪些？

6. 简述项目文化和企业文化的区别和联系，项目文化对项目目标控制有何作用？

7.【案例分析】上海长江隧桥（崇明越江通道）工程位于上海东北部长江口南港、北港水域，是我国长江口一项特大型交通基础设施项目，全长 25.5km。工程采用“西隧东桥”方案，即以隧道形式穿越长江口西南港水域，长约 8.95km；以桥梁形式跨越长江口东北港水域，长约 16.65km。请讨论：①风险分析和评估有哪些方法？②该项目建设期存在哪些风险？③该项目进度实施可能哪些风险？有哪些应对措施？④试选择投资风险中的 3～5 种进行定量分析，并提出应对措施。

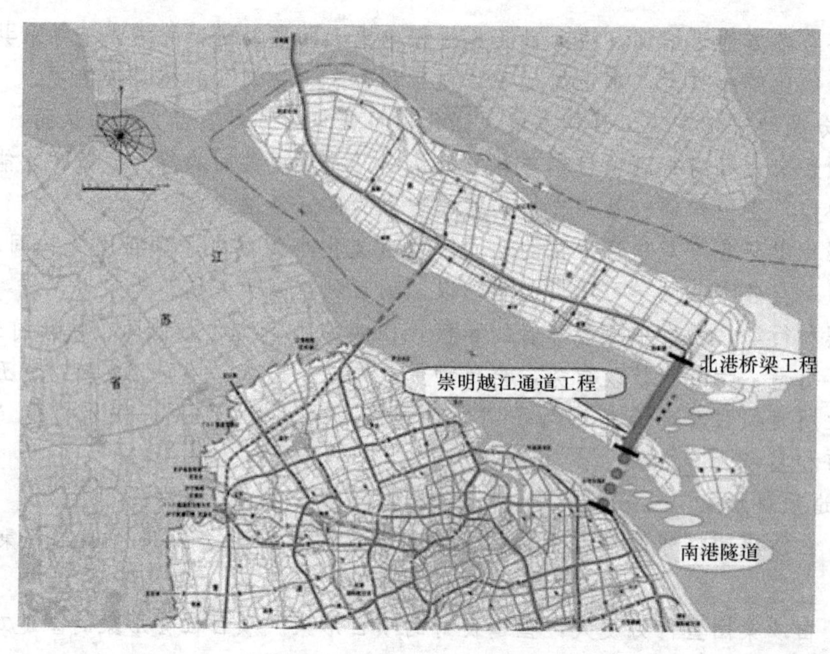
北港桥梁工程
崇明越江通道工程
南港隧道
江
苏
省

附　录

附录1：近年来围绕项目管理前期策划已答辩学位论文一览表

序　号	姓　名	论　文　名　称	年　级
1	王新军	城市开发建设项目的策划与规划	2005
2	程　冀	城市综合改造项目前期策划研究	2001
3	罗飞全	城市滨水地区开发策划	1999
4	钱汉雄	工程项目管理策划与工程分包控制	1998
5	李　懿	居住区项目前期策划研究	1996
6	陶　献	新市镇项目开发策划的研究	1993
7	许　豪	城市土地成片开发项目前期策划及研究	1992
8	马继伟	工程项目策划的理论、方法和实践	1991
9	韦　展	世博会进度控制研究	06级
10	冯永存	项目导向型企业组织结构设计研究	06级
11	封海洋	2010年上海世博会世博村工程业主方项目管理实践研究	05秋（沪）
12	李　鹏	大型群体工程项目建设管理模式及实施组织策划的研究	05（沪）
13	徐卫东	商业广场项目决策策划研究	05物流工程
14	茹以群	总部园区项目经济策划研究	04春
15	黄　明	城市森林公园项目可行性及运作模式研究	04春
16	茹以群	总部园区项目经济策划研究	04春
17	许慧旋	上海世博会外国自建馆建设风险研究	04级
18	王汉承	建设工程项目设计策划	04级
19	张　翔	JG集团公司项目管理模式及管理实践改进之研究	04秋（宁波）
20	谢龙辉	深圳市政府工程项目管理模式研究	04秋（深）
21	王金波	宁波地区滩涂围垦项目前期工作研究	04秋（宁波）
22	吉剑青	深圳证券交易所组织管理策划研究	03春
23	崔茂海	科技创业社区策划	03春
24	崔　政	山大路科技商务区项目策划研究	03级
25	杨　戒	总部园区项目开发建设策划研究	03级
26	向　南	商业地产的营销策划——以泰安光彩大市场为例	03秋（沪）
27	杨增益	浦东机场二期工程信息系统前期建设研究	03秋（沪）
28	王盛文	大型项目组织改革与组织变革管理的研究	02级

续表

序　号	姓　名	论　文　名　称	年　　级
29	罗　晟	我国现代商业建筑项目决策策划研究	02 秋（沪）
30	谢坚勋	中外合资盈利性医院项目前期策划研究	01 级
31	孙海峰	房地产项目前期筹划与行政审批	01 级
32	董　杰	基于网络平台的建设项目信息管理规划	01 级
33	姜作利	居住项目的前期策划	00 春（烟）
34	迟　锐	商业房地产项目前期策划的理论和实践	00 秋（沪）
35	梁化雷	上海地区别墅项目策划	00 秋（沪）
36	黄　锦	大型综合超市（G. M. S）项目前期策划管理模式研究	00 级
37	谢素敏	软件园前期策划研究	99 级
38	李　懿	居住区项目前期策划研究	96 级
39	吴锦华	上海市政府投资非营利性医院建设管理模式研究	EMBA 5 班
40	臧道华	上海园林（集团）公司发展战略研究	EMBA 6 班
41	崔　琦	大型国际工程项目联合承包合同管理的研究	香港研究生班

附录2：近年来围绕项目管理前期策划已发表论文一览表

序号	作者姓名	论文名称	发表期刊	日期
1	乐云； 张悦颖；何清华	2010年上海世博会建设项目界面管理研究	项目管理技术	2010.04
2	乐云； 崇丹；蒋卫平	大型复杂群体项目分解结构（PBS） 概念与方法研究	项目管理技术	2010.02
3	乐云； 冯永存；罗晟	世博会浦东片区临时场馆 设计管理工作的思考	施工技术	2010.01
4	乐云； 蒋卫平	大型复杂群体项目系统性控制五大关键技术 ——项目管理方法的拓展与创新	项目管理技术	2010.01
5	蒋卫平； 李永奎；何清华	大型复杂工程项目组织管理研究综述	项目管理技术	2009.12
6	何清华；张菁； 李永奎；吕永敏	上海世博会浦东AB片区项目群 管理的组织策划与实施	施工技术	2009.10
7	张悦颖； 韦展；乐云	2010年上海世博会进度计划系统 与组织系统集成研究	建设监理	2009.06
8	罗晟；张菁； 乐云；何清华	上海世博会临时场馆项目群实施策划框架研究	建筑经济	2009.04
9	何清华； 谢琳琳；乐云	上海市办公楼需求量的神经网络组合预测	华中科技大学学报 （城市科学版）	2009.01
10	HE Qinghua; LI Yongkui; LE Yun，LU Yujie	Project Management in World Expo 2010 Shanghai China	22届国际项目管理 协会（IPMA）大会	2008.11
11	蒋卫平； 乐云；张兴度	房地产项目委托项目管理实践 ——项目管理方的工作内容	建筑经济	2008.09
12	乐云； 蒋卫平；王信忠	房地产项目委托项目管理实践 ——分户验收管理	建筑经济	2008.08
13	乐云； 余志鹏	上海世博会工程建设总体项目管理	第二届中国工程 管理论坛论文集	2008.08
14	李永奎； 何清华；乐云	大型群体工程管理的成功：组织视角	第二届中国工程 管理论坛论文集	2008.08
15	何清华； 李永奎；乐云	中国2010年上海世博会项目管理	第二届中国工程 管理论坛论文集	2008.08
16	乐云	中国2010年上海世博会工程建设总体项目管理	建设监理	2008
17	乐云	以业主需求为导向，提供项目管理服务	全国项目管理 经验交流会论文集	2007.11
18	乐云；刘海峰	上海世博村项目管理的实施与组织研究	建筑施工	2007.07

续表

序号	作者姓名	论文名称	发表期刊	日期
19	乐云	关于世博村项目管理的几点思考	上海建设工程咨询	2007.06
20	乐云；何清华	受业主委托提供项目管理服务的思考和建议	建筑经济	2007.06
21	乐云	2010年上海世博会信息化集成与管理系统研究	首届工程管理论坛论文集	2007.04
22	李永奎；乐云；何清华	2010年上海世博会运行综合管理系统研究	计算机工程	2007.03
23	谢琳琳；何清华；乐云	公共选择理论在完善我国政府投资项目决策机制中的应用	基建优化	2007.02
24	乐云	城市森林公园项目运作模式研究	建筑施工	2006.12
25	乐云	上海世博会项目全寿命周期信息集成与管理研究	中国管理科学	2006
26	乐云；刘佳	总部园区项目策划研究	上海建设工程咨询	2006.05
27	王汉承；乐云	用生态建筑理念进行总部园区项目决策策划	建设监理	2006.04
28	乐云	2010年上海世博会信息化集成与管理系统研究	上海建设工程咨询	2006.04
29	乐云；杨戒；王兴	项目决策策划研究	建设监理	2006.01
30	乐云	建设项目设计过程的项目管理	建设监理	2005.12
31	乐云	项目实施组织策划的理论与实践	建设监理	2005.06
32	乐云；崔政	项目实施组织策划的理论与实践	建设监理	2005.06
33	乐云	烟台万华集团项目信息门户 PIP 应用实践	中国建筑学会工程管理分会年会论文集	2004.07
34	乐云	国际工程项目管理的前沿研究方向	建设监理	2004.06
35	乐云	项目管理工作流程改进的实践探索	建设监理	2004.04
36	乐云	大型工程项目的新型合同结构模式研究	同济大学学报（自然科学版）	2004.02
37	乐云	大型工程项目承发包模式分析与思考	中国建筑学会工程管理分会年会论文集	2003.08
38	乐云	项目管理信息系统（PMIS）与项目信息门户（PIP）	建设监理	2003.05
39	乐云	大型项目前期策划与项目管理	建设部西部地区项目管理研讨会	2002
40	乐云	项目前期策划与项目管理	2002建设部西部地区项目管理研讨会	2002
41	谭震寰	大型建设项目的项目组织规划的研究	施工技术	1998
42	乐云	对工程项目信息管理方法的探讨	建设监理	1998.01
43	乐云	浅议设计阶段的项目管理	建设监理	1997.04
44	乐云	工程项目投资控制及其在计算机中的实现	建设监理	1997.01

附录3：项目管理策划项目案例清单

项目类别	序号	项目名称	项目日期
决策策划项目案例	1	无锡新区新安街道邻里中心功能策划	2009.08—2009.09
	2	无锡新区西南南社区旧城更新策划	2009.06—2009.08
	3	无锡太湖国际科技园净慧寺及其周边地区开发策划	2009.06—2009.09
	4	无锡太湖国际科技园科技中介服务集聚区功能策划	2008.08—2008.09
	5	南通科技创业社区项目策划	2005.03—2005.09
	6	常州市武进区办公大楼设计策划	2005年
	7	山东济南科技商务区项目开发策划	2005年
	8	嘉定新城总部基地环境分析与经济策划	2005.06—2005.09
	9	江苏南通科技创业社区项目产业及设计策划	2005.03—2005.08
	10	济南历下区山大路项目策划	2004.09—2005.04
	11	广西南宁东盟国际商贸城项目策划	2004.01—2004.08
	12	中德友好医院环境分析与经济策划	2003.06—2003.09
	13	山东济南经十路综合项目策划	2003年
	14	山东泰安泮河综合整治与开发项目策划	2003年
	15	山东济南齐鲁软件园环境调查及项目定义策划	2001.05
实施策划项目案例	1	太科园建设全寿命周期造价分析及总体控制体系	2010.12—2011.04
	2	长春市基础设施项目群综合管控策划与咨询	2010.04—2010.09
	3	无锡太湖国际科技园2010年建设计划咨询	2009.09—2010.02
	4	无锡太湖国际科技园2009年建设计划咨询	2008.09—2009.02
	5	上海世博会总体项目管理实施策划	2007.09—2010.05
	6	上海世博国际村项目实施策划	2007.03—2010.05
	7	苏通大桥项目实施信息管理策划	2006年
	8	梅赛德斯·奔驰3S店项目管理实施策划	2005.03—2006.12
	9	深圳地铁3号线勘察设计项目管理策划	2005.04—2005.12
	10	大连期货大厦项目组织诊断与策划	2005.03—2005.06
	11	广东深圳地铁3号线项目管理实施策划	2005.03—2005.08
	12	山东济南科技商务区项目实施组织管理策划	2005年
	13	上海世博土控公司项目群管理实施组织策划	2004.01
	14	长沙卷烟厂项目管理大纲策划	2003.07
	15	深圳证券交易大厦组织管理策划	2003.08—2004.01
	16	南京帝斯曼东方化工有限公司项目实施组织策划	2002.11
	17	安徽合肥东海花园项目管理实施策划	2001.08—2002.12
	18	山东济南齐鲁软件园项目实施合同策划	2001.05
	19	南宁国际会议展览中心实施策划	2001年
	20	广州白云机场总进度纲要	2000.11-2001.01
	21	厦门国际会展中心项目管理实施策划	2000.08

注：部分项目既涵盖了项目决策策划内容又包括了实施策划部分，表中分别列出，名称侧重其在各部分的内容进行描述。

附录4：项目管理策划项目案例清单

决策策划项目案例 序号：1

项目名称	嘉定新城总部基地	项目日期	2005年6～9月
主要参与人员	乐云，何清华，马继伟，李永奎，周瑾，刘建刚，王盛文，罗晟，杨戒，胡毅，王汉承，刘佳等		

主要策划报告名称：

专题报告之一：环境调查分析报告；
之二：项目产业策划报告；
之三：项目定位与功能分析策划报告；
之四：项目投融资与财务评价报告；
之五：项目实施策划报告；
之六：项目开发与运营政策专题报告；
之七：规划设计组织与要求

学位论文：

杨戒《总部园区项目开发建设策划研究》，2006年
王汉承《建设工程项目设计策划》，2007年

发表文章：

乐云，刘佳，《总部园区项目策划研究》，上海建设工程咨询，2006年5月
王汉承，乐云，《用生态建筑理念进行总部园区项目决策策划》，建设监理，2006年4月
乐云，杨戒，王兴，《项目决策策划研究》，建设监理，2006年1月

项目图例：

背景简介：2003年公布的《2003－2007年上海城市建设规划》中，上海市提出建设三大新城：松江新城、临港新城和嘉定新城，其中嘉定新城的规划面积约20km^2，位于嘉定新城核心区，紧挨F1上海赛车场。

决策策划项目案例 **序号：2**

项目名称	江苏南通科技创业社区	项目日期	2005年3～8月
主要参与人员	乐云，李永奎等		

主要策划报告名称：

1. 南通科技创业社区项目环境调研分析报告；
2. 功能分解与面积分配策划报告；
3. 项目定义与实施策划分析报告；
4. 经济及社会效益评价报告；
5. 发展战略与运营策划建议书；
6. 产业策划与功能定位分析报告及设计任务书

学位论文：

发表文章：

项目图例：

背景简介：江苏南通科技创业社区位于南通市新城区，规划用地面积约28000m²。净用地面积约22000m²，区位条件优越。科技创业社区的开发和建设涉及产业定位、功能定位、规模定位、开发策略和政策制定等诸多方面。

决策策划项目案例

序号：3

项目名称	济南历下区山大路	**项目日期**	2004 年 9 月～2005 年 4 月
主要参与人员	丁士昭，丁士晟，乐云，马继伟，李永奎，崔政等		

主要策划报告名称：

项目策划总报告及五个分报告包括：

1. 环境调查分析报告；
2. 产业发展策划报告；
3. 组织管理策划报告；
4. 产业分布和综合功能区定位策划报告；
5. 城市设计任务书

学位论文：

崔政《山大路科技商务区项目策划研究》，2006 年

发表文章：

乐云，崔政，《项目实施组织策划的理论与实践》，建设监理，2005 年 6 月

项目图例：

背景简介：济南历下区山大路科技商务区位于山东省济南市，总占地面积约为 13.5km²，该区域是济南市的文化、商业、高新技术等经济功能区交汇的核心纽带。是济南市最大的信息技术产品集散地，辐射山东省诸多地市级的二级市场。

决策策划项目案例 **序号：4**

项目名称	广西南宁东盟国际商贸城	项目日期	2004年1～8月
主要参与人员	德国 Drees&Sommer International GmbH.，丁士昭，乐云，马继伟，李永奎等		

主要策划报告名称：

南宁中国—东盟国际商贸城策划报告，包括：
1. 项目建设的背景和必要性；
2. 环境调查分析；
3. 发达国家商贸城类似项目情况及启示；
4. 项目发展理念及总体构思；
5. 项目投资估算与项目总进度纲要

第二阶段策划报告，包括：
1. 前言；
2. 项目总体构思的再思考；
3. 人群需求分析；
4. 功能分析及不同功能分解方案；
5. 规划与建筑设计要求

学位论文：

发表文章：

项目图例：

背景简介：广西南宁东盟国际商贸城项目是南宁市举办中国东盟国际博览会配套而建设的重点项目。项目选址位于南宁市东部快速交通干道民族大道南侧，毗邻规划中的南宁廊东CBD地区，规划用地面积约2.2km^2。

决策策划项目案例

序号：5

项目名称	山东济南经十路	项目日期	2003 年
主要参与人员	丁士昭，徐友全，何清华等		

主要策划报告名称：

济南经十路综合改造工程系统决策策划咨询报告，包括：

1. 项目定义；
2. 环境调查分析报告；
3. 综合经济效益初步分析，政策研究；
4. 21 世纪的城市政府运营；
5. 规划设计的组织模式；
6. 项目实施的组织模式；
7. 项目投融资模式

学位论文：

程冀《城市综合改造项目前期策划研究》，2004 年

发表文章：

项目图例：

背景简介：经十路位于济南市中心区的南侧，东起东绕城高速路上的邢村立交桥，西至西绕城高速路与经十路的交叉点，全长 30km，东连济南高新技术产业开发区，西接西部新城区，自东向西横穿历下区、市中区和槐荫区，东西横贯全城，是济南市城区的一条重要的交通主干道。

决策策划项目案例 **序号：6**

项目名称	中德友好医院	项目日期	2003 年 6～9 月
主要参与人员	周家伦，万钢，陈小龙，乐云，姜富明，邵颖红，童晓文，董琦，闻爱宝，孟馥，毛惠彬，张洛先，谢坚勋，陈伟华，陈爱军，周增华等		

主要策划报告名称：

预可行性研究报告，包括：

1. 总论；
2. 环境调查与市场预测；
3. 项目定义；
4. 初步设计构思与方案；
5. 投资估算与进度规划；
6. 项目实施策划；
7. 融资计划；
8. 财务评价；
9. 社会评价；
10. 风险分析；
11. 研究结论与建议；
12. 附件

学位论文：

谢坚勋《中外合资盈利性医院项目前期策划研究》

发表文章：

项目图例：

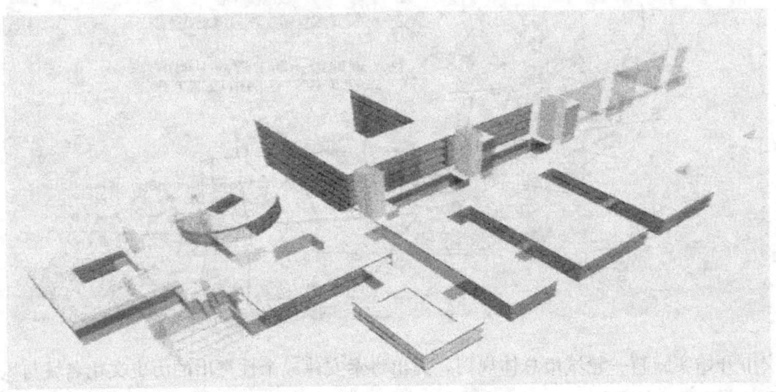

背景简介：该医院项目位于上海，拟与德国合作，建造一所中外合资的盈利性医院。该项目的建设规模为 1000 张床位。项目一次规划，分两期建设。一期工程 400 张床位，建筑面积为 65000m^2。

决策策划项目案例

序号：7

项目名称	山东泰安泮河综合整治与开发项目	项目日期	2003 年
主要参与人员	丁士昭，何清华，张力军，徐友全等		

主要策划报告名称：

预可行性研究报告，包括：

1. 总论；
2. 环境调查与市场预测；
3. 项目定义；
4. 初步设计构思与方案；
5. 投资估算与进度规划；
6. 项目实施策划；
7. 融资计划；
8. 财务评价；
9. 社会评价；
10. 风险分析；
11. 研究结论与建议；
12. 附件

学位论文：

发表文章：

项目图例：

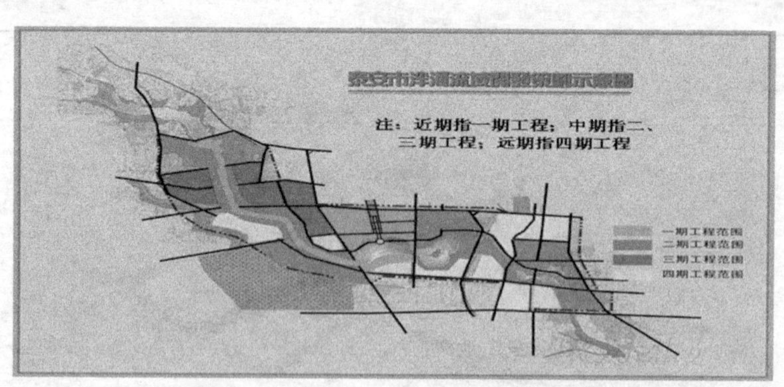

背景简介：泰安市开始实施新一轮城市总体规划，提出将泰安建成个性突出的历史文化名城与风景旅游城市的发展总目标。泮河全长 28km，流域面积 368km^2，其综合整治与开发工程作为泰安市重点工程。拟用 6 年时间把泮河整治成“生态之河、文化之河、动力之河”，基本形成泰城西南部良好的生态环境、社会环境和投资环境，培育泰城进一步大发展的基础。

决策策划项目案例　　序号：8

项目名称	山东济南齐鲁软件园	项目日期	2001年5月
主要参与人员	丁士昭，乐云，马驭千，何清华，李永奎，金军秀等		

主要策划报告名称：

1. 齐鲁软件园环境调查报告
2. 齐鲁软件园概念规划方案设计任务书

学位论文：

谢素敏《软件园前期策划研究》，2002年

发表文章：

乐云，《大型项目前期策划与项目管理》，建设部西部地区项目管理研讨会，2002年

项目图例：

背景简介：软件园位于山东济南市开发区新区范围内的南部地块，总用地面积约为6.2km²，约占新区用地面积的三分之一，于1997年3月被原国家科学技术委员会批准为首批“国家火炬计划软件产业基地”之一。

决策策划项目案例　　　　**序号：9**

项目名称	无锡太湖国际科技园净慧寺及其周边地区开发策划	项目日期	2009 年 6～9 月
主要参与人员	何清华、李永奎、刘海艳等		

主要策划报告名称：

无锡净慧寺及周边地区开发策划报告

学位论文：

发表文章：

项目图例：

背景简介：净慧寺位于无锡太湖国际科技园园区内，隋朝建寺，几经修复、重建至现在。策划目标：（1）依循“太科园园区发展规划报告”补足其缺少的面向：补足太科园缺少的面向：精神文化面向、健康养身面向（现已规划有科技、生态、适居、商业、休闲等面向）。（2）发掘并开发净慧寺的潜力以创造太科园与其他开发区的区别与优势，品牌提升后带来的效益的提升：文化效益、经济效益、土地效益。（3）透过文化经济的开发及定位以拉抬区域价值：文化（禅文化）的提升以创造品牌。

决策策划项目案例 序号：10

<table>
<tr><td>项目名称</td><td>无锡新区西南（新安）
社区旧城更新策划</td><td>项目日期</td><td>2009 年 6 月</td></tr>
<tr><td>主要参与人员</td><td colspan="3">李永奎，刘海艳、鞠传静、文靖等</td></tr>
<tr><td colspan="4">主要策划报告名称：

太湖国际科技园新安南社区更新改造项目策划报告</td></tr>
<tr><td colspan="4">学位论文：</td></tr>
<tr><td colspan="4">发表文章：</td></tr>
<tr><td colspan="4">项目图例：</td></tr>
</table>

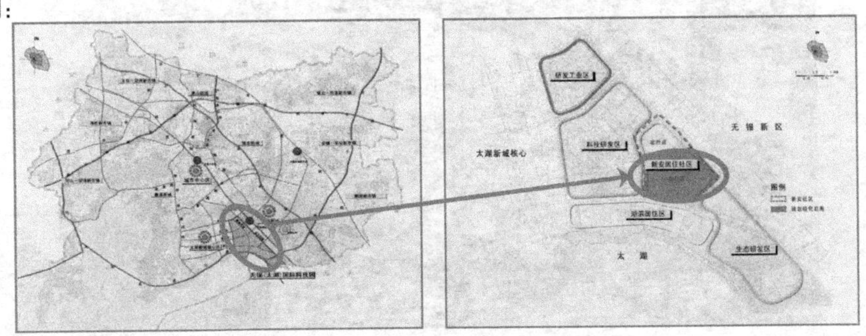

背景简介：新安地处太湖科技园辖区内，是园区五大功能分区之一，“新安居住社区”总面积约 2.16km^2，依托老镇区的历史文化，成为太科园最具人文价值的社区。

决策策划项目案例

序号：11

项目名称	无锡新区新安街道邻里中心功能定位策划	**项目日期**	2009 年 8 月
主要参与人员	李永奎，刘海艳、鞠传静、文靖等		

主要策划报告名称：

无锡新安街道主邻里中心功能定位项目策划报告

学位论文：

发表文章：

项目图例：

背景简介：新安街道邻里中心位于新安居住社区内，是新安居住社区居民及周边高科技产业工作人员配套商业中心之一。项目总用地面积：19402m^2，建筑面积 40067m^2。

实施策划项目案例

序号：1

项目名称	上海世博会总体项目管理	项目日期	2007年9月～2010年5月
主要参与人员	乐云，何清华，李永奎，董泰运，陆根兴，金宗潜，施骞，彭勇，管峰，高显义，卢昱杰，任俊山，马亮，黄旭阳，韦展，冯永存，罗晟等		

主要策划报告名称：

2010年上海世博会项目建设大纲；

中国2010年上海世博会工程建设指挥部办公室管理工作手册，包括：

1. 安全质量工作手册；
2. 材料、设备管理工作手册；
3. 工程管理工作手册；
4. 投资控制与合同管理工作手册
5. 技术管理工作手册；
6. 配套处工作手册；
7. 自建馆建设协调工作手册；
8. 协调处管理工作手册；
9. 综合管理工作手册

学位论文：

韦展《大型复杂项目群进度计划与控制研究》，2009年

黄旭阳《大型会展项目工程建设VIK材料设备管理研究》，2009年

发表文章：

乐云，《中国2010年上海世博会工程建设总体项目管理》，建设监理，2008年增刊

乐云，佘志鹏，《上海世博会工程建设总体项目管理》，第二届中国工程管理论坛论文集，2008年8月

项目图例：

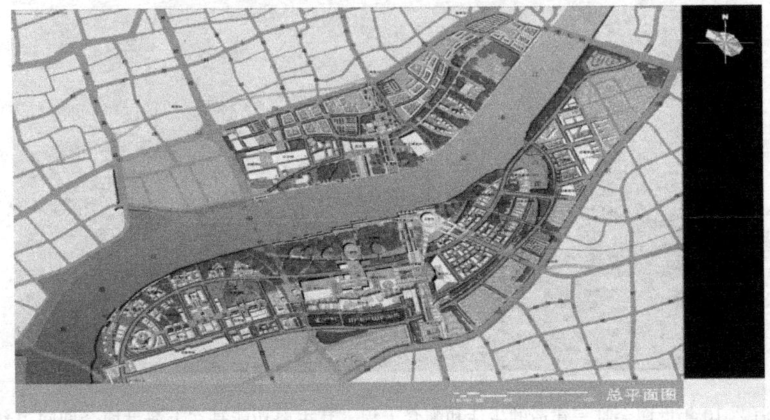

背景简介：2010年上海世博会是第一次在发展中国家举办的综合性世界博览会，也将是世博会历史上最大规模的博览会，世博园区规划用地范围5.28km^2。

实施策划项目案例

序号：2

<table>
<tr><td>项目名称</td><td>上海世博国际村</td><td>项目日期</td><td>2007 年 3 月～2010 年 5 月</td></tr>
<tr><td>主要参与人员</td><td colspan="3">乐云，何清华，李永奎，黄苏生，于元申，胡毅，李文豪，王彪，周锡庚，杨子英，黄湘生，张忠玉，刘再军，甘喜炎等</td></tr>
<tr><td colspan="4">主要策划报告名称：

1. 上海世博国际村项目建设大纲；
2. 上海世博国际村项目管理实施手册；
3. 世博村群体工程项目管理实施细则；
4. 世博村工程建设管理办法，包括：
工程廉政建设、现场安全文明施工、进度、质量、检测、精装修、专业分包和主要材料设备、技术核定单和经济签证单、用款申请、审价、工程结算等；
5. 设计管理大纲</td></tr>
<tr><td colspan="4">学位论文：</td></tr>
<tr><td colspan="4">发表文章：

乐云，刘海峰，《上海世博村项目管理的实施与组织研究》，建筑施工，2007 年 7 月</td></tr>
<tr><td colspan="4">项目图例：

背景简介：上海 2010 年世博会唯一建造的生活和配套工程，其主要功能是在上海世博会期间为参展国工作人员和参展旅客提供住宿和其他生活娱乐配套服务。项目位于世博会场地浦东区 G 地块，项目占地面积约 30.17 万 m^2，总建筑面积约 54.5 万 m^2，共分为五大区域：VIP 区、一区、二区、三区和综合配套区。</td></tr>
</table>

实施策划项目案例 **序号：3**

项目名称	广东深圳地铁	项目日期	2005年3~8月
主要参与人员	丁士昭，孙继德，李永奎，赵洁，王宇静等		

主要策划报告名称：

深圳地铁三号线项目勘查设计总包管理总体方案

学位论文：

发表文章：

项目图例：

背景简介：广东深圳地铁3号线工程的全线是由福田区的益田村至龙岗的双龙，设车站30座。分两期建设，一期工程（即在建段）由红岭至双龙，正线全长32.913km，其中地下线长6.92km，高架线长25.713 km。二期工程（即西延段）工程由益田至红岭，线长约9km，设车站8座。该项目工程总投资109.87亿元。

实施策划项目案例

序号：4

项目名称	长沙卷烟厂项目管理大纲	项目日期	2003年7月
主要参与人员	丁士昭，乐云，何清华，李永奎等		

主要策划报告名称：

长沙卷烟厂“十五”技术改造项目管理规划与控制制度，包括：
第一篇 组织与协调管理；
第二篇 进度控制；
第三篇 质量控制；
第四篇 投资控制；
第五篇 招投标及采购管理；
第六篇 文档信息管理；
第七篇 施工现场安全管理制度

学位论文：

王盛文《大型项目组织改革与组织变革管理的研究》，2005年

发表文章：

项目图例：

背景简介：长沙卷烟厂技术改造工程由白沙集团作为业主方组织建设，是该厂“十五”重点工程，为该厂有史以来规模最大的工程建设项目，其中一期工程主要包括新建制丝车间（含配方库、贮丝房等）、动力中心、污水处理站，并配备1条15000KG/H的制丝线，及制冷、空调、空压等动能设施的建设，计划总投资10亿元。联合工房建筑面积约为51000m^2，动力中心建筑面积约为9000m^2。

实施策划项目案例 **序号：5**

项目名称	南宁国际会议展览中心	项目日期	2001年
主要参与人员	丁士昭，乐云，何文才，何清华，李永奎等		

主要策划报告名称：

项目总控规划，包括：

1. 组织篇；
2. 规划篇；
3. 管理篇

学位论文：

何文才《大型会展场馆集成化管理建设模式的研究》，2008年

发表文章：

项目图例：

背景简介：南宁国际会议展览中心占地面积850亩，是中国—东盟博览会的永久会址，由德国GMP设计公司和广西建筑综合设计研究院合作设计。中心由主建筑、会展广场、行政综合楼等组成，其中主建筑总建筑面积为15.21万m^2，由会议、展览和大型宴会厅三部分组成。

实施策划项目案例　　　　序号：6

项目名称	安徽合肥东海花园	项目日期	2001年8月～2002年12月
主要参与人员	丁士昭，乐云，谭震寰，何清华等		

主要策划报告名称：

安徽合肥东海花园项目管理实施规划，包括：

1. 组织篇；
2. 规划篇；
3. 控制篇

学位论文：

发表文章：

项目图例：

背景简介：安徽合肥东海花园由新加坡 ARCHURBAN Design & Management Services pte Ltd. 设计公司）和安徽省建筑科学研究院合作设计，福建省土木建筑开发总公司海南公司施工总承包。占地面积 28053.92m^2，总建筑面积 453742.02m^2，一期工程总建筑面积 105390m^2（其中住宅建筑面积 77945m^2，会所建筑面积 7796m^2，车库建筑面积 19649m^2）。一期工程总投资 23935 万元人民币。

实施策划项目案例

序号：7

<table>
<tr><td>项目名称</td><td>广州白云机场总进度纲要</td><td>项目日期</td><td>2000年11月～2001年1月</td></tr>
<tr><td>主要参与人员</td><td colspan="3">丁士昭，乐云，高欣，孙继德，胡晓燕，何清华，卢勇，董运泰，金总，贾广社，周哲峰、刘深渊、陈笑冬、李永奎、马强等</td></tr>
<tr><td colspan="4">主要策划报告名称：
1. 总进度纲要（A版）（B版）（C版）
2. 承发包模式策划</td></tr>
<tr><td colspan="4">学位论文：</td></tr>
<tr><td colspan="4">发表文章：</td></tr>
<tr><td colspan="4">项目图例：

背景简介：广州白云国际机场始建于20世纪30年代，是国内三大航空枢纽机场之一。迁建工程总投资148.62亿元，兴建于2000年，已于2003年建成投入使用。该项目建设规模庞大，其中航站楼一期面积约35万 m^2，可满足年旅客吞吐量2500万人次、货物100万t，典型高峰小时飞机起降67架次、旅客吞吐量9300人的要求。</td></tr>
</table>

实施策划项目案例　　序号：8

项目名称	深圳证券交易大厦组织管理策划	项目日期	2003年8月～2004年1月
主要参与人员	乐云，罗晟等		

主要策划报告名称：

深圳证券交易所营运中心工程可行性研究报告，包括：

1. 建筑策划；
2. 投资策划；
3. 组织管理策划等

学位论文：

罗晟《我国现代商业建筑项目决策策划研究》，2004年

吉剑青《深圳证券交易所组织管理策划研究》，2003年

发表文章：

项目图例：

背景简介：深圳证券交易所运营中心是深圳市近年来的重点推进项目之一，项目预计总造价高达20～25亿元，工程实施期长达5年。深交所工程建设涉及的组织含众多国内外单位及政府部门。中心项目采用钢结构、智能化集成系统、环保节能材料等尖端科学技术。

实施策划项目案例

序号：9

项目名称	无锡太湖国际科技园 2009 年建设计划咨询	**项目日期**	2008 年 9 月～2009 年 1 月
主要参与人员	李永奎、卢昱杰、周吉喆等		

主要策划报告名称：

无锡太湖国际科技园园区建设计划咨询报告，包括：

子报告一：建设发展分析；

子报告二：2009 年建设计划及调整策略；

子报告三：多项目计划管理建议

学位论文：

发表文章：

项目图例：

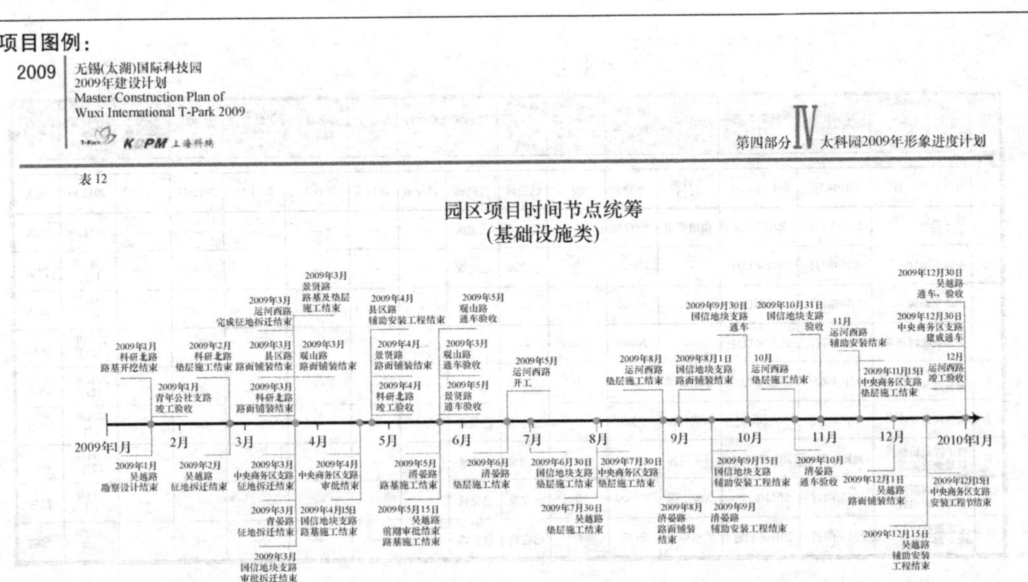

背景简介：无锡（太湖）国际科技园是经国务院批准设立的，无锡国家高新技术产业开发区的重要组成部分，是以科技、研发、创意为主体功能，以高新技术产业为支撑，以生态休闲、商务服务为配套的滨水型国际化科技新城，总面积约 23km^2。

实施策划项目案例

序号：10

项目名称	无锡太湖国际科技园 2010 年建设计划咨询	项目日期	2009 年 9 月～2010 年 1 月
主要参与人员	李永奎、刘海艳、边晓婧等		

主要策划报告名称：

无锡太湖国际科技园 2010 年园区建设计划报告

学位论文：

发表文章：

项目图例：

2010 T-Park KCPM 上海科瑞

无锡(太湖)国际科技园
2010年建设计划

第五部分 2010年形象进度计划

序号	项目名称	计划开始时间	计划完成时间	责任单位	建筑面积(平方米)	2010年内竣工面积(平方米)	前期准备(审批、立项等)	征地拆迁	勘察设计	房建工程	设备及装修工程	市政管线及景观绿化工程	竣工验收	物业引进及入驻	正式运营	备注
新开项目																
1	青年公社二期	2010年3月	2011年12月	太科园公司	6000	0	已完成	已完成	已完成	2011.8	2011.10	2011.11	2012.11	2012.11	2012.11	预估
2	传感网创新园中心区	2010年1月	2011年6月	微纳公司	100000	0	已完成	已完成	—	—	—	—	—	—	2011.6	预估
3	金融服务区	2010年1月	2012年12月	—	136000	0	已完成	已完成	—	—	—	—	—	—	2012年12月	预估
4	江达生态园	2010年1月	2010年12月	—	35000	35000	—	—	—	—	—	—	—	—	2010年12月	预估
5	华创新能源基地	2010年1月	2010年12月	—	20000	20000	—	—	—	—	—	—	—	—	2010年12月	预估
6	传感网产业园企业配套服务区	2010年6月	2012年12月	微纳公司	100000	0	—	—	—	—	—	—	—	—	2012年12月	预估
7	太科园研发楼	2010年1月	2011年3月	景宜科技	9000	0	已完成	已完成	—	—	—	—	—	—	2011年3月	预估
8	电子控制机械式自动变速系统	2010年2月	2011年12月	百川自控	10000	0	已完成	已完成	—	—	—	—	—	—	2011年12月	预估
9	传感网创新园天安智慧城项目	2010年1月	2014年1月	天安中国	375000	0	已完成	已完成	—	—	—	—	—	—	2014年1月	预估
10	无锡数据中心扩容工程	2010年1月	2010年12月	电信	2937	2973	已完成	已完成	—	—	—	—	—	—	2010年12月	预估

背景简介：无锡（太湖）国际科技园是经国务院批准设立的无锡国家高新技术产业开发区的重要组成部分，是以科技、研发、创意为主体功能，以高新技术产业为支撑，以生态休闲、商务服务为配套的滨水型国际化科技新城，总面积约 23km^2。

实施策划项目案例 **序号：11**

项目名称	长春市基础设施项目群综合管控策划与咨询	项目日期	2010年4月～2010年9月
主要参与人员	李永奎、董杰、刘海艳、王萍等		

主要策划报告名称：

长春市市政基础设施综合管控机制咨询报告，包括：
报告一：计划综合管控；
报告二：制度设计与制度汇编；
报告三：信息化分析与平台功能方案；
报告四：项目管理指南

学位论文：

发表文章：

项目图例：

长春市中心城区道路网规划图

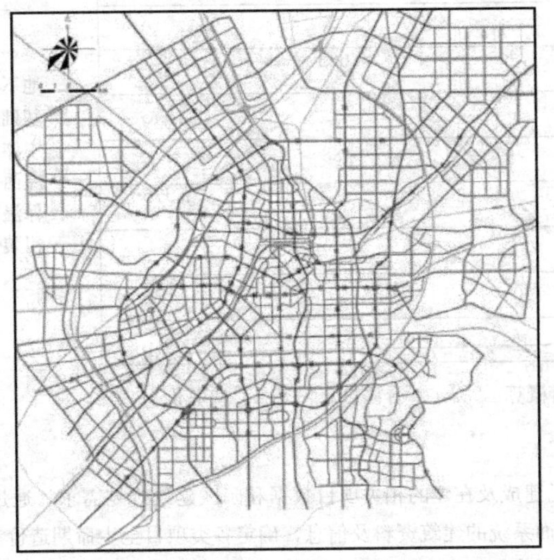

背景简介：长春市基础设施项目群综合管控机制研究，为长春市建委下设代建公司在项目分解、组织、管理以及信息管理等方面提供咨询和研究。

实施策划项目案例

序号：12

项目名称	太科园建设全寿命周期造价分析及总体控制体系	项目日期	2010 年 12 月～2011 年 4 月
主要参与人员	李永奎、刘海艳、崇丹、胡盈盈等		

主要策划报告名称：

无锡太科园全生命期造价分析及总体控制体系咨询报告

学位论文：

发表文章：

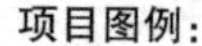

项目图例：

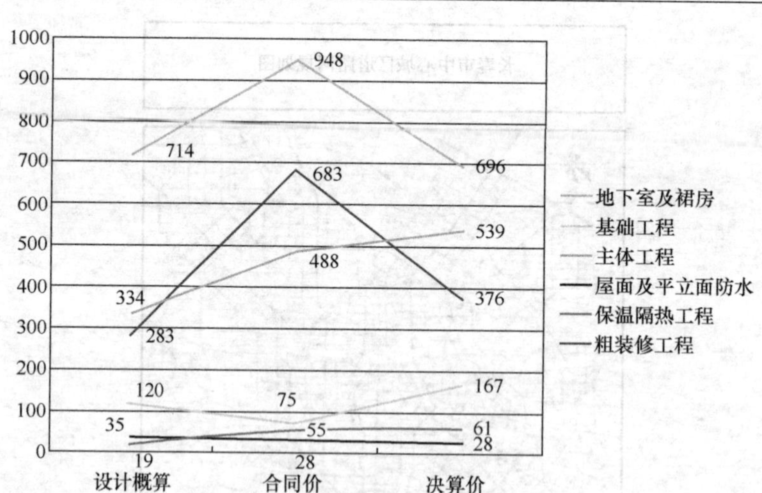

背景简介：

根据太科园 2006～2010 年已建成及在建的相关项目数据和园区建设规划需求，通过数据收集、问卷调查及用户调研、专家访谈等方式收集全面系统的建筑资料及信息，确定各类项目全生命期造价参考指标；从时间维度、区域维度、类型维度和部位等维度对建筑造价进行分解，分析建筑全生命期造价；根据最终用户需求导向，分析最终用户需求及现有功能匹配状况；提出规划设计前期导入和决策策略，以期为无锡太湖国际科技园管委会领导提供决策支持。

参 考 文 献

[1] Bent Flyvbjerg. MegaProject Policy and Planning: Problems, Causes, Cures. Aalborg University, October, 2006.

[2] Scott Berkun 著. 项目管理艺术. O' Reilly Taiwan 公司编译. 南京：东南大学出版社，2006.

[3] 高福生 朱四倍. 决策失误是中国最大的失误. 决策与信息. 2009. 7.

[4] 徐策. 我国投资调控的经验、问题与对策：1992～2009. 中国物价. 2010. 4.

[5] 乐云主编. 建设项目前期策划与设计过程项目管理. 北京：中国建筑工业出版社，2010.

[6] 庄惟敏. 关于建筑策划—由一次尴尬的谈话引出的. 建筑. 2001. 6.

[7] 丁士昭主编. 工程项目管理. 北京：中国建筑工业出版社，2006.

[8] 乐云主编. 项目管理概论. 项目管理工程硕士规划教材. 北京：中国建筑工业出版社，2008.

[9] 乐云主编. 工程项目管理（上）. 武汉：武汉理工大学出版社，2008.

[10] 庄惟敏著. 建筑策划导论. 北京：中国水利水电出版社，2000.

[11] 何清华主编. 项目管理案例. 项目管理工程硕士规划教材. 北京：中国建筑工业出版社，2008.

[12] 刘晓君主编. 工程经济学（第二版）. 北京：中国建筑工业出版社，2010.

[13] 施建刚主编. 房地产开发与管理. 上海：同济大学出版社，2004.

[14] 弗兰克·索尔兹伯里著. 建筑的策划. 冯平译. 北京：知识产权出版社，中国水利水电出版社，2005.

[15] 威廉·M·培尼亚 史蒂文·A·帕歇尔著. 建筑项目策划指导手册（原著第四版）. 王晓京译. 北京：中国建筑工业出版社，2010.

[16] 伊迪斯·谢里著. 建筑策划—从理论到实践的设计指南. 黄慧文译. 北京：中国建筑工业出版社，2006.

[17] 詹姆斯·刘易斯著. 波音的携手合作——成功管理项目、团队和组织的 12 个法则. 刘祥亚译. 北京：机械工业出版社，2003.

[18] 罗伯特·G·赫什伯格著. 建筑策划与前期管理. 汪芳 李天骄译. 北京：中国建筑工业出版社，2005.

[19] 胡飞编著. 洞悉用户：用户研究方法与应用. 北京：中国建筑工业出版社，2010.

[20] 王伍仁，罗能钧编著. 上海环球金融中心工程总承包管理. 北京：中国建筑工业出版社，2010.